막다른 골목이다
싶으면 다시
가느다란 길이
나왔어

막다른 골목이다 싶으면 다시 가느다란 길이 나왔어

15소녀 표류기 2

최현숙 지음

이매진

15소녀 표류기 2
막다른 골목이다 싶으면 다시 가느다란 길이 나왔어

지은이 최현숙 • **펴낸곳** 이매진 • **펴낸이** 정철수 • **첫 번째 찍은 날** 2014년 12월 15일 • **등록**
2003년 5월 14일 제313-2003-0183호 • **주소** 서울시 마포구 월드컵로 204, 1206호(성산
동) • **전화** 02-3141-1917 • **팩스** 02-3141-0917 • **이메일** imaginepub@naver.com • **블로그**
blog.naver.com/imaginepub
ISBN 979-11-5531-060-1 (03300)

삶이라는 바다를 표류해온
'웃는 여자들'

높은 곳에서는 보이지 않는 풍경이 있다. 밝은 빛 아래서는 가려지는 구석이 있다. 그렇다면 사회적 소수자인 여성의 인생을 통해 보는 한국 사회는 어떤 모습을 하고 있을까.

'15소녀 표류기'는 한국 사회 여성들의 목소리로 한국 현대사를 다시 읽어보려는 시도로 출발했다. 시대의 조류에 휩쓸려 살아온 평범한 여성들, 그러나 그 시대적, 역사적 조건에 순응하지만은 않은, 때로는 맞서 싸우고 때로는 협상하며 삶의 전략을 세워온 평범하지만 비범한 여성들의 목소리를 듣고 싶었다. 그 여성들의 생생한 목소리를 통해 한국 사회가 꿈틀대온 백여 년의 역동적인 역사를 돌아보고 싶었다. '보편적 역사'라는 미명 아래 잊히거나 지워진, 숨겨진 그 개별적인 목소리들이 다시 깨어나게 하고 싶었다.

그래서 이야기를 듣기로 했다. 열다섯 명의 여성들이 들려주는 '당신 인생의 이야기'를. 지은이들은 그 이야기를 경청하기도, 이야기에 끼어들고 참견하기도 하면서 한국 사회와 여성 개인들이 경합해온 과정을 촘촘히 담아냈다. '15소녀 표류기'는 모두 다섯 권의 책으로

구성된다. 한국 현대사를 아우르는 시기를 살아온 할머니들, 역동적인 산업 사회에 태어난 베이비부머 세대의 여성들, 이른바 '386 세대'로 불려온 40대 여성들, '88만원 세대' 또는 '삼포 세대'로 불리며 악전고투 중인 20~30대 여성들, 그리고 동시대에 성장하고 있는 10대 여성들까지. 각 세대별로 세 명씩, 모두 열다섯 명의 다르고 또 같은 여성들이 자신의 삶을 우리 앞에 풀어놓는다.

우리는 이제 '공식적'인 사건의 이름들 뒤에 숨어 있던, 사소하고 가치 없다고 치부되던 이야기를 들을 것이다. 남성들의 역사, 거대 서사 중심의 역사에 가려온 새로운 역사를 발굴할 것이다. 주관성을 무기로, 오해와 왜곡을 힘으로 삼는 생애사들을 만날 것이다. 각자 조금씩 시차를 두고, 같은 시대를 다르게 살아나간 각기 다른 세대의 여성들의 이야기가 흘러가고 겹쳐지며, 그 과정에서 모자이크처럼 그려지는 커다란 그림을 보게 될 것이다.

구술 과정에서 등장하는 여러 용어는, 일반적으로 의미의 논란이 있는 경우에도 구술자들이 살아온 사회상을 보여준다는 측면에서 구태여 수정하지 않고 말한 그대로 실었다. 책 안의 부연 설명은 모두 편집자와 지은이가 함께 붙인 것이다.

열다섯 명의 웃음 띤 여자들笑女이 삶이라는 바다를 표류해온 궤적을 따라가는 과정에서 우리 모두 자신과 타인의 삶을 다시금 조망할 수 있기를 바란다.

가난은 가장 온당한 존재 방식이다

사회운동과 진보 정치 활동을 하면서 경제적 가난이나 사회적이고 문화적인 차별에 시달리는 많은 가난한 사람들을 만났다. 그렇지만 당장 해결해야 할 일 때문에 모인 탓에 만남은 단편적이었다. 투쟁 현장에서 만나는 사람들이 오늘에 이르게 된 삶의 맥락이 궁금했다. 점거 농성에 합류하지 않은 사람들과 떠난 사람들의 사연을 듣고 싶었다. 집회와 농성을 마치고 돌아가 살아가야 할 일상이 궁금했다.

2009년 6월부터 요양보호사의 노동 현장과 협회와 노동조합에서 5070세대 베이비부머 여성들을 많이 만났다. 임금과 노동 조건을 고리로 사람들을 '조직'했지만, 삶을 만나는 데는 한계가 많았다. 2013년 1월 협회를 퇴직하고 《천당허고 지옥이 그만큼 칭하가 날라나?》로 나온 8090세대 여성 구술사를 마무리하면서 5070세대 여성 주인공을 찾기 시작했다. 8090세대하고 다르게 많은 사람들에게 제안을 했고, 그중 세 명이 수락했다. 아직 발목을 잡고 있는 친척과 인척들 관계, 그리고 내 놓을 만한 삶이 아니라는 게 주로 거절하는 이유였다.

어느 60대 초반의 선배는 다른 이유를 앞세워 거절했다. "너는 나랑 달라. 그래서 너한테 내 뼈저린 이야기를 하고 싶지 않아." 십여 년을 알고 지냈고 협회 활동을 하면서도 가장 친하게 지낸 선배였다. 지금은 물론 예상되는 미래의 경제 여건이 나보다 훨씬 좋은 선배였다. '대학 나온 것'과 '잘 나가는 형제들'이 그 '다름'의 핵심이라고 했다. 오랜 시간과 친분에도 선배의 마음을 사는 데 실패했다는 것이 섭섭하고 억울했다. 두고두고 관계 맺기에 관해 많이 성찰하게 하는 거절이었다. 밀어내기의 원인은 평소에 내가 보인 '구별 짓기'일 것이다. 게다가 섭섭하고 억울한 내 느낌 역시 구별 짓기의 또 다른 앙금일 테다. 어쩌면 내 탓만은 아닐 수 있다. '거리 두기'는 각자가 자기인 채로 타인하고 관계를 만드는 공존 전략이다.

세 주인공은 출신 배경, 생애 이력, 노동의 경험이 다르다. 2014년 현재 서울과 수도권에 살고 있고, 간병과 요양과 유통 등 최저 임금 언저리의 시급 노동자로 살고 있다. 나까지 네 사람은 모두 요양보호사협회와 노동조합 활동을 하며 2~4년 동안 알고 지낸 사이다.

공식적이고 표준화된 언어와 문건은 배운 자의 의도에 상관없이 사회적 약자에게는 '구별 짓기'다. 공식과 표준이라는 잣대에 따라 없는 것으로 여겨지던 것을 있는 것으로 복원하기 위해, 구술자는 '하고 싶은 대로' 말할 수 있어야 한다. 자기 경험을 검열 없이 말하고 공감과 소통으로 받아쓰며 읽는 일은, 말하는 사람과 듣는 사람과 읽는 사람에게 모두 성찰과 연대의 장이다. 말의 내용뿐 아니라 말하는 사람이 왜 하필 그런 내용을 그런 방식으로 말하는지가 드러나야 한다.

말하는 사람은 과거를 사실 그대로 말하지 않는다. 기억은 왜곡되기 십상이고, 게다가 구술 또한 전략이다. 구술사는 과거의 사실을 나열하는 것이 아니라 과거를 재료로 현재를 구술하는 일이다. 따라서 개인의 과거 기록을 넘어 자기와 사회의 현재와 미래를 유기적으로 통합하고 전망하는 해방적 말하기다. 특히 피해와 억압을 구술하는 사람은 낙인과 소문을 무릅쓰고 잘 들어줄 사람을 찾는다. 위험과 두려움을 감수한 만큼 공감과 변화를 갈구한다. 구술 자체가 정치적 에너지이자 연대의 제안인 이유가 이것이다.

글쓰기를 핑계로 집회나 연대의 자리에 자주 가지 못하고 있다. 내 밥벌이이자 현장인 홀몸노인 관련 활동을 겨우 챙기고 있다. 글을 통해 현장이나 현안들을 어떻게 만날까가 가장 중요한 고민이다.

지난 4월 17일, 장애등급제 폐지 농성이 600일을 넘겼지만 53세의 중증 장애인 송국현은 결국 불 속에서 죽었다. 언어 장애로 화재 신고를 할 수 없었고 지체 장애로 방을 기어 나올 수 없었다. 장애 3등급에게는 활동 보조 서비스가 없다. 자고 나면 늘어나는 송전탑에 떠밀려 밀양의 할매 할배들은 조상의 터전과 평생의 보람을 송두리째 빼앗기고 있다. 도움자들과 연대자들 덕에 희망을 붙들고 있지만, 이번 싸움은 지지 싫단다. 다른 곳에서 이어질 싸움을 위해 지는 싸움을 마저 하시겠단다. 원고를 마감하고 있는 지금 진도 앞바다에는 35명의 세월호 희생자가 아직 바다 밑에 있다. 인양된 사망자 267명. 돈이 주인인 세상은 갈수록 아수라장이다. 2008년 촛불이 그랬듯 2014년 촛불도 대안의 정치 세력이 준비되지 않았다.

가난은 잘만 살면 좋은 삶을 위한 중요한 조건이자 가장 온당한 존재 방식이다. 문제는 가난하게 살면서 자존감과 자긍심을 가질 수 있느냐 하는 것이다. 방글라데시 마이샤하티의 여성들은 자기들에게 암소 살 돈을 준 힐러리 클린턴을 불쌍하게 여겼다. 힐러리는 자급을 할 수 있는 암소가 없었기 때문이다. 필요를 바탕으로 세계를 바라보며 자급과 울력을 키워가면 절망과 폐허 속에서도 자기와 공동체의 삶을 일굴 수 있다. 자존감은 돈이 아니라 자급하는 삶에서 생긴다. 개인과 공동체의 진정한 힘은 경쟁과 효율이 아니라 자립과 협력으로 만들어진다.

2014년 5월 7일 새벽

서울 마포 망원시장 안 어느 상가 주택에서

"막다른 골목
　　이다 싶으면 다시
가느다란 길이 나왔어"

*

장기태

장기태 선배에게 인터뷰를 제안한 곳은 지하철 6호선 객차 안이었다. 지하철 노약자석에 앉아 나를 부르는 선배의 얼굴을 본 순간, "왜 저 양반 생각을 못했지?"라는 생각이 번개처럼 스쳤다.

"그래. 나 살아온 게 여자의 일생이야. 못할 게 머 있어? 지금 세상에 사생아 낳은 게 무슨 흠이나 돼?"

'사생아' 타령부터 시작해 대여섯 정거장 사이에 오간 간단한 제안과 응낙에도, 좀 염려가 됐다. 저녁에 다시 전화를 걸었다. 이번에는 '가정 파괴범'이라는 말을 꺼내며 흔쾌하게 좋다 하셨다.

선배 집에서 일박을 하면서 첫 인터뷰를 하기로 했다. 저녁나절 연신내역에서 만나 닭튀김과 만두와 오렌지를 샀다. 퇴근 시간 만원인 마을버스가 고바위길을 힘겹게 오르는데, 장 선배는 운전기사하고 안부와 농담을 나누면서 닭튀김 두 토막을 굳이 안기셨다. 그 마을버스의 모든 기사들하고 친하게 지내신단다. 종점에서 내려 운전기사까지 셋이서 함께 담배를 나눠 피우고 헤어졌다. 마을버스 종점 동네에나 남았음 직한 구멍가게에서, 선배는 소주를 두 병 샀다. 좀 염려가 되기는 했지만 소주가 들어가야 얘기가 더 잘 나온다며 염려하지 말라셨다. 종점 인근은 연립주택 단지

였고, 막다른 골목으로 보이는 길 끝에 산으로 올라가는 계단이 있었다.

"칠십 계단이야, 이게. 여기서 올해 초 굴러떨어져 가지구, 입원하고 허리 수술하고 난리를 쳤어. 그래서 일을 못하니, 내가 이 인터뷰를 할 수 있는 거네. 잘됐지 머야. 하하하."

장 선배나 나나 단숨에 올라가기는 힘들었다. 계단 끝에 선배님이 사는 집이 있었고, 그 위로는 산길이었다. 국민기초수급자인 선배는, 정부가 주거를 지원하는 이 집에서 다른 노인 세 명하고 함께 살고 있고, 한 분은 남성 노인이다. 네 분이 방 한 칸씩 쓰고, 화장실과 세탁장과 부엌은 공동 공간이다.

주섬주섬 자리를 잡고 녹음기와 노트를 꺼내고 먹을 것을 풀어놓는데, 선배는 쪼글쪼글한 매실 열매들만 남은 유리 항아리에 소주 두 병을 털어 부었다. 국자로 매실을 꾹꾹 누르면서 술을 떠 맥주잔에 담아 드시며 이야기가 이어졌다. 당연히 서너 시간 이어진 첫 인터뷰의 끝은 취기 탓에 조금 오락가락했다. 이미 자정이 다 된 시간이어서 적당히 마무리하고 함께 잤다. 다음 날 새벽 6시 넘어 깨자마자 봉지 커피한 잔 씩을 마시며 이야기를 이었다. 마른 편에 150센티미터가 채 안 되는 자그마한 몸매. 본 나이는 일흔셋이라지만 이제 예순이 막 넘어 보이는 동안이다. 가명으로 해도 좋다는 이야기에 돌아온 대답. "그럴 게 머 있어?"

"우리 집 밥을 먹는 동네 사람들도 많았어"
— 넉넉하던 어린 시절

장기태 / 우리는 오남매였어. 오빠, 오빠, 오빠, 나, 여동생. 삼남이녀지. 1941년생 뱀띠야(2014년 지금 만 73세). 엄마가 서른셋에 나를 낳았고, 아버지는 엄마보다 한 살 아래야. 큰오빠는 나보다 여덟

살이 더 많고, 여동생은 세 살이 적어. 아들만 셋을 줄줄이 낳고 얻은 딸이라, 많이 귀여워했지. 난 완전 공주야. 경기도 안성 대덕면이 내 고향이야. 안성 시내서는 한참 들어가는, 60가구 정도 사는 시골이었지. 양반 따지기로 유명한 동네구, 집안이었지. 그런 동네서 아닌 말루 처녀가 애를 낳았으니, 나 땜에 우리 친정이 안성을 떠서 서울로 온 거야. 게다가 난 지금도 쌀 씻어서 밥하는 걸 못해. 그러니 내가 오색잡년, 육색 칠색 잡년이야. 하하하! 집안일을 아주 안 하지는 않았지만, 다른 여자들에 대면 거의 안하다시피 산 거지.

경기도 안성에서 '담양 장씨' 하면, 아주 완고한 천석꾼네 집이었어. 아버지는 오남매의 맏아들이었어. 아들, 아들, 딸, 딸, 딸의 장남이었지. 할아버지네 형제들이 중국에서 조선으로 오는 길에 칠형제 막내인 할아버지만 남고 모두 죽어서 독신으로 오셨다더라고. 할아버지가 나랑 띠가 같아, 뱀띠. 나랑 딱 육십 살 차이가 나는 거지. 할아버지는 처가살이를 하셨어. 할머니도 뱀띠야, 열두 살 어린 각시를 얻은 거지. 할머니는 부잣집 고명딸이었어. 그래서 착실하고 독신인 할아버지를 데릴사위로 들인 거야. 할머니가 성당을 다니셔서, 나도 할머니 따라 어려서 성당을 다니기도 했어. 어릴 때, 외증조할머니도 살아 계셨어. 그러다가 외할머니가 나 세 살, 할머니 마흔에 돌아가셨어. 외증조할머니는 나 일곱 살에 돌아가셨으니, 외동딸이 먼저 간 거지. 그 고명딸을 일찍 잃고 얼마나 마음이 아팠겠어? 외할머니 돌아가신 모습이랑 초상 치르던 기억이 어슴푸레 있어. 외증조할머니 돌아가시고는 얼마 안 있어 전쟁이 난 거지.

외할머니는 옘병(염병)으로 돌아가셨어. 집에 새끼줄을 쳐놨었어. 그래도 양반 부잣집이구 하니, 동네 사람들이 의리루다가 병문안도 오고 손도 잡고 그랬어. 외할머니 돌아가신 게 나한테 충격이었나 봐. 그러니 그 어릴 적 기억이 있겠지. 근데 외증조할머니랑 외할머니 장례가 헷갈리기는 해. 진짜 내 기억인지 어른들이 자꾸 얘기해줘서 내 기억처럼 돼버렸는지 가물가물해.

원래는 아버지의 오남매가 한집에 살았고, 아들들은 장가가서 자식들 낳고도 한집에 같이 살았어. 그러니 정말 대가족인 거야. 그러다가 작은아버지가 결혼해서 북쪽 끝 함흥으로 세간을 났었는데,* 거기서 옘병이 걸려 가지구 고향으로 다시 돌아온 거야. 그 아들 병간호를 하다, 할머니가 옘병을 옮은 거지. 동네에 옘병이 돈 거는 아니었어. 할머니는 아들한테 옮아서 마흔에 돌아가셨지만, 작은아버지는 다 나아서 오래 사셨어. 작은아버지 아들딸들이 이북에서 배워 온 노래들을 부르기도 했어. "높이 들어라 붉은 깃발을, 그 밑에서 참사하리라." 참사가 칼로 목을 베어 죽인다는 말이야. 노래 뜻도 모르면서 신나고 힘차니까 애들은 따라 부르고, 어른들은 못하게 야단치구. 그 때는 해방 전인데도 이북에서는 그런 노래들을 부르고 그랬나봐. 독립운동하는 사람들이 가르쳤겠지.

옘병으로 가셨으니 상가 손님은 따로 안 받았어도, 초상은 제대로 치렀어. 상여는 니야까(손수레)에 했지만 꽃으로 치장도 하고, 상여꾼들이 어엉딸랑도 하고 노래도 부르며, "잘 있거라 나는 간다. 이제 가면 언제 오나" 하는 상여 소리도 불렀어. 없는 집이면 시체를 태워버리거나 묻고 말았을 텐데, 부잣집이니까 그랬겠지. 자식들이랑 친척들이 상복도 입었어. 남자는 굴건 쓰고 결혼 안 한 사람들이나 여

---

* 결혼해 분가를 함.

자들은 머리쓰개*를 얹었지. 집안 어른들이 "곡해라" 하면 모두 "아이고, 아이고" 하며 곡을 했어. 자식들이랑 젊은 친척들은 상여 가차이 가고, 동네 사람들이랑 어른들은 먼발치서 따라왔어. 나는 어렸으니까 죽고 어쩌고를 모르잖아. "우리 할머니 꽃가마 타고 어디 가냐?" 하면서 쫓아가며 울고불고하니까, 고모가 나를 업어줬어.

그 고모가 그때 열일곱 살이었는데, 시집가려구 약혼했을 때 할머니가 돌아가신 거야. 그 고모가 지금도 살아계셔, 여든 일곱이지. 그 고모가 시집가서 애를 못 낳았어. 그래서 내가 나중에, 미아리 어디서 애를 얻어다 줬어. 내가 유부남이랑 해서 아닌 말로 사생아를 낳아놓으니까, 그 고모가 내 딸을 자기 주면 했거든. 내 딸은 절대 못 주지. 근데 그때 나 살던 미아리에 가난한 집 여자가, 애를 낳고 금방 죽은 거야. 위로 형, 누나가 줄줄이 있는데. 그래서 잘 사는 고모라며 이야기를 하니까, 그 아버지가 백일도 안 된 아들을 내주더라고. 그 애기를 고모한테 데려다준 게 팔월 추석 전전날이었어. 안 그래도 우리 집이 나 땜에 초상집이 됐을 거 아냐? 근데 명절이라고 오는 딸년 품에 애가 둘이나 안겼으니, 다들 얼마나 놀래 자빠졌겠어? 하하하, 애비 없는 자식 낳아서 그 정신없는 와중에도 그 애기를 데려다가 좋은 부모 만나게 해준 거지. 지금도 나를 "누나, 누나" 하며 잘 따라. 그 동생이 우리 딸이랑 한 동갑이야. 그때는 없는 집 아이들을 그렇게 데려다 키우는 일이 많았어.

할아버지는 새장가를 안 가셨어. 할머니가 마흔에 돌아가셨으니 당연히 새장가를 가셨을 만하잖아. 근데 안 간 걸 보면, 두 분 금실이

---

* 수질(首絰). 상복의 한 종류. 머리에 두르는, 짚에 삼 껍질을 담은 둥근 테.

좋아서기도 했겠지만, 처가살이를 했으니 그런 거두 있을 거야. 혈혈단신으로 조선 땅에 들어와서 처가 덕에 일가를 세웠으니, 처가에 충성을 좀 하신 거지, 하하하.

왜정 시대 기억도 좀 있어. 칼 차고 다니던 일본 순사도 기억나고, 구장이 왜복 입고 모자 쓰고, 우리 집을 자주 들락거렸어. 일본 순사들하고 구장이 아버지를 무지무지 괴롭혔어. 공출해 가느라고. 해방 직전이라 더 공출도 심하고 탄압도 많고 그랬을 거잖아. 쌀, 수수, 밀, 그런 곡식들을 많이 실어가고, 목화도 많이 실어갔다더라구. 트럭으루 달구지루. 딸 낳으면 혼수부터 마련한다고 목화랑 누에 키워서 명주니 무명이니를 필루 준비하던 시절이잖아. 그걸 다 뒤져간 거지. 쇠라는 쇠두 모두 뺏어갔대. 일본 순사가 트럭 가지고 구장을 앞세워 와서는, 아버지를 닦달을 하며 다 뜯어가는 거야. 순사가 "멧 짝 실어라!" 그러면, 무조건 채워서 싣는 거야. 그걸 안 뺏길려고 아버지가 트럭에 올라타셨다가, 면소까지 가서 트럭에서 뒤로 떨어져 뇌진탕을 당하셨어. 다들 죽었다고 면소 차가운 바닥에다 거적때기를 덮어 놨었대. 첫겨울 시작해서 추울 땐데, 그 차가운 바닥에 내던져놓은 거지. 그런데 꾸물텅꾸물텅 살아나더래는 거야.

아버지가 그게 한이 되고, 뇌진탕이 결국 병이 되셨어. 그래서 자꾸 정신 이상 증세가 나서, 횡설수설하거나 이상한 행동을 하셨어. 그것 말고는, 세상에 법 없어도 살 만큼 선한 양반이셨어, 성인군자 선비였지. 이웃 간에 의리도 좋고, 동기간 정도 아주 많은 양반이셨어. 옛날에는 가족애가 얼마나 돈독했어? 특히 우리 일가친척은 더 그랬던 것 같아. 할머니가 아버지를 열여섯에 낳으셨대. 아버지 어릴 때 별명이 '올뱅이'였대. 쬐그만 색시가 낳은 애기라서 붙은 별명이래.

아버지가 귀신이 씌었다고, 집 마당에서 굿하던 게 기억나. 숫것*을 놔야 하고, 방아 찧지 않은 걸 놔야 하는 거야, 제물로. 벼, 수수, 콩, 팥, 그런 거를 가마니 가마니 쌓아놓구, 무당이니 박수니, 굿하는 사람들만도 많았어. 밤새껏 굿을 하는 거지. 지방을 써서 장롱이니 살림들에다가 붙여놓고는, 손을 못 대게 하고. 복상나무(복숭아나무)를 동쪽이래나 얼루 뻗치게 하고, 복상나무 가지로 아버지를 막 때리더라구, 귀신 떨어지라구. 그럼 내가 우리 아버지 때리지 말라구 울구불구 난리를 치는 거야. 그러구는 집안 남자가 아버지를 업어서, 대문 말구 담장 아래 커다란 수챗구멍으루 빠져나가는 거야. 귀신은 대문으로 안 나가구 그런 수챗구멍으로 나간대는 거지. 굿을 마치구는 마차루 가마니 가마니 올려놨던 곡식들을 죄다 실어갈 거 아냐? 그럼 내가 왜 우리 꺼 가져가느냐구, 못 가져가게 울구 뺏구 난리를 쳤지. 할머니는 성당을 다녔어도, 며느리가 하자는 굿은 안 말렸던 거야. 그러다 보면 아버지가 또 멀쩡하게 나아. 굿이라고 안 하고 경 읽었다고 하더라구. 부잣집 맏아들 병환굿이니, 최고 비싼 걸루 했겠지. 집안 잘되라고 하는 굿도 여러 번 했는데, 그건 정말 신나고 재밌어. 어른들 보는 데선 혼나니까, 멀리 안 보이는 데 가서 굿 장단에 춤추고, 무당들 흉내 내며 뛰구 소리지르구, 신바람이 나지.

집안에는 식구가 무지하게 많았어. 함흥으로 이사 갔다 온 작은아버지네 오남매도 우리랑 같이 컸지. 원두막 있는 참외 농사도 많이 져서, 원두막에 모기장 치고 뛰어놀고, 동네 친구들 데려다가 원두막에서 참외 잔치를 벌이구. 어린 시절이 풍족하고 즐거웠어. 집 안팎에

---

* 짝짓기를 하지 않은 동물이나 식물.

20

머슴도 많이 두구, 우리 집 밥을 먹는 동네 사람들도 많았어.

"겨울에 피난 가니 떡은 안 쉬어서 좋다"
— 한국전쟁과 보통학교

어렸으니 해방 때 기억은 별로 없는데, 커서야 '안성 4·1 만세'* 그걸 들었어. 6·25 동란이 났는데, 처음에는 피난을 안 갔다가 나중에 1·4 후퇴 때 갔어. 보통학교 다니다 말고 사변이 난 거지. '도지**를 준다' 그러지. 땅두 그렇지만, 소도 도지를 줘서 키웠거든. 빌려간 사람은 그걸로 농사일도 시키고, 주인은 1년에 얼마씩을 받는 거지. 전쟁이 나니, 도지 내간 사람이 소 두 마리를 도로 가져온 거야. 그 소에 먹을 거랑 옷가지랑 급한 살림이랑 이부자리랑을 질마***를 만들어서 보따리 보따리를 묶어 싣는 거지. 마루 밑에 큰 방 하나만 한 방공굴이 있었어. 왜정 때 공출 덜 뺏길려고 숨기느라 만든 거지. 거기에다 못 가져가는 곡식이니 자개장, 놋그릇들을 넣어놨어. 할아버지는 피난을 안 가신대는 거야. "난 여기서 집 지키며 기다리다가, 죽으면 죽고 살면 산다." 중국서 혼자 넘어와서 만든 재산이구 자손들인데, 배려지 머. 자기 때문에 피난길 늦어지고 성가셔져서, 혹시라도 자식들 잘못 될까봐도 그렇고.

---

*   1919년 4월 1일 밤 안성군 주민 2000여 명이 돌과 몽둥이를 들고 모여 일제 통치 기관을 축출하기로 결의한 뒤 원곡면사무소, 양성주재소, 우편소를 파괴하고 이 지역을 이틀 동안 '해방'한 봉기.
**   도지(賭只). 논밭이나 짐승을 소작 주는 일.
*** 길마. 짐을 싣거나 수레를 끌려고 소나 말 따위의 등에 얹는 안장 또는 그 짐 보따리.

피난 갈 준비를 한다고, 먹을 거를 밤낮으루 매칠을 만드는 거야. 피난 가다 굶어죽을까 봐. 하하하. 총 맞아 죽는 거야 별 수 없고, 굶어 죽는 거는 안 된대는 거지, 하하하. 그 노메 피난을 누가 가보기를 했어? 어떻게 하라고 배우기를 했어? 식구는 또 오죽 많아? 그러니 그냥 하염없이 만드는 거야. 매칠을 피난길에 있을지 모르니, 요량을 못하는 거야. 찹쌀, 멥쌀에 잡곡들을 볶고 찌고 빻고, 인절미니 떡을 가지가지로 빚고. 찍어 먹을 조청도 고아 담고. 아구야, 피난 가서 맨입에 떡 먹어 싱거울까봐 조청을 고아야 된대는 거지, 하하하. 그러니 모르는 사람이 보면 매칠짜리 잔치를 채리는 걸루 알 정도루 먹을 거를 만들어서는, 그걸 또 보따리 보따리 싸는 거야. 철딱서니 없는 나는 "겨울에 피난 가니 떡은 안 쉬어서 좋다"구 한마디를 보태구. 에구, 어느 집 딸인가 참 천방지축이지 머유, 하하하.

내가 또 예쁘게 입어야 한다구 하두 우기니까, 작은엄마랑 모두 둘러앉아서 밤새 꼬매구 누비구를 하는 거야, 내 겨울옷들을. 옛날 부잣집 딸들이나 여자들은 방한모자라고, 명주에 솜 놔서 겹으로 누벼서 고깔모자 모냥 만들어 쓰잖아. 겨울에 귀랑 목까지 내려 쓰고 쨈매면, 그 방한모자가 진짜 따뜻하거든. 방한모자에 노랑 저고리에 꽃분홍 치마를 누비옷으루 해 입구, 치마 속에 명주 가랑바지를 해 입은 거야. 그걸 입고 신이 나서는 피난을 간답시구 달랑달랑 쫓아가는데, 대포 소리는 뻥뻥 나구, 참 세상에 없는 철딱서니지 머유. 완전히 '웰컴 투 동막골'이야. 내가 그 영화 보면서 그때 기억이 나더래니까. 만 나이로 열 살이었으면 어릴 때도 아닌데 그렇게 철이 없었을까? 그 난리통 한겨울 피난길에도, 우긴다고 그 옷을 해 입힌 어른들도 재밌고. 전쟁통에는 여자들은 혼인을 했든 안 했든 얼굴에 흑칠하고 머리도 엉망으로 하고 그랬거든.

막상 피난길을 나섰는데, 논두렁에 꼬꾸라져 죽은 사람들이 많더라구. 애들도 죽어 있구. 굶어두 죽구 총에 맞아두 죽구, 그런 거지. 그러다가 부대 앞을 지나가는데, 미군 둘이 와서 미제 똥그란 사탕, 그래 그 드롭프스랑 과자를 한 움큼을 주는 거야. 그걸 받을려구 손을 내미니까, 그 작은 손에 몇 개나 올라가겠어? 그러니 치마를 벌리래는 거야. 그래서 또 철없이 치마를 쫙 벌려주니까, 과자랑 사탕을 한 보시기나 되게 주더라구. 그걸 받아서는 신이 났는데, 근데 그게 소 값이었던 거야. 갑자기 소를 뺏어서 짐을 내던지고 끌고 가서는, 우리 보는 데서 정수리에 정통으로 총을 쏘는 거야. 소가 피를 쫙 쏟으며 그 자리에서 팍 꼬꾸라지더라구. 그렇게 잔인해, 미군들이. 그걸 보니 우리 식구들이 놀래서는, 넋을 착 놓고 주저앉는 거지. 나도 그 꼬까옷을 입고 주저앉아 팔다리를 뻗대며 악을 쓰고 울고, 사탕이랑 과자는 다 던져버리고. 그러구나서는 소 한 마리 남은 거를 어떻게든지 안 뺏길려고, 산속으로 산속으로 피난길을 잡는 거야. 날이 번하게 훤해 오면 산속으로 끌고 들어가는 거지. 그러다가 어둑어둑하면 다시 산 밑에 길로 나오고. 충청도 보은 너머 산골 어디 연고 있는 집으로 갔는데, 헛간에 소를 두면서 '쉬' 하매 손짓을 하면, 소가 말을 잘 알아들어, 숨소리도 안 내. 거기는 젊은 청년 몇이 군대들을 안 갔더라구. 우리 간 데가 산골이어서 그럴까?

아버지는 소나무 땔감을 해 와서 도끼루 패는 거야. 한참 추울 때 피난을 갔으니 아무리 아는 집이라도 그 집 땔감을 그냥 쓸 수는 없잖아. 그럼 나는 또 아버지 도와준다고 옆에 앉아서 아버지가 패놓은 장작을 칼루 조기는 거야. 그러다가 손을 다쳤어. 요기 상처가 아직두 있어. 먹을 걸 많이 가져갔으니 우린 좀 넉넉하잖아. 다른 방으로 피난 온 사람들이랑 주인네는, 쌀 한 움큼에다가 마른 달랑무청을 넣고 죽을 끓여서 훌훌 마시는 거지. 그 피난길에도 아버지가 쌀이랑 먹을 거를 나눠주고 그랬어.

큰오빠는 전쟁 전 해방 뒤부터 향토방위대* 방위군, 그걸 충실히 했어. 그러니 이북 빨갱이랑 웬수지. 그래서 먼저 피난을 보냈어. 인민군한테 당할까봐. 큰오빠 열아홉 살 때야. 큰오빠가 피난 가면서 열일곱 살인 둘째오빠랑 서로 말을 맞춘 거야. 문경새재 싸릿가지들에다 무슨 표시를 해놓으면 우리가 그걸 따라가기로 한 거지. 아버지가 정신이 안 좋으시니, 어디 가도 가족을 챙기고 앞가림을 해줄 사람이 있어야 되는 거잖아. 큰오빠가 그때부터 벌써 아버지 대신을 한 거야. 큰오빠는 의대를 들어갔다 전쟁 때문에 졸업을 못하고 나왔다가, 나중에 공부를 마쳤어.

피난 갔다 집에 돌아오니 할아버지는 살아 계시더라구. 근데 방공호 큰 구뎅이에 놋그릇이며 자개장들을 쌓아놓구 나무루 덮어놓구 갔었잖아. 그 비싼 자개장이 아교가 녹아서 조각조각 떨어지구 다 못 쓰게 된 거야. 지금은 수 억이 나갈 거야. 그걸 죄다 버린 거지.

그러구 살다가 작은아버지가 땅문서 내놓으라고 한바탕 난리를 부리구, 할아버지는 "이놈아, 이제는 더 못 준다"고 호통을 치구, 싸움이 난 거야. 작은아버지가 팔난봉꾼에 놀음을 많이 했거든. 사람은 너무너무 좋은데, 논밭 비어서 살림 내눠주면, 놀음에 홀딱 말아먹구 말아먹구 그랬거든. 우리 엄마가 여섯 번을 살림을 눠줬대. 그렇게 싸우

---

* 한국전쟁을 앞뒤로 지역 방위를 하려고 만든 부대.

다가 하루는 작은아버지가 우리 논 짚가리에 불을 지른 거야. 짚가리가 우리 집보다 더 컸어. 그러니 그 불이 얼마나 무섭구 커. 온 동네 사람들이 다 나와서 오줌, 개숫물, 우물물을 퍼다가 불을 껐어. 다 끄고 났는데, 우리 아버지가 얼마나 놀랬겠어? 안 그래도 뇌가 온전치 않은 양반이, 놀래면 한바탕씩 머리가 이상해지고 하셨거든. 불 끌 때까지는 괜찮으셨어. 그런데 불이 다 잡히고 나서 아버지가 엄마한테 "물 좀 가져와" 그래. 엄마가 뱅뱅돌이* 가득 떠오니 "그게 머야?", 다시 큰 바가지에 떠 가니까 "철철 넘치게 떠 와." 그래서 함지박만 한 바가지에 물을 푹 떠다가 주니까, 세상에 그 물이 어떻게 다 배로 들어 가냐? 그걸 쉬지도 않고 벌컥벌컥 다 마시더라구. 그러구 나더니 방으로 들어가자마자 까무라쳐버린 거야. 그러니 다들 또 물들을 떠다 붓고 흔들고, 그래도 안 깨나는 거야. 그러구는 또 정신병이 도진 거지. 정신이 나가면 누굴 해코지하는 게 아니라, 방마다 뜰마다 돌아다니면서 살림 감추구 사람 감추구, 그래쌓는 거야. 잠재된 게 나오는 거지, 왜놈들한테 공출 뺏기구, 피난 가며 살림 숨기고, 사람 다칠까봐 마음 졸이구 한 걸, 그대루 하는 거야. 나를 자꾸 방공호에다 밀어 넣구.

한번은 밤에 방에서 엄마랑 작은어머니랑 오빠가 목화솜을 한쪽에 쌓아놓구 목화씨를 빼구 있는데, 아버지가 창호지 문을 북 찢구는 들여다보는 거야. 그러다가 방으루 뛰어들어와서는 목화솜을 감춘다구 이리 옮기구 저리 뺏구 하다가는, 등잔불이 목화솜 더미로 쓰러져서 불이 확 붙어버렸어. 목화는 찌지직하면서 순식간에 타거든. 금방 홀라당 타버리는 거지. 다른 식구들은 베개루 불끄느라구 난리를 치는

---

* 스테인레스 둥근 국그릇 중 둘레에 약간의 굽은 모양의 그릇. 보통 국그릇보다 높이가 약간 낮다.

데, 아버지는 키를 꺼내 와서는 부채질을 하는 거야. 그러면서 또 혼자 깔깔깔 웃는 거야. 재밌다는 거지. 아닌 말루 불난 집에 부채질하는 거 아냐, 그게. 참말루, 이런 거 영화 찍으면 증말 재밌을 거야. 충격받을 때마다 아버지는 점점 더 심해져. 낫다가 심해졌다 덜했다 또 머가 뻗치면 더 심해졌다, 계속 그러셨어, 돌아가실 때까지.

농사 질려면 재를 쓰잖아. 피난 갈 때 헛간에 큰 구뎅이를 파서 쌀을 여러 가마 숨기고 그 위를 잿더미로 덮어놨어. 그런데 할아버지가 불씨 있는 재를 거기에 버렸는지 어쨌는지, 피난 갔다 와서 보니 쌀이 모두 끄을린 거야. 밥을 했는데 재 냄새가 나서 먹을 수가 없어. 할아버지 돌아가실 때 그 쌀루 술을 했어. 내 동네 넘의 동네 사람들을 다 불러서 모두 술을 멕이구 가신 거지.

전쟁 끝나구 학교를 다시 들어갔지. 그런데 큰오빠가 스물한 살에 장가가서 아이들 낳고 하니, 조카들을 돌봐야 돼서 학교를 잠깐 쉬었어. 큰딸이니까 나밖에 없었어. 아버지가 또 헤까닥해서 엄마랑 큰올케는 병원 쫓아다니느라 정신이 없었으니, 내가 안성 대덕국민학교 5학년을 다니다 말고 학교를 쉰 거지. 엄마는 아버지 대신 다 해야지, 두 오빠는 모두 가방을 들었지, 큰오빠는 군대 가 있지. 그러니 내가 학교를 쉰 거지.

둘째 오빠가 인천사범학교를 다니면서 인천 서린초등학교로 나를 다시 넣었어. 오빠랑 같이 하숙을 한 거야. 그러다가 오빠가 졸업하고 고향으로 들어오면서 나도 오빠 따라 들어와야 하니까, 내 졸업식을 못 갔어. 대학 졸업식이 먼저 있었던 거지. 여자애를 혼자서 도시에 둘 수 없는 거잖아. 공부는 다 마치고 졸업식만 못 간 거야. 졸업장을 못 받은 거지. 나중에 언젠가 보니 그 학교가 없어졌더라고. 그

대덕국민학교 동창생들. 오른쪽 셋째가 장기태.

러고는 집에 와서 또 학교를 꿇고 있는데, 중학교를 못 보내서 큰오빠 걱정이 말이 아니야. 나중에야 큰오빠가 천안 고등기예기술학교*를 넣어줬어. 2년 과정이고, 그때만 해도 편물 양재가 여자한테는 최고였거든. 거기를 다니느라 아버지가 나를 매일 밀양역까지 데려다주고 데려오고 했어. 그때는 나두 숙녀잖아. 자그만해서 예쁘구 하니까 우리 아버지가 꼬부랑 덴찌(손전등)를 비춰가며 맨날 호위를 하는 거지. 천안서 안성까지는 기차가 있었어. 밀양에서 내려 집으로 걸어가면 더 빨랐거든. 그러니 천안 중고등학교 남자애들이 내가 타는 기차를 타고 쫓아와서 나 밀양서 내리는 거를 보고, 지들은 안성까지 갔다 다시 그 기차를 타고 지네 집으로 돌아가고 그랬어. 어떤 애들은

---

* 1949년 12월 공포된 교육법에 따라 정규 학교에 다닐 수 없는 사람들에게 직업 기술과 지식을 가르친 고등학교 수준의 교육 기관.

집까지 쫓아오며 시야까시[*]를 해보려고들 했지. 그 시절에는 엑스 누나 엑스 동생이 없으면 사람 노릇을 못했어. 젊은 애들은 모두 서로 시영동생(수양동생), 시영언니(수양언니), 시영오빠(수양오빠)들을 하는 거지. 한 놈만 쫓아와? 여럿이지. 그러니 우리 아버지가 나를 지킨다구 쫓아다니는 거야. 아버지가 못 오면 머슴이라도 꼭 보냈어. 한 40분을 걸어 들어가야 했거든. 기술학교 수업은 서른여섯 가지 기술을 과정별로 나눠서 가르치는 거야. 지금은 그 학교가 없어졌지. 나는 항상 일, 이등을 했어. 졸업하고 학교에서 추천해줘서 일본까지 가서 연수를 하고, 강사 자격증을 받았지. 일본 연수는 6개월 과정이었어.

"거기서부터 꼬이기 시작한 거야"
— 4·19와 5·16, 뒤숭숭한 서울살이

일본 연수 마치고 서울로 와서, 명동에 있는 국제복장학원[**]에 강사로 취직을 했어. 그 학원이 최경자 선생이 세운 우리나라 최초의 복장학원이야. 몇 년 전에 죽은 앙드레 김[***]이 그때 본과에서 공부하는 학생이었고, 나이가 스물여섯인가 그랬어. 나보다 여섯인가 많아. 나는 속성반 강사고 그 사람은 본과 학생이니 자주 볼 일은 없었어도, 그때만 해도 복장학원 다니는 남자는 좀 별났으니까 유명했지. 더구나 본

---

[*] 사귀기 전 단계에 좋아하는 감정을 갖고 '작업'을 거는 일.
[**] 1961년 최경자가 세운 한국 최초의 패션디자인 전문 학원. 1938년 만들어진 국제패션디자인학원의 후신. 지금은 국제패션디자인전문학교로 바뀌었다.
[***] 본명이 김봉남인 앙드레 김은 한국 최초의 남성 패션 디자이너다. 최경자가 운영하던 양장점에서 일하며 패션 디자이너의 꿈을 키우다 1962년 국제복장학원을 졸업하고 바로 서울 소공동에 '앙드레 김 의상실'을 연다.

과를 다니는 걸로 봐서는 밥 벌어 먹으려고만이 아니라, 아예 길을 그리로 잡은 거라고 생각이 됐지. 서울에는 국제복장학원이 생겼고, 바로 이어서 부산에도 노라노양재학원*이 생겼지. 두 학원이 서로 경쟁도 많이 했고, 아주 유명했어.

그러다가 4·19가 나니 오빠들이 집으로 오라고 난리가 나서 시골로 들어갔지. 그게 스무 살 때야. 그러구는 계속 서울이 뒤숭숭하니까, 오빠들이 못 가게 하는 거야. 안성 내려와서 잠깐 편물학원을 열었어. 그때 신식 편물기 하나가 쌀 열두 가마야, 구식 기계는 쌀 한 가마구. 신식 기계 한 대에 구식 네 대를 사서 편물학원을 했어. 한 과정이 3개월이고, 그걸 2기까지 했어. 1기가 열여섯 명 정도였어. 작은 학원이니 원장 겸 선생이 나 하나인 거지. 그래도 아주 보람되고 재밌었어. 내가 가르치는 거고 내 일인 거잖아. 한 달 수강료가 3500원인데, 시골서 그거 못내는 여자들이 너무 많은 거야. 국민학교도 못 다닌 여자들도 많고. 돈 없는 사람은 그냥도 하고, 글씨 모르는 사람들은 글씨도 가르쳐가면서 재미나게 했어. 내가 혜택받은 사람이구나 하는 걸 그 때야 느꼈어.

4·19 당시 안성 오재○ 국회의원이 용인초등학교 사학년까지만 다닌 사람이었어. 그 사람이 아마 자유당이었는데, 부정을 많이 했어. 오재○ 누나가 백운○이라는 유명한 점쟁이 부인이야. 그 백운○이 오재○ 점괘를 보고 국회로 나가게 한 거지. 근데 부정부패를 많이 해서, 안성 학생들이 오재○을 반대하면서 수원까지 걸어가며 데모를 하는 거지. 데모 대열에 같이 할 생각은 못했어. 학생들 말이 맞는 거

---

* 1961년 12월 노경자가 부산에 세운 학원. 지금은 노라노디자인아카데미로 바뀌어 서울과 부산에서 운영 중이다.

는 같은데, 무서운 거지. 게다가 완고한 집안이고 여자니까, 우선 피하고 보는 거야.

그러다가 5·16이 났는데, 사람들이 모이지를 못하게 하는 거야. 세명 이상 모이려면 신고를 해서 허가를 받아야 돼. 그런데 그 학원이 정식으로 허가를 낸 게 아니라 그냥 여자들 모아서 가르치고 하는 거니, 무슨 트집을 잡혀서 잘못될 줄 알아? 그때는 무서웠잖아. 그러니 편물학원을 그만두고 집에 있다가 다시 서울을 온 거야.

다시 서울 와서는 성균관대 앞 양장점에 취직을 했어. 쉬고 앉았기 싫어서 아직 시끄럽지만 서울로 온 거지. 하루는 대학 안에서 학생들이 구름처럼 쏟아지더니 소리를 외치면서 거리로 나오는데, 경찰이 최루탄을 쏘고 학생들을 잡고 때리고 하는 거야. 그러니 양장점으로 피해 들어와서 "나 좀 숨겨달라"는 거야. 주인이구 다른 직원들은 모른 척을 하는데, 나는 장독 속이니 장롱 속에다 숨겨주고 그랬어. 옳고 어쩌고는 잘 모르겠는데, 일단 안됐잖아. 그러다가 잡혀가면 어떻게 당할지 모르는 세상이었거든. 일단은 구해놓고 봐야지.

서울역이구 명동이구 하루가 멀다 하구 난리였지. 여학생들도 보이던데, 그 용기가 멋있어 보였어. 총 쏘는 거는 직접은 못 봤어, 뉴스로는 들었지. 내 머릿속에는 4·19니 5·16이니, 박정희 대통령 때 맨날 시위하고 하던 것들이 많이 헷갈려. 그 시절에는 고속도로 깔고, 백만 수출탑이니 새마을운동도 하고, 대둔산에 등산로 탑 만들고. 그런데다 화폐 개혁이니 유류 파동이니 쌀 파동이니 하매, 맨날 머가 바뀌고

---

* 최경자가 국제복장학원을 세운 해는 1961년이고 4·19 혁명은 1960년에 일어났다. 4·19혁명, 국제복장학원 강사, 편물학원 운영, 5·16 군사 쿠데타, 박정희 정권 동안에 일어난 시위, 긴급 조치, 계엄령 등을 둘러싼 기억에 혼선이 있다.

그랬어. 무슨 조치니 그런 것도 많았고, 간호원 제도도 이랬다저랬다 하고, 약국 운영도 계속 바뀌고. 아주 정신없던 시절이야. 나는 서울서 직장 생활 다니다 툭하면 집으로 불려가느라고, 직장이고 머고가 들쭉날쭉했지.

고향 동네 할머니들이 생각나. 내가 가면 꾸구렁 허리를 억지루 펴며 일어나서는, 나를 머래도 멕여 보낼려구 못 가게 붙들구. 우리 덕에 먹고 산 사람이 많거든. 꼬깃꼬깃 넣어둔 돈을 꺼내 기어코 쥐여주는 거야. 내가 차비가 없어 머가 없어? 그래두 그거래두 줄려구들 야단까지 치면서 쥐여주는 거지. 한번은 명절에 내려갔더니 아는 할머니가 돌아가실 때가 다 돼서 아무것도 못 드신다더라구. 여섯 살에 민며느리로 시집와서 부뚜막에서 자며 평생을 종년으로 산 양반이었어. 일부러 물 많고 큰 걸로 복숭아 두 개를 손에 안고 갔더니, 하나를 배가 벌떡 일어나게 맛있게 드시는 거야. "내가 저승 가서도 이 맛은 못 잊겠다" 하시며. 명절 쇠고 곧 돌아가셨다는 소식을 들었어. 난 서울이니 못 내려갔지만 한편으로 맘이 편터라구. 동네서 늘 "아유, 저걸 누가 데려갈까? 저거 데려가는 집은 얼마나 좋을까?" 노상 그러구, 우리 아버지도 늘 "시집보내기가 아깝다, 시집 가지말구 나랑 살자" 그랬어.

그러다가 오빠들이 여동생하고 내가 같이 자취하면서 다닐 수 있는 가까운 일자리로 옮겨준 거야. 그때면 동생도 중학교 졸업하고 집에 있으면서 서울을 오고 싶어했거든. 동생도 서울 경험을 할 겸, 우리를 서로 가까운 직장에 취직을 시킨 거지. 한독약품하고 고려인삼주식회사, 두 회사가 서로 위아래로 마주보는 자리였어. 작은오빠가 서울에 정교사로 있을 때니, 요지 요지에 친구들이 많았어. 큰오빠도 병원 계통에 있으니 제약회사 사람들을 많이 알았고. 일양약품, 국제약품, 한독약품, 말만 하면 어디든 넣어주는 거야. 그런데, 내 인생은 거기서부터 꼬이기 시작한 거야.

최현숙 / 자, 인생 꼬이는 거는 좀 있다 하고, 그 시절을 좀 돌아보자구요. 선배님은 그때 여성으로는 전문직으로 성장할 수 있는 편물, 양재, 양장 분야에 종사하신 거네요. 기술학교를 거쳐 일본 연수와 학원 강사에 작은 학원까지 운영하면서, 나름 전문가로 성장할 길을 걸으신 거잖아요. 남성인 앙드레 김은 선배님하고 여섯 살 차이고, 국제복장학원 최경자 선생이나 노라노양재학원 노경자 선생도 선배님보다 30년과 13년 위로 거의 같은 세대나 한 세대 위의 여성인 거죠. 다들 평생을 양재와 양장에 이어 패션과 디자인 분야 전문가로 성장한 분들이에요. 그 후배나 제자들도 패션과 디자인 분야를 이끌어온 분들이 많고요. 선배님도 그렇게 한 우물을 팠다면 출신 배경이나 주변 자원은 크게 부족하지는 않았다고 봐요. 열정이나 똑똑함이나 또는 집안 경제도. 양재에 이어 패션 디자인을 전문 분야로 계속 하지 않은 이유는 뭔 거 같아요?

장기태 / 두 학원 출신들이 그때 서울에서 양장점을 많이 내고 그랬지. 나는 그렇게 지금 돈으로 억대를 들여서 양장점을 낼 배포도 없었고, 우리 집이 그걸 밀어줄 만큼 돈이 많지는 않다고 생각한 거 같아. 부잣집이라고는 하지만 시골 부잣집이 큰 부자도 아니고, 오빠들 셋 줄줄이 공부하고 결혼하고 하느라 내 공부에 더 돈을 쓸 수 없었을 거야. 물론 돈을 벌면서 공부를 더 했으면 좋았겠지만, 양재 분야가 그렇게 일하면서 돈 벌고 공부하고 할 만큼 좋지가 않았지. 게다가 최경자나 노경자는 모두 이대 출신에 외국에서 공부도 하고 그랬을 거야.

그루구 그때를 생각해봐. 4·19니 5·16이니 해서, 데모니 긴급 조치니 노상 시끄러운 시절이잖아. 집이 서울인 것도 아니고, 누가 말만한 딸년을 그 무서운 서울 바닥에 계속 혼자 두겠냐고? 오빠들도 그때는 아직 아무도 서울에 없었거든. 그러니 취직을 해서 좀 다닐려다 보면 툭하면 집으로 불려갔어. 그러니 직장 생활은 그저 여자가 시집 가기 전에 하는 사회 경험으로나 생각하고, 툭하면 시골집으로 불러들이는 거지. 나도 그냥 나 위해서 그러려니 생각하고 시키는 대로 했던 거고. 우리 집이 내가 꼭 서울서 돈을 벌어야 할 정도로 어려운 것도 아니었잖아. 게다가 내가 작정을 하고 시작한 분야도 아니었으니, 나도 기를 쓰구 멀 주장하지도 않았구. 큰오빠가 나 생각해서 그 길을 터준 거지만, 사실 나는 가르치는 거는 재밌지만, 직접 바느질, 가위질, 다림이질 그런 거를 잘하지도 못하고 좋아하지도 않았어. 더군다나 나중에는 편물 양장으로는 더 나갈 게 없다는 생각이 들더라구. 기성복이 나오기 시작한 거야. 다 맞춤옷이었다가 기성복들이 쏟아지는 거잖아. 값도 훨씬 싸고. 그러니 '아, 이건 하향길이구나' 하는 생각이 들었어. 편물도 요꼬*라는 기술이 새로 나왔지만, 그것도 지금은 거의 없어졌잖아.

더구나 그렇게 들락거리면서 취직을 하려고 보면, 쉽게 들어갈 수 있는 데가 미싱 말구는 거의 없었어. 나는 본뜨기나 재단 같은 나름 전문성이 있는 일을 잘했어. 근데 그 일은 사람을 많이 안 써. 미싱은 열 명, 스무 명을 쓰면, 본뜨기랑 재단은 한 명만 있어도 되는 거잖아.

---

* 가로 방향으로 짜는 편물의 한 방식.

그러니 재단은 갈 길이 멀고, 미싱은 갈 길이 가까운 거지. 종로 숭인 동에 커다란 교복 만드는 회사에 재단으로 입사를 하려다 안 돼서 미싱으로 들어갔었어. 그런데 기술은 있는데 물건 개수 뽑아내는 거는 잘 못하는 거지. 실무에서는 떨어진 거야. 미싱 잘하는 사람들이 서른 개, 마흔 개를 뽑아낼 때, 나는 열 개밖에 못하는 거야. 그러니 자존심도 상하고 일을 계속 할 수가 없지. 수입도 미싱은 훨씬 적고.

그런데 나중에 앙드레 김이나 잘 나가는 후배들을 보면서 그런 생각은 들더라고. '누군가 그 시절에 내 평생의 직업을 같이 의논해줬으면, 나도 내 나름의 전문직 여자로 살 수 있었겠구나.' 양재나 패션 디자인, 꼭 그런 게 아니더라도 내가 잘하고 좋아할 수 있는 분야 말이야. 오빠들은 그때 정한 직업으로 평생을 한길로 성공하면서 살았거든, 의료와 교육과 공무원으로. 근데 나는 천안 고등기예기술학교는 그런 장기적인 생각 없이 그냥 큰오빠가 정해준 거였고, 중간에 진로를 바꾼 것도 내가 아니라 큰오빠가 해준 거지. 그 정도 경제력이나 열정이었으면 나도 전문직 여성이 되고도 남았을 텐데, 그게 아쉬워……

내가 나중에 앙드레 김 패션쇼를 보고 깜짝 놀랐어. 어디 광화문 문화회관에서인가 하는 걸 티브에서 본 거야. 그게 아마 내가 서른 됐을 거야. 그때 기분은 '어머, 저 사람이 나랑 같은 학원에서 공부한 사람인데 저렇게 성공했구나……' 하는 부러움이지. 물론 본과니 속성과니 차이는 있었지만, 그 사람은 학생이고 나는 강사였잖아. 게다가 그때 나는 아주 심란하고 죽고 싶기만 한 때였어. 지하에 묻혀서 늘 눈물 바람으로 살던 때지. 유부남 딸 낳아 키우는데, 애 아버지는 다른 여자랑 바람나 나가고, 나는 애 업고 미아리 시장서 쟁반에 고

사리 담아서 행상을 하던 때야.

최현숙 / 그러게요. 많이 힘들고 회한도 많으셨겠네요. 선배님 인생 꼬인 이야기는 가장 중요하니까 차차 하기로 하고, 어릴 때 이야기랑 형제자매들 이야기 남은 거를 더 해보자고요.

장기태 / 지금 생각하면 좀 다르지만, 그때 내가 느끼기로는 아들딸 차별은 거의 안 했어. 내 생일이 음력 칠월 초아흐레인데, 아직 과일이 별로 없을 때야, 복숭아만 나오고. 내 생일 되면 엄마가 쌀 두어 됫박 내서 머슴 데리고 과수원에를 가서 복숭아를 한 보따리 사다가 딸 생일치레를 했어. 떡도 하고. 그 시절은 잘 살아도 아들들 공부도 안 시키는 집이 많았어. 그런데 우리 집은 어쨌든 다섯을 다 가르친 거지. 우리 엄마가 공부를 못한 게 한이 맺혀서 딸들도 모두 가르쳤지. 맞은 적도 단 한 번이 없어. 눈칫밥 한 번을 안 먹어봤어. 나중에 유부남 애를 낳아서 친정을 그렇게 뒤집어놨어도, 때리고 맞고 그런 거는 없었어. 다들 나 생각해서 말리고, 붙잡아 가둬놓고 한 거지.

어릴 때 오빠들은 모두 그저 내 호위병들이야. 보통학교 때도 큰 개천을 건너야 학교를 가는데, 장마 지면 돌다리가 다 없어지잖아. 그럼 오빠들이 서로 업어서 건너줬어. 학교 갈 때 가방을 내 손으로 들고 가본 적이 드물어. 오빠들이 서로 들어주는 거지. 밑에 여동생이랑도 동기간 정이 한도 없이 좋아. 언니 일이라면 지가 발 벗고 나서고, 걔가 오히려 언니 노릇을 했어. 나는 방구석에서 책이나 보구 그러면, 걔는 엄마 일 도와서 살림하고. 키도 나보다 더 크니, 사람들이 걔를 언니로 보기도 했어.

어려서 시골 살 때, 우리가 밀 볶아 먹는 거를 너무 좋아했거든. 동생이랑 서울서 자취할 때 아버지가 밀 한 다발씩을 꺾어 기차로 버스로 해서 자취방으로 가져오셨어. 그걸 연탄불에다 볶아서 딸들 손에다 놓아주고 입에다 멕여주고. 나도 동생도, 사랑을 많이 받았어. 그게 평생 큰 힘이 되기도 했겠지만, 또 그거 때문에 남자를 잘못 만난 것도 있어. 세상 남자가 다 오빠들이나 아버지 같은 줄 안 거지.

그때는 **가설극장**이 들어왔거든. 〈목포의 눈물〉이니 〈순애보〉니 〈춘향전〉 같은 영화들도 해주고, 서커스도 하고, 동네 사람들 노래자랑도 하고. 무성 영화도 있었고, 나중에는 유성 영화도 나왔지. 저녁 먹고 난 시간에 학교 운동장에다가 하얀 천을 걸어 세우고 영사기를 돌리는 거야. 사람들이 운동장이 꽉 차게 몰려와서는, 가운데나 앉아서 보고 그 뒤로는 삥 둘러서서 보는 거야. 우리 오빠들 고등학교 다닐 때인데, 오빠들이 나를 꼭 데려가. 동네 총각 처녀들이 다 모이잖아. 다들 한껏 멋 내고 나오는 거지. 시골에서 저녁 먹고 난 밤중에 멋 내고 나올 일이 머 있겠어? 그럼 쪼끄만 꼬맹이들이 처녀 총각들 몰래 둘씩 옷핀으로 옷을 묶어놔. 영화 끝나면 그때야 아는 거지. 그럼 꼬맹이들은 낄낄대고 웃고, 총각들도 좋다고 배시시 웃고, 처녀들은 얼굴이 빨개져서는 도망가고. 오빠들이 셋이나 있어서 보디가드 하겠다며 데리고 가니, 엄마도 안 말렸지.

"어느 뱃속에는 머 애가 안 들어서유?"
— 오빠들 결혼하다

큰오빠는 나보다 여덟 살이 많아. 그 오빠는 공부를 제일 많이 했지. 부잣집에 큰아들이고 하니 많이 가르쳤지. 의대를 다니다 전쟁 때문에 중단을 한 건데, 군대 가서랑 제대해서랑 공부를 마저 해서, 나중에 의사가 됐어. 큰올케는 산골 살다가 우리 동네 살던 친척 따라서 들어온, 밥이나 먹던 집안의 스물한 살 색시였어. 복스럽게도 생기고 집안도 좋았고. 그때는 여자 배우구 안 배운 거를 따지지를 않았어. 없이 살아도 집안하구 사람 됨됨이가 좋으면 되는 거지. 우리는 동네 터줏대감이고 그 사람들은 타지 출신이지만, 동네 연고로 들어온 거니 집안이고 사람이고를 모르지 않는 거고. 게다가 우리도 아버지가 약점이니까, 좀 낮춘 거야. 딱 그때 또 우리 아버지가 병이 도진 때였어. 버선 백 켤레에 치마저고리 열 죽*에다가, 겨울 이불, 여름 이불, 봄 이불에 풍경화니 거울이니 액자니, 혼수품이 많았어. 예단을 가까운 집안사람들은 이불을 하고, 동네 어르신들은 모두 버선을 드리고. 색시 친정이 가난하니, 우리 엄마가 뒤루다가 다 돈을 대주고 옷감들도 끊어주고 해서 동네 사람들 보란 듯이 한 거지. 그 시절에 안성서는 풍경화니 액자를 혼수품으로 가져오고 그랬어.

혼인 잔치를 보름을 하는데, 6·25 사변 끝나고 바로 다음 해니, 거지 각설이들이 오죽 많아. 각설이들이 제일 큰 손님이야. 동네 사람들도 전쟁 끝이니 다들 힘들고 못 먹을 때고. 그러니 동네를 넘어 안성 잔치를 보름을 한 거지. 국수 백이십 관을 다 썼어. 오빠는 15육군병원에서 근무하던 땐데, 결혼 휴가 내서 15일 잔치를 하고는 다시 병원으로 간 거지. 그때가 내가 열네 살 때야.

큰올케네 친정이 못살잖아. 그러니 엄마 몰래 우리 둘이서 늘 곡식을 빼돌리는 거지. 하하하. 올케네 친정이 한 동네랬잖아. 우리 엄마는 며느리도 들였겠다 저녁만 먹구 나면 마실가잖아. 그럼 나랑 둘이 광에 가서, 나는 자루 벌리구 올케는 쌀 퍼 담고.

최현숙 / 하하하, 잘 했네요. 없는 올케네한테 시누이가 곡식을 퍼줬으니 얼마나 잘한 거야.

장기태 / 지금도 우리 언니가 그걸 고마워하고, 그저 큰시누밖에 없어 해. 자기 딸보다도 나를 더 좋아하구, 잘해. 조카들도 큰고모밖에 없어. 우리 엄마는 몰르구 죽은 거야. 하하.

둘째 올케는 딸만 다섯 있는 집 맏딸이었어. 우리 오빠가 인천에 있

---

* 한 죽은 열 벌.

는 학교 정교사로 있었거든. 그 학교 교장이 중신을 섰어. 교장이랑 일가인 색시지. 고향은 경기도 용인이고, 거기서 초등학교를 졸업한 여자야. 그 집이야말로 큰 부자야, 아들만 없지. 그래도 여자라고 안 가르친 거야. 근데 나중에 보니까 그 아래 딸들은 가르쳤다더라고. 올케가 자기 부모한테 그 원망이 많았어, 못 배운 한이. 아주 똑똑하고 현명한 여자였거든. 근데 얼굴은 정말 못생겼어, 하하.

둘째 오빠는 그 혼인을 안 하고 싶었어, 여자가 너무너무 못생겼거든. 군대 있을 때인데, 휴가 맞춰 선보는 자리에서만 한 번 보구는, "싫다" 그러구는 군대로 들어가서 나오지를 않는 거야. 선볼 때는 동네 어른들두 같이 가서 본 거야. 색시 집에서는 신랑네 재산이구 머구는 관심도 없고, 오로지 선생 하나에 좋은 거야. 신부 쪽이 욕심을 내서 서둔 거지. 집안 어른들끼리는 서로 좋다고 진행을 하고, 큰오빠가 몇 번을 편지를 쓰고 찾아가고 하면서 동생을 달래구. 그래도 답장 한 번이 없고, 하겠다는 말이 없었어. 집안에서 진행하는 거를 막을 수는 없지만, 자기는 싫은 거지. 아버지가 병드니까 큰오빠가 가장이 잖아. 나중에는 큰오빠가 부대까지 쫓아가서 다른 말은 않고, "이만 저만해서 결혼식이 언제다, 휴가를 받아서 언제까지 나와라" 하고만 온 거지. 혹시 모르니까 부대 상관한테도 말을 해놓고. 그 잔치는 20일을 했다우. 좁쌀 한 가마랑 쌀 세 가마로 술을 빚어서 그 술 도가지를 다 바닥을 낸 거야.

근데 그 전에, 내일이 잔칫날이면 이노무 신랑이 오늘 밤까지도 안 오는 거야. 오늘까지는 집에 와서, 내일 신부네 집에 가서 혼례식을 하고, 혼수랑 신랑 각시가 같이 시집으로 들어와서, 다시 동네 사람들 다 불러 혼인 잔치를 해야 하는 거잖아. 잔치 준비는 동네가 떠나가게 다 해놨는데, 아 이노무 신랑이 안 나타나는 거야. 떡이란 떡은 종류별로 다 해놔, 콩 갈아서 두부 만들어놔, 부침개 부쳐 산처럼 쌓아놔, 녹두 갈아서 녹두전 쌓아놔, 술 빚어 술독에 꾹꾹 눌러놔, 사골 고아서 국수 국물 만들어 놔, 소 한 짝 사다 수육이구 꼬치구 다 해놨지. 잔치 준비를 하느라고 동네 여자들이 다 종일토록 우리 집에 와서 만들었을 거잖아. 그러니 그 핑계 대고 애들이니 서방들이니 다 와서 놀고 먹고를 미리 하고 있는데, 신랑이 안 오는 거야. 집안 어른들은 부아가 나도 화를 못 내고 속으로만 애가 타서 부글부글하는 거야. 그 시대에 전화가 있어 머가 있어? 부대루다 전보를 매칠 전부터 띄우구, 그 저녁에도 또 보내구 한 거여. 형이 매칠 일찍 나오라고 했거든, 근데 당일 새벽 두 시가 돼도 안 오는 거지. 아직 동네 사람들이 많이 남아 있는데, 이제 분위기가 싹 달라지지 않겠어? 혼례 잔치가 아니라, 이제 초상집 판이 난 거지. 잔치 못 하면 이 많은 음식을 장에 내다 파느니 어쩌니 하는 소리까지 나오고, 이 음식을 다 어쩌냐고 궁리들을 하고 있는 거야. 신붓감 못생겼다는 소문은 선보러 간 집안 할머니들 입에서 벌써 쫙악 퍼졌으니, 동네 사람들도 우리한테 대놓고 말은 안 하지만 신랑이 왜 안 오는지를 모두 아는 거고. 그러니 우리 엄마랑 큰오빠는 얼마나 속이 타고 죽을 지경이었겠느냐고?

동네를 들어와서 뒷굴을 넘어야 우리 집으로 들어서는 거야. 그 뒷굴에 명희네 집이 있었어. 그 집이 우리 밥을 먹고 사는 집이었어. 우리 동기간하고 명희네 남매들하고도 친하고. 근데 오빠가 새벽 두 시 넘어 그 집 앞에 와서는 "명희야!" 하고 부르더래는 거야. 그때 평택까지는 차가 있고, 그 나머지는 걸어 들어와야 했거든. 오기 싫은 결혼식을 부모 형제 체면 생각해서 별수 없이 오기는 오는데, 제일 늦은

막차를 타고 평택까지 온 거야. 모르지, 평택 거기서 먼 짓을 했는지는. 통금이 지나도 한참 지나서야, 턱이 쑤욱 빠져서는, 안성까지 느릿느릿 기어들어 온 거야. 그것도 집으로 바로 안 오고, 명희네를 가서 자기 온 거를 알린 거지. 그러니 명희는 오빠한테는 머라 말두 안 하구, 그냥 벌떡 일어나서 우리 집으로 막 뜀박질을 해온 거지. 온 집안이 난리가 난 걸 명희도 아니까. 명희가 나보다 한 살 아래였어. 그냥 뛰어 들어와서 숨이 할딱거리면서 "왔어, 왔어!" 그래서 엄마가 "머가 와?" 하고 내다보니, 그 뒤로 오빠가 고개를 푹 꺾고 느려 터지게 걸어오는 게 보이더래는 거야. 그러니 아직 안 가고 모여 있던 사람들이 또 한바탕 분위기가 뒤집어진 거지. 오빠 보고 야단치는 사람도 없고, "왜 이렇게 늦게 왔나?"느니 "잘 왔다"느니 하는, 그런 소리 하나가 없어. 그저 "이젠 됐다" 하는 마음에 다들 잔치 분위기로 확 뒤집어진 거지. 엄마랑 큰오빠는 아닌 말로 정말 십 년 감수를 한 거 아냐? 그래도 아무 소리 않고 속으로만 좋아하면서 잠자리를 깔아준 거야.

혼례식을 하는데 색시 등치가 오빠보다 반은 더 커. 세로도 길고 가로도 넙떡하게 한 배 반이구. 게다가 아무리 치장을 했어도 얼굴은 누가 봐도 못생겼구. 신부네 집이 그 동네 제일 큰 부자였거든. 군대 가 있는 신랑을 빼오겠다고, 쌀 스무 가마 돈을 내겠다고 하더라고. 근데 우리 집에서 그걸 마다 한 거야. 군대 빼올 돈이라면 우리도 있었지. 근데 정교사고 공무원이니 그러는 게 맞지 않다고 판단을 한 거야. 그때는 전쟁 나고 얼마 안 됐으니까 다들 군대 가는 거를 너무너무 꺼리고 겁내고 하던 때였어. 돈 있는 집에서는 다 돈을 써서 군대를 안 갔거든. 요즘 장관이니 머니 청문회 하면서 군대 안 간 거로 당하는 거 보면, 이유야 머라고 대든 돈 주고 빼낸 게 많았을 거야. 아마 신랑은 색시가 맘에 안 들어서 더 군대 나올 생각을 안 했을 거야. 둘째 오빠가 우겼으면, 돈을 넣어서라도 빼왔을지도 모르지.

신랑 신부가 시집으로 들어오면서 혼수가 두 추럭(트럭)이 딸려 왔어. 우리 집이 안 그래도 없는 게 없잖아. 그런데 그 두 추럭 살림을 해왔으니, 들여놓을 데도 쌓을 데도 없는 거야. 그러니 있던 살림을 뒤안으로 내놓고, 그 김에 허름한 살림은 버리고 하면서 혼수들을 집 안으로 들여놓는 거지. 그래도 짐들을 다 펴놓지를 못하고 쌓아놓은 채루 두구 그랬어. 이불이 열두 채고 버선이 이백 켤레야. 신랑 신부 철철이 한복을 죽으로 해 오구, 시부모 이불이며 한복이며 넘쳐나게 많은 거야. 장롱 하나만 해도 족할 텐데, 그걸 그렇게 해가지구 왔으니 놓을 데가 없을 정도인 거지. 한옥이 방은 여러 칸이라도 크지들을 않잖아.

첫날밤을 지내는데, 이노무 신랑이 신방을 들어가야 말이지. 자꾸 평계를 대면서 안 들어가는 거야. 그래서 친구들이 술을 왕창 맥여 가지구 나가 떨어져 있는 거를, 사지를 하나씩 붙들어 떼메서는 던져 넣은 거지. 그때는 또 열두 채 이불 해온 거를 첫날밤에 다 펴놔야 잘 산다는 거였어. 그러니 이불이 높다랗게 쌓여 있는데다 신랑을 풍덩 던져 넣은 거지. 그 와중에 색시는 꼼짝도 안 하고 쪼그리고 앉아 얌전 떨며 색시놀음을 하고 앉았고. 그때는 창호지 문에 구멍을 내서 신방을 훔쳐보고들 했잖아. 색시 옷고름을 풀 신랑은 술에 떨어져 꼬꾸라져 잠을 자는 척하는 건지 고름 풀어줄 형편이 아니고, 색시는 꼼짝도 못하고 옆에 쪼그리고 앉았고. 동네 사람들이랑 꼬맹이들이 그 고름 푸는 꼴을 볼려고 기다리다 기다리다 지친 거야. "에라 모르겠다." 다들 나와서는 지네들끼리 놀고 먹고 바쁜 거지. 매칠 지나니까 결혼한다고 낸 휴가가 끝나고, 신랑은 홀쩍 군대로 갔어. 그래도 동네 사람들은 여러 날을 마저 먹고 놀고 하는 거지. 동네를 넘어 안성 전체루, 이래저래 걸쳐진 사람들은 모두 온 거야. 안성 바닥 각설이들이 우리 집 근처서 한동안 진을 치구 살았어.

그렇게 시집살이가 시작됐는데, 신랑은 가고 없고 신부가 얼마나 신혼 생활이 퍽퍽했겠어? 우리 집이 머 별다른 시집살이를 시키는 집은 아니지만, 다른 게 시집살이겠어? 낯선 시집에 신랑은 없고, 더구나 신랑이 신부 맘에 안 들어 하는 게 누가 봐도 뻔한 거지. 신부가 그 눈치가 없었겠수? 그러니 하루 마치고 해 넘어가면 아궁이 단도리 끝난 그 부엌 뒤안 굴뚝 아래 가서 혼자 눈물 바람을 하는 거야. 얼마나 서러웠겠어? 그러다가 오빠가 군대를 완전히 제대하고 와서는, 서울이나 인천이 아니고 동네 근처 학교로 출근을 하는 거야. 다들 서울이나 인천, 경기도 어디로 갈 줄 알았는데, 본인이 우겨서 시골 학교로 출근을 하는 거야. 신부가 맘에 안 드니, 둘이 나가서 살고 싶지가 않은 거지.

그러면서도 또 애는 만들더구만, 하하. 그때는 우리 집 가운데 있는 우물을 안 먹고, 집 뒤 한참 돌아가서 있는 바가지 샘물을 떠다 먹었어. 그 물이 좋아서 우리도 그렇고 동네 사람들도 죄 그랬지. 개숫물이랑 빨래할 때나 큰 우물을 쓰고. 신랑이 제대하고 학교 선생 나가는 첫해 봄에 둘째 올케가 물을 뜨러 그 샘물을 가는데, 동네 여자들이 보니까 신부 배가 뽀록하니 불러 있는 거지. 우리 올케도 머 챙피한 줄도 모르고, 누가 모를까봐 보란 듯이 내밀구는 그 샘물터를 드나드는 거구. 그러니 동네 할머니들이 대놓구 우리 오빠를 놀리는 거

야. "저런, 우라질 놈. 색시 싫다고 신방에도 안 들어가던 놈이 색시
배는 부르게 해 놨네." 그러구 놀리면, 우리 오빠는 또 "어느 뱃속에는
머 애가 안 들어서유?" 그러면서 넉살을 떠는 거구. 하하하.

　그렇게 해서 첫아들을 낳았어. 그런데도 둘째 오빠가 세간을 안 나
가는 거야. 집에서 꽤 먼 학교로 배정이 돼도, 차 타고 걷고 하면서 어
디래도 출퇴근을 하는 거야. 그러니 올케 친정에서는 얼마나 세간 내
주기를 원하고, 올케는 대놓고 얘기는 못하지만 얼마나 속으로 원했
겠어. 큰오빠는 밀양에 있는 15육군병원 의사로 있느라 혼자 나가 있
고, 큰올케는 집에서 애들 형제랑 시부모랑 살고 있었으니 집에 살림
할 며느리가 없는 것도 아니잖아. 근데 둘째 오빠가 나가려고를 해야
분가를 하든가 하지. 우리 엄마 아버지도 얼른 나가라고 하는데도 오
빠가 한사코 괜찮다고 하는 거구. 그러니 올케가 어떻게 주장을 했겠
어? 속만 타는 거지.

　그러다가 결국 억지로 세간을 내보냈어. 근데도 오빠가 자꾸만 집
에를 오는 거야, 혼자서. 그러니 안 되겠다 싶어서 큰오빠가 손을 써
서 저 산골 멀리로 발령이 나게 했어. 동생네 부부간에 잘 사는 거를
봐야 안심이 되니까. 근데 그 산골 거기서 또 둘째 아들을 낳더라구.
그러구서야 안심이 되니까, 다시 안성 근처로 발령을 나게 하고 집도
하나 따로 얻어줬어. 그러니 우리 언니가 얼마나 오빠한테 정성을 쏟
아. 집도 멀지도 않아서 점심을 집에 와서 먹고 가도 충분한 데 학교
에서 대강 때우니, 언니가 점심때마다 뜨건 밥을 해서 반찬이랑 오밀
조밀 이쁘게 맛있게 해가지고 날이면 날마다 학교를 가는 거야. 그렇
게 정성을 들여 남편 마음을 사는 거지. 그러면서 또 셋째를 기집애
를 낳은 거야. 근데 이노무 기집애가, 63빌딩에서 떨어뜨린 메주마냥

못생겨도 그렇게 못생길 수가 없게 안 이쁜 거야. 지 엄마는 저리 가라로 더 못생긴 거지. 근데 우리 오빠가 그 딸을 그렇게 또 이뻐할 수가 없는 거야. 얼마나 쭉쭉 빨고 이뻐라 하는지, 아주 옆에서 봐주지를 못해. 아빠가 이뻐하니까, 애가 엄마구 할머니구 없이 맨날 아빠한테만 가는 거야. 가서 "압빠, 쉬 마려" 그러면 그 애를 달싹 두 손으로 받아 안아서는, 오강에 앉히지도 않고 안은 채로 오강에 궁뎅이를 뿔룽 디밀게 하고는 "쉬쉬" 하면서 오줌을 누이는 거야. 그러구는 그노무 쉬를 잘 해서 이쁘대나 으쨌대나 하면서 또 수십 번을 쭉쭉 빨구. 그 깔끔하고 까탈스럽던 오빠가 딸내미 밥을 멕이면서, 애가 콧물을 찔찔 흘리면 그 코에 묻은 밥티를 떼어 자기 입으로 넣어가면서 밥을 멕이더라니까. 우리가 아주 드럽다고 진저리를 쳐도 그저 이뻐 죽겠는 거야.

셋째 오빠는 안성에서 농업고등학교를 나와 육군사관학교를 가려다가, 시험은 붙었는데 면접에서 떨어졌어. 신체검사에서 어금니 썩은 게 확인돼서 떨어졌대나 봐. 그 시절에는 육사가 최고였잖아. 그러니 낙심을 해서 군대를 가버렸어. 3년 마치고 제대를 했는데, 공무원 시험 통지서가 와 있는 거야. 나흘 뒤에 연천 농촌지도소 공무원 시험이 있다고. 농고 출신이니 그런 통지가 오는 거지. 그때는 그게 5급 공무원이야. 제대하고 나흘 만이니 붙을 생각은 안 하고 시험이나 봐본다고 접수를 해서, 인천 소사로 가서 시험을 봤어. 군대 3년 마치자마자니 어떻게 시험에 붙겠어? 합격자 발표 날이 됐는데 오빠는 보러 갈 생각도 안 하고 나더러 가보래. 자기는 친구하고 영화 보고 영등포역 다방에서 기다릴 테니 발표 보고 거기서 만나자는 거지. 영등포에서 소사 가는 버스가 있었거든. 떨어질 거는 확실한데 직접 확인하러 가기는 좀 그러니까 나를 보낸 거지. 그때야 머 합격자 발표를 시험장에 방 붙이는 거 말고는 다른 게 없지. 지금처럼 인터넷이 있어 머가 있어? 나중에 집으로 연락이야 오겠지만 그걸 어떻게 기다려? 발표 날 발표장으로 쫓아가는 거지. 내가 서울서 직장 다닐 때니까 나한테 부탁을 한 거야. 그때 영화가 광화문 무슨 극장에서 신성일하고 엄앵란이 나오는 〈새엄마〉였어. 시간 보내느라 영화관에를 간 건데, 영화가 제대로 들어왔겠어? 온통 합격자 발표, 그 생각뿐이지. 이건 나중에 오빠가 해준 얘기야. 영화 끝나고 나와서 담뱃불을 붙이는데 그때는 성냥불이잖아. 성냥을 확 긋는데 불이 제대로 안 붙고 꺼지더래는 거야. 그걸 보는 순간 '떨어졌구나' 하며 마음이 푹 주저앉더래는 거지. 그런데 그 순간 꺼진 줄 안 불이 화악 다시 살아나더래. 그걸 보자 다시 '붙었나?' 하고 기대가 살아나더래는 거야.

한여름 장마철인데, 그날은 모처럼 날씨가 맑았어. 그때만 해도 잘나가던 직장 여성이고, 자그마하고 날씬하니 얼마나 멋을 부리고 다녔겠어. 더구나 양재니 복장이니를 했으니, 옷 맞춰 입고 멋 부리는 게 전공인 거잖아. 사승고부(4.5인치)짜리 빼딱 구두에 몸에 쫙 붙는 투피스를 채려 입고, 영등포서 버스를 타고 소사에 내렸어. 역에서 한 300메타 떨어진 발표장으로 걸어가는데, 청천 하늘에 먹구름이 오는가 싶더니 별안간 쏘내기가 촤촤 쏟아지는 거야. 비 피할 데도 없는 길바닥에서. 그러니 우산도 없이 사승고부 히루(힐)에 그 옷차림을 하고 막 뛴 거지. 그 모냥을 생각해봐. 얼마나 웃겨. 키가 작으니까 늘 그 높은 뾰족구두를 신고 다닌 거야. 그런 여자가 그런 차림에 그 비를 다 맞고 발표장에 뛰어 들어가니, 사람들이 지네 비 맞는 건 까먹구 나만 구경하는 거야. 사람들이 많이 있더라구.

챙피하니까 일단 뒤로 가서 비부터 대강 털어내고 와서 방 붙은 걸 보니까, 1번, 2번, 쪼로록 불합격인데 12번 장태○이가 합격이라고 써 있는 거야. 그때 시험이 삼십 몇 대 일인가 했다는데, 앞 번호는 다 떨어지고 합격은 12번이 처음인 거지. 그러구는 또 사십 몇 번이 합격이고, 그날 네 명이 합격을 했더라구. 나중에 안 건데 꼴찌로 붙은 거야. 세상에, 얼마나 재수가 좋은 거야? 제대하고 나흘 만에 본 시험이, 그것두 마지막 꽁찌루 붙은 거니. 그때 핸드폰이 있어 머가 있어? 얼른 가서 알려줘야 하니 마음은 급하고, 그제야 손수건을 꺼내 요리조리 얼굴에 묻은 비를 닦으면서 정류장으로 왔는데, 왜 또 버스는 그렇게 안 와? 그때만 해도 시외버스가 자주 있는 게 아니잖아. 하여튼 영등포역 약속한 다방에 와서 눈이 빠지게 기다리던 오빠한테 "오빠, 12번 장태○이 합격, 합격!" 하니, 다른 말은 안 하구 "멧 등으루?" 그러구 묻데. "그건 모르지. 등수는 없구, 합격." 그러니까, 둘 다 못 미더운 거야, 자기 눈으로 확인하기 전에는. 그 오빠 친구네 매형이 무슨 파출소 소장이었거든. 그 매형이 찝차를 내주더라고. 그걸 타고 다 같이 소사로 달려가서 지네 눈으로 확인을 하고서야 소리를 지르고 뛰고 좋아하더라니까.

발령이 연천으로 떨어졌어. 하숙을 하면서 연천 농촌지도소에 근무를 하는데, 같은 직장 다니는 사람 하나가 자기 여동생을 소개해줬어. 고등학교 2학년인가 3학년짜리 여고생을. 그 연천, 동두천은 군대가 많아. 그러니 거기 처녀들이 군인들이랑 결혼을 많이 하는 거야. 나이도 차기 전에. 군인 신랑이 머가 좋아? 그런데도 지네끼리 눈 맞아서 일찍 결혼들을 하는 거야. 그러니 그 신부 오빠가 일찌감치 우리 오빠를 욕심을 낸 거지. 생긴 것도 좋고 사람도 성실하고 하니, 일부러 친하게 지내며 이것저것 물어본 거지. 그러니 집안도 좋고 셋째 아들이고 하니 딱이지 딱. 그래서 고등학교 다니는 여동생이랑 짝을 맺어 준 거야. 결혼할 때 오빠가 스물여덟이고, 신부가 열여덟이었어. 지금이나 그때나 도둑놈 소리 들을 만하지. 나이 차이도 차이지만 고등학교 다니는 여고생이랑 결혼을 했으니.

그때 나는 서울서 직장 다니다, 유부남 만나 딸 임신하기 직전에 시골로 끌려와서 한참 눈물을 흘릴 때야. 약혼식을 한다고 신부네 연천 어디 제일 큰 식당을 빌려서, 식구들하고 친척들, 동네 어른들 해서 여럿이 가는데, 나도 안 갈 수가 있어? 가긴 갔는데, 생각을 해봐. 오빠 약혼식이지만 내가 무슨 흥이 있겠어? 그러니 남들 보기에 쬐끄만 여자가, 옷차림은 또 쪽 빠지게 세련되게 입고, 얼굴은 웃지도 펴지도 않고 수심이 가득 차 있는 거잖아. 새초롬하니 미동도 않고 앉아서는, 먹는 것도 그저 별수 없이 몇 젓가락 왔다 갔다만 하는데, 그게 큰시누 될 사람이래는 거지. 신부네 쪽 시선이 전부 나한테만 붙은 거야. 그러구 다들 큰 걱정거리로 여긴 거야. 신부 쪽 사람들이 모두 '요 어린 것이, 시집도 안 간 저 큰시누 시집살이를 어떻게 당할 거냐?'고 말들이 많았대는 거야. 내가 아주 독하고 깐깐하게 느껴졌겠지, 남의 속사정은 모르고. 나중에 친해지고 나서야 올케가 그 얘기를 하더라구.

시집이라고 왔는데, 안 그래도 여고 때는 다 이쁘잖아, 뽀얘 가지구. 게다가 그 올케 얼굴이 워낙에 또 그렇게 이쁠 수가 없어. 근데 이 노무 새댁 그 어린 게, 무슨 시집살이를 알고 결혼 생활을 알겠어? 쌀 하나를 씻을 줄을 알어, 자고 나면 놋요강 비울 줄을 알어? 우리 집이 별다른 시집살이도 없고 위로 두 동서가 있으니 살림도 그 동서들이 다 하지. 그러니 저는 앉았을 수는 없고 그저 왔다 갔다만 하는 거야. 빨래 다라이에다 식구들 빨래 담아놓는 거 말구는 할 줄 아는 게 없네. 동네에서 차차 만든 친구들이라고는 모두 여중 여고 다니는 여자애들이니, 그 철없고 재잘거리는 애들이 저녁이면 우리 집에 마실들을 와서 밤늦도록 노는 거야. 그래도 그 친구들이 있으니 시집살이가 덜 낯설었겠지. 그러니 엄마니 윗동서들도 그저 막내딸 하나 더 키운다 생각하매, 놔두는 거야. 나이가 나보다 일곱 살이나 어리니, 내가 "언니" 소리가 나와? 안 부를 수는 없으니 "떵님, 떵님" 그랬어. 그랬더니 하루는 오빠가 불러놓구 나무라더라구. "그건 니가 나를 무시하는 거다" 이러는 데 어떡해? 그래서 별 수 없이 '언니'라구 불렀지. 오빠가 그러니까 그 '언니' 소리가 그저 나오더라구. 지금도 '언니, 언니' 해.

외양간에서 갓 태어난 송아지가 "엄매" 하고 울면, 그걸 보구 어린 색시가 "에유, 너두 나랑 같구나……" 하며 눈물을 짜구. 그게 측은하구 불쌍해서, 아무도 머라 그러지를 못하지. 위 형님네들이랑 나랑 여동생이랑 시어른이랑 해서 식구는 스물이 넘는데, 그 어린 거로는 다 충충시하인 거잖아, 아무리 편하게 해 준다구 해두. 그러다가 낳은 큰딸 이름이 미연이야, 연천의 '연' 자를 딴 거지.

"이 년이 내 서방이랑 붙어먹었다"
— 유부남 김 씨를 만나다

최현숙 / 자, 이제 선배님 말씀대로 인생이 꼬이기 시작했다는 그 남자 만난 이야기를 시작하자구요.

장기태 / 내가 성균관대 앞 양장점서 일하다가 또 안성으루 불려가서 집에 있을 때, 여동생도 여중을 나와 집에 있었거든. 그러니 개도 서울 가서 직장 생활을 하고 싶어하지. 그래서 동생하고 나를 서울 한동네에 있는 일자리를 얻어준 거야. 중랑교 너머에 있던 한독약품(지금 중랑구 중화동 한신아파트 자리)에는 나를 넣고, 그 맞은편 고려인삼주식회사에는 동생을 넣어줬어. 자취방은 동대문에 있는 창신동에다 얻었구. 그 남자는 한독약품 경리과장이었고, 나는 경리과 직원이었어. 성이 김 씨야. 같은 과에서 일을 하느라고 친해지지 않을 수 없었지. 월말이나 연말 되면 결산도 해야 하고 하니, 어떤 때는 밤샘 근무를 하기도 했어. 통행금지가 있던 때니, 그럴 때는 회사에서 안 하고 장부를 우리 집으로 가지고 와서 같이 밤늦도록 일을 하는 거지. 여동생이 같이 자취를 했으니 별일도 없었고, 나도 별 걱정은 안 했지. 남자가 잘 생겼어. 회사 사람들도 많이들 호감을 갖고, 나도 머 그런 정도의 호감은 갖고 있었고, 같은 경리과다 보니 노상 보고 이야기하고 같이 밥 먹으러 가고 했지. 내 집도 드나들고 하니 사람들은 나랑 연애를 하는 걸로 생각을 하기도 했겠지만, 나는 그 일이 있기 전까지는 별 생각이 없었어. 이쁘구 자그맣고 하니까 남들 생각에는 남자들이 꽤 있겠다 했겠지만, 나는 순박하기도 하고 집도 엄격해서 전혀 그런 걸 몰랐어. 나를 좋아하는 남자들은 많았어도 나는 특별히 어떤 남자 때문에 설레고 그런 적도 없었어. 보기랑 다르게 쑥맥이었던 거야. 근데 그 사람은 나를 좋아하기는 했던 거 같아.

셋째 오빠가 그때 약혼 전이었어. 연천서 농촌지도소 다니면서 주말이나 쉴 때는 서울을 자주 왔지. 그럴 때는 우리 집에서 자고 가기도 하고. 그러다가 크리스마스가 됐어. 연말이니까 회사 일이 많이 바쁠

젊은 시절 친구들. 왼쪽 둘째가 장기태.

때 아냐? 더구나 경리과니 연말이 제일 정신없을 땐데, 오빠가 연말도 되고 했으니 크리스마스에 같이 놀자는 거야. 그래서 일이 많아서 따로 놀러 나가지는 못한다고 했지. 그러니 오빠가 어차피 집에서 경리과장이랑 밤샘 근무를 할 거면 우리 자취방에서 놀면서 같이 지내자는 거야. 내 여동생도 있고, 그 남자도 있고, 오빠도 친구를 데려오겠다고 하고. 합격자 발표 같이 보러 간 그 친구지. 그래서 그 오빠랑 같이 셋째 오빠가 내 자취방으로 놀러온 거야. 방을 두 개를 썼었어.

그때는 통행금지가 있었는데, 성탄절은 통금이 해제잖아. 그러니 젊은 마음들이 놀고 싶고 야밤에 나가고 싶고 한 거지. 술 먹으면 분위기가 막 뜨잖아. 그러니 두 오빠가 "그 남자랑 너랑 어떤 관계냐, 어디까지 간 사이냐?" 농담 반 진담 반으로 묻고, 나는 아무 관계도 아니라고 하는데 그 남자는 딱 부러지게 답을 안 하고 웃기만 하고. 그 남자는 술을 원래 못 먹었어. 오빠랑 친구는 술을 잘 먹고. 술 못 먹으면 자기 동생이랑 연애 못 한다구 농담 겸 억지를 부리니, 그 남자가 맥주 딱 반 잔을 마시더니만 금방 잠에 떨어져버렸어. 그러니 모두 동생 사귈 자격이 안 된다며 놀리고, 깨워볼래다가 안 일어나니 다들 더 논다고 나간 거야. 여동생까지 셋이서. 모처럼 통행금지도 없는 날이고 성탄절이니, 그저 집에서만 놀기가 아까운 거지. 그러니 술 취해서 곯아떨어진 사람만 놔두고 나까지 나갈 수가 있어? 그 사람하고 나만 남은 거지. 그때 둘만 있다가 당한 거야. 다들 나가고 좀 있다가 잠을 깨더라구. 나는 정신 좀 차리게 하고 밀린 일이나 할 생각으로 마실 물도 떠다주면서 씻고 정신 차리게 한 거지. 씻다가 맘이 바뀐 건지 전부터 노렸다가 술 먹고 뻗은 척을 일부러 한 건지, 그때 돌변을 한 거야. 그때만 해두 나는 사귄다는 생각 없이 그냥 친하기만 한 직장 상사였는데, 그 사건이 둘이 연애를 하는 결정적인 계기가 됐어. 아무것도 모르다가, 그 크리스마스 밤에, 남자와 여자, 그런 거를 처음으로 겪게 된 거지.

최현숙 / 그 남자가 유부남이라는 사실을 선배님이나 회사 사람들은 다 모르고 있었던 거예요?

장기태 / 글쎄, 모르겠어. 높은 사람들은 알고 있었겠지만, 나랑 친하게 지낸 여직원들은 다 모르고 있었어. 나도 그저 총각이겠거니 생각만 했지 그 사람한테 결혼했냐 안 했냐 그런 걸 묻지도 않았고, 그 사람도 말하지도 않았어. 별로 물을 일도 없었던 거야.

그 사건 뒤로 그 사람의 일거일동 정보가 회사 사람들을 통해 나한테 다 들어와. 아무래도 그 일 있고는 둘 사이가 좀 달라 보였나봐. 내 마음도 물론 달라졌지. 아, 그 시대에 같이 잠자리까지 했으면 이제 결혼할 관계가 되는 거잖아. 억지로 당했다는 생각은 했지만 나도 호감이 있던 상사이고 하니, 성폭력이니 강간이니 하는 생각보다는 '이젠 연애를 하는 거다' 하고 그렇게 생각을 했어. 사람들한테 내놓고 사귄다는 말은 못하지만, 아마 사람들은 대체로 알고 있던 거 같아. 둘이 그저 같은 과의 친한 직원으로 지내다가 이젠 연애를 하는 것으로. 그러니 그 사람 이야기들을 나한테 얘기해주고 그랬겠지.

근데 이상한 거야, 출근을 하면 "오늘은 김 과장이 휘경역에서 타더라" 그런 말이 자주 들려. 집이 종로 쪽이라고 했는데, 휘경동이면 회사에서 멀지 않은 동네거든. 회사는 태릉 쪽이고 자취방은 창신동이니, 그 사람 집이 종로 쪽이면 종로 1가 방향으로 가는 버스를 타야 하는 거잖아. 그런데 아침에 휘경역에서 버스를 타고 출근을 한다는 건 좀 이상한 거지. 대놓고 물어봐도 거기 일이 있어 아침에 일찍 들렀다느니, 거기서 타지 않았다느니 하면서 말이 분명하지가 않아. 여러 번을 그런 일이 있으니 아무래도 이상한 거야. 그래서 어느 날 집에 왔다 가는 사람을 뒤를 밟았지. 그런데 정말 종로 쪽으로 안 가고 거꾸로 가는 버스를 타는 거야. 그래서 택시를 잡아타고 뒤를 밟았어. 그랬더니 정말 휘경역에서 내려서 한참을 걸어 들어가는 거야, 산동네 쪽으로. 나도 택시를 내려서 멀찌감치 뒤를 쫓았지. 한참을 걸어 들어가는데, 동네 우물에 아줌마들이 많이 둘러서 있고, 여자 둘이 서로 악을 쓰며 싸우고 있는 거야. 그때만 해도 산동네에는 수도가 없어서 공동 우물까지 내려와서 물을 길어가고 했거든. 그 싸우는 데를 지나가다가, 그 남자가 멈춰 서서 한 여자를 보고 "왜 여기서 싸우느냐?"며 말리더라구. 그러다가 그 남자가 문득 뒤를 돌아보는데, 나랑 눈이 딱 마주친 거야. 근데 눈이 마주치자마자, 그 사람 다리가 푹 꺾어지면서 주저앉더라구. 나도 가슴이 철렁하고, 기가 탁 풀리는 거지.

그 순간 마누라가 내 쪽을 돌아보더니 쏜살같이 뛰어와서는 내 머리채를 확 낚아채더니 "니 년이구나" 하면서 질질 끌고 올라가는 거야, 산동네로. 통금 가까운 그 오밤중에 악다구니를 질러대면서.

그렇게 머리채를 잡힌 채로 질질 끌려서 그 집에 가보니, 단칸방에 사과 궤짝에다 그릇들을 엎어놓구 사는데, 아들까지 둘이나 있는 거야. 큰애도 아직 초등학교를 안 들어갈 나이였어. 자기네 사는 꼬라지랑 애들을 보여주려고 일부러 나를 끌고 간 거지. "니 년이 머에 홀려서 남의 서방이랑 붙어먹고 지랄을 하는가 모르지만, 니 눈으로 똑똑히 봐라, 이 쌍년아, 씨팔년야!" 그러구 시작을 하는 거야. 세상에, 세상에, 듣도 보도 못한 온갖 쌍욕들을 악다구니로 하고 살림들을 집어던지고, 그 남자는 지 여편네를 말리고 때리고, 애들은 자다 말고 울고불고, 동네 사람들은 오밤중에 좋은 구경났다는 듯 몰려와서는 나한테 손가락질을 하며 욕들을 하고, 혀를 끌끌 차대고. 그날 밤에는 그 남자가 뜯어말리고 어쩌고 해서, 어쨌든 나는 집으로 돌아왔어. 다음 날 회사를 못 가고 있는데, 그 부인이 회사까지 쫓아가서 또 한바탕 난리를 친 거야. 그러니 난 그 길로 회사를 더 못 간 거야. 갈 수가 없지, 그 망신을 당하고 어떻게 회사를 더 다녀.

그때 내가 딱 끝냈어야 하는 건데, 그걸 못했어. 그게 내 평생의 제일 큰 실수야. 매칠 있다 그 부인의 올케라며 어떤 여자가 집으로 와서는 나를 자기네 집으로 데리고 가더라고. 자취하는 집에서 또 무슨 망신을 당할지 모르니 가자는 대로 끌려가다시피 간 건데, 가서 보니 거기가 부인 친오빠네 집인 거야. 그 오빠가 종로경찰서 서장이더라구. 그러니 오빠네는 잘 살아. 거기서 그 오빠까지 나서서 나를 간통으로 처넣겠다느니 끝내라느니 하면서, 그 남자 전력을 이야기하는 거야. 그 사람들 보기에도 내가 순진해 터져 보이니, 불쌍하기도 했겠지. 전에도 강간을 저질러서 고소를 당했대. 근데 징역 살아야 하는 거를 그 오빠가 빼주고, 그 한독약품 경리과장으로 넣어줬대는 거야. 그런데 지 버릇 못 고치고 또 순진한 여자를 건드렸다면서, 그거 말고도 그 전에도 유부녀니 아가씨들이랑 놀아난 거를 좌르륵 얘기를 하더라구. 병적이었던 거지. 그 자리에서 나는 "이걸로 끝이고, 더 어쩌고 말 거도 없으니 신경 쓰지 마세요" 하고 나왔어. 그때는 정말 끝낼 생각이었지. 잠자리는 여러 번 했었지만, 다행히 애는 안 생겼어. 그러니 거기서 끝냈어야지. 그런데 그러지를 못한 거야. 내가 바보고 등신인 거지.

이미 직장에는 소문이 다 나고 오빠들한테까지 이야기가 들어가서, 내 동생까지 직장을 그만두고 시골로 불려갔어. 나는 직장도 못 가고 시골집으로도 못가고, 망신스러우니까. 그 부인이 시골집까지 쫓아올까봐 겁도 나고, 엄마랑 오빠들이랑 올케들 볼 낯도 없고. 어쨌든 당장 내려오라는 거를 곧 간다고 하고, 이도 저도 못하고 매칠을 있었던 거지.

그러다가 왕십리에 사는 후배네를 찾아갔어. 국제복장학원 학생이던 후배 겸 제자 둘이 거기서 세탁소하구 양장점을 같이 운영하고 있었어. 한 후배가 결혼을 했다가 남편이 일찍 죽어서 친구랑 사업을 같이 한 거야. 글루 찾아가서 다른 얘기는 안 하고 여기서 같이 일하면 어떻겠느냐고 하니, 다들 너무 좋아하고 난리지. 거기서 스미꼬미*를 하기로 하고 매칠을 있는데, 그 여편네가 거기까지 찾아온 거야.

---

* 숙식을 하며 일하는 형태의 취업.

아마 내가 지 서방을 계속 만나고 있는 줄 알았나봐. 오빠가 종로경찰서 서장이니 나를 찾는 건 일도 아니었겠지. 그러니 거기서 또 머리 끄뎅이를 휘어잡고 악다구니를 치면서 동네 사람들이랑 후배들 있는 앞에서 "이 년이 내 서방이랑 붙어먹었다"느니 남의 가정 파탄 낸 년이라느니 하며 또 한판을 벌이고 간 거야. 그러니 거기에 더 있을 수가 있어? 다들 나를 순진한 처녀로만 알고 있는데, 가정 파괴범에 유부남 뺏어간 년이라고 만천하에 드러난 거잖아. 그 후배들을 붙들고 유부남인지 몰랐다느니 끝냈다느니, 그런 말을 할 정신도 없었어. 미안하다고 곧 나가겠으니 며칠만 말미를 달라고 하니, 그러라고 하더라구.

그러고 있는데, 그 남자가 글루 찾아왔어. 한 번만 만나서 자기 이야기를 들어보래는 거야. 후배들이랑 손님들 있는 데서 못 나가느니 안 보느니 실랑이를 할 수도 없어서, 일단 데리고 근처 다방으로 갔지. "나는 저 여편네랑 곧 이혼할 거다. 지금도 나와서 살고 있다. 이미 끝난 관계다. 이혼하는 거만 남았다. 너도 봤지 않느냐? 저렇게 몰상식하고 막돼먹은 여자랑 못살겠어서 나도 겉돌고 실수를 한 거다. 그 여편네가 내 전력을 놓고 머라고 했는지는 모르지만, 그건 다 거짓말이다. 나는 너랑 살아야, 마음잡고 정신 차리고 산다. 너 없으면 사람 못 된다……." 나를 붙들고 울며불며 통사정을 하면서 온갖 미사여구를 다 늘어놓은 거지.

거기에 넘어간 거야. 그것두 그렇구, 당장 어디 기델 데도 없고 갈 데도 없잖아. 그러니 '그 남자가 그런 사람이었더라도, 지금부터 나만 좋아한다면 내가 저 남자를 버릴 일은 없다'는 그런 생각이 드는 거야. 나를 감쪽같이 속인 건 화가 났지. 그런데 그 일 있고 난 뒤에는 나도 좋아했고, 더구나 어쨌든 나한테는 첫 남자니, 평생을 같이할 생각이었거든. 그러니 그 남자 말들이 진심으로 들린 거야. 아니 진심이라고 믿고 싶은 거였지. 그게 내 오산이었어. 눈이 뒤집힌 거지. 이미 내 몸이 버린 거잖아. 그때는 순진해 터져서 한번 몸 주면 그 남자랑 죽을 때까지 사는 거로 생각했어. 그런데다가 그 남자가 자기는 곧 이혼을 할 거라고 장담을 하잖아. 그 여편네가 하도 지랄을 떠니까 오기도 생긴 거고. 그러니 저런 여편네한테 내가 좋아하는 남자를 그대로 두고 끝내면, 내가 착한 여자가 아니라는 생각까지 하게 되더라고.

최현숙 / 아구, 내가 미쳐요. 아주 천사가 하나 나셨구먼. 악의 구렁텅이에서 남자를 구해내는 천사 같은 착한 여자가 되겠다, 이 말이지? 그 새끼들은 어쩌구?

장기태 / 그 자식들도 내가 키울 생각까지 한 거야. 나중에 내가 키우기도 했어. 이미 눈이 뒤집힌 바보가, 먼 생각을 못해? 그 길로 미아리 가서 방을 얻었어. 퇴직하면서 회사에서 보낸 돈이 좀 있었거든. 그 남자는 한독약품을 계속 다녔고.

최현숙 / 아니, 잠깐. 유부남과 미혼 여성이 연애를 한 게 부인한테 들통이 나고, 부인이 회사까지 와서 그 난리를 쳤는데, 여자는 알아서 회사를 그만 두고 유부남은 회사를 계속 다녔다는 말씀이에요?

장기태 / 그때 세상이 그랬어. 나만 유부남 꼬신 가정 파괴범이고 죽일 년인 거고, 그 남자는 별 흉 되는 것도 없이 그 회사를 계속 다니는 거야. 지금이라면 달랐겠지만 그때는 그런 세상이었어. "여자가 꼬리치는데 안 넘어가는 남자가 어딨냐? 남자는 그저 오는 여자는 다 괜찮은 거다" 그런 거지.

그렇게 미아리서 같이 방 얻어서 살다가, 오빠한테 붙들려서 시골

집으로 끌려간 거지. 그때도 아직 임신은 안 하고 있을 때였어. 나를 거의 감금하다시피 하더라구. 그때가 셋째 오빠 약혼하고 결혼하고 할 때야. 엄마는 어떻게 해서든 나를 새 출발을 시킬려고, 다른 데 시집을 보내려고 했어. 둘째 오빠가 있던 안성 근처 학교에 평직원 하나랑 혼인 이야기가 있었어. 그쪽에서는 내 서울서 이야기는 전혀 모르는 거지. 우리를 문벌 있고 가문 있는 집안으로 알고 좋다고 서둘러 덤비는데, 나는 안 나서지는 거야. 그지? 그 마음 알겠지? 오히려 무섭더라구. 나중에 무슨 일이 날까봐……. 처녀 때 친척한데 당한 거 숨기고 결혼했다가 소박맞고 친정으로 쫓겨온 고종사촌 언니가 있었어. 그때 그 언니 생각이 나더라구. 그래서 선을 보러 가다 말고 내가 내뺐어.

또 하나 선 자리가 들어왔는데, 학교 선생이고 애 둘에 상처한 사람이었어. 내 소문을 알고 들어온 자리지. 질색 팔색을 하며 안 본다고 죽어버린다고 하니, 엄마가 포기를 하더라고. 그런 헌 자리로 갈 바에야 안 가고 말겠다는 생각이었지. 그러느니는 이 남자랑 살지 싶을 거 아냐? 그러니 너무 한심스러운 거지, 내 팔자가. 어떤 때는 내가 정말 미친년이라는 생각이 들면서, 엄마랑 오빠들 말대로 다시 시작해야 한다는 생각이 드는 거야. 그러다가 또 다음 날은 뒤집어지는 거고. 이왕 한 남자를 만나 연애도 하고, 잠자리도 했고, 같이 살기도 한 거잖아. 더구나 그 남자 가정도 파탄까지 냈는데, 그 남자랑 살아야 하는 거 아닌가 하고. 정말 미친년처럼 하루에도 열두 번씩 생각을 뒤집었다 엎었다 한 거지.

그런데 그 남자가 친정으로 찾아왔어. 집에는 못 들어오고 근처에 와 있는 걸 동생이 보고, 와서 이야기를 해준 거야. 나두 너무 외롭고 보고 싶고 허전하잖아. 몰래 나가서 만났어. 그래서는 언제 어디로 와서 같이 도망을 가자는 약속을 하고 들어와서, 그날 저녁으로 가방 하나만 들고 다시 집을 나온 거야. 그때만 해도 그 남자는 나한테 목숨을 바친 것처럼 잘했어. 지 집안은 다 깨지더라도. 그러니 '너 없으면 못 산다. 니가 있어야 내가 사람 된다' 하는 소리가 믿어지는 거야. 자기 가정까지 깨면서 나 좋다는 사람을 내치면, 내가 나쁜 년이라고 생각이 드는 거구. 그렇게 서울로 도망을 와서는 또 미아리에서 살림을 차린 거야.

거기서 애가 생겼어. 그때 몇 달은 좋았어. 세상이 다 욕하는 관계래두 둘 사이는 죽고 못 사는 사이니, 더 좋은 거지 머. 주변 반대가 클수록 좋아하는 둘이는 또 그런 게 있는 거잖아, 하하하. 이젠 웃어야지, 어쩌겠어. 내가 살아놓고도 남 이야기 같아, 이제는. 모르지, 그놈도 그때 진심은 나랑 정말 잘 살아보려는 생각이었을지도. 나중에야 마음이 바뀌고 먼가가 꼬여서, 또 바람을 피우고 애한테 폭력을 쓰고 했을망정, 그때 마음은 진짜였을 수도 있어. 그렇게 보였으니 그놈을 믿고 산 거고.

그게 또 눈이 뒤집힌 것도 있지만, '누가 머라 그래도, 내 인생 내가 산다'는 그런 생각도 있었던 거야. 부모고 오빠들이고 그렇게 뜯어말리고 가두고 해도, 내 인생 내 새끼라는 생각에 물러서지지가 않은 거지. 더구나 아이까지 낳고 나니까, 모성애랑 뒤섞이면서 아이 때문에라도 그 남자랑 못 떨어지겠는 거야.

지금도 한편으로는 그 마음이 있어. 누가 머라고 비난을 해도 나는 내가 사랑하는 사람을 만나 살았고, 그 남자가 못된 놈이라는 걸 뒤늦게 깨닫고는 겨우 떨어내버렸지만, 내가 만든 내 책임을 다하며 평생 최선을 다해 살았어. 그러니 내 삶을 놓고 여러 사람들이 다른 시선으로 왈가왈부하는 거 이해는 하지만, 나 자신에게 부끄러운 건 없어. 살아내는 동안이야 너무 힘들고, 후회도 많이 하고 울기도 하고 팔자타령도 많이 했지만, 다 살아놓고 난 지금은 당당해. 한편으로 내가 선구자라는 생각도 들고. 사생아니 사생아 낳은 여자들을 나쁘고 못되게만 여기던 시절을, 나는 비난을 받으면서도 최선을 다해 책임지고 산 거야.

최 선생이 나한테 구술사 작업 하자고 지하철에서 얘기했을 때, 두 말도 않고 당장에 그러자고 말한 게 왜 그런 건 줄 알아? 내가 최 선생을 처음인가 두 번째인가 만난 게 술자리였잖아. 요양보호사들 모이는 행사 마치고 뒤풀이 자리. 그때 협회 회원들 많은 자리에서 내가 사생아 낳은 어쩌구 이야기를 간단하게 했는데, 다른 여자들은 모두 갑자기 쌩하면서 어색한 분위기가 돼버렸거든. 다들 나를 잘 알지는 못하지만 전혀 모르는 사람도 아니고, 또 즐겁게 술 마시는 자리니까 대놓고 비난을 할 수도 없었던 거지. 그러니 '이 여자가 머하러 이 자리에서 이런 이야기를 하나?' 하는 분위기였거든. 그러느라 왁자지껄하던 술자리가 순간 조용해졌어. 근데 그때 유일하게 최 선생이 그 쌩하던 분위기를 깨고 나를 지지해줬어. "장기태 선생님, 대단한 분이시네요. 그 시절을 그렇게 힘든 선택을 하시고 당당하게 살아오셨으니 많이 힘드셨겠지만 정말 대단하신 분이세요. 나중에 저한테 선배님 살아오신 이야기 좀 꼭 들려주세요"라고 그러더라구. 그때 내가 최 선생을 무조건 좋아하게 됐어. '저 여자는 먼가 다른 사람이다. 나보다 나이는 어리지만, 인생을 이해할 줄 아는 여자구나. 저 여자랑 친구하자' 하는 생각을 했어. 그러니 지하철에서 우연히 만나서 급하게 얘기를 했을 때, 나는 기다렸다는 듯이 오케이를 한 거지. 뭘 하자는 건지 대번에 알아들었던 거고, 바로 그런 거를 하고 싶었어. 최 선생이라면 내 이야기를 다 할 수 있다고 생각한 거고, 저 여자라면 내 인생을 잘 풀어 써줄 거라는 생각을 한 거지.

최현숙 / 아, 정말 감사해요. 저도 선배님이랑 제 마음이 통할 거라는 확신이 있었어요. 그러니 급히 제안을 한 거고. 어찌 보면 그런 자리에서 그렇게 제안하는 게 무례할 수도 있거든요.

장기태 / (눈물을 흘리면서) 이제껏 그런 사람이 없었어. 말은 안 해도 속으로들은 비난을 하거나, 잘해봤자 팔자 사나운 여자라고 동정하는 시선만 있었지. 나는 그게 아니거든. 비난도 싫고 동정도 필요 없어. 나 산 거를 이해해주는 사람이 필요했던 거야. 그러니 늘 외로웠어. 그런데 최 선생이 단박에 나를 봐준 거야. 마음이 통하면서 눈이 서로 마주 본 거지.

본부인은 이혼을 안 해주고 애들 데리고 혼자 살다가, 둘째 아들이 죽었다더라고. 그러니 그 가정은 다 깨진 거지. 진짜로 가정 파괴범이 된 거야. 그거는 인정해. 그 부인이나 자식들한테는 가정 파괴범이고 죄인인 거지. 그 여자도 결국 이 남자를 포기하고 아홉 살짜리 큰애를 시어머니랑 형수한테 맡기고 어딘가로 갔다더라고. 그 정도 돼서는 그 여자도 무슨 미련이 있겠어? 늦게라도 끝내버리는 게 나은 거지. 그때쯤에 나도 임신이 된 거야.

낙태 생각은 안 해봤어. 낙태를 해보지도 않았고. '낙태는 죄'다, 이런 거는 아니야. 다만 그 시절 내 생각에 처녀성을 잃은 게 너무 중요했던 거지. 그러니까 남들 보기에는 영 아닌 그 김 씨를 그저 좋게만 생각하려고 한 거지. 그렇게 생각해야 위안이 되니까. 안 살 생각을

안 했으니 낙태 생각을 안 했지. 그 남자한테도 속은 거고, 내 마음한
테도 속은 거야. 그러구 내가 들은 이야기가 있었어. 나 어려서 고종
사촌 언니가 친척 누구한테 당했다는 그 이야기 말이야. 그러고는 나
중에 다른 데로 시집을 간 거지. 근데 첫날밤에 피가 안 보였다고 소
박을 맞더니, 결국은 친정으로 돌아온 거야. 그 얘기를 누구한테 들었
는데, 그게 나한테 딱 꽂힌 거야. '새 출발 해봤자 결국 나는 불행해진
다. 다른 남자한테는 못 간다.' 그런 생각에 자신감이 없었던 거고, 임
신하기 전인데도 그 남자랑 헤어질 생각을 못 한 거야. 지금 생각하면
그 언니고 나고 당하기만 한 건데 말이야. 그깟 처녀막이 머가 그렇
게 중요하다고 그랬나 몰라.

아이 임신하기 전에 우리 오빠들이 뒤로 해서 김 씨를 한독약품에
서 짜르게 했어. 정확한 건 몰라. 김 씨가 그 말을 하더라구. 그러다
가 아이까지 임신하고 나니까 동생 살 길을 만들어줘야겠다고 생각
을 했는지 큰오빠가 도움을 주더라고. 약사 면허증 하나를 사서 붙이
고, 미아리 '이경옥 약국'을 내가 인수했어. 아마 법으로는 못하는 건
데 다들 그렇게 한 거 같아. 미아리 아리랑고개라고, 최무룡이 김지미
랑 살던 곳 근처야. 약국을 하면서 곧 딸아이를 낳았어.

하루는 김 씨 엄마가 큰 애를 데리고 왔더라구. 아홉 살인데 삐쩍
말랐고, 아직 학교를 안 보냈어. 싫다는 소리 한마디 안 하고 애를 받
아서 돈암초등학교에 넣었어. 그러니 사람들한테 의붓엄마 의심을 안
받을 수가 없지. 내가 어려 보이잖아. 그래도 학부모 노릇은 다 했어.
그 애는 눈치만 보고, 밤이면 이불에 오줌을 싸대는 거야. 영양실조
에 스트레스지. 그러니 밤이면 두세 번씩 깨서 오줌을 쎄워 가면서 정
성으루 애를 키운 거야. 그 아이도 안됐잖아. 내 잘못으로 애가 그렇

게 됐다는 생각도 들고. 그리고 내가 또 남들한테 잘하잖아. 처음에는 눈치만 보고 거짓말이니 없는 얘기를 만들어서 지 아빠랑 할머니한테 오해를 만들게 해서 많이 속상했는데, 나중에는 좀 달라졌어. 애가 무슨 죄가 있어? 사랑받고 자라야 할 어린 나이에 부모는 맨날 싸우지, 이리 넘기고 저리 넘기고 하니, 애가 불안하고 삐뚤어질 수밖에 없는 거지. 그러구두 나랑도 결국은 오래 못 살고 헤어진 거니, 내가 어쨌든 걔한테는 죄인인 거야.

하루는 팔월 추석이 돼갈 땐데, 우리 엄마가 그 약국을 찾아온 거야. 바리바리 싸들고 서울역에 내려서 물어물어 온 거지. 아이구, 우리 엄마는 또 먼 죄유? 큰오빠한테 물어보지도 않고 주소도 안 들고, 이경옥 약국 그거도 모르고 그냥 '미아리에 있는 약국'만 알고 안성서온 거지. 서울역에서 만난 어떤 남자가 엄마를 데리고 물어물어 찾아왔더라구. 시골 노인네가 오죽 심난해 보이면 그랬겠어. 그때는 그렇게 좋은 사람들도 있었어. 와서 보니, 이젠 아예 딸년까지 하나 낳고 아홉 살짜리 넘의 자식까지 키우고 있으니 얼마나 한심했겠어? 그래도 애 키우며 약국도 하고, 살려고 발버둥치는 거도 보였겠지. 수박이 다 들어갈 땐데, 내가 엄마 드린다고 수박을 사왔어. 엄마를 큰 조각을 드리고 작은 조각을 걔를 주면서 "너는 이거 이상 먹으면 안 돼"하고 부드럽게 말을 했어. 오줌을 많이 싸니까 조심을 시킨 거지. 그러구 엄마는 그 남자 보기 싫다고 얼른 갔어. 그 먼 데서 딸년 하나 잠깐 보겠다고 헤매고 온 거지. 그러시더라구. "이렇게 살 바에야, 후회할 일 더 만들지 말고 잘 살아라."

대체 어떤 놈인지 알아야 하니까, 그 전에 언제 우리 큰오빠가 그 남자를 만났어. 오빠가 왜 나를 선택을 하는지를 붙들고 물으니까,

"나는 여자 잘못 만나서 인생이 뒤틀린 거다. 장기태랑 정말 제대로 한번 살아보고 싶다. 아이까지 생겼고 본부인도 집을 나가고 했으니, 이젠 법적 처리만 남았다. 둘이 사람답게 살게 도와달라"고 그러더래. 그러니 무조건 못 살게 할 수도 없는 거잖아. 그러니 식구들이 별 수 없이 인정하기도 했어. 우리 엄마 아버지 환갑잔치에도 그 남자가 왔어. 한 살 차이니까 아버지 환갑에 맞춰서 잔치를 했어. 큰올케가 한복 한 벌을 아주 근사하게 해 입히고 환갑상 놓고 형제들이랑 같이 절도 하고 그랬지. 그때 당분간은 그렇게 대접을 해준 거야. 그 사람만 잘했으면 나중에라도 혼인 신고도 하고 살았을지도 모르지.

한번은 그 애 할머니가 손자 잘 키우나 보러 왔어. 얼마나 끔찍한 손자겠어? 그 노인네한테는. 둘 있다 하나 죽었으니, 더 귀하지. 처음 놓고 갈 때는 빼쩍 마른 애였는데, 살도 통통해졌고 하니 좋아하시더라구. 근데 얘가 글쎄, 친정엄마 왔을 때 수박 조금 준 거를 다 이르는 거야. 나한테는 그동안 아무 말도 안 했거든. 아구, 남의 자식 잘 해줘봤자 소용없다는 생각이 들더라구. 그러니 내가 그 할머니에게 할 말이 머가 더 있어? 애가 하는 소리 가지고 맞네 틀리네 할 수도 없고. 그리고 내가 잠깐 없으면 혼자 약 팔아서 그 돈을 뒤로 빼고 그러는 거야. 도둑질을 하는 거지.

그때쯤부터 김 씨 이 사람이 또 바람을 피우기 시작했어. 한독약품에서 짤리고 나서 강원도에 무슨 장사를 간다고 하고는 한참을 안 들어오기 시작하더라구. 돈도 갖다주지를 않고, 맨날 내가 번 거를 가져다 쓰는 거지. 난 그저 돈 벌어볼려다가 잘 안 되나 보다 그렇게만 생각을 하고, 잔소리도 안 하고, 오랫동안 못 들어와도 의심을 안 했지.

그러다가 약국을 못 하게 됐어. 남의 면허증만 걸어놓고 약국 하는 거를 놓고 단속이 아주 심해진 거지. 살 궁리를 걱정하고 있는데, 약국 못 하게 된 뒤부터 김 씨 태도가 영 달라지는 거야. 가끔 와서 하는 짓이 점점 우리 딸을 싫어하고, 때리고 던지고 하는 거지. 걔 때문에 헤어지지를 못한다는 소리도 하구. 싸우는 소리에 애가 깨서 울며 엄마한테 벌벌 기어서 오면 또 집어 들어 던지고. 그렇게 가끔 들어오면 싸움이 되고 하니 나는 벌써 점점 정이 떨어지는 거야. 차라리 헤어지면 좋겠다 싶고. 한번은 오랜만에 와서 또 난리를 치더니 아들만 데리고 나가버린다고 가는데, 아무래도 이상하더라구. 그 애는 나한테 정이 들어서 안 떨어진다고 주저앉아 울고 하는데, 그걸 억지루 끌고 가더라구. 책가방이랑 머랑 챙겨서. 그래서 이상하다 싶어 뒤를 밟았지. 그런데 글쎄 약국에서 재 하나 넘으면 있는 수유시장 근처 동네에서 살림집을 차리고 살고 있더라구. 여자는 엄 씨라고 수유시장에서 양장점을 하는 미쓰였어. 더구나 둘 사이에 아들까지 하나 낳았더라니까. 너무 기가 막히잖아. 바보야 바보.

내가 너무 한심하고 기가 차서 친한 친구한테 울며불며 이야기를 했는데, 그 얘기가 오빠들한테 들어갔어. 큰오빠가 당장 쫓아온 거야. 그러구는 우리 애를 그놈한테 갖다주고는 나를 시골집으로 끌고 들어왔어. 큰오빠는 그럴 때도 나한테 큰소리하고 때리고 그러는 게 없었어. 그저 애가 쌔까맣게 타고 기운이 빠져서, 지가 먼저 쓰러질 판이야. 그러니 나도 악다구니를 못하는 거지.

안성으루 끌려가서는 집 밖을 못 나가고 방구석에만 갇혀 있다시피 했어. 식구들도 나한테 머라고 심하게를 못하고, 큰올케는 "우리 애기씨, 우리 애기씨" 하면서 애 줘버리고 새 출발하자고 붙들고 통사정을 하고. 그런데 그런 말이 나는 하나도 안 들어오는 거야. 그저 미쳐버리겠는 거지. 어떻게든 도망갈 생각만 있고, 다른 거는 하나도 귀에 안 들어와. 먹는 거고 자는 거고 아무 정신이 없고. 근데 큰오빠가 집안 머슴들이니 식구들한테 재 절대로 못 나가게 지키라고 단단히 말을 해놓구, 동네에 형편 아는 사람들한테도 혹시라도 동네서 재 보면 당장 집으로 연락해달라고 부탁을 해놓은 거야. 우리 오빠가 참 무슨 변이냐구. 아버지가 오래 안 좋으니 큰오빠가 가장인 건데, 그 젊은 나이에 가장 노릇을 한 거야. 서른 중반이나, 그럴 때지.

그러니 내가 살어? 미쳐 죽지. 그때는 그 김 씨에 대해서는 마음이 아주 깨끗하게 털어졌어. 나는 다만 내 새끼, 그 거는 죽어두 포기가 안 되는 거야. 하루는 몰래 어떻게 틈을 타서 논두렁 밭두렁을 뛰며 숨으며 해서는 겨우 빠져나왔어. 짐 보따리가 어덨어? 입던 옷 채로 주머니에 있던 돈 그 채로지. 혼자 뛰고 숨고 넘어지고를 하며 정류장까지 와서는, 일단은 서울 가는 버스를 탔어. 그걸 타고 얼마 가지도 못했는데, 찝차가 하나 막 쫓아와서는 버스 앞으로 딱 가로막는 거야. 오빠가 면에 쫓아가서 찝차를 빌려서는, 서울 가는 버스를 쫓아온 거지. 오빠가 찝차에서 내려 버스를 올라타서는, 다른 말두 안하구 다 죽어가는 목소리루 "너 내려……" 그래. 그러구는 내 손을 잡고 데려가는 거야. 그러니 사람 많은 데 시끄럽게 할 수두 없구, 암 말두 못하구 따라 내리는 거지. 아구, 망할 년. 그 광경을 떠올려봐요. 진짜 영화다 영화. 이젠 그저 남 이야기 같으니 이러구 웃으며 하지, 그때는 정말 미쳐 죽어버리겠는 거야. 그렇게 잡혀갔지만 새끼한테 핏줄 땡기는 거를 누가 어떻게 말려? 결국은 몰래 또 도망을 나가서 그 엄씨 여자네 집을 가서 딸을 찾아온 거지. 그러니 갈 데가 어덨어? 약국도 못하던 때고, 먹고살 것도 없구, 살던 방은 오빠가 나 데려가면서 다 없앴구……. 그래서 어찌어찌해서 **홀트아동복지회**를 갔어.

거기서 한 6개월을 사는 동안 엄마가 나를 찾아 서울을 와 여러 달을 헤맸다고 하더라구. 어디서 식모살이라도 하나 하면서 문전걸식을 하다시피 하며 딸 찾아 돌아다닌 거지. 그때 막내 오빠가 연천에서 공무원하고 있었잖아. 거기서 자면서 경기도랑 서울을 헤매면서 기차역마다 내려서 나를 찾아다녔대. 결국 못 찾고 그냥 안성으로 가신 거지. 홀트 들어가면서는 식구들한테 안 알렸거든.

진짜루 여자의 일생이야, 신파극 같은 여자의 일생. 딸 애 데리구 혼자 살 때도 그놈이 가끔 찾아와서 한바탕 난리를 치고 갔어. 내 딸을 학대를 하는 거야. 나한테 직접 폭력을 쓰는 거는 아닌데, 어린 애한테 잔인하더라구. 그 남자는 우리 집 핑계를 대는 거야. "너네 집 반대 때문에 더는 못살게 됐다, 헤어질려면 애가 없어야 한다." 겨울 그 추위에 그 어린 애기를 내 품에서 뺏어서 냉골에다 던져놓고는, 엄마한테 가지를 못하게 하는 거야. 아랫도리도 안 입고 있는 애를. 걔가 나한테 오려니까 애를 지 뒤에다가 붙잡아놓구, 나한테 못 오게 하는 거지.

그걸 딸이 알아. 나중에 내가 얘기를 해줬어. 친부랑 왜 헤어졌는지 물어서 이야기를 쭉 해줬어. 니 친부가 이런 사람이어서 내가 경멸을 한다. 그래서 니가 사생아가 됐다. 나는 너를 낳은 거를 후회한 적이 한 번도 없고, 최선을 다해 잘 키우려고 노력을 했다. 그런 이야기를 쭉 했어. 우리 아이는 나 원망 안 해. 저도 힘들 때는 속으로야 원망도 했겠지만 나한테 대놓고 한 적은 없어. 오히려 커서는 나를 이해하고 고마워하지. 한번은 딸한테 다딤잇돌 그 무거운 걸 집어던지는데, 내가 막아서다 발등에 떨어져서 한동안 발이 병신이 됐어. 내가 이 웬수를 갚을려면 어떻게 해야 하우……. 지금 그놈은 죽었는지 살았는지도 몰라. 몇 번을 그놈 피해서 이사를 하고 그랬어. 숨어 살면 어떻게 알고 또 찾아와서는 지랄을 하고.

그 남자랑 그 크리스마스에 처음으로 몸 섞은 게 스물다섯이고, 완전히 헤어질 때까지가 육 년이야. 애 네 살 때 완전히 헤어졌으니까, 내가 서른 살 때지. 나는 남자하면 그저 모두 우리 아버지나 오빠같이 좋게만 알았지, 남자를 너무 모른 거야. 온실 속 화초인 거지. 학교 다닐 때도 남학생들이 쫓아다니기나 했지, 남자를 사귀구 그런 건 없었으니까. 커서 기술학교 다니고 일본 가서 공부하고 복장학원 강사하고 할 때도 남자라는 건 사겨본 적이 없어. 그저 순진하게 공부나 하고 그런 거지. 남자 대학생들이랑 한집에서 하숙할 때도 모두 내 동생뻘들이고 하니 그저 누나 마음으로 챙겨주고 한 거지, 사귀구 그런 거는 전혀 없었어. 그러다가 만난 첫 남자가 그 남자였으니 그저 나쁜 사람일 거라고는 생각도 못했고, 나중에 유부남인 줄 알았을 때도 그 마누라랑 안 맞아서 바람피우고 그런 거라고 생각하고 이해해볼려구만 했지, 내가 무슨 피해를 볼 거라거나 정신을 채려야 한다거나 그런 생각은 못한 거지. 바보 천치야, 너무 순진하고 뭘 모른 게 제일 문제였지.

잠자리 좋은 거, 그런 것도 몰라. 처음을 억지로 당한 거잖아. 그러구두 잠자리를 하기는 했어도 여동생이랑 같이 자취하던 집이니 멀 제대로나 해? 그저 남자 하고 싶은 대로만 하는 거지. 그러다가 유부남인 거 알고 난 뒤부터는 마음이 워낙에 뒤숭숭하고 정신이 없고 하니 잠자리 즐거움 그런 거를 느껴 볼 새가 없었어. 그저 하자니까 하는 거지. 근데 그 남자는 하루라도 남자 노릇을 안 하고는 못 지나가는 거야. 바람둥이는 어쩔 수 없어. 그러니 사이가 좀 안 좋거나 하면 금세 또 새 여자를 만나고 하는 것 같더라고. 그거 불안하니 하자고 하면 별 수 없이 한 거구.

나보다 여서일곱 살 많았어. 얼굴은 반반한데, 좀 뺑이 있는 사람이었지. 자기 친척이 머 하네 하며 자랑을 많이 했어. 그 남자 집이 거제도 영삼이 고향, 거기야. 친척 중에 대구경찰서장도 있고 인물도 반반하고 하니, 좋은 혼처 중매가 많이 들어왔대. 자기 형이 마산시청에

다니기도 했고. 근데 장가를 잘못 간 거지. 맘에 없는 결혼을 한 거야. 중신이 들어왔는데 신부 쪽 집안이 경찰 집안이고 오빠가 서울서 경찰서장도 하니, 엄마가 그 혼인을 우긴 거야. 그런데 자기는 선보는 자리에 나가자마자 영 아니었다는 거야. 그래서 안 한다고 안 한다고 죽어도 싫다고 버티는데, 그 엄마가 "나 죽는 꼴 볼래?" 하면서 칼로 자기 손가락 한마디를 짤르더래는 거야. 나중에 보니 정말 요 손가락 매듭 하나가 없더라구. 섬사람들이 그렇게 독해, 특히 여자들은.

홀트회에서 나와서는 이젠 약국도 못하지, 어린 애를 마땅히 맡길 데도 없으니 일을 할 수도 없지. 그렇다고 친정으로 다시 들어가는 거는 죽어도 싫었어. 목구멍이 포도청이니 어떻게 해? 머래두 해야지. 방 하나를 겨우 얻어 혼자서 뜨개질도 하고 행상도 해 연명을 하는 거야. 미아리 시장서 행상을 했어. 서대문 영천시장이 도매잖아. 거기서 물건 사서 미아리 시장에서 파는 거지. 좌판도 아니고 행상이야. 자리도 없으니 좌판도 못해. 그걸 누가 하게 하나? 다 자릿세를 내고 하는 건데. 그때 그 좌판 하는 사람들이 얼마나 부럽던지……. 몸도 쪼그만한 여편네가 애는 업은 채로, 쟁반에다가 물건을 담아 시장 돌아다니며 행상을 한 거야. 어느 날은 마늘이나 마늘쫑, 어느 날은 고사리니 나물들, 그걸 담아 들고 다니면서 파는 거야. 무겁고 돈도 없고 하니 많이도 못 사지. 과일은 무거워서 못해. 가벼운 걸로 해서 만 원어치 사다 하루 종일 장사하면 삼사 천 원 남는 거야. 그러니 종일 해도 방세랑 삼시 세끼 돈이 안 만들어지는 거야. 그러다가 너무 서럽고 힘들어서 죽을려고 한강을 갔어. 너무 절망이 되고 살 길이 안 보이니 죽으려고 한 거야. 내가 서른한 살 때야, 1971년인가 72년. 한강에 가서 빠져 죽을려고 한 게.

"부부간이 아니구 오누이처럼 산 거야"
— 안 영감을 만나다

아이 다섯 살 무렵 애를 칭칭 감아 업고 한강을 갔어. 새끼를 남기고 죽으면 내 새끼가 나보다 더 고생을 하겠구나 싶어서 같이 죽을려고 한 거지. 한강 다리 난간 이 빠진 데 서서 다리 밑을 들여다보고 있었어. 비는 부슬부슬 오고, 참 영화 한 장면이야……. 그지? 그러구 있는데, 갑자기 자가용 하나가 턱 서더니 생각할 틈도 없이 나를 차에다 실어. 몸도 작고 하니 쉽게 실리지. 그러고는 용산 호텔 방에다 나랑 애를 넣어주고 먹을 거랑 필요한 몇 가지를 사다주고는 "내일 아침에 올게요" 하고는 그냥 가. 울어서 눈이고 얼굴이고 퉁퉁 불어 있고, 죽을려고 맘먹은 사람이 무섭고 머고도 못 느끼고……. 정신을 차리고 나니 배는 또 고프데. 참 사람이 간사한 동물이야. 죽을려다 말고 남의 손에 살아나고서는, 또 금방 살겠다고 배가 고파오더라니까. 일단 애를 먹이고 나두 먹구, 그러고는 잠을 잤어, 그것도 아주 깊이. 아침이 돼서 이제 어디로 가야 하나 하고 있는데 그 사람이 다시 왔어. 왜 죽을려고 했느냐 그런 거는 안 묻고, 갈 데가 있느냐고만 묻더라고. 그래서 갈 데도 없고, 오라는 데도 없고, 아무것도 없다 그랬어. 그랬더니 우리를 다시 차에 태워서는 석관동 석관초등학교 앞에 방 하나를 얻어주더라고.

열한 자 열두 자 큰 방에 부엌이 딸린, 독채나 마찬가지 방이었어. 그날로 쌀에 연탄에 반찬거리들이랑, 냉장고에 장롱이니 그릇이니 사람 살 수 있는 마련들을 해주는 거야. (사진 보여주며) 그 사람이 바로 이 남자야. 그러더니 그냥 그러구 거기서 같이 산 거야. 애도 예뻐해주구, 필요한 거 다 마련해주구. 하여튼 그 순간은 하느님이 따로 없는 거지. 그 한강 거기에서 처음 본 사람이야. 그리고 남자랑 여자, 그런 관계는 전혀 없었어. 그저 살게만 보살펴주는 거지. 죽을 작정을 해서 그런지 무서운 것도 없고 더 나빠질 게 없다고 생각된 거야, 나는.

나중에 그 사람이 얘기하는데, 군대 가서 성기에 파편을 맞아서 발기를 못하는 거야. 그래서 여자랑 관계를 못해. 근데 결혼도 했더라구. 그러니 그 결혼 생활이 제대로 안 되지. 나중에 부인도 나라는 사람이 있는 걸 알게 됐는데, 원망은 안 하더라구. 그러구는 그 사람이랑 36년을 산 거야. 부부간이 아니구, 오누이처럼 산 거야…….

남들은 우리 사는 걸 보고 '저렇게 부부고, 저 아이가 저 두 사람 아이구나' 하고 생각했겠지. 오히려 내가 너무 어려 보이잖아. 몸도 작고 체격도 늘 이거였어. 사십 오륙 키로. 그런데 그 사람은 나이도 아홉 살이나 더 많고 점잖아 보이니, 아이가 원래 그 남자 늦게 얻은 자식이고 내가 후처나 그런 걸로 들어왔구나 생각 했을 거야. 그러구 2007년까지 산 거야.

이북서 와서 단출하고, 뿌린 씨도 없고, 결혼은 했지만 본부인이랑도 실제로는 끝난 상태고. 그 사람은 처음부터 심장이 안 좋았고 나중에는 심근 경색증이 심했어. 내가 생명의 은인에게 나중에는 병 수발로 갚으며 산 거야. 그 양반도 갈 때까지 일정한 직업이 없이 살았어. 몸이 안 좋으니 일을 잘 못했어. 처음에는 이런저런 부동산이 있어서 넉넉했는데, 나중에 남들한테 당해서 망하구 나서는 거의 내가 벌다시피 한 거지.

현금 여유는 없어도 마음이 안정되고, 사람 사는 것처럼 살았어. 우리 아이를 얼마나 예뻐하고 잘 키우는지 몰라. 나는 살림이고 아이 키우는 거고 영 젬병이거든. 근데 그 사람은 그런 거를 너무 잘하는 거야. 천사에 성인군자에, 그런 사람이 없지. 누구한테라도 악이 없고, 너무 착해. 그 영감이 자기 친구들한테 우리를 데리고 가서 소개할 때 "딸만 둘이유" 했어. 본부인이 있으니 나랑 혼인 신고 하고 그런 거는 없었어. 그러구 혼인 신고라면 나두 하고 싶지도 않았고. 남자한테 하도 디여서…….

그 사람이 이북에 두고 온 재산이 많다더라고. 그 이북 땅 서류를 일본 가서 떼어오면, 그걸 어디 금융 회사인가에서 잡아 보증을 해주고 남쪽의 땅이나 부동산하고 물물 교환을 해준다고 그러더라고. 나는 잘 모르지. 그렇게 해서 부동산이나 목돈이 생기기도 했어. 근데 불안정한 거지. 그러다가 한번은 머랑 물물 교환이 됐다며, 경기도 성남에 90평짜리 집을 내 앞으로 해주고 그리 들어가 살았어. 너무 넓어서 한쪽은 세 주고 셋이서 들어간 거지. 살림을 추럭 일곱 대나 들여 났어. 사는 기본이 그런 건가 보다 하면서 평소에 티브이에서 본 부잣집 살림들을 들여놓은 거야. 그때 현금도 많이 생겨서 전축에 자개 장에 식탁하고 소파도 비싸고 큰 거 들여오고, 냉장고도 제일 큰 거로 들이고. 나도 그 영감도 경험이 없어 살림 요량을 못하는 거지. 그 때 한번 잠깐, 뭔 일인가 싶게 잘 살아봤네, 하하하.

"내가 죽일 년이야, 다 나 때문이야"
— 죽음과 가난의 교차로

애 다섯 살이나 됐을 때, 엄마랑 큰오빠네가 모두 장위동으로 이사를 왔어. 내가 안 영감 만나서 얼마 안 됐을 때지. 처녀가 애를 낳았으니, 그것도 유부남한테서 낳았으니 아닌 말루 사생아를 낳은 거잖아. 더구나 그 사내놈은 사람 노릇을 못하는 놈이구. 그러니 그 소문을 묻을 수도 없고, 챙피해서 고향에서 못살겠는 거지. 안성, 그 양반 찾는 동네에 담양 장씨 집안이니 더 그런 거지. 시골 논밭이랑 땅이니 집이니 문전옥답을 모두 급하게 판 거야. 그러니 제 값에 팔 수가 있어? 똥값에 팔아넘긴 거지. 오빠가 원래 화양리에 있는 대공원 근처 병원에 공의公醫로 있었어. 뚝섬에 사람 빠져 죽거나 누구 죽으면 시신 확인하고 그런 일을 하는 공의지. 그렇게 만든 돈으로 영화병원을 인수를 해서 직접 운영하고, 나도 거기서 간호보조원을 했어. 그때까지는 안 씨를 썩 내켜 하지는 않았지만, 애도 커가고 하니 별수 없이 나 사는 걸 받아들인 거야. 어떻게라도 살게 길을 만들어줘야겠다고 생각한 거지. 거기서 딸도 초등학교를 입학했어.

한참 나중에 사고가 나서 결국 그 병원을 접었어. 여자 하나가 생인손 수술을 하러 왔는데, 몽은(마취)을 해야 하잖아. 간호사가 몽은 주사를 잘못 놔서 손가락이 바짝 타버린 거야. 의료 사고지. 환자 남편이 고소를 했어. 그래서 그걸 막으려고 그때 돈으로 600만 원인가를 물어주고 합의를 했어. 그 돈 마련하면서 병원을 팔았어. 나도 거기서 일하면서 간호보조원 자격증을 땄는데, 병원을 접으니 더 못한 거야. 그러면서 의료 쪽을 떠난 거지. 그러다가 나중에 사십 다 돼야 다시 의료 쪽으로 갈려니 일은 간병밖에 없는 거지. 내가 좀 일찌감치 의료 쪽으로 방향을 잡고 양재 편물 그거 안 하고 간호 쪽으로 일을 시작했다면, 그 분야에서 전문직으로 클 수 있었을 텐데. 나는 그 일이 아주 맞는 사람이거든.

근데 글쎄, 친정이 서울로 이사 오고 얼마 안 되서 안성 집 바로 그 자리에 중앙대학교가 들어온 거야. 그러니 땅값이 얼마나 올랐을 텐데, 우리가 얼마나 손해를 본 거유? 아이구, 내가 죽일 년이야. 다 나 때문이야……

최현숙 / 글쎄요……. 서울로 온 이유가 꼭 선배님 일 때문은 아닐 듯해요. 그 시절에 다들 시골 전답 팔아서 서울로 올라오고, 전답 없는 사람은 맨몸으로라도 올라오던 시절이잖아요. 더구나 집안을 보면 시골서 농사짓고 사는 사람은 없고, 교사 하는 둘째 아들 빼고는 모두 서울로 경기도로 직장을 다니거나 나가 사는 거고 하니, 친정이 시골에 있을 이유가 별로 없는 거지. 더구나 큰오빠는 안성서 화양리를 들락거리며 월급 의사로 있으니, 시골 부동산 팔아 병원 인수해서 모두 서울로 이사 오는 건 여러 면에서 자연스러운 결정인 거죠. 그리고 중앙대 안성캠퍼스가 들어선 게 1981년쯤이니 친정이 안성을 뜬 때랑 거의 십 년이나 차이가 있더라구요.

장기태 / 그렇기는 해. 남들이 농사를 지으니 오죽해? 젊은 사람들은 다들 도시로 서울로 공부 나가고 직장 나가고, 아버지는 정신을 놓다 말다 그러지, 엄마 나이 잡쉈지. 그러니 셋째 아들까지 다 장가보내구 나서는, 집안이 시골을 떠서 서울 올 생각을 하고는 있었어. 그런데도 내 마음에는 꼭 나 때문에 도망 온 거로만 생각을 하고 있었네. 더구나 그렇게 친정이 서울로 오고 나서 또 안 좋은 일들이 계속 이어졌거든. 중앙대학교 들어온 거도 그렇고, 엄마도 곧 돌아가셨고, 오빠 병원도 나중에 의료 사고로 잘못되고. 그러니 그런 안 좋은 일들이 나 때문에 줄줄이 이어진 거로 생각이 되는 거야.

최현숙 / 아구, 그게 바로 '착한 여자 콤플렉스'예요. 다 내 탓이고,

내가 잘못했다고 생각하는 거. 내가 천사 같은 착한 여자가 돼서, 나 없으면 망가진다는 그 김 씨도 구해줘야 하고, 그러자니 친정 식구들한테는 아주 못된 여자가 돼서 친정을 불행에 빠뜨린 거고. 여기도 저기도 착해야 하는 건데, 지나고 보니 이쪽저쪽에 모두 잘못한 거고. 그러니 나는 죽일 년인 거고.

선배님은 그저 매 순간에 선배님 자신이 생각하는 최선을 선택한 거야. 장래에 무슨 일이 닥칠지는 아무도 몰라. 그러니 모두 닥치는 상황에서 최선이라고 생각하는 거를 선택하며 사는 거고. 더구나 선배님은 그 선택을 끝까지 책임지고 산 거잖아. 그게 선배님의 성실함이고, 선배님 삶의 값진 의미라고 생각해요, 저는. 선배님이 통제할 수 없는 불행들까지 왜 자기 탓이라고 생각하느냐구?

장기태 / 그래, 최 선생 말이 맞기는 해. 근데 친정이 서울 와서 얼마 안 돼 우리 엄마가 돌아가시니, 내가 죽일 년이라는 생각을 안 할 수가 없는 거야. 엄마 나이로 예순아홉에 돌아가셨어. 엄마가 나 때문에 마음고생, 몸 고생이 정말 많았지.

최현숙 / 선배님, 제가 선배님 태어나서 지금까지 일어난 중요한 사건들 연표를 만들고 있거든. 따져보니까 친정엄마 예순아홉에 돌아가셨으면, 친정이 서울로 이사 오고 얼마 안 된 게 아니구 7년이 지난 때야. 더구나 그 시절에 예순아홉이면 살 만큼 사신 거구. 선배님 탓에 돌아가신 게 아니라구요. 물론 선배님 때문에 속이야 많이 문드러지기는 했겠지만서두, 하하하.

장기태 / 그래 맞어, 1977년에 돌아가신 거야. 그때 내가 서른일곱이었어. 큰오빠네 살림집이 장위동에서 성남으로 이사하고 나서. 난 서울 살면서 간병 일 할 때지……. 그래, 그 시절 예순아홉이면 살 만큼 사신 거지. 근데 내 생각엔 그저 다 내 탓이었던 거야…….

엄마는 그때쯤에는 많이 안 좋으시기는 했어. 정월 아주 추울 땐데, 우리 큰올케가 시어머니한테 하얀 털실루다 목도리를 크게 짜줘서, 그게 좋다고 집에서두 늘 두르고 계셨대. 하루는 친정 조카며느리들이 왔는데, 그 추운 날 자기 보러온 게 고맙고 그 추위에 그냥 가는 게 안 돼서 그 목도리를 조카며느리한테 주고 싶었던 거야. 근데 큰며느리 눈치가 보여서 못 준 거지. “그 추운데 왔다 갔는데, 이거를 줄걸, 줄걸” 하며 절절하게 몇 번을 이야기를 하시더래. 그러면서 며칠을 안타까워한 거지. 그러다가 큰올케가 손으루 만두를 빚어서 해드린 거야. 겨울에 만두를 많이 해 먹잖아. 엄마가 그걸 좋아했거든. 근데 그 조카며느리들 안타까운 생각으루 맘이 안 좋다가 잡수셔서, 그게 꽉 얹힌 거야. 손가락을 따고 약을 여러 번 드셔도 안 내려가는 거지. 큰올케가 보니 혼자 방에서 가슴을 움켜쥐구는 손으로 벽을 막 치구 그러셨대. 큰오빠가 의사니 할 거는 다 했을 거 아냐. 그런데두 안 내려가구 그러더니, 그걸루 결국 돌아가신 거야. 그러니 내가 얼마나 마음이 아파. 나 때문에 우리 엄마가 얼마나 속이 곯고 한이 많아. 나 때문에 돌아가신 거 같구, 청천벼락이지.

최현숙 / 하하하, 그 양반 돌아가신 이유를 끌어다 붙여보자면, 목도리도 문제고, 만두도 문제고, 큰며느리도 문제고, 조카며느리들은 또 왜 그 추운데 왔다 갔는지 그것도 문제고, 다 문제예요. 아구, 다 좋자고 한 일들이잖아요. 누구 때문이 아니야. 그저 그 양반 명이 거기까지라고 생각할 수밖에.

장기태 / 맞어. 죄 많은 년 생각에 그랬대는 거지, 하하하. 엄마 아버지 모두 집에서 장례를 했어. 안 서방도 내내 곁을 지켰고. 엄마 곧 돌아가시겠다고 연락을 받구 간병을 하다 말구 급하게 대타를 넣구 달려갔어. 장위동에서 성남 집까지를 가는데, 눈물도 세상에 어디서 그렇게 한도 없이 눈물이 나우? (친정어머니 이야기를 할 때마다 장기태는 자주 눈물을 보인다.) 들어가니 자손들이니 친척들이니 모두 모여 있는데, 엄마가 숨 쉬는 걸 너무 힘들어 해서 도저히 못 보겠는 거야. 그냥 얼른 가셨으면 좋겠어. 근데 막내 오빠가 연천에서 직장 끝내고 오는 길인 거야, 막내며느리랑 애들은 먼저 와 있구. 9시 딱 2분 전에 막내 오빠가 들어서니 다들 너무 반가운 거야. 이제는 엄마 숨이 넘어가도 되는 거잖아. 숨이 안 끊어지는 게 너무 힘들어 보였거든. 막내 오빠가 "어머니!" 하구 손을 잡으니까, 그 손 잡히자마자 팔이 스르륵 늘어지면서 숨을 넘기신 거야. 그래두 그렇게 모두 임종을 한 거지.

엄마 돌아가시구 장례를 하는데, 울구불구 해봐야 무슨 소용이 있어. 내가 통곡을 하고 있는데, 우리 큰올케가 쫓아와서는 "애기씨가 속을 썩여서 어머니가 일찍 돌아가셨어요" 하면서 내 등을 세게 때리더라구. 얼마나 세게 때리는지, 통곡을 하다 말구 아파서 나자빠지게 때리는 거야. 미운 게 아니라 원망스러운 거지. 큰올케가 우리 엄마랑 같이 살면서 나 때문에 엄마 속 썩는 거를 다 봤을 거 아니유. 짝, 짝, 두 번을 아주 아프게 때리구는 그대루 또 나를 붙들구 엉엉 우는 거야. "애기씨, 애기씨" 하면서 나를 부둥켜안구 통곡을 하는 거야. 그 언니가 아들 둘에 막내루 딸 하나인데, 그때나 지금이나 자기 외동딸보다 늘 내가 먼저야.

그러구는 3년 있다 아버지가 돌아가셨어. 그때는 안 영감 사업이 부도가 나서 우리가 어려울 때였어. 내가 아버지 임종은 못 하고 돌아가시고 나서 갔어. 집에 병풍 뒤에다가 아버지를 모셔놨을 거 아뉴. 늦게야 가서 펑펑 울면서 병풍을 밀고 아버지 얼굴을 만지려고 "아부지……" 하면서 이마에 손을 대는 순간, 어머 너무 너무 놀랜 거야. 기절을 할 정도야. 온몸에 소름이 쫙 끼쳐. 동지섣달에 얼음장 만지는 거처럼 너무 차가워서 손을 대자마자 화들짝 놀라며 나도 모르게 손을 떼버린 거야. 큰딸이나 유난히 정을 준 자식한테는 그렇게 정을 떼는 거라고 하더라구. 순간 슬프구 어쩌구두 없이 너무 놀랜 거야. 그러구는 초상 내내 엄마 때랑은 아주 다르더라구, 내 슬픈 마음이.

아버지 돌아가시기 전에 안 영감이 사기꾼한테 당해서 부도 맞아, 그 성남 큰 집에서 오래 못 살고 파탄이 났어. 그 집이랑 살림까지 다 뺏겨버린 거야. 최신식 큰 냉장고 큰 거 하나 말고 다 뺏긴 거지. 돈 6만 원, 지금 60만 원이겠지? 그거만 몰래 챙겨 들구 도망을 나온 거야. 그래서 의정부 위에 덕계리로 들어왔어. 거기는 서울도 아니지. 그때 서울 안에 있던 공장들을 왕십리 바깥으로 다 내보낼 때야. 공장 다니면 살 수 있겠다 싶어서, 글루 간 거지. 짐도 챙길 새도 없이 냉장고 하나만 싣고 가서, 어느 가게에 들어가 물으니까 빈방 하나를 소개해줘. 방은 얻었는데 냉골이잖아, 바닥이. 냉장고 싼 박스를 뜯어서 방바닥에 깔고. 그 냉장고는 누구한테 팔았나 어쨌나? 냉장고를 들일 수도 없게 방이 작았어. 주인집에서 얇은 이불 하나를 주더라고. 오죽 처량하고 심란스러우면 그랬겠어. 머, 아무것도 없으니까. 우리 딸을 그 냉골 바닥에 재울 수가 없어서, 중학교 들어갈 만큼 다 큰 애를 내 배에 올렸다 아부지 배에 올렸다, 밤새 그런 거지. 초봄이어서 아직 추웠거든. 그때 도망 나오면서 아무것도 못 챙겨 나와서 내가 그 전까지 정성스레 모은 사진이 지금 하나두 없어. 아유, 두구두구 젤 한스럽구 아까운 게 그 사진들이야. 그 쓰지도 못할 냉장고 말구 앨범들이나 챙겨 나올걸.

안 영감이 원래 이발 기술자 자격증이 있었어. 그래서 동네에서 이발해주고 용돈을 벌었어. 이발소를 연 거는 아니고, 야매로 500원씩 받고 하는 거지. 우리 살던 방에 데리고 와서도 하고, 동네 골목에 앉혀놓고도 하고. 나는 오지노깡* 굽는 공장으로 일을 나갔어. 그때 하루 일당 3000원이면 아주 쎈 거야. 여자한테는 아주 지독하게 힘든 노동이니까 돈이 좀 된 거지. 내가 그런 육체노동 일을 해본 적이 없는데, 그래도 먹구 살래니까 해볼려구 한 거지. 빨간 진흙으로 만들어서 굽는 그 반질반질한 오지노깡 알지? 하수도관으로 땅에 묻는 거. 기계로 흙을 빚어서 틀에 부으면, 위에서 계속 쭉 내려와. 그럼 기계 톱으로 노깡 하나만큼씩 싹 깎아서 하나씩 떨어져 내려오게 돼. 밑에 베니다 받침을 해놓으면 그 위로 떨어지는 거지. 그럼 다음 거 떨어지기 전에 베니다 받침 채 얼른 들어내서는 말리는 데다 쭉 옮겨놓는 게 내 일이야. 나란히 똑같은 간격으로 줄 세워놓고, 거기서 말리는 거지. 그게 젖은 거니까 옮길 때나 내려놓을 때 조금만 움직여도 요리 휘고 조리 휘고 하는 거지. 내가 힘이 있어야지. 몸무게가 사십 키로나 겨우 나가는 게, 그 젖은 노깡을 들고 발발발발 떠는 거야. 그럼 당연히 휘지. 내 거만 휘는 거야, 힘도 많이 들고.

첫날 사장이 보더니, "에구, 한나절 깜이로구만……" 하는 거야. 한나절밖에 일을 못하고 도망가겠다 이거지. 그때 그 옮기는 일을 여자 다섯 명이서 했는데, 하루는 사장이 와서 보더니 웃으면서 "쯧쯧……

---

* 토관. 1970~1980년대에 하수도관으로 쓰던 진흙을 구워 만든 관.

딱 다섯 번째마다 삐뚤어졌구만" 그러는 거야. 며칠 하면서 좀 나아졌지만, 그게 나한테 쉽겠냐고? 그 소리를 들으니까 더 잘해야겠다 싶어 신경을 더 쓰니까 더 벌벌 떨리는 거야. 그 일을 그래도 한 3개월을 했나 봐. 나중에야 잘했지. 하루도 안 쉬고 한 달 꼬박 일을 했어. 힘들어도 안 빠졌지, 내가 급한데. 그러면 일당 3000원씩 해서 9만 원을 줘, 한 달에. 근데 3개월이 돼서 여름이 되니까, 땀이 줄줄 쏟아지고 온몸이 웬종일 땀에 흥건히 절어 있고 현기증이 나고, 그러는 거지. 그 사장이 보더라도 너무 기가 막힌 거야. 몸은 국민학교 여자애만치나 쬐꼬매서 땀으로 목욕을 하며 낑낑대고 있으니, 사장 보기에 너무 안되고 불쌍한 거지. 하루는 노깡 사장이 부르더니 그러는 거야. "아줌마, 아줌마 노력하는 거는 알겠는데, 노깡 일은 아무래도 아줌마 일이 아닌 거 같아. 이거 계속 하다가는 아줌마 몸 다치고 쓰러지겠어. 돈 쪼금 더 벌래다가 병원비가 곱절로 들어가겠어." 그러더니 바로 그 근처에 있는 양은 공장에를 데려가더라구.

'일성양은공장'이라고 가게에서 딸기 담는 다라이니 솥이니 코펠, 그런 거 만드는 공장이었어. 양은솥이 1번, 2번, 3번, 4번 이렇게 크기 따라 쪽 나오고, 월급은 6만 원이었어. 노깡 공장보다는 덜한 거지. 그래도 일은 훨씬 쉬워. 딸기 나올 때가 되니 딸기 다라이를 무지하게 만들어내는 거야. 우선 연탄 구뎅이를 아홉 개나 여섯 개를 만들어. 그럼 기계에서 찍어 나온 다라이를 물에 담가 식혔다가, 그 연탄불 위에 이리저리 돌리면서 말리는 거야. 그냥 두면 한없이 언제 마를지 모르니까 연탄불로 말리는 거지. 연탄 구뎅이마다 여자들이 앉아서 뒤집어가며 돌리면서 말리는 거야. 다 말리면 일일이 일어나서 쌓아놓는 데로 들고 가는 게 아니고, 앉은 자리에서 휘익 던져서 켜켜루 쌓아놓은 거에다 철커덕 던져 올리는 거야. 얇은 알루미늄 다라이니까 안 무겁지. 수십 개씩을 계속 쌓는 거야. 높이 올라갈수록 좋은 거지.

노깡 일을 했으니까 그 일은 일도 아냐. 내가 아주 잘했어. 아주 전문가야, 처음부터. 연탄까스 냄새가 나기는 했지만 문들을 활짝 열어놓고 하니 참을 만한 거야. 한 이삼일 되니까 두 사람 일을 나 혼자해도 충분히 하겠더라구. 남은 앉아서 하는 데 나는 키가 작으니까, 아예 서서 하는 거야. 그러니 더 잘하는 거지. 그 기술은 남이 봐도 탄복할 정도야. 완전히 달인이야, 달인. 휙휙 던지면 아무리 높아도 딱 제자리로 들어가. 공장 사장이 일하는 걸 보구 탄복을 하는 거지. 두 달 되니까 월급을 만 원을 올려주더라구. 내가 처음에는 배우느라고 일이 느리지만, 금방 배우고 아주 잘하거든.

근데 일하다가 보면 어디 좀 우그러지든가 깨지든가 하는 게 많이 나와. 그걸 '파치'라 그래. 사는 사람은 잘 모르지, 멀쩡해 보이니까. 그런데 공장 사람들은 그 '기스'가 보이는 거지. 어디 얼룩이 지기도 하고, 한쪽이 좀 흠이 생기기도 하고. 그걸 검사해서 빼놓으면 '오함마'라구 커다란 망치가 있는데, 그걸로 뚜드려 패서 다 부수는 거야. 내가 또 머리가 발달했잖아, 하하. 그걸 보고 요령이 생긴 거야. '여기서 돈 6~7만 원 받는 거보다 저 파치를 사서 장사를 하면 더 돈이 되겠다'는 판단이 드는 거야. 솥 값이 공장에서 1000원에 나가면, 소매로는 3000원짜리가 되거든. 근데 파치를 부셔서 팔 때는 재료비만 받아. 다 부순 파치는 하나당 300원 정도가 되더라고. 그럼 기스 난 솥들을 뚜드려 부수기 전에 300원에 사다가 1500원만 받아도 돈이 되는 거잖아. 사장한테 말하니까 얼마든지 그러래. 그래서 처음에 월급 대신으로 그 기스 난 솥들을 받아 나와서는, 그걸 가겟집에도 팔고 이웃한테도 팔고, 그러는 거지. 기스라고 해봤자 쬐끔이야, 사는 사람은 일부러 찾아서 말을 해주기 전에는 모를 정도로 말짱해. 그래두 기스 자리를 알려주고 팔지. 그러니 사겠다는 사람들이 줄을 서는 거야. 그때는 살림하는 여자들이 양은 냄비니 스텐 그릇을 그렇게 세트로 쪼로록 장만하는 게 유행이었거든. 그러니 너무 재밌어, 월급보다 그 돈벌이가 훨씬 좋은 거지.

그러다가 우리 애가 중학교를 들어갔어. 성남 살 때 중학교를 배정받았는데, 빚쟁이들한테 들킬까봐 학교를 못 보내서 한 해를 쉬었거든. 그러다가 덕계리로 와서 살면서 성수여중으로 애를 넣은 거야. 근데 너무 멀어. 저 덕계리에서 새벽 첫 버스를 타고 성수동 학교를 가는데, 그 안타까움은 이루 말을 할 수가 없어. 그때만 해도 전학 오는 애들이나 늦게 입학하는 애들끼리 모아서 뺑뺑이 추첨을 했거든. 교육청에서 그런 제도가 있었나봐. 열 명이 들어가려는데 세 명만 티오가 있으면 바퀴 같은 통에다 번호 붙인 공을 넣어서 뺑뺑이를 돌려 추첨을 하는 거지. 둘째 오빠가 선생이었잖아. 돈을 찔러줬는지 무슨 교제를 했는지, 우리 딸 번호는 바퀴에다 넣지를 말라고 하더라구. 그냥 애는 미리 당첨이 된 걸로 하고, 두 명만 추첨을 하는 거지.

그래서 성수여중 근처에 이층 방 하나를 얻어서 이사를 했어. 글루와서는 공장 그런 게 없어서 간병을 했어. 거기서 딸이 중학교 3학년을 끝내고 강남에 있는 경복여상을 시험 봐서 합격을 했어. 지금은 그 학교가 저 밖으로 나갔더라구. 딸 고등학교 다니는 동안 맨날 돈이 모자른 거야. 간병 일로 번다구는 하지만, 일이 계속 있는 게 아니거든. 더구나 매일 출퇴근하는 2교대 간병은 돈이 더 적지. 학교 보낼라, 영감 툭하면 병원 가고 입원하고 어쩌고 하니 돈 들어갈 데는 많고.

그래서 새벽에 신문 배달을 했어. 그거는 월급이 18만 원이 되더라구. 우리 애도 같이 하기도 했어. 에미하고 딸하고 새벽 네 시 깜깜할 때 집을 나와서 신문 보급소에 가는 거지. 그때는 정말 땟거리가 없을 때였어. 신문 배달 시작할 때가 명절 앞두고 얼마 전이었어. 명절 쇠러 가느라고 신문 돌리는 애들도 많이 빠지고 하니까 이때다 싶어 글루 취직을 한 거지. 명절 3일간은 신문이 안 나오니까 그 전에 그 3일치 신문이 미리 나와서 먼저 배달을 하는 거야. "좌일, 우삼, 우사, 좌오……" 이렇게 신문 넣는 집을 외우면서 뛰어가면서 배우는 거지. 우리 딸은 다른 사람 쫓아다니고. 신문 접는 것도 던지는 것도, 전부 요령이야. 빨리 접고 제대로 정확한 자리에 떨어지게 해야 하잖아. 그렇게 신문 배달을 배우며 하며 할 때, 안 잊히는 기억 하나가 있어. 내가 그걸 못 잊어. 새벽에 뛰면서 신문을 돌리고 있는데, 종이돈 하나가 날아다니는 거야. 만 원짜리였나? 애 교통비도 없는 시절이었잖아. 그 돈을 남모르게 얼른 주웠지. 나도 엉큼스러워. 그 돈 주운 거를 한동안 아무한테도 말을 안 했어. 그때 사정으로는 그 돈이 얼마나 횡재야. 그걸 얼마나 고맙게 잘 썼는지……. 교통비도 주고 연탄도 사고. 누가 술 먹고 흘린 건지 모르지만, 그때는 그 사람이 너무 고마웠어. 나보다 더 없는 사람은 아니었겠지? 하하하. 어려울 때 주운 거니 안 까먹어지겠지. 지금도 누가 돈 주운 이야기하면 난 그 일이 자동적으로 떠올라. 그 와중에 누가 300만 원짜리 어음 와리깡을 부탁해서 주인집에 소개를 해줬다가, 그 사글세 보증금 200만 원을 몽창 떼이기도 했어.

그러다가 서대문 사거리 빌딩 지하에서 양지다방을 하게 됐어. 안 영감이 강원도에 산 몇 천 평 있는 거를 그 양지다방하고 물물 교환을 하게 된 거야. 다방에 '다' 자를 알우, 물장사를 알기를 하우? 내 체질도 아니고. 그걸 또 으스대구 뾰족구두 신구 들어가서 장사를 하는데, 손님들이 모두 사기꾼에 뿌로카(브로커)들이야. 그 사람들 보기에두 내가 장사를 못하잖아. 그러니 많이 당했지. 그때는 집집이 티브이가 있지를 않던 때잖아. 그러니 축구 시합이나 권투 시합, 그런 게 있으면 장사가 기차게 잘돼. 근데 그런 게 맨날 있어? 보통 매상이 하루 8~9만 원이고, 10만 원이 안 넘어가. 없는 날은 하루 인건비니 전기료니 하면 가겟세도 안 나오는 거야. 내가 그 손짓도 안 잊어. (손짓을 하며) 에그 커피, 위스키, 반숙, 커피, 홍차……. 주문을 받으면 카운터에다가 그렇게 손짓을 하는 거야. 주방장을 두고 했는데, 경험이 없으니까 주방에서 빼먹는 걸 도저히 못 당하겠더라고. 근처 한국일보나 동아일보 같은 신문사들이 많으니, 모두 장삿속으로 커피 마신다고 와서 신문 봐라 또 머 하라 하면 나는 또 거절을 못하잖아. 도저히 장삿속이 안 맞는 거야. 그러다가 나중에 힐튼호텔 앞 구멍가게하고 양지다방을 또 물물 교환을 했어. 힐튼호텔은 충무로 동국대학교 근처였어. 장사는 잘됐지, 가게 터가 좋으니까. 근데 나중에 보니, 그 건물이 은행에 저당이 잡힌 거를 모른 거야. 보상하나 못 받고 5~6개월 하고 빈손으로 쫓겨난 거지. 안 서방이고 나고 너무 순진하고 세상 물정을 몰라서 밤나 당하는 거야.

딸이 고등학교 졸업할 쯤에는 오빠가 근무하는 병원에서 간호보조원이랑 간병 일도 했어. 그러다가 1988년에 간호보조원이 간호조무사로 바뀐 거야. 간호보조원 자격증이 있었지만 젊은 사람들만 쓰니, 주로 간병 일을 한 거지. 그리고 오빠가 의사로 있는 병원이라고 해도, 오빠 병원은 아니고 취직해 있는 거니 나한테 해주는 걸 오빠 마음대로 할 수는 없었던 거지. 간병 일은 계속 있는 게 아니고 불안정했고.

나중에 간병 일 하면서 그런 후회가 들더라구. 안 영감 만나고 그나마 안정된 서른 중반에 간호보조원 자격증도 있을 때니 그걸루 계속 일을 하며 경력을 쌓았으면 훨씬 나았을 텐데, 그걸 못한 거야. 안 영감 상황대루, 안 영감 하자는 대루 하다가 망하면 또 급하게 다른 궁리를 하고 그런 거지. 그때는 간호 쪽은 취직이 됐거든, 내가 좋아하는 일이기도 하구……. 나중에 마흔 중반 넘어서야 병원 쪽으로 다시 취직을 할래니, 간병밖에 없는 거지.

큰오빠가 예순넷에 돌아가셨어. 나 쉰여섯일 때지(1998년). 오빠 돌아가신 걸 생각하면 가슴이 무너져. 세브란스병원에 근무할 때 담도암이 걸려서, 그 병원에 입원해 있다가 가신 거야. 돌아가신 날 오전에 병문안을 갔는데, 곧 가시겠다 싶더라고. 나는 다른 병원에 간병 출근을 하던 때니 나와야 하잖아. 내가 돈을 5만 원을 주니까, 그 꺼져가는 기운에 팔을 쭉 내밀어서 그 돈을 받더라구. 늘 가난하기만 한 동생이니 제정신이면 안 받을 양반이야. 나한테 한을 안 남기려고 그 돈을 그렇게 받았나봐……. 돌아가시구두 한동안 그 모습이 자꾸 떠올랐어. 그러구 나와서 출근을 해서 간병을 하고 있는데, 전화가 왔어. 운명하실 거 같으니 가족들 오라고. 나는 갑자기 대타를 구하지 못해서 애를 태우다가, 병원으로 못 가고 나중에 돌아가시고 나서 집으로 갔어. 식구들이 집으로 모시겠다고 해서 앰블란스를 타고 집을 가는데, 오빠가 차 안에서 계속 나만 애가 타게 찾더래는 거야. 자기 새끼들보다 더 맘에 걸린 거지. 그때 오빠 임종을 못한 게 너무나 한이 돼. 죽은 다음에 통곡하면 머 할꺼냐고? 내가 우리 오빠 마음을 얼마나 아프게 했는데……. 어려서도 커서도 나한테 그렇게 잘해줬는데, 나는 오빠 속을 너무 많이 썩였어. 부모래도 그렇게 못해. 아버지가 그러니 나한테는 큰오빠가 아버지였어. 오빠 가셨을 때는, 정말 같이 무덤에 들어가고 싶더라구.

내 평생 제일 아픈 상처가 엄마랑 오빠가 나 때문에 너무 속을 썩은 거랑 내 딸한테 아픔 준 거, 그거야. 내가 김 씨한테 당한 거나 어렵게 산 거는 상처로도 안 느껴. 그런 건 그냥 "미친개한테 물렸다" 하며 터프하게 털어버려. 내가 누구 아프게 한 거만 두고두고 아프고, 죄책감 느끼고, 기억나고 그래.

친정 식구들은 안씨가 성불구인지를 끝까지 몰랐어. 그저 애 안 생기는 것만 다행이라고 생각을 한 거야. 남자가 나이도 많고, 한 번 데어서 내 인생이 또 어떻게 될지 모른다고 여겼을 테니, 애 안 생기기를 바란 거지. 처음에야 안 영감을 못미더워들 했지만, 나중에는 다들 사위 대접을 했어. 전혀 돈이 없는 사람도 아니고, 정한 직장은 없고 나이도 많고 몸이 안 건강해 보이지만 나랑 딸한테 잘하는 거를 좋게 친 거지.

나도 두어 번 본부인을 봤고, 안 영감도 일 있으면 왕래를 했어. 아마 본부인 입장에서는 자기랑은 성관계가 안 되더라도 딴 여자 만나면 혹시 성생활도 되고 애도 낳을 수 있을까 기대 반 염려 반 한 것 같아. 오래 앉아 이야기할 기회가 없어서 세세한 거야 모르지만, 서로 안쓰럽게 생각한 것 같아. 나는 미안한 마음을 안 가질 수 없었지. 본부인이 나를 싫어하거나 미워하거나 하지를 않으니 더 미안했지. 내쪽에서는, 그 부인이 애도 안 낳고 같이 살지도 않으면서 혼인 관계는 계속 유지하고 있는 모습이 안쓰러워 보이더라고. 양반이라는 생각에 그랬는지 모르지만, 얼마나 힘들었겠어? 나는 본부인이 언니 같은 마음이 들었어. 나이가 나보다 열 살 가까이 많았거든. 내가 언니가 없어서 더 그렇게 생각했나? 안 영감도 남편이나 애인 그런 게 아니라, 오빠 같은 마음이었어. 큰오빠보다 한 살 많았으니 더 그랬겠지. 본부인 마음에도 내가 안쓰러운 여동생 같은 느낌이었을 것 같아.

그 뒤로는 주로 간병 일을 했어. 12시간 맞교대 출퇴근도 했고, 24시간 주 6일 계속 근무도 했고. 아이도 컸고, 안 씨가 딸을 잘 챙기고 집안일도 더 잘 챙기니 6일을 연달아 하는 게 가능했지. 그래야 그나마 돈이 되거든.

"눈물로 보냅니다 여자의 일생"
— 울음바다 된 환갑잔치

양지다방 할 때, "얼마 안 있으면 일산이 개발되고 대규모 아파트 단지가 들어설 거다. 미리 들어가서 세를 살면 아파트 분양권이 생길 거다" 하는 정보를 얻었어. 그래서 그리로 세를 들어가서 살다가 입주권 딱지를 내 이름으로 받은 거지. 그래서 18평짜리 **신도시 아파트**를 받았어. 분양 들어가기 전에 행주대교가 무너져서 일산 아파트 들어설 단지가 완전히 싹 쓸려갔었어.* 그때 한바탕 난리가 났었잖아. 우리 집이 주엽동이었는데 약간 지대가 높았나 봐. 다른 곳은 다 물에 갇히고 쓸려가고 했는데, 딱 우리 집 앞 거기까지만 물이 닥친 거야. 내가 일산이랑은 팔자가 맞나 봐, 하하하. 정보 듣고 딱지 받은 것도

---

* 신행주대교 붕괴 사고는 1992년 7월 31일에 일어났고, 정식 개통은 1995년 5월이다.

"정부는 대규모 아파트 단지 건설 등 신도시 건설 사업의 추진 방식을 획기적으로 개선, 신도시 주택 건설 물량의 20~30퍼센트를 현지 입주기관 등에 특별 연계 분양하는 등 입주 주민의 70퍼센트 이상이 외곽 도시로 출퇴근하지 않도록 하기 위해 아파트 특례 분양 등을 명문화한 신도시 개발특별법을 제정키로 했다. 또 신도시 건설 사업의 추진에 앞서 기간 도로망을 구축토록 하는 등 사전에 교통 및 교육 대책을 완벽하게 마련토록 제도화할 방침이다. 정부 관계자는 17일 서울 상계동 아파트 단지 건설이나 분당 신도시 아파트 분양 과정에서 빚어진 교통 문제와 투기 발생 요소 등을 근원적으로 해소키 위해 기존의 도시계획 관계법을 정비, 선진국형 신도시 건설을 지향하는 내용의 '신도시개발법'(가칭)의 제정을 추진 중이라고 밝혔다. 정부는 이 법을 새로운 도시의 건설은 물론 현재 추진 중인 분당, 일산 등 수도권 5개 신도시의 내년 이후 주택 분양분부터 일부 적용토록 하는 방안을 검토 중이다. 신도시의 기능도 지금까지의 주택 공급 확대 위주에서 탈피, 전체 부지의 30~40퍼센트 규모로 주택 건설 면적을 줄이고 대신 업무용 빌딩 건축 등을 크게 늘려 신도시 안의 출퇴근 가구 비율을 70퍼센트 이상으로 높이도록 할 방침이다"《경향신문》 1990년 1월 17일). 신도시는 새로운 도시다. 도시 구조를 미리 구상해 기하학적 형태로 잘 구획된 공간을 구성하며, 도시 형성에 필요한 핵심 기능을 분산 배치해 살기 좋은 도시를 만드는 게 목적이다. 흔히 원도심이라고 부르는, 자연스럽게 만들어지고 오랜 역사를 지닌 핵심 지역이 없어 도시 전체를 아우르는 역사를 찾을 수 없는 인공 도시다. 신도시의 주거 형태는 대규모 아파트 단지를 중심으로 한다. 처음에는 구획을 나누고 목표 인구를 정한 뒤 공공시설, 공원, 중심지 상가와 사무 공간 등 도시 기능에 필수인 기반 시설을 잘 갖춰 거주와 고용의 균형점을 찾아 베드타운을 벗어나려 노력하지만, 상대적으로 빨리 늘어나는 인구를 따라잡지 못하는 한계도 드러냈다. 2014년 8월 1일 경기도 고양시가 인구 100만 명을 넘겼고, 9월 1일 정부는 공공 방식의 대규모 신도시 개발을 뒷받침하던 택지개발촉진법 폐지를 골자로 한 '9·1 부동산 대책'을 발표했다.

그렇고, 물난리도 그렇고. 모처럼 재수가 좋은 거지. 인생이란 게 아무리 모질어도 한 번씩은 어느 귀퉁이에서 그런 복이 튀어나오더라고. 그 일들도 그렇지만, 안 영감 만난 게 나한테는 큰 거지.

나는 서울서 간병 일을 하고 딸은 간호대를 나와 건대 민중병원에서 간호사를 할 땐데, 뉴스에 행주대교가 무너져서 일산 일대가 난리가 난 거지. 안 서방만 집에 있는데. 그러니 딸이 "아빠 죽어, 얼른 피해" 하면서 지 아빠 전화통에 불을 내고, 나한테도 아빠 죽는다고 얼른 집에 가보라고 난리를 치는 거지. 근데 다행히 집 바로 앞까지 물이 찬 거야. 우리 들어갈 아파트 짓기 직전인 거지. 그 물난리 나고 흙을 다시 더 돋워서 그 위로 아파트를 지어 들어간 거야.

한번은 아파트 들어가기 전에 안 서방이 심근 경색으로 쓰러졌어. 그래도 나는 딸 있는 민중병원으로 가자는 말을 못하는 거지. 우리 셋이야 어느 가족 못지않게 서로 잘하지만, 그래도 친아빠가 아니니 지 직장에 입원시키면 의붓아버지인 게 탄로가 날 거 아냐? 근데 딸이 먼저 "얼른 우리 병원으로 와" 하더라구. 정신없이 택시를 타고 일산서 지금 건대병원 자리로 가니까, 딸이 의사랑 직원들을 미리 대기를 시켜서 같이 나와 있어. 급하게 운반대에 실어 응급실로 들어가서 처치를 하고, 딸은 입원 수속을 하러 갔지. 서류 받는 직원이 "어마, 아버지라면서 성이 다르잖아요?" 하는 거야. 근데 거기다 대고 "그럴 수도 있죠; 머" 하면서 아무것도 아니라는 듯 당차게 말을 하더라고. 그러니 그 와중에 누가 문제를 삼겠어? 난 그거 보면서 눈물이 핑 돌더라고. 택시로 달려오면서도 마음 한구석에 그게 제일 걱정이었거든. 혹 직장에서 무슨 말 나서 딸한테 피해가 될까봐 내내 마음이 안 놓였어. 근데 지가 아무 문제가 아니라는 듯 그렇게 툭 트고 말을 하는데, 그동안 내 설움이며 딸한테 느낀 죄스러움이나 미안함 그런 게 한꺼번에 눈 녹듯이 녹더라고. 진찰 오는 의사나 간호사뿐 아니라 청소 오는 아줌마들한테도 "우리 아빠예요" 하고 당당하게 거리낌 없이 소개를 하는 거구, 안 서방 남동생이랑 제수씨가 문병을 오면, 사람들한테 "우리 작은아빠 작은엄마예요" 하고 좋아라 하며 소개를 해. 그때 생각을 하면 딸한테 너무 고마워. 안 서방이 저를 얼마나 귀하게 키우고 잘 보살펴줬어. 난 맨날 돈 버느라고 병원이고 공장이고 다방이고 돌아치느라 늘 없고, 안 서방이 정말 친딸보다도 더 귀하게 알고 키웠거든. 그 보답을 우리 딸이 그렇게 지 아빠한테 하더라구. 퇴원할 때도 가족이니까 훨씬 싸게 해주고 병원비까지 지가 다 내더라니까. 나중에 딸한테 고맙다며 그 얘기를 하니까, 아빠를 아빠라고 하는데 뭘 그러느냐고 그러더라구…….

그러다가 일산 아파트에 입주*를 한 거야. 순전히 내가 벌어서 돈을 만든 거야. 물론 안 영감도 생활비를 보태기는 했지만, 그 아파트 돈 부은 거는 내가 번 거야. 그때는 주로 와이더블유시에이 간병인협회를 가입해서 일을 계속 했어.

그러구는 아파트 입주해서 집들이도 멋있게 하고, 딸 벌고 나 벌고 하니 경제적으로도 많이 폈지. 딸은 적십자간호대 3년제를 나왔어. 지금 2년제 대학이 그때는 없었지. 근데 그 뒤에 생긴 4년제, 5년제 간호대 출신으로는 인정을 못 받아. 자격증이 다른 건 아닌데 호봉에서 차이가 나고 수간호사 되는 게 어려운 거야. 그러니 딸이 치고 올라오는 4년제 출신 후배들한테 눌리는 거구, 거기서 서러움이 있는 거지.

나는 일산에서 전철 타고 강남 일원동 삼성중앙병원 중환자실로 출근을 했어. 출퇴근이래 봤자 일주일에 6일은 그 병실에서 자고 먹고를 하는 거고, 토요일 낮에 나왔다가 일요일 낮에 다시 들어가는 거야. 그때도 간병 일이 그랬거든. 그런데 우리 영감이 일주일이면 6일을 점심시간 전에 와서 소나무 앞에서 양복이나 손수건을 나무에 걸어놓고 나를 기다려. 그 소나무가 중환자실 창문으로 내다보이거든. 같이 점심 먹고 막걸리 한 잔에 담배 한 대 같이 피우고 먹고, 그러고 영감은 집으로 가고 나는 병실로 가는 거야. 담배두 안 피구 술

---

* 일산 신도시 아파트 입주가 공식 시작된 날은 1992년 8월 31일.

도 못 먹던 영감이, 나한테 술 배우고 담배 배우고 그랬다니까.

　안 서방 남동생이 쉰아홉에 위암으로 일찍 죽었어. 근데 내가 그 남동생이니 부인이랑 너무 친하게 서로 의지하고 살았거든. 그러니 내가 너무 서러운 거야. 그래서 장례식장에서 아주 서럽게 우는데, 그 남동생 친딸이 나한테 감정이 있더라구. 걔가 어려서부터 큰어머니한테 가서 컸거든, 안 서방 본부인이지. 그 본부인이 다른 데 결혼도 안 하고 시댁 쪽하고 왕래를 하고 살면서 그 시동생 딸을 데려다 거의 키우다시피 한 거야. 걔는 지 생부가 죽은 거잖아. 걔가 상주지. 그러구 한편으로 큰어머니랑 어머니처럼 같이 살았으니, 자기 아버지를 뺏긴 감정이 있는 거지. 자기 큰어머니도 듣는 자리에서 나한테 "당신이 뭔데 그렇게 섧게 울어?" 그러드라고. 충분히 그럴 수 있지. 그래서 미안하다고만 하고 아무 말도 안 했어. 내 서러움도 서러움이지만 그 애 노여움을 알겠는 거야. 그 애가 우리 딸보다 네댓 살 어려. 자라면서 두어 번 서로 보기도 했어. 자기 큰어머니 외롭게 산 거를 봐왔으니, 그런 감정이 있을 수밖에 없겠지. 내가 눈치가 없는 거지. 아무리 그렇더라도 그 본부인 있는 자리에서 그렇게 서럽게 울 일은 아니었어. 안 영감이구 본부인이구 다들 같이 있었거든. 그저 나는 그 안 영감 동생 일찍 죽은 거랑 동서 혼자 된 게 서럽고 안쓰러운 거만 생각한 거야……

　(사진을 보여주며) 내가 환갑잔치를 했잖우. 2002년도 은평구에 있는 요양원, 인덕원 다니면서. 아구, 요즘 누가 환갑잔치를 해? 챙피하게. 더구나 이 젊어 보이는 사람을 누가 환갑이라 그래? 그러니 챙피해서 잔치한다구 말을 못 하는 거야, 직장에다가. 그때가 딸네 식구하고 1년 정도 같이 살 때였어, 애들 키워주느라고. 애들 두 살, 네 살해서 어린이집 다닐 때지. 2002년 월드컵 축구 할 때야. 사위는 직업

은 없이 퍼질르고 방구석에서만 있던 때야. 개는 평생 돈을 벌어 본 적이 없어. 재산은 있는데, 그럼 뭐해? 현금이 없는데. 그러니 우리 딸이 늘 고생이었지. 그때두 딸은 병원 다니고 나두 인덕원 나가구, 사위하고 안 서방하고 집에 있으면서 애들 돌보고 한 거지. 안 서방이 사위한테 얼마나 잘한지 몰라. 그 이쁜 딸 데리고 사는 사위니 얼마나 잘했겠어. 그러니 둘은 서로 아주 좋았어, 안 서방은 누구한테고 잘하는 사람이야.

인덕원 간호과장이 나를 많이 인정했어. 내가 일을 잘하니까. 근데 챙피해서 환갑 이야기를 못 꺼내겠는 거지.

"할 이야기가 있는데요." 나는 쥐구멍으로 들어가는 거야. "뭐예요?" 그 간호과장은 말소리고 태도고 똑똑 뿌러지거든. 그러니 내 목소리는 더 기어들어가는 거지. "사위가 장모 환갑인데 그냥 지나갈 수 없으니까, 잔치를 하자네요. 다른 자식 없고 딸 하나니까, 해주고 싶은가 봐요……." 무슨 죄짓는 거처럼 그런 거야. 말루래도 사위를 세워주는 거지. "아유, 해야죠." 기분 좋게 도와준다는 거지. 12시간 맞교대나 하루 일하고 하루 쉬는 24시간 퐁당퐁당 근무가 전부니, 간호과장이 양해를 해주고 근무 시간을 조정해줘야 요양원 친구들이 환갑잔치에 많이 올 수 있는 거잖아.

그때도 환갑을 하는 사람은 하고 마는 사람은 말았어. 손님이 얼마나 있겠나 싶어서, 은평구청 앞 제일뷔페 지하 1층을 예약했다가, 아무래도 좁을 거 같아서 당일에 1층 넓은 데로 바꿨어. 150명 들어가는 자리더라구. **송월타올**에다 '장기태'라고 이름 새긴 수건도 주문을 하고. 음력 7월 9일이 내 본 생일인데 며칠 앞당겨서 주말에 했어. 인덕원에서 직원들이 거의 다 왔어. 잔치를 한참 동안을 하니까 근무

"항도 부산에 뿌리를 두고 있는 (주)송월타올(대표 박찬수)이다. 지금은 회장으로 있는 박동수 씨가 지난 49년 송월타올공업사를 설립해 근대적인 시설을 갖춘 타월 생산에 돌입한 것이 이 회사의 시발이다. 그 이후 74년에 주식회사로 법인 설립한 후 79년 (주)극동타올을 인수하면서 오늘에 이르고 있다. 이 회사는 40여 년간을 오직 타월 한 가지만 생산해오면서 지난해에는 약 210억 원의 매출을 기록해 여전히 국내 최고의 타월 생산업체로 군림하고 있다. 최근 고급 수입품들이 시장을 잠식하고 있고 타월이라는 품목이 전도가 유망한 것만은 아니지만, 고급화와 신제품 개발을 통해 해마다 5~10퍼센트 정도의 매출 신장을 가져오고 있다"(《매일경제신문》 1993년 7월 19일). 1945년 박동수와 박찬수 형제는 부산 동구 범천동에 불하받은 적산 가옥에 양말 염색 공장을 차렸다. 1949년에는 목직기 5대를 사들여 수건을 만들기 시작했다. 불행한 전쟁은 형제가 만든 수건에 날개를 달아줬다. 1966년에 부산 동래구 거제동에 큰 공장을 지으면서 최대 타월 업체로 발돋움했다. 1979년에 극동타올을 사들이고, 1986년에는 전 공정 자동화 시스템을 만들었다. 1992년에 중국 칭다오에 세운 공장에서 중저가 제품을 생산하고 부산 공장에서는 고급 제품을 생산하는 다각화 전략을 마련해 성장을 거듭했다. 그렇지만 1997년 아이엠에프 외환 위기는 피해갈 수 없었다. 40퍼센트를 넘던 점유율이 절반 아래로 떨어진데다 연리 30퍼센트를 넘나드는 고금리를 견뎌낼 수 없었다. 결국 50억 원의 차입금을 제때 갚지 못한 송월타올은 1998년 1월 30일 부도를 맞았다. 화의를 신청한 송월타올은 직원을 3분의 2로 줄이는 구조조정에 더해 박찬수 회장이 개인 소유 부동산을 팔아 힘을 보탰다. 고급 타월 샤보렌이 인기를 끌면서 회사는 점점 정상화돼, 2003년 4월 30일 화의에서 벗어났다. 그 뒤 송월타올은 2005년에 본사를 경남 양산으로 옮기고 2009년에는 베트남 호찌민에 현지 법인을 세우는 등 탄탄한 성장을 이어가고 있다. 지금도 우리는 돌잔치, 결혼식, 환갑잔치, 체육대회, 등산대회에서 송월타올을 자주 만난다. 좋은 일이 있을 때 땀과 눈물을 함께 닦자는 마음을 담아 나눠주는 선물이 바로 '타올'이다.

중이던 직원들도 교대를 해서 온 거지. 그러니 내 직장 동료들만 해도 백 명이 훨씬 넘어. 인덕원이니 와이더블유시에이니 어디니 간병 동료들만 합해도. 친정 쪽, 안 영감 쪽 식구들도 다 왔지. 거기에 시골 친구다 동창이다, 어떻게들 알구 많이들 온 거야. 그러니 급히 수건 백 장을 더 주문해서 200장을 맞춘 거야. 창하며 놀아주는 사람도 불렀지. 사위가 장모 업고 장인은 조카가 업어서 한 바퀴 춤추며 돌고. 놀기 전 식사 끝나자마자 주인공 노래부터 하래는데, 나 살아온 세월이 '여자의 일생' 아니유? 그래서 〈여자의 일생〉 그걸 불렀지. 그게 내

십팔번이거든.

"참을 수가 없도록……흐흐흑흑……이 가슴이 아파도……흑흑 흑……."

시작하자마자 눈물이 쏟아지는 거야.

"여자이기 때문에……흐흐흐흑……말 한마디 못하고……흐흐흐 흑……."

안 영감도 눈에서 눈물이 뚝뚝 떨어지고, 형제들도 모두 울고……. 식사 시간에 노래 불렀으면 참 큰일 날 뻔한 거지.

"눈물로 보냅니다 여자의 일생……."

그러구 울음바다가 되면서 노래가 끝내자마자 에라 모르겠다, 짜라 짠짠짠짠 신 나는 노래를 불러 제껴버렸어. 그러니 사람들이 울다 말고 박장대소를 하며 나와서 흔들고, 풍악을 울리고. 그렇게 춤추고 노래하고 먹구 놀았어. 그러구두 나중에 인덕원 직원들 전부한테 한턱씩을 쐈어. 1층, 2층, 3층인데 층마다 99개 베드야. 그러니 직원들이 얼마나 많아. 비싼 걸로야 못 돌리고 치킨, 피자, 콜라에다 수건도 더 주고, 못 온 사람들한테도 돌린 거지. 거기서 들어온 부주보다 내가 쏜 게 더 많은 거야. 거기 사람들이야 무슨 돈이 있어? 그래도 행복해. 나를 인정해주고, 인덕원 행사로 해준 게 너무 고마운 거야.

"인생의 마지막을 보는 일이야"
— 간병 노동자의 일과 사람

최현숙 / 선배님은 간병과 요양 일을 천직으로 아시는 건데, 그 일

하면서 만난 사람들이나 일의 내용도 좀 이야기를 해주세요.

장기태 / 간병 일은 어렵고 힘든 일도 많았지만, 나는 천직으로 알고 보람을 느끼며 했어. 옆에서들도 '그냥 잘하는' 게 아니고 '참 잘한다'고 다들 그랬어. 동료들이고 관리자들이고.

한번은 서른일곱 먹은 총각을 돌봤어. 교통사고로 뇌를 다쳤는데, 연고가 없는 사람이어서 4개월을 공짜로 간병해줬어. 나중에 보험금을 타서는 그 4개월 간병비를 한꺼번에 주더라고. 나보고 "엄마, 엄마" 하다가 나중에는 "누나, 누나" 했거든. 퇴원하고 한참 있다가 연락을 해서는 영등포로 나오라고 해서 아구찜을 사주기도 하더라구. 그러다가 나중에 돈을 빌려줬다가 당했어. 집을 사는 데 돈 삼백을 빌려달라고 해서 줬는데, 그 돈 가져가고는 연락이 안 돼. 저 어려울 때 받은 은혜를 그렇게 갚더라구…….

간병은 한 달 받는 거로 치면 나 같은 여자들이 하는 다른 일보다 싸지는 않고 짭짤한 편이지. 24시간 근무라는 게 문제인데 다른 여자들하고 다르게 나는 그 24시간 근무가 가능했던 거잖아. 환자 간병하다 퇴원하면 다른 보호자가 잘한다고 자기네 해달라고도 하고, 지네끼리 서로 소개도 하고. 지금은 하루 7만 원 일주일에 49만 원이 보통이야. 일요일은 쉬어. 보통 다른 간병인보다 5000원씩이라도 더 주더라고, 잘한다고. 환자 쪽에서야 의료보험 있는 지금으로 따지면 그 간병비는 보험이 안 돼서 큰 부담이지만, 간병인들은 일주일에 6일을 꼬박 묶여 있는 거니까 너무 힘든 거지. 배운 여자들이나 젊은 여자들은 안 하지, 못 하기도 하고. 가정생활이나 사회생활이 다 없어지는 거잖아.

영동세브란스에서 전 무슨 장관을 간병한 적이 있어. 여든넷이었어.

요양보호사
장기태
요양보호사 자격증.

부인은 죽고 아들 다섯에 딸 하나인데, 아버지를 찾아와서도 손 하나 잡는 자식이 없어. 그저 남처럼 저만큼 떨어져서 정중하게 손 마주잡고 고개 숙이면서 "아버지 그간 별일 없으셨어요?" 하구 마는 거야. 참 별스런 사람들도 있다 싶었어. 그런데 하루는 대학교 2학년이나 돼 보이는 스무 살짜리 청년이 와서 어쩌구저쩌구 새살을 떨고 만지구 비비구 수선을 떠는데, 아버지는 또 질세라 똑같이 비비구 껴안구 하는 거지. 그 아들 가구 나서 그 사람이 "간병하는 분한테 이런 이야기해서 흉 될지 모르겠네요" 그러면서 묻지도 않은 사연을 푸는 거야. 장관하던 시절 본마누라가 죽을병이 들었대. 그런데 사촌동생 하나가 법무부에 같이 근무를 했는데, "같이 대화나 해보세요" 하면서 서른셋 먹은 여자 하나를 소개해주더래. 그러저러하다가 그여자랑 따로 살림을 차린 거야. 자식들은 이미 은행장이니 교수니 한자리들을 하고 있고. 나중에 그 작은마누라 집을 가봤는데, 압구정동 비싼 동네 200평 땅에 3층집을 올렸는데, 너무 좋아. 넓은 잔디 마당에 수영장까지 있고. 아침에는 본마누라 있는 집에서 법원으로 출근하고, 끝나면 작은마누라 집으로 퇴근해서 밤늦은 때까지 있다가 11시 넘으면 본마누라 집으로 가서 자고, 매일 그랬대는 거야. 그러다가 그 아들이 생겼는데 걔가 좀 커서 하는 소리가, "다른 집 아빠는 맨날 집에 와서 자는데, 왜 아빠는 맨나둥 맨나둥 다른 데 가서 자?" 그러더래. 그 말이 늘 마음에 걸려 있고, 아이 만든 게 후회도 되고 그러더래. 그러다가 본부인은 먼저 간 거지. 그러던 중 고위 관료나 판사들 중에 작은마누라 두고 이중 살림 하는 거를 내부 감사해서 한바탕 시끄럽고 그거 때문에 쫓겨나고 하는 일이 있었대. 그래서 이제 머 부끄러울 것도 없다 싶어서 큰 자식들을 다 불러놓고 자초지종을 설명했대. 그러니 자식 중 누구 하나 반대하는 놈도 없고 해서, 그 아들을 자식으로 호적에 올리고 여자도 동거인으로 올렸대. 그러구는 본부인이랑 살던 집은 세주고 작은마누라네로 나와서 같이 살았다는 거야. 근데 그 작은마누라가 또 쉰이 안 돼서 암으로 죽고 저 아들이 저렇게 외롭게 됐다면서, 그게 그렇게 이쁘고 안쓰럽고 하대는 거지. 자기 죽고 나면 형들이나 누나한테 천덕꾸러기가 될 게 뻔한데, 돈 말고는 줄 게 없는데, 돈이야 사람만 망가뜨리기 쉽다면서 한탄을 하는 거야.

간병이나 요양을 하다보면 사람이 머로 행복하고 불행한 건가 하는 걸 생각할 때가 많아. 그렇게 잘나가고 떵떵거리던 사람도 병들고 늙으면 불쌍하고 외롭잖아. 돈이나 권력 때문에 말년에 오히려 더 비참해지는 사람들도 많구. 평생을 애지중지 키워놓은 자식들이 자기 죽기만을 바라는 것뿐 아니라, 실제로 죽이려 한 일을 겪은 노인도 있었어. 노인하고 그 죽이려 한 자식하고, 둘만 아는 거지. 그런데도 다른 자식들한테는 말을 못하고 어디다 고발도 못하고. 누구 붙잡고 이야기할 데는 없고, 말을 못하니 더 병이 되고 하니, 쌩판 남인 간병인에게 그 속앓이를 털어놓는 노인이나 환자가 많아. 인생의 마지막을 보는 일이어서, 나 사는 것도 많이 되돌아보게 되더라고.

나처럼 간병이나 요양 일 하는 여자들 보면, 대부분 나보다 경제적으로 어렵게 자라고 훨씬 힘든 일들을 하고 살았더라구. 지금 50대,

60대 여자들도 대부분 마찬가지야. 도시 출신이면 파출부, 식당, 청소, 행상이나 노점상, 공사장 노가다 그런 거구, 시골에서는 모두 밭이나 논 품삯 일들, 목화 기르고 짜고, 누에 치고, 산에서 나무해다 팔고, 젓갈 행상 다니구, 별의별 일들을 다했더라고. 애 어릴 때도 어디 취직하고 그러지는 못했지만 대부분 무슨 짓이라도 해서 돈을 만들었더라구. 집에서 부업이라도 하고. 난 혜택받은 사람이야.

정정임이라고 나보다 두 살 더 먹은 언니야. 남편이 청주에서 중학교, 고등학교 교감이었는데 의처증이 너무 심한 거지. 퇴근하구 들어오면 일단 마누라를 붙들어다 놓고, 하루에 머하구 머하구 한 거를 묻고 따진다는 거야. 시장을 30분에 다녀오면 어느 가게서 몇 분 머 사느라구 몇 분 그러며 따지고는, 남은 7분에 머 했느냐, 어느 놈 만나서 머 했느냐 그러면서 노상 때린다는 거야. 그 언니가 머리를 못 길렀대. 이틀이 멀다 하고 서방이 여자 머리카락을 지 손가락으로 꼬아서 끌어 당겨다가는 벽에다가 처박아대는 거야. 그 1분, 2분을 따지면서. 오남매 낳아서 키웠는데, 애들이 커서는 엄마를 도망을 시키더래. 그래서 서울로 와서는 나한테 간병 일을 배우고 돈도 잘 벌었어. 그러다가 남편이 병이 걸려서 드러누우니, 별 수 없이 병 수발하러 다시 들어갔어. 이번에 나 입원하고 있는데 전화가 왔어. "얘, 동생아. 다른 사람은 남편 죽으면 서럽다구 하는데, 나는 왜 이렇게 좋으니…… 깔깔깔깔." 그런 소리를 누구한테 하겠어? 시집 아니라 친정한테도 못 하구, 애들한테도 못 하지. 나니까 그러구 하며 같이 웃는 거지.

내 팔자 기구하다고 생각해왔지만, 결혼해서 서방한테 맞으며 산 여자들 보면 하나두 안 부러워. 차라리 내가 나은 거 같아. 그저 정식으로 결혼 안 했다는 거, 애비 없는 자식 키웠다는 거, 그거가 다른 거구. 차라리 내가 더 편하게 자유롭게 산 거 같아. 제일 불쌍한 여자가 예순 넘어서도 서방 밥 챙겨줘야 된다고 모임 자리에서 일찍 일어나는 여자야. 다시 살라 그래도, 그렇게 산다면 결혼은 노 땡큐야, 노 땡큐! 하하하!

"친구들이 그 영감을 잘 보내주더라고"
— 안 영감 이야기

최현숙 / 안 영감님 이야기가 중간에 많이 나오기는 했지만, 미처 못한 게 있으면 모아서 마저 해보자구요. 그분 고향이며 가족들이며……

장기태 / 안 씨는 이북이 고향이야. 일제 시대 지나고 재산 많은 거를 몰수당하고 해방 직후 삼형제가 같이 남쪽으로 내려왔어. 안 씨는 둘째야. 형의 장모가 주도를 해서 나오는 남행길에 남동생 둘도 함께 나와서 마산 근처에 정착을 한 거야. 장모가 딸과 사위를 위해서 목숨 걸고 남행을 한 거지. 근데 그 형은 첫째 부인 아들이고, 그 부인이 곧 죽자 아버지가 재혼해서 낳은 아들이 둘째하고 셋째 아들인 거야. 배다른 형제인 거지. 형수가 이북에서 선생을 했대. 피난 와서 안 씨는 마산공고 다니면서 동생하고 미제 물건 장사를 해서 학비랑 생활비를 모두 벌었다더라구. 그때는 미제 물건 장사로 먹고사는 사람들이 많았잖아. 형은 마산에서 의사를 했어. 그러구 안 서방이 군대 갔다가 성기에 파편을 맞았다는 거지. 형태는 다 있는데 발기가 안 돼.

그러다가 딸 둘 있는 부잣집 둘째 딸에게 장가를 간 거야. 발기가 안 되는 걸 속이구 간 거는 아니라고 하더라구. 아예 안 될 줄은 모르고 치료도 하고 건강도 챙기면 애를 만들 줄 알고 간 거래. 근데 내내 안 된 거지. 부인이랑 한 번도 잠자리를 제대로 못했다더라구. 안 씨 결혼하고 얼마 안 있어서 남동생이 결혼해서 딸을 낳았대. 그 딸을 안 씨 본부인이 데려다가 키운 거야. "큰빠, 큰빠" 하면서 안 씨를 불렀어. 남동생은 밑으로 아들 둘을 더 낳아서 아주 잘됐어.

나중에 안 영감 장모가 돌아가셨는데, 그 초상집에 우리 큰오빠가 문상을 왔어. 혹시라도 제대로 본부인하고 이혼을 하게 되고 여동생을 결혼이라도 시키게 될지 모르니까, 일단 잘해놓는 게 좋겠다는 생각을 했겠지. 본부인도 아무 말 없이 인사를 주고받더라고. 특이한 관계지만 별다른 시비는 없었어. 그러다가 안 씨 남동생이 일찍 죽은 거지. 쉰아홉에 자식들 시집 장가도 못 보내고 일찍 간 거야.

나는 안 씨네 집안 며느리 노릇을 하느라고 했어. 그 집 사람들 아프면, 나도 우리 딸도 병문안도 가고 간병도 하고 그랬지. 본부인은 나중에는 거의 안 왔어. 더구나 나중에는 미국에 가서 살았고, 안 영감 장례 때도 안 왔어.

안 영감은 나보다 아홉 살이 많고, 큰오빠보다 한 살이 많았어. 우리 아버지나 오빠처럼 동기간 같고 혈육 같은 거야. 늘 옆에 있으면서 나를 지켜주는 사람. 내가 맘 편하게 직장 생활 할 수 있게 애를 잘 돌봐주고 집안일 다 챙겨주고. 나를 밥을 안 시켜, 죽어두. 나는 지금도 쌀 씻어서 밥하는 걸 몰라. 자기가 다 밥해주고 애 멕이고 나 멕이고. 내가 먹고 있으면 지켜 앉았다가, 이 반찬 놔주고 저거 먹어라 챙겨주고, 다 먹으면 걷어서 설거지하고. 그런 의지처였어, 나한테는.

성생활은 안했지만, 남이 보기에도 행복해 보였고 나도 행복했어. 서로 팔베개하고 자기는 했지만, 키스를 하거나 애무를 하거나 그런 거는 없었어. 내가 혜정이 아빠한테 맞으면서 혀 밑에 있는 줄이 잘렸거든. 그 뒤로 키스니 그런 거도 일단 싫은 거야. 일종의 결벽이랄까, 그런 게 생긴 거지. 우리 셋이 어디 나가면, 사람들 보기에 안 서방이 의붓아버지가 아니고 내가 의붓엄마야. 그 사람이 다 챙기고, 나는 너무 어려 보이고 챙기는 거도 잘 못하니까.

본부인은 내가 우리 딸 키운 거보다 그 작은집 딸을 더 잘 키웠어. 그 딸한테 애정을 다 쏟은 거야. 나랑은 얼굴 안 잊어버릴 만큼만 만났지. 집안에 큰 일 있을 때도 만나고. 안 서방 형은 의학 박사였는데, 일찍 죽었어. 애들은 오남매를 키웠지. 나중에 안 서방이 얘기한 건데, 아마 자살 같대. 장모를 내내 모시고 살았는데, 무슨 사연이 있었겠지. 한남동에서 한강에 빠져 죽었대. 그 형수가 또 나한테 너무 잘했어.

최현숙 / 선배님이 누구한테든 잘하니까 상대도 잘 하는 거죠. 그러니 미워할 위치에 있는 사람하고도 미움이 아니라 친분 관계가 만들어지는 거고, 서로 안쓰러워하는 관계가 되죠. 본부인이랑도 남들 같으면 서로 원수같이 질투하는 관계이기 쉬운데, 선배님은 서로 인정하는 관계를 만들었잖아요.

장기태 / 장미희 엄마가 안 영감 사촌 누나야. 장미희 엄마가 나를 또 그렇게 좋아하는 거야, 나를 "올케, 올케" 하면서 이뻐했어. 그 덕에 신성일, 김지미, 김진규들이랑 봄에 개구리 잡아 먹으러도 가고, 산에 가서 나물도 뜯고, 많이 놀러 다녔지. 장미희 엄마는 나물 뜯으면서도 "아유, 이거 미희 무쳐줘야지. 우리 미희가 좋아하겠다" 그러면서 뜯어. 딸만 먹여? 사람들 다 나눠주고 요리해서 불러 멕이고, 그 엄마가 딸 출세하는 데 도움이 될 사람들을 많이 만든 거지. 이름이 최숙○야. 안 영감네 쪽이 이북서 왔어도 인척이 많더라고. 잘 사는 사람도 많고.

안 영감은 지금 이 집에서 돌아가셨어. 2005년에 이 집 들어와서 2007년에 가셨지. 결국 심근 경색으로 간 거야. 이 집이 원래는 두 사람이 같이 못 들어오는 거야, 혼인 관계가 아니니까. 우리는 각각 (기초)수급자였어. 이 집을 안 사장 몫으로 신청을 하구, 나를 동거인으로 해놨어. 그러니 안 서방이 죽었어도 내가 이 집에 계속 살 권리가 만들어지더라구. 동거인 해놓으니까 돈 나오는 거는 둘이 합해서 50만 원으로 줄더라구. 각각일 때는 40만 원씩 80만 원이 나왔는데. 안 영감은 아프기만 하면 연신내역 청구성심병원으로 달려갔어, 가까우니까. 점점 병원 가는 횟수가 잦아지더라고. 심근 경색은 쪼그만 알약을 노상 가지고 다니잖아.

그때는 인덕원을 그만 두고 덕양에 있는 순애원 요양원에 근무할 때야. 순애원은 한 50년 넘은 시립 요양원이야. 안 영감을 입원시키고 나는 출근을 하는 거지. 12시간 맞교대 근무를 했어. 순애원은 경기도 고양시 고골 안에 있어. 셔틀버스가 삼송역까지 데려다주고 데려오고 그랬어. 다섯 시 반에 퇴근하면, 그 셔틀버스를 못 기다리고 혼자 막 뛰어서 삼송역으로 가는 거야. 저녁밥이 나오면 영감이 그걸 채려 놓고 나를 기다리고 있거든, 와서 먹으라고. 자기는 나온 밥도 나눠먹고, 라면도 먹고, 대강 때우기도 하고. 그걸 생각하면 셔틀을 가만히 서서 기다리지를 못하는 거야. 그럼 승용차 타고 나오는 사람들이 나를 태워주기도 했어. 재수 좋으면 청구병원까지 데려다주기도 하구. 아무리 수급자여도 병원비랑 이런저런 돈이 많이 들지. 벌어서 다 그런 비용으로 쓰는 거야. 그때는 만날 지갑은 비어 있는 거지.

2006년 겨울에는 한 달에 앰블란스를 두 번도 타고 하더니, 12월에 마지막 입원을 해서 2007년 1월 14일에 돌아가셨어. 소한이야, 그날이. 가시기 얼마 전에 하루는 중환자실 면회를 들어갔더니, 손목이니 발목이니에 멍이 시퍼렇게 들어 있는 거야. 놀래서 왜 이러냐고 물었더니 (손짓을 하면서) "쉿, 아뭇 소리 하지 마. 여기는 삼청교육대보다도 더 무서운 데야. 찌개를 보글보글 끓이고 양주들을 마시고 하길래 '나두 술 한 잔 주우' 했더니 흰 제복 입은 형사들이 와서 이렇게 다 묶어놨어" 그러는 거야. 링거 기포 올라가는 게 찌개 보글보글 끓이는 거로 보였다가 링거 병이 양주병으로 보였다가 그러는 거지. 그 양주를 마시겠다고 자꾸 일어나서 링거를 빼려고 하니 묶어놓을 수밖에 없었던 거고, 그러니 손목에 자국이 난 거지. 한번은 밤에 자전거를 타는데 죽을 뻔했대. 막 페달을 밟고 난리를 쳐도 자전거가 나가지를 않더라는 거지. 밤에 사고날까봐 간호사들이 별 수 없이 발을 묶어놨는데, 그걸 자전거 페달이라며 난리를 치고 한 거지. 돌아가실 때가 되니 정신이 왔다 갔다 하고 망상이 보이는 거야.

중환자실에서 나왔을 땐데, 퇴근해서 오니 안 영감이 없어. 병원을 아무리 찾아도 없어, 간호사들도 모르고. 첨에는 핸드폰도 안 받다가 나중에 어떤 남자가 받더라구. 녹번동 어느 구멍가게 주인이야. 양말도 안 신고 환자복 입고 혼자 걸어서 연신내 청구병원에서 녹번동까지 걸어간 거야, 그 겨울에. 병원에서 난리가 나고 총동원을 해서 환자 찾으러 나가고 그랬어. 왜 나갔냐고 물어보니, 자전거 타고 한 거에서 연장이야. 자기가 자전거를 타고 도망을 가려고 한 거 때문에 경찰이 잡으러 왔더래. 경찰이 잠깐 자리 비운 사이 자기가 도망을 나왔대. 경찰 피한다고 병원을 빠져나와서 혼자 도망간다고 가다가 녹번동 구멍가게까지 간 거야. 가게 주인 말이, 핸드폰 주면서 술을 한 병 달라더래. 환자가 술 먹으면 안 될 거 같아서, 우유를 하나 줬대. 그래도 술인 줄 알고, 아무 소리 않고 마시더래. 핸드폰은 안 맡겨도 된다고 그래도, 그걸 굳이 주더래. 그래서 좀 쉬었다 가시라고 붙잡아놓고 핸드폰을 뒤지면서 연락할 곳을 찾고 있는데 내가 전화를 한 거지. 어디로 가려고 했냐고 물어보니, "장기태 찾으러" 그러더라구. 나중에는 내가 옆에 있는데도 "장기태 찾으러 가야 해" 하고 나가려 하더라구.

쇼크 와서 누운 지 딱 열흘 만에 그대로 가시더라구. 나 봐서 쉽게 가신 거지. 새벽 여섯 시 오 분에 가셨어. 독방을 들어갔는데 하루에 12만 원씩이야. 그 돈이 무서웠는데 병실이 없으니 어쩔 수 없잖아? 본부인은 미국에 가 있어서 안 오고, 작은집 딸이 왔어. 우리 딸하고 걔는 그 장례식장에서 마주치지는 않았어. 내 친정도 연락해서 다 왔어. 그때야 서로 잘 챙기고 할 때지. 안 영감 호적이 그쪽에 있잖아. 그런데 작은집 딸 은진이가 상주로 부인 이름 자리에 내 이름을 넣으라고 양보를 하더라고. "이제 와서 내 손님 지 손님 따로 할 수는 없지 않아요?" 그러는 거지. 부인 이름으로 둘을 쓸 수도 없고. 아마 미국에 있는 본부인에게 연락해서 허락을 받았겠지. 너무 미안하고 고맙고 그렇지. '부인 장기태, 딸 혜정 은진, 조카 누구 누구'로, 이렇게 상주에 이름을 넣었지. 은진이는 나한테 부르는 호칭이 따로 없었어. 부를 일이 없었지. 은진이는 강북에 있는 중학교 선생이야.

내 조문객들이 인덕원, 순애원 해서 다들 많이 왔어. 고향 친구들, 삼성중앙병원 간병 동료들, 서울 와서 사귄 친구들, 내가 간병 일 가르쳐서 취직한 친구들, 요양원 친구들 해서 많이 왔지. 초상집은 밤새 놀아야 한다구, 친구들이 땡이니 뽕이니를 부르면서 밤새 화투를 치다 아침이면 가. 요양원 주간조로 출근을 하는 거지. 그러구 나면 야간조 친구들이 글루 퇴근을 하구. 누가 보면 누가 마누란지 알지를 못하게, 너나없이 울고불고 밤에는 웃고 놀고……. 그렇게 친구들이 그 영감을 잘 보내주더라고. 부조금이 700만 원 들어오고, 초상 비용이니 음식비, 영안실비 해서 900만 원이 넘게 들어갔어. 고양에 있는 공원묘지 납골당으로 모셨어.

"네가 안 키운다면, 내가 키운다"
— 여동생 이야기

최현숙 / 여동생 이야기도 좀 해주세요.

<u>장기태</u> / 중학교 졸업하고 서울서 직장 다니다 나 때문에 시골로 끌려 들어갔다가, 그 시골서 시집을 갔어. 근데 딸만 셋을 연달아 낳는 거야. 그러니 그 시집살이가 오죽했겠어? 그 애들을 내가 많이 키워줬어. 내가 시골집 가 있을 때도 키워줬고, 나중에 나 사는 서울로 애들을 여러 번 보냈거든. 내가 애들을 이뻐해서 애 키우는 걸 좋아해, 일은 못해도. 근데 넷째를 배서 곧 애가 나오겠는데, 안성서 혼자 나 있는 서울로 왔더라구. 애 낳기가 무섭고 저대로는 계산이 있어서 온 거야. 오자마자 다음 날 산기가 있어서 병원으로 데려가 애를 낳았지. "언니 머야?" 하길래 "머긴 머야!" 하며 말을 돌리니까, 낯빛이 하얗게 되면서 고개를 돌리더라고. 그날로 바로 퇴원하재서 집으로

데려왔는데, 밥도 국도 안 먹고 누워만 있는 거지. 나는 그때사 기저귀 배냇저고리니 아기 이불이니를 사와서 해산바라지 준비를 해왔는데, 다음 날 동생이 시골집으로 간다고 일어서는 거야. 그러면서 하는 소리가 "언니, 애 키워!" 그러고는 가는 거야. 아무리 말려도 저만 간 거야. 애는 받아놓고, 동생은 보내놓고, 하도 심난스러워 엄마한테 전화를 했어. 그때 엄마가 큰 오빠네랑 성남서 살고 있었거든. 당장 쫓아왔더라구.

"애 싸라!" "어떡할려구?" "일단 싸!" "엄마, 그냥 가면 안 돼. 우리가 준비하고, 서로 입을 맞춰서 가야지." 그때만 해도 이모래면 여동생네서는 말발이 섰거든. 내가 경제적으로도 좀 피었고 딸들 셋을 거의 키우다시피 해줬으니, 이모면 최고인 거야. 엄마랑 나랑 짜고 갔어. 가서 사돈댁이며 서방이며 다 있는 데서 연극을 한 거야.

'이름 짓는데 가서 사주를 넣으니까, 그 사주쟁이가 허허 하며 탄복을 하더라. 애가 크게 될 애래더라. 이름은 꼭 복실이라고 하고, 많이 부르란다. 그러면 애 덕에 집안이 다 일어나고, 얘도 크게 된다더라. 애를 안 키우면 니네 복은 끝나고, 키운 사람한테 간다더라. 그 소리를 듣고 내가 키우고 싶었지만, 남도 아니고 동생인데 말을 해주기는 해야겠어서 일단 데리고 왔다. 그러니 니네가 알아서 해라. 니네가 안 키운다면, 내가 키운다.'

그러구 머리를 쓴 거지. 내가 머리도 좋지? 보니까 젖이 불어 터지고, 그걸 삭히려고 엿기름을 해서 마시고, 불을 펄펄 때고, 무명 이불에 드러누웠더라고. 그래서 이불 밑으로 애를 밀어 넣고 어쩔거냐는 듯이 답을 기다리며 엄마랑 나랑 앉아 있었어. 그랬더니 그제사 시어머니가 애를 꺼내 안고, 지 아들한테 안기고, 시아버지를 불러 내 애기를 해주며 애를 안기고, 그 수선을 피우더라고. 그래서 엄마랑 나랑 뒤도 안 돌아보고 안성 둘째 오빠네로 간 거지. 오빠가 거기서 선생을 하고 있었거든. 그러구는 그쪽으로는 소식도 안 묻고 가지도 않고 그러다가, 우리는 서울로 왔지.

다음 해 정월이 돼서 우리 둘째 올케가 한복을 곱게 차려입고 선물을 좋은 걸로 챙겨서는 그 사돈집으로 세배를 갔어. 언니 딴에는 동정을 살피러 간 거지. 둘째 올케가 못생겼어도 아주 지혜로운 사람이야. 그렇게 딸을 줄줄이 넷을 낳아도, 사돈어른들이 우리 집안을 무시할 수는 없는 거지. 나중 이야기인즉 애 서울에 놓고 산모 혼자 집에 와 있을 때는, "아들 아들 하다가 귀한 아들을 낳아서, 혹 흠 탈까봐 아들 자랑을 안 하는 거다"라느니, "아니다, 또 실패해서 동네 챙피해서 딸이란 소리를 안 하는 거다"라느니 동네 소문이 지 맘대로 났다는 거지. 그러다 나중에 딸인 줄을 알고 동네서 모두 안돼 했다는 거지. 그런데 사돈어른들은 그 넷째 손녀를 그렇게 귀하게 키우더래는 거야. 게다가 애가 멕이면 자고 순하고 아프지도 않고 잘 크는 거지.

하루는 여동생이 마당을 지나가다 창호 문에 낸 작은 유리창으로 들여다보니, 서방이 방에서 애를 들여다보다 말구 이불을 푸욱 뒤집어씌우더래. 미워서 그랬겠지. 그걸 애 엄마가 무심결에 본 거야. 순간 애기가 숨이 막혀 캑캑하더래. 그러니 애 죽을까봐 걱정은 됐는지, 애 아빠가 다시 이불을 걷어내더래. 근데 그 순간 그 갓난애가 지 아빠를 올려다보며 빵끗 웃더래는 거야. 그러자 애 아빠가 얼굴이 환해지며 애기 따라서 빵긋 웃으면서 애를 안아 올리더래. 그때부터는 애 아빠가 그 넷째 딸을 그렇게 이뻐할 수가 없대는 거야. 그 뒤로 또 아우를 봤는데 아들이 나온 거야. 근데 세상에, 그 아들이 지 애비하고 똑같이 생긴 거야. 자라면서도 지 애비가 하는 짓을 똑같이 따라 하고. 지 애비가 앉았다가 궁둥이 한쪽을 들고 방구를 뿌웅 뀌면, 그 꼬맹이도 옆에서 궁둥이를 똑같이 들고 입으로 방구를 뿌웅 뀌고. 아주 그 집에서는 그 아들이랑 넷째 딸을 그렇게 이뻐할 수가 없는 거야. 천군만마지 머.

"잘 키워주서서 정말 고마워요, 엄마"
— 딸 이야기

최현숙 / 중간 중간에 따님 이야기가 나오기는 했지만, 선배님 삶 중심으로 이야기하시느라 많이 놓쳤을 거예요. 따님은 선배님한테 가장 중요한 사람이니 그동안 안 나온 이야기 중심으로 따님 이야기를 좀 해주세요.

장기태 / 딸은 지금 마흔여섯, 양띠야. 1967년생이지. 친정이 서울로 와서는 화양리에 가까이 살면서 일 나갈 때면 애를 그 집에 맡기고 그랬어. 근데 세상에, 애 여서일곱 살 때야. 지 애비가 글로 찾아와서 애를 뺏어 갈려고 한 거야. 안 영감도 일이 있어서 집에 없었어. 근데 우리 올케랑 엄마가 그 애를 기를 쓰고 뺏어논 거야. 그때까지만 해도 오빠들이랑 올케들은 애를 서방한테 떼줘야 내가 새 출발을 해서 잘 살구 한다고 우리 애를 안 이뻐했거든. 우리 엄마는 그때는 좀 달랐지. 내 맘을 알고 애 애비 못된 거를 나한테 듣고 했으니, 그때는 엄마는 주라는 말을 안 했어. 근데 막상 애비가 애 뺏으러 오니, 우리 엄마는 놀래서 소리만 지르는데, 큰 올케가 나서서 그 애를 안 뺏길려고 난리를 치고 싸우고 뜯고 하더래는 거지. 내가 집에 와서 보니 애도 올케도 얼굴이고 어디고 상처가 막 나고 그랬더라구. 우리 엄마가 "니 언니가 애 뺏어났다" 그러더라고. 내가 그렇게 또 큰올케 덕을 본 거야. 애 보내라고 한 올케 마음을 내가 왜 모르겠어? 근데 그러구부터는 그 언니가 내 딸을 대놓고 이뻐하고 챙겨주더라구. 애는 그 놀란 기억이 남아 있어서 한동안 저 멀리서 지 애비 또래 남자들만 보면 숨고 도망가고 그랬어.

개 호적을 초등학교 들어갈 때야 만들었어. 그때까지 출생 신고도 안 한 거야. 그때 호적을 만들려고 보니까 결혼 안 한 딸도 아버지한테서 분가를 해 나올 수가 있더라구. 그래서 내가 분가를 해 나왔고, 딸을 내 호적에 올렸어. 내가 혼인 신고를 안 했더라도 그게 되더라구. 성은 지 애비 성을 지어줬어, 김 씨지.

애 초등학교 넣을 때 출생 신고를 했으니, 취학통지서가 제때 안 나온 거야. 1차에 못 받고 2차에 받은 거지. 입학식이라고 학교를 갔는데, 15반까지 있던 1학년이 16반이 하나 더 얹어진 거야. 다른 반은 서른 명인데, 그 16반은 마흔다섯 명이 넘어. 다 사연이 있는 아이들인 거지. 그때까지만 해도 나 하나, 우리 딸 하나만인 줄 알았더니, 사연 있는 아이들이랑 엄마들이 그렇게 많은 거야. 물론 다 우리 같은 사연은 아니었겠지만, 16반은 어쨌든 출생 신고 늦게 해서 취학통지서 늦게 나온 아이들이 대부분인 거야. 근데 다른 반은 담임 선생이 다 배정됐는데 16반만 담임이 없더라구. 늦게사 급하게 만든 반이지.

꼬맹이들이 전부 운동장에 모여서 앞에 담임 선생이 하는 대로 "참새는 짹짹 나비는 훨훨" 하고 노래를 부르고 무용도 배우고 하는데, 이놈의 16반은 담임이 없으니 콩나물시루가 돼 가지구 짹짹도 제대로 못하고 엉망인 거지. 그걸 보니 얼마나 마음이 미어져. 어디서 그런 용기가 났는지 막 뛰어서 단상에 올라가서는 마이크를 뺏어 붙잡고, "왜 16반만 담임이 없습니까?" 하고 소리를 쳤어. 아, 애가 무슨 죄가 있어? 왜 초등학교 들어가는 첫날에 애들을 기를 죽이냐 이거지. 그러니까 앞에서 보고 있던 16반 엄마들이 박수를 치고 소리를 치고 같이 맞장구를 쳐주는 거야. 그래서 같이들 교장실로 뛰어 올라가서 한바탕 난리를 쳤어. 교장이 설설 기면서 곧 담임을 배정한다며 죄송하다고 싹싹 비는 거지. 다음 날도 학교를 가보니 양호 선생님인가를 임시로 배치를 했더라고. 그다음 날도 쫓아가니 또 그 양호 선생이야. 그래서 또 교장실을 쫓아 올라갔어. "바로 배치가 될 겁니다. 교육청에서 아직 발령이 안 나서 그럽니다." 그다음 날 가니 담임이라고 하나가 배정이 됐더라구. 근데 이놈의 선생이 여자인데, 키는 난쟁이 똥자루고 뚱뚱하기는 먼 팥단자 굴러가는 거처럼 그렇더라구. 나이도 다른 담임들보다 한참 많고. 그래도 가르치는 걸 보니 애들 공부는 시킬 거 같아. 그런데 그 담임도 임시인 거야. 며칠 더 쫓아가니 16반을 없애고 애들을 다 다른 반에다 흩어 넣더라고. 우리 애는 7반으로 됐어. 두 주 정도를 쫓아다녀서 그렇게 반 배정이 끝난 거야. 다 사연 있는 아이 엄마들이 먹고사는 게 힘드니까, 처음 며칠은 같이 쫓아다니지만 나중에는 별로 나오지를 못하더라구.

우리 애가 그때를 다 기억을 하고서는, 지 신랑한테도 그 얘기를 하더래. "우리 엄마가 이랬다" 그러면서. 나는 그러구두 며칠을 더 쫓아다녔어. 한번은 담임이 가정환경조사인가 먼가를 하더라구. "엄마한테 맞아본 사람 손들어 봐요" 하니까 머 거의 다가 손을 들어. 그러니다시 "엄마한테 안 맞아본 사람 손들어 봐요" 하니까 우리 딸하고 다른 애 하나하고 둘만 손을 들더라구. 그러니 "손 안 든 사람은 다 엄마한테 맞아본 사람이네요" 그러니까 애들이 교실이 떠나가게 "네!" 그러는 거지. 챙피구 머구 애들이 멀 알어. 그러니 담임이 종이에 쓰더라구. 나는 애가 안쓰럽고 해서 때릴 수가 없었던 거야. 그런데 또 "엄마가 담배 피우는 사람 손들어 봐요" 하니까 우리 혜정이까지 두 명이 또 손을 번쩍 드는 거야. 게다가 우리 혜정이가 "그게 약이잖아요" 하는 말까지 보태는 거야. 아구, 내 기가 차고 챙피해서. 하하하. 내가 저한테 해준 말을, 똑똑하다는 듯이 이야기를 한 거지.

장위국민학교를 다니다가 나중에 관악국민학교로 전학을 가고 거기서 신림여중에 배치가 돼서 조금 다녔어. 그러다 성남 큰집으로 이사를 가서 전학을 시키려는데 그 집에서 그 난리로 폭삭 망해서 덕계리로 빚 도망을 나오고 어쩌면서 학교를 1년 끊은 거지. 그러다가 그 덕계리서 성수여중을 다시 넣은 거야. 애 아빠는 4학년 때 애 뺏어가려고 한 번 더 왔다가 실패를 하고는, 아예 안 오더라구. 그러구 애 아빠하고는 끝이 됐어.

걔는 크면서도 지 생부를 보고 싶어하거나 그런 게 없었어. 여섯 살 때랑 4학년 때 경험도 경험이지만, 생부한테 당한 일들이 중간중간에 지 기억도 있고, 기억 없는 어릴 때 얘기는 애 크고 나서 내가 해줬어. 내가 저를 어떻게 지키고 키웠는지를 알고, 또 안 서방한테서 생부한테 못 받은 사랑보다 더 큰 사랑을 받은 거니, 그 아픔이 거의 씻긴 거지. "나 안 씨 성 해줘요" 하면서, 누가 이름 물어보면 "안혜정, 안혜정" 그랬어.

어릴 때는 외가 쪽 사람들한테 감정이 많더라구. 아빠한테 주라고 한 걸 아니까. 근데 크면서는 이해를 하더라고. 또 나중에 외가에서 저랑 엄마를 챙긴 거를 다 봤으니까. 지금이야 친정 식구들이 혜정이한테 미안해하고 그러지. 이번에 나 허리 수술하고 입원해 있는 동안 병원에서 외가 사람들 만나 이야기하면서, 저 어릴 때 외가에 서운하던 거를 많이 풀었다고 자기 입으로 그러더라구. 걔가 있어서 내가 더 바르게 살려고 노력했지. 의지이자 지렛대고 친구인 거야. 경제적으로 어려워 전문대를 보낸 게 마음 아파도, 간호 쪽으로 선택한 건 지도 원해서 간 거야. 집안에도 그쪽이 많기도 하고.

지 고등학교 친구가 소개해서 연애를 했어. 2년 정도 사귀다 결혼을 한 거지. 맏아들이지만 사는 것도 괜찮고, 사람도 괜찮다 싶던 거야. 엄마는 응암동 대림시장서 기반을 잡았고, 아버지도 그 일대 유지고. 근데 결혼 날짜 잡을 때 보니까 신랑 부모가 별거를 하고 있더라구. 남자가 바람을 피우고 하니까, 여자가 이혼 소송을 하고 집을 나가 살고 있는 거지. 식구들 사는 집은 엄마 이름으로 돼 있고. 벌써 한 17년 전 일이네, 혜정이 큰아들이 지금 고등학교 2학년이니까. 일산 아파트에서 딸 스물아홉에 시집을 보내는데, 그 아파트에서 함 들어오는 거를 한 거야. 신랑 동창이 서른다섯 명이 들어오고, 함 값 길에 간 게 50만 원 넘게 나가고, 결혼식에 3000만 원 정도가 들어갔어.

결혼식에도 신랑 엄마는 안 왔어. 결혼하구는 시아버지에 시동생들 셋이랑 같이 살았어. 건대 민중병원 다닐 땐데, 결혼하고 바로 잠깐 휴직을 했어. 신랑이 큰아들이고 둘째가 딸인데 머리가 많이 모자란 장애야. 맞어, 지적 장애지. 초등학교 2학년 수준이라더라고. 남자 여자 그런 거는 알고 해서 나중에 장애인 남자랑 결혼해서, 애들도 여럿 낳고 살고 있어. 그 결혼을 우리 딸이 다 챙겨서 보낸 거야. 셋째도 딸인데, 아주 심한 장애야. 넷째는 아들인데, 똑똑하기는 해도 집안이 엉망이어서 누가 챙겨주지를 못해 그런지 애가 삐뚤어져서 맨날 멀 훔쳐내서 집을 나가고 돈 떨어지면 들어오고를 반복해. 고등학교만 졸업했어. 딸이 첫애 낳을 때쯤 해서 시아버지가 여자를 차고 아예 집을 나갔어. 그때야 시어머니랑 이혼이 된 거구. 그 집이 시어머니 명의로 돼 있는 거니까 그제사 시어머니가 들어왔는데, 내가 보니까 병이 든 사람이더라구. 서방한테 맞아서. 그러구는 시아버지를 못 봤어. 들은 이야기로는 새 마누라한테 재산을 다 빨리고, 지금은 어디 거지가 됐는지 소식도 없대.

사위는 처음부터 지금까지 백수야. 시어미가 없으니 결혼하기 전부터 혜정이가 그 집 살림도 챙기고 했어. 결혼할 사람이니 그럴 수도 있겠다 생각하고 말았지. 큰애 돌잔치 마치고 딸이 다시 직장을 나갔어. 재산이야 많다지만 생활비 버는 사람이 없으니 우리 딸이 다시 직장 생활을 한 거지.

시동생은 만날 도둑질만 해대고 그러다 보니 시어머니는 누구 의심하는 게 많다가, 점점 병적으로 심해지는 거야. 혜정이한테도 대놓고 "니가 가져갔지?" 그러더래. 치매가 오는 거지. 게다가 막내딸은 똥오줌도 못 가리는 심한 장애고 말도 "엄마 밥 줘"밖에는 못해. 그 두 병자 치다꺼리할 사람이 없는 거야, 혜정이 밖에는. 게다가 혜정이 신랑이 의처증이 있더니, 애들 클수록 점점 더 심해지는 거야. 지는 노상 집에 박혀 있고 마누라는 병원 다니느라 야간조니 밤샘조니를 해야 하니까, 의처증이 점점 심해지는 거야. 그러니 우리 딸이 얼마나 힘들었겠수? 내가 걔 산 거 생각하면, 너무나 기가 차.

좀 있다가 민중병원 그만두고 집 가까운 병원으로 옮겼어. 집안 살림을 하면서 직장을 다녀야 하니까 광진구 그 먼 데로 출퇴근하기가 너무 힘든 거야. 월급은 많이 줄었지. 병든 시어미랑 시누이 밥 주구, 멕이고, 씻기고, 똥오줌 받아내고, 새끼들하구 서방 치다꺼리하고, 밤이면 밤마다 서방한테 몸 대주고……. 걔가 살 수가 있겠어? 직장이 가까우니 똥 쌌다고 부르고 밥 달라고 부르고, 식구들이 모두 그 지랄을 하는 거야.

것도 모자란지 마누라 나다니는 꼴을 못 봐서 서방이 3층짜리 그 집을 개조를 해서 1층에 통닭집을 낼 생각을 한 거야. 그러구는 그 집 개조하는 동안 지 에미를 나한테 맡기데. 우리 딸 생각에도 직장 다니며 왔다 갔다 정신없이 사느니 살림집 아래층에 통닭집을 내면 남편 일거리도 만들어지는 거고, 자기 건물이니 세도 안 나가고, 이래저래 낫겠다 싶던 거지. 장사는 잘되는데 사람이 당해낼 수가 있어? 종일 눈앞에 잡아놓구 있으면서두 의처증은 갈수록 심해지고. 새벽 세 시나 돼야 일이 다 끝나고, 다음 날 두 시에 가게 열고, 시집 식구들 뒷바라지에 애 둘 키우구. 가게 열 때는 에미랑 동생을 방 하나에 가둬놓고 문을 밖으로 걸어놓구, 무거운 돌짝을 기대놨더라구. 요양원에 보내자고 내가 두어 번 얘기해도 먹히지를 않아. 그러구 저는 하루 온종일 게임만 하고 있어. 손님이 와도 일어서지를 않고, 가게에 컴퓨터 갖다놓고 종일 게임만 하면서 돈만 자기가 챙기는 거야. 물건값 주는 거며 매상 챙기는 거며, 그거만 지가 딱 차고 앉아 있는 거지. 일하는 사람도 안 돼. 그러니 우리 딸이 살겠수? 종년도 그런 종년이 없고, 그 고생을 말로다 다 할 수가 없어. 아주 꼬챙이처럼 마르더라구.

아구, 우리 딸 고생한 거를 생각하면, 내가 아주 미쳐버려요. 그러다가 한바탕 싸움이 났어. 컵 설거지가 어쨌다고 손님들도 있는데 마누라한테 막 지랄을 하면서 "이 따위로 장사하려면 집어치워!" 하고 소리를 지르더래. 장사 내내 퉁퉁거리더니 장사 다 끝나고도 또 한바탕하더래. 그래서 "하면 얼마나 더 해야 되느냐? 힘들어 죽겠다"고 말대답을 했대. 저도 힘들고 쌓인 게 많은 거지. 그러자 서방 새끼가 2층 살림집으로 올라가 여편네 옷이랑 머랑을 다 꺼내놓고 그 위에다 라이터를 켜 던져서 불을 지르더래. 달려들 기운도 없고 기가 차서 그냥 쳐다만 봤대. 그러니 지가 달려들어 불을 끄더래. 그러더니 "너 같은 년이랑은 맘이 안 맞아서 못살겠다" 하고 며칠 은행에 못 집어 넣은 돈이랑 수표랑 든 쩍을 허리에서 확 풀어서는 얼굴에다 던지더래.

그래서 그걸 집어 들고 되는 대로 짐을 챙겨서 그 새벽에 집을 나와버린 거야. 애를 두고 나올 수는 없잖아. 진짜로 나올 생각을 한 거니까. "얼른 옷 입어" 하니까 애들이 벌써 눈치가 있어서 후다닥 옷을 입고 엄마를 따라나서더래. 그길로 우리 집으로 온 거야. 여기 이 단칸방으로 깜깜한 새벽에 온 거지. 여기가 좁아서 세 식구가 들어앉을 자리가 없으니, 짐 보따리는 방 바깥 발코니에 넣어두고 돈만 챙겨서는 당장 있을 모텔방 하나를 들어갔어. 그러구는 저는 저대로 대학 동창을 찾아가서 푸념도 할 겸 살 궁리도 할 겸 한 사나흘을 있었나봐. 근데 집 나온 바로 그날 서방이 우리 집으로 쫓아온 거야. 나 없이 안 서방만 있는데, 안 서방이 사위를 너무 이뻐하고 잘했거든, 내 딸 이뻐해주라고. 그래도 혜정이가 시킨 대로 안 왔다고 했는데, 둘러보니까 바깥 발코니에 짐이 보인 거야. "아버님은 거짓말하실 줄 몰랐어요" 그러더래. 그러구 내가 퇴근했는데, 나 붙잡고 무슨 소리는 안 해? 두 번 다시 절대 그런 일은 없다고, 다 자기가 잘못했다고. 그래서 "딸 오면 얘기를 할게. 지금 어디 있는지는 몰라" 그러구는 돌려보냈어. 근데 그놈이 가는 척하고 집 앞에 숨어서 기다린 거야. 딸이 셋방이래도 얻어서 다시 시작할 작정을 하고 우리랑 의논하러 들어오다가 그놈한테 잡힌 거지. 애들 둘 앉혀놓구 지네 식구 넷이랑 우리까지 여섯이 있는데서, 지가 항복을 하더라고. 딸이 별 수 없이 들어갔지. 다음 날 그 새끼가 날 불러서 옷도 사주구 어쩌구…….

그런데도 지 버릇을 개를 못 주는 거지. 여전히 우리 딸만 종일 부려 먹고, 의처증에 게임에 갈수록 더한 거야. 그러다가 한바탕 또 지랄을 치더래. 그래서 이번에는 혜정이가 혼자 뛰쳐나온 거야. 애들은 나중에 챙겨갈 생각을 하고. 이번에는 돈도 못 챙기고 나왔더라구. 그러구는 이제까지 안 보는 거야. 그러니 그놈이 혼자 장사를 제대로 하겠어? 하다 말다 하더니만 다음에는 세를 줬다가 나중에는 아예 가게를 팔아버리더라구. 혜정이가 아예 집 나온 게 지금부터 8년 전이니까, 2005년인가? 손주들 아홉 살하고 일곱 살, 그 때인가 봐. 딱 10년을 살고 나온 거지.

지 동생을 쌀 한 짝을 붙여서 장애인 시설 어디에 보내버리고, 지에미는 죽을 때가 되니까 나를 불러대는 거야. 나도 혹시 혜정이랑 나중에 어찌될지 모르니 또 불려가는 거지. 딸 가진 사람 마음이 그렇더라고. 시어미 죽었다고 내가 혜정이한테 연락을 하니, "엄마, 걔 성질 몰라요? 나 지금 가면 못 나와요. 나 안 가요" 그러더라고. 동생 보낸 그 시설에는 처음 쌀 한 짝 말고는 십 원 한 푼을 안 보내고, 막내 남동생 나간 애는 찾지도 않고. 지 새끼 둘은 그래도 챙기는 거 같더라고, 아들만 둘이야.

나중에 그 집을 5억인가에 팔고 의정부에 3층인지 4층인지 집을 사고는, 거기 호동국민학교에 애를 넣었어. 나는 그래도 애들 보러 가야 될 거 아냐? 내가 보고 싶어서 못살겠는데……. 그리구 그렇게 해야 나중에 엄마 얼굴이 서는 거잖아. 시집간 장애인 여동생이 찾아와도 못 찾아오게 했다고 지가 나한테 말을 하더라구. 그게 사람이야? 저 하나만 알고 겨우 아는 게 지 새끼만 아는 거지. 동기간이고 머고 다 끊고 사는 거야.

이혼해달래도 안 해주고. 직장을 다닐 수가 있어? 직장으로 쫓아와서 난리가 날 테니까. 걔가 지금 지방 어디 가서 무슨 매장을 하고 있어, 지 친구하고. 주민 등록도 다른 데다 두고. 작은애는 지금 데리구 있어. 걔도 애들 데리고 사는 게 제일 중요한 거지.

최현숙 / 따님은 이혼하면 재산 분할권도 있고 위자료 청구권도 있어요. 그러니 이혼을 잘해야죠.

장기태 / 지금 변호사를 사서 이혼 소송 하고 있어. 2012년 11월에 그 새끼가 작은애를 때려서 머리를 꼬매고 손톱이 빠지고 얼굴이 엉망이 되고 한 거를, 지가 나한테 연락을 했더라구. "애를 보내니, 애 치료 좀 해주세요." 그때는 나도 정신이 없어 애만 챙겨주고 애비가 데려갔어. 근데 이번에 또 애가 애비한테 맞고 나한테 연락을 했더라구. 그래서 이번에는 애를 그 새끼한테 안 보내고 지 에미한테 보내고는, 지금 변호사 사서 이혼 소송을 하고 있어. 상해 진단도 받고 지 애비 접근 금지도 받아내고 해서 이혼 소송도 유리하게 진행 중이야. 그러니 그 어린 게 얼마나 속으로 상처를 입고 삐뚤어지겠냐고. 지금 큰애는 고 1이고, 작은애는 중 2야. 큰애는 아직 애비랑 있는데, 걔가 정말 걱정이지…….

에미 팔자 물려받아서 그런가 싶어 더 미치겠다니까. 그 와중에 내가 다쳐서 수술하고 돈 쓰며 병원에 누워 있었으니 내 속이 어땠겠어? 병원비가 모자르니, 결국 딸이 삼백을 만들어주더라구. 그건 내가 갚아줘야지. 딸이 지금 정기적으로 생활비 보태주는 건 없어. 지금은 지가 워낙에 힘드니까. 맨손으로 나와서 그래도 5000만 원 모아서 전세라도 살고 있으니 그게 다행이지.

그 새끼가 나한테 한 소리를 생각하면 내가 치가 떨려. 내 제일 깊은 상처를 정통으로 콱 찌른 거야. 결혼을 하려면 옛날처럼 곰을 파보고(뒷조사를 해보고) 했어야 하는데, 걔가 사생아라는 거를 모르고 결혼했다가 자기가 이렇게 당한다는 거야. 그 소리를 나한테 직접 하더라구, 그 새끼가…….

최현숙 / 그 새끼 쓰레기네, 진짜 개새끼야. 그럼 저같이 쓰레기 같은 놈 밑에서 참구 사는 게 잘하는 거라는 거야? 쓰레기 같은 놈.

장기태 / (눈물을 흘리면서) 딸이 집 나와서 이혼을 몇 년을 끌면서 고생하고 애태우는 걸 보면서 내가 얼마나 기가 찼겠수. '내 팔자 닮아서……' 하는 생각만 들구. 그런데 그 새끼가 아주 정통을 찌른 거지.

선배님 딸 이야기가 나오자, 나도 말이 단호해지고 설명이 길어진다.

최현숙 / 선배님 정신 바짝 차리고, 따님 이혼 잘하게 옆에서 잘 챙겨줘요. 심란한 얼굴 하고 징징대고 그러지 말고. 딸이 애 안 키울 작정을 해도, 나는 탓하지 않아. 그런데 자기가 애를 키우겠다고 하니까, 옆에서 잘 도와줘야지. 딸한테는 지금이 정말 중요한 때야. 지금 잘해서 양육권도 받아내고 재산 분할이랑 위자료 제대로 받아서, 앞으로 두 애 잘 키우고 여봐란듯이 살아야죠. 절대로 딸 탓도 하지 말고, 선배님 팔자 물려받은 탓도 하지 말고, 길만 같이 만들어줘요. 선배님 팔자 물려받지 않겠다고, 딸이 지금 다시 그 새끼 밑으로 들어가서 살아야 돼? 아니잖아. 더구나 선배님 시대랑 따님 시대는 달라요. 아무도 따님 탓하는 사람 없고 오히려 용기 있다고 지지하는 사람들이 더 많아요. 공연히 옆에서 걱정하지 마시고 냉정하고 당당하게 길을 만들자구요.

장기태 / 얼마 전에 우리 딸이 느닷없이 전화를 해서 그러더라구. "엄마, 고마워요. 엄마가 나 키울 때 어떤 마음이었는지를 이제야 제가 좀 깊이 알겠어요. 잘 키워주셔서 정말 고마워요, 엄마." 그러면서 우리 딸이 엉엉 우는 거야. 그러니 나도 같이 전화통을 붙들고 엉엉 울었다우(다시 울음).

최현숙 / 거 봐요. 오히려 이번 일로 딸도 엄마 살아온 거를 더 깊이 이해하게 되잖아요. 하여튼 지금이 따님한테는 정말 중요한 때니까, 아주 냉철하고 현명하게 대처하도록 옆에서 힘이 돼주셔야 돼요.

장기태 / 우리 딸 좀 만나서 이야기도 해주고 들어주고 그래요. 나는 에미다 보니 속이 상해서 자꾸 한숨만 나오고…….

최현숙 / 그래요. 따님이 좋다고 하면 기회 봐서 같이 만나자구요.

장기태 / 사는 게 이 꼬라지야. 내가 딸 생각만 하면 환장을 하겠어. 이제사 변호사 사서 이혼 준비를 하는데, 내가 갑자기 허리를 다쳐서 수술하고 입원하고 하니, 글루 돈 710만 원이 들어갔어. 내가 이렇게 돈 복이 없어요.

여지껏 그래도 돈에 이렇게 시달려본 적이 없었는데, 요즘은 아주 돌아버리겠는 거야. 몇 년 동안 요양원에서 월급 받은 게 다 잡혀서 수급비 환수도 팔백이 나왔어. 그걸 매달 이십씩 사십 달을 내야 돼. 수급비 나오는 걸로는 생활이 안 되는데, 그럼 어쩌라는 거야? 일을 해서 더 벌어야 생활이 되는데, 아프지도 말고 일하지도 말고 어찌라는 거야? 그 환수 서류 내라는 거 만드느라 정신없는 와중에 저 칠십 계단에서 구른 거지.

내가 요즘이 제일 힘들어, 경제적으로든 심적으로든. 수급비 환수에, 수술에, 입원에⋯⋯. 평택에 있는 ○○병원에서 수술하고 입원하고 했어. 내 조카들이 약국이랑 기획실에랑 있으니, 천만 원 넘을 거를 칠백 얼마에 한 거야. 나중에 알아보니 근처에서 수급자 적용받고 하면 이백 정도면 했다더라고.

최현숙 / 그럼 근처 병원에서 하시지 머하러 거기까지 간 거예요. 아무리 조카들이 있더라도 어차피 수급자면 의료보호 1종이고, 그러면 병원비는 많이 안 나올 텐데, 왜 그렇게 많이 나온 거예요?

장기태 / 하필이면 그 사고 나기 직전에 내가 수급비 환수당하고 어쩌고 한 거야. 몇 년간 요양원 근무한 수입을 확인한다고 통장을 다 복사해서 내고 어쩌고 정신이 없던 통에 다친 거지. 안 영감 갈 때 보니까 입원실비를 구청에서 대주는 게 있더라고. 그러니 여차해서 수급에서 탈락하고 의료보호 그게 안 되면 입원실비만이라도 지원을 받고 수술비니 치료비는 친척 있는 병원이 낫겠다 싶어서 글루 간 거야. 근데 병원을 경기도로 갔다고 여기 구청에서 주는 입원실비 지원이 안 된다는 거야. 내가 이렇게 재수가 없어. 딸이 삼백을 대주고 누가 또 삼백을 대줬어. 다 빚이지 머⋯⋯.

지금 나이도 들고 몸도 안 좋아지고 거기다가 이번에 사고로 허리 수술까지 하고 나니까, 이젠 일에 자신이 없어져. 몇 살까지 일할 수 있을지 장담을 못하는 거야. 불안하기도 하고, 어떨 때 혼자 있으면 한심스럽기도 하고⋯⋯.

"내 인생, 내가 살았다"
— 오솔길을 걸어가는 인생

최현숙 / 하나 여쭤볼 게 있는데, 첫 남자 김 씨나 안 영감님 말고 다른 분들은 없었어요? 서로 좋아했거나 선배님이 좋아했거나 아니면 잠자리를 같이했거나 하는 분요.

장기태 / 안 영감 보낼 때까지는 없었어. 한 번도 연애다운 연애를 못 해본 거지. 남자들이야 나한테 관심 있어 하는 사람들이 어렸을 때든 나이 들어서든 있었지만, 나는 전혀 그런 마음을 가져본 적이 없어.

안 영감 가고 나서는 남자를 하나 만나고 있어. 친구가 소개를 해줬어. 2008년 사월 초파일에 처음 봤어. 안 영감 가고 1년 반이 좀 못 됐지. 자식들도 다 커서 결혼하고 부인이랑은 이혼한 사람이야. 처음 만났을 때 내 얘기를 먼저 했어 "누구하고도 나를 비교하지 말아요. 나는 직장 다니고 술 먹고 담배 피고 화투 치고 그런 사람이고, 앞으로도 그럴 거니까. 그리고 나는 결혼 그런 거는 안 할 겁니다. 그러니 이런 나를 원하면 만나고, 그게 싫으면 애초에 시작을 말아요. 생각해서 다음에 다시 연락을 해요" 그랬어. 이 나이에 머하러 결혼을 해? 끼니마다 밥해주고 청소하고 뒤치다꺼리하고, 머하러 그 짓을 이 나이에 시작해? 내가 어디 가서 챙피해서 말을 못 하는데, 내가 이 남자 만나고서야 제대로 된 섹스를 한다니까. 하하하.

최현숙 / 복이네. 아, 얼마나 큰 복이야. 거 봐요. 인생 어느 골목에서 어떤 복덩어리가 굴러들어올지 모르는 거래더니…….

장기태 / 나는 남자를 몰랐잖아. 혜정이 에비야 그게 무슨 남자 여자를 아는 거야. 지 하고 싶은 대로만 하는 거지. 근네 이 남자 만나서 내가 여자를 알았다니까. 오르가즘이니 그런 걸 내가 알기를 했겠어? 근데 칠십넷이 돼서야 내가 그거를 느낀다니까.

그러다가 얼마 전에 그 남자가 방광암 수술을 하게 됐어. 그러니 혼자서 찔끔했지 머야, 하하하. 다행히 초기여서 수술은 깨끗했지. 그러구두 성생활은 똑같아. 아닌 말로 좀 걱정을 했는데, 아무렇지도 않더라구. 하하하. 그 남자도 이 여자면 꾸준히 만날 수 있다 생각을 했는지, 자기 숨은 얘기랑 속마음을 이야기하더라고. 이번에 수술할 때도 돈 삼백을 주더라구. 돈 만들어서 갚아야지.

그 남자가 자식들 불러서 이야기를 했을 거 아냐. 여자를 만나고 있고, 재혼 이야기도 슬쩍 비쳐보고. 며느리가 딱 짤라 "호적만은 올리지 말죠" 그러더래. 그래서 나도 "그럴 생각 없다"고 그 남자한테 말했어. 그 남자 말이 "장기태 죽으면 내가 송장이라도 훔쳐다가 집안 묘지에 묻을 거야" 하더라구. 말이 그렇지 나는 그런 기대 안 해. 그 남자도 지금 혼자 살고 있어.

최현숙 / 선배님은 선배님 인생의 핵심이 뭐라고 생각하세요? 짧게 내 삶은 이거다 하는 거 있으면 얘기해주세요.

장기태 / 내 인생의 핵심은, 자유야. 혼자서 늘 그렇게 생각했어. '잘났다, 나만 옳다' 이건 아니지만, '내 인생, 내가 살았다' 이거지. 물론 한편으로 아슬아슬하게 살았어. 발레 무용수들이 발끝으로 서서 춤추는 거 보면, 나 살아온 인생을 보는 거 같아서 안쓰러워. 그 사람들이야 잘 서서 춤도 잘 추지만, 나는 겨우 발끝으로 서서 바둥거리고 휘청거리며 늘 아슬아슬했지. 그 시절 그 세상을 살면서 꼬불꼬불하고 긴 오솔길을 걸어왔고, 아직도 그 오솔길을 걸어가는 느낌이야.

막다른 골목이다 싶으면 다시 가느다란 길이 나왔어. 그런데 지나고 보니 그 시대의 수준을 한 시대 높게 살았다고 나 스스로 자부해. 그래서 이 제안도 "좋다. 못할 게 머냐?" 그랬던 거지.

어쨌든 가정 파괴범이라는 생각을 버릴 수가 없었거든. 첫 남자도 그렇고, 안 영감도 그렇고, 또 그 부인들도 그렇고, 그 사람들이 어떤 사람들이든 난 그 사람들 가정을 파괴한 죄인이라는 생각을 안 할 수가 없었어. 그러니 살면서 힘들고 하면, 속으로 '내가 그 벌을 받는 거구나' 그 생각을 해왔어. 그리구 정상적인 가정이라는 걸 제일 중요하게 생각한 거고, 한 번도 그 걸 못 가져본 게 한편으론 아픔이고 상처였지. 못 가져봤으니까 더더구나. 그런데 최 선생이랑 얘기하다보니, 꼭 그렇지만도 않은 거구나 하고 생각이 달라지는 거야. 서로 잘 해주고 챙겨주고 책임지고 하는 게 제일 중요한 거고, 법적으로 결혼을 했느냐, 법적으로 아버지냐 그런 거는 안 중요하다는 생각이 들어.

줏대 있고 자기 생각대로 사는 사람들이 고생은 더 할지 모르지만, 그래도 나는 자유로운 게 최고야. 정신적으로 다른 거지. 나, 못한 거 없어. 내가 번 돈으로 간병하는 친구들이랑 일주일 일본 여행도 다녀오고, 지금 애인이랑 제주도 여행도 다녀오고, 술 담배도 하고, 춤도 배우고, 다 하고 살았어. 없게 살기는 했어도 주변이 어디 한군데 막힌 데가 없이 확 트였어. 지갑에 돈이 없어도 별로 안 불안했어. 내가 직업이 있으니까, "벌면 되지!" 그런 생각으로 산 거지.

최현숙 / 선배님, 제가 선배님 이야기를 들으면서 가장 존경스럽고 부러운 점이 뭔지 아세요? 인생에서 겪는 그 많은 어려움을 이겨내는 사람을 향한 애정과 배려, 친절함과 호감, 그런 것들이에요. 물론 그런 성품 때문에 많이 당하고 힘들기도 했지만, 결국은 또 그게

일본 여행을 떠난 친구들. 왼쪽 둘째가 장기태.

선배님을 살게 하는 힘이고 행복을 느끼게 하는 원천이잖아요.

장기태 / 진짜 잘 봤어, 정통으로. 나는 그게 핵심이야. 아마 어려서 받은 사랑 덕인 거 같아. 과잉 보호여서 문제도 많았지만, 결국 그때 받은 사랑으로 내가 남들에게 베풀고 사랑을 주고 하는 거야. 나처럼 상처가 큰 사람이, 자기 상처 때문에 남들을 더 꼬집어 뜯고 할퀴고 벽을 치고 그러거든. 그런데 나는 거꾸로야. 나한테는 원수가 없어. 무조건 일단 좋게 봐. 그래서 많이 속고 당하고 하지만, 그래도 또 그러고 살아. 그래야 내 맘이 좋고 편해.

침묵의 공조 위에서 마주친 눈

2011년 여름, 협회 행사 뒤풀이를 겸해 여자들 열댓 명이 모인, 왁자
지껄한 술자리였다. 장기태라는 사람이 협회 회원들을 처음 만나는
자리였다. 칠순이라고는 도무지 믿기지 않을 만큼 생기 있고 아담하
고 세련돼서, 초면인 나는 이 사람은 요양보호사가 아닐 수도 있다고
생각할 정도였다. 다른 사람들을 챙기느라 놓치는 바람에 무슨 이야
기 끝에 그 말이 나왔는지는 모른다. "난 스물다섯에 사생아를 낳아
서, 여지껏 그 딸 하나만 키웠어."

　순간 왁자지껄 수다가 멈췄다. '저 양반이 어쩌자고 이 자리에서 저
런 이야기를 하는 거지…….' 다들 눈을 맞추고 입을 씰룩이며 침묵
으로 의견이 일치했다. 무슨 이야기 끝이든 그런 이야기는 부적절하
다는 듯, 그쪽으로는 시선을 보내지 않은 채 여자들은 침묵으로 공조
했다. 말을 멈춘 것을 보면 자기도 당황은 한 거다, 자기 말에든 침묵
에든. "안 되나?" 정도의 물음을 담은 그이의 시선이 사람들을 훑고
지나갔지만 모두 피하고 있었다. 그러다가 나하고 눈이 마주쳤다. 나

는 그이를 보고 있었다.

"와, 선배님. 그 시절에 그런 선택을 하시다니 정말 대단하시네요. 많이 힘드셨겠지만 당당하고 솔직하시니 보기에 참 좋아요. 나중에 제게 살아오신 이야기 좀 꼭 해주세요." 수석 부협회장'씩이나 되는 여자의 말마디 덕'으로 쌩하던 분위기는 풀어졌다. 아니 사실은 거기 모인 여자들 대부분이 그 비슷한 역경을 겪고 곡절을 안고 있었을 게다. 미처 터놓지 않는 각자의 어떤 사연들이 떠올랐을 게다. 어쨌든 첫 만남에서 그이와 나는 서로 찍었다. 그러면서도 따로 날을 잡아 이야기를 듣기에는 피차 밥벌이에 바빴다. 2013년 초 협회 직책을 내놓고 5070세대 여성 구술사를 기획하던 중 지하철 노약자석에 앉아 있던 그이가 먼저 나를 알아보고 불렀다. 대여섯 정거장을 지나는 사이에 대충대충 던진 제안을, 그이는 무조건 '오케이'했다.

밥을 망치면 죽을 쒀서

'자유와 책임'이라는, 자기 생애를 요약한 두 단어가 더없이 소중하고 마땅하다. 물론 타인과 사회의 시선에 맞서 씨름하는 동안 기억과 해석과 정체성은 구석구석에서 뒤엉켜 있다. 사생아, 가정 파괴범, 신여성, 선구자, 오색 잡년을 넘어 육색칠색 잡년, 밥도 못하는 여자, 자유, 나쁜 여자, 착한 여자, 순결, 욕망, 여자의 일생, 선택, 책임. 삶을 관통하는 갈등과 경합은 외동딸의 이혼을 놓고는 "에미 팔자를 물려줘서" 같은 흐느낌과 탄식으로 흐르기도 한다.

주체성과 자기 전망이 빠진 스물 초반까지 이어진 유복함과 '보호'는 전문직 여성의 길을 놓치고 오히려 덫에 걸리게 한다. '비정상'으로 돌입하느라 막무가내인 딸년이라도 보는 듯, 50년 전 남의 우여

곡절이 듣기에도 기가 차다. 그렇지만 막다른 골목에서도 삶은 이어진다. 비교할 일도 아니다. 다른 삶일 뿐이다. 밥을 망치면 죽을 쒀서, 속 쓰린 사람들하고 나눠 먹으면 된다는 식이다. 칠십 넷 여자의 지금 결론이 그렇다. 그런 김에 경제적, 사회적 주체가 돼 다른 삶과 다른 가족을 꾸리고, 다른 세상의 샛길들을 넓혔다. 구석구석 '착한 여자 콤플렉스'가 속 터지지만, 이왕 들어 선 '비정상의 나쁜 여자'가 이제 와서야 좋아 죽겠다는 오르가즘에는 열렬한 지지를 보낸다.

어찌 가지런하기만 하랴. 혼돈은 곳곳에서 '정상'들을 선망한다. 오빠들의 혼인식을 비롯해 친지들의 결혼과 가정생활을 다룬 말들이 유난히 많다. 너무 많아 조금만 남겼다. 다행히 남들 잘되는 것에 샘도 내지 않고 신바람이 난다. 보상 심리라 하더라도 예쁘다. 글로는 남기지 않았지만, 정상과 비정상을 놓고 많은 이야기를 나눴다. 비정상이 다른 비정상들을 만나는 경로는 안쓰러움이다. "머가 어쨌든 일단 안돼서" 데모꾼들을 숨겨주던 그 마음이 제일 우선이다.

'비정상'들의 셈법

뭇사람을 향한 애정과 낙천적인 성격, 그리고 아픔을 대하는 역설적 유쾌함이 돋보인다. "어린 시절 받은 사랑" 덕분이라고 스스로 설명한다. 그 탓에 속고 당하기도 많이 했지만, 그 덕에 살아갈 힘과 많은 친구를 얻었다. 가부장제 사회에서 툭하면 미움의 관계로 빠지는 시누이와 올케, 본부인과 첩, 시어미와 며느리 관계가, 그이 주변에서는 먼저 챙겨주고 서로 안쓰러워하는 관계가 된다. 가난한 친정으로 쌀을 빼돌리는 올케를 생각해 쌀자루를 벌려주며 신이 난 시누이의 모습은, 더없이 고맙다.

'선함'은 가족과 친척을 넘어 사회생활 구석구석에서도 유별나다. 돈 많고 잘나가던 놈들도 늙고 병들어 죽음을 앞에 둔 모습을 보면, 모두 그저 안쓰럽더란다. 눈물바다를 만든 노래 〈여자의 일생〉이 "짜라 짠짠짠짠……"으로 확 뒤집어졌다는 환갑잔치의 풍경은, 가난하고 상처받고 밀려난 '비정상들'을 함께 불러 모은 장기태의 한턱이자 난장이다.

자기가 살아놓고도 남 이야기 같단다. 아마 우리 중 아무개의 이야기인가 보다. 우리가 나눈 이야기는 다른 사람들의 시선 때문에 아직 말라붙어 있는 죄인 의식을 뜯어내고, 생존자이자 증언자인 여성 주체로 장기태를 재정체화하는 과정이었다. 이야기를 통해 장기태는 수치스러운 비밀을 지닌 여자가 아니라, 여성 억압의 생존자이자 증언자, 정상 가족 이데올로기의 비판자, 사회적 소수자들을 향한 제안자, 공동체의 책임을 묻는 제언자로 일어서고 있다.

'정상正常, 頂上'들의 계산은 이미 그이의 셈법이 아니다. '비정상非正常, 非頂上'들의 셈법이자 힘은, 각자의 내부에서 출발해 서로 모이고 번지는 동병상련에서 출발한 연대다. "우리 엄마는 담배가 약이에요"라고 외친 그 딸도 이혼을 마쳤단다. 셈법이 다른 사람들이 모여 판을 넓힐 차례다.

"사람은 겉을 봐도
신은
마음을 보는 거여"

*

이기순

"말 주변이 없어서……." 이야기를 해달라는 제안을 받은 뒤 나온 유일한 염려였다. 나도 그게 걱정이었는데, 밥 먹자는 말도 물드시라는 청도 마다하셨다.

"어무이 보듯이 이걸 봐라"
— 칠남매 맏딸 태어나다

이기순 / 본 나이는 올해로 육십팔이여. 사육년 생이제. 호적에는 사구년 생잉게 3년이 잘못된 거제. 고향은 충남 연기군 금남면이구. 칠남매 맏딸이제. 동기간 순서는 딸, 아들, 아들, 딸, 아들, 아들, 딸, 사남 삼녀의 젤 위 장녀여.

어려서부터 일을 무지 많이 혔지. 그려도 힘들어라 안 하고 재믲어라 혔어. 우리 어무이 아부지는 나 태어날 때는 가난혔지만, 자라면서는 살림이 많이 폈어. 시집갈 때는 논 열여덟 마지기에 밭이 천 평이 넘는 부농이 되았지. 어무이 아부지 땜에 어린 시절 먹는 고생은 덜

혔지만, 일을 죽쌀나게 많이 히면서 큰 거여. 아부지가 이려서 고생이 많았다더러구. 아부지는 큰아부지랑 둘이 형제고, 그 밑으로 여동상이 하나 있었제. 하도 가난하게 자라서, 죽이라면 진저리가 난다고 죽을 못하게 혔어. 그랴서 자식들게는 고생 안 시킬라구 두 냥반이 열심히 장사하고 번 거제. 우리는 죽이라는 거는 먹어보지를 못혔어. 그르니 나는 어디 가서 죽 한 그릇을 얻어먹으면, 그게 그르케 꿀맛이었어. 그때는 독사풀도 훑어다가 볶아서 곡식이랑 죽쒀 먹구, 보리두 갈아서 호박잎 넣구 죽들을 쒀먹었거든.

건어물이니 옷감이며를 주로 행상을 혀서 돈을 모았어. 그 돈으로 논 사고 밭 사고 재산 늘리면, 형네가 머슴들이랑 동네 놉 사서 그 농사를 다 지어주었제. 형네 집이 가차이 살면서 반찬이구 머구를 끄니마다 나눠 먹고, 아그들은 서로 제집처럼 드나들고 한테 자고 그랬제.

어무이 아부지는 둘 다 충남 연기가 고향이여. 아부지가 술도 안 잡숫고 새각시 모냥 얌전하다고, 온 동네 사람들이 칭찬들을 혔어. 게다가 아부지네 형제가 을매나 동기간 정이 좋은가 몰러. 아부지가 일제 때 보국대*를 다녀와서는 형 대신으로 거기를 한 번 더 갔다 왔댜. 맏아들이니 혹시 잘못되면 안 된다고 대신 간 거제. 근디 형 대신 간 일본 탄광서 굴이 무너지는 바람에 아부지 눈 하나가 실명을 혔어. 그려도 그거 가꼬 원망 한마디를 안 하셨어. 그렇게 우의가 좋으니 우리 농사를 다 맡기고 그런 거제.

보국대 가서 벌어온 거랑 남의 논 품삯일 한 거를 모아서 아부지가 큰아부지 앞으로 밭을 사줬어. 자기는 밭도 한 쪼가리 읎을 땐데

---

* 일제가 1938년 조선인 학생과 여성, 농촌 노동력을 동원하려고 조직한 단체.

친정 할머니가 준 밥사발 2개.

친정어머니가 준 밥사발 4개.

말여. 내가 백일이나 됐을 땐 논도 사줬다드라구. 자기 자식도 낳구 혔는디. 어무이도 암 말도 안 혔대. 할아부지는 아부지 일곱 살에 일찍 돌아가셨어. 그랴니 할무이가 고생이 많았고 늘 가난혔겠제. 더구나 일제 시대니 오죽 혔겠어. 그르니 아부지도 혼인 전에는 남의 논밭일 해줘서 먹구살다가, 결혼하구는 주로 어머이랑 장사를 다닌 거제. 울 어무이가 도토리 주워다가 묵 쒀서 행상도 하고 그렸대. 나 낳고 집 하나를 얻어 세간을 냈댜. 분가할 때 할무이가 준 밥사발 두 개를 나헌티 물려줘서, 내가 아직 간직하고 있어. (밥그릇 사진을 보여주며) 이거 두 개는 할무이가 어무이 세간 내줄 때 해준 거구, 이거 네 개는 내가 결혼해서 살림 날 때 친정어무이가 해준 거여. 이 여섯 개를 내 여동상들하구 딸들헌티 하나씩 줄라구 안 버리고 있는 거여. "어무이 보듯이 이걸 봐라" 하려구. 나헌티는 신줏단지랑 같어.

"우리 어무이는 살림 그런 거는 잘 몰러"
— 여걸 엄마와 새각시 아빠

울 어무이는 치마를 둘러서 여자지, 남자 승질이여. 울 어무이가 자식들 일곱을 낳았자녀. 그걸 모두 혼차 낳어.

최현숙 / 하이고, 장사 다니느라 바쁘셨을 텐데 많이도 낳으셨네. 하하하. 근데 자식을 혼자 낳으셨다니, 그게 무슨 말씀이에요?

이기순 / 무슨 말이긴? 남 도움 안 받고 혼차서 낳았다는 야그지. 동상들 낳을 때 나도 못 들어오게 혔어. 그르니께 여걸이래지. 아그를 숩게 낳는 사람도 아니었던 거 같여. 어떨 때는 메칠을 배를 틀며 아프다고 혔제. 애를 낳을 때가 되면 아부지만 일을 나가게 혀고, 어무이는 집에 계셔. 아그 낳을 준비를 하는 거여, 혼차서. 가세니 무명이니 배내옷들이랑 아그 이불도 챙기구 맨들구. 그르다가 배가 틀어오기 시작허면, 물을 끓여서 뜨거운 물이랑 찬물을 따로 떠서 들여놓고, 암도 못 들어오게 혀. 나더러는 방 멀찌감치 있음서 누구 가까이 못 오게 허고, 부르는 소리 나면 오래는 거여. 안에서 끙끙대고 앓는 소리가 나다가 난중에 소리를 막 몇 번 지르구는, 아그 울음소리가 응아응아 하고 나. 그럼 낳은 거제. 그러고도 한참을 혼차 혀. 난중에 물어봉게 아그 배꼽 자리서 무르팍까지로 탯줄 자를 자리를 잡아 손으로 꾹 눌러서는 속을 아그 쪽으로 두 번 밀어올리고, 그 자리를 가세(가위)로 자른다더라고. 그랴고는 무명실로 배꼽을 묶는 거제. 피 묻은 이불이랑 옷이랑 걸레랑도 어무이가 꽁꽁 싸뒀다가 난중에 혼차서 빨고 나를 안 시켰어. 큰 엄니나 할무이도 어무이가 원체 고집을 허고 또 별일 없이 잘 낳응게, 그려러니 혀드라구. 낳고 나면 미역국도 끓여오고 불도 때주고 혀도, 아그 낳을 때는 혼차 허게 두는 거여. 나도 자식들 낳을 때마다 그 생각이 나기는 혀드만, 엄두를 못 내겄드라고. 어무이 말로는 무르팍 꿇고 궁둥이부터 머리까지를 비스름히 세우고 똥 누드끼 힘을 주면 쉽게 난다고 하드만, 나는 아파 죽겄는디 그게 돼? 하하하.

살림이고 장사고도 어무이가 거시기를 혀. 어무이가 장사로 눈이 트이면서 이거 하자 저거 하자 궁리를 해내서는 아부지랑 같이 장사를 나선 거여. 아부지는 얌전하고 찬찬하고, 어무이가 머 하자면 같이 협조를 혀서 일을 만드는 거제. 처음에는 같이 다님서 건어물 행상을 허다가, 난중에는 따로 장사를 나가고 그렀어. 새우젓도 뗘서 허다가, 요령이 생겨서는 장을 돌아댕기면서 다른 장사들을 배운 거여. 값이야 그때는 주로 곡식으로 받는 거제. 그러면 그걸 또 장에서 팔아서 돈을 만드는 거여. 동생들 아그 때는 업고도 다니고 좌판 함서는 옆에 땅에다가 뉘어놓구두 혔어. 돈이 모아지다 봉께, 아부지는 아부지대로 다른 장사를 혀보겠다고 과자도 갖구 댕겼구. 장 안에 가게 하나에다 물건이랑 값으로 받은 곡식이랑을 맡겨 놓았댜. 아부지는 세상 부처랑게. 어무이 말고 다른 여자 보는 것도 읎었제. 돈을 어무이가 다 관리하고, 머든 어무이가 먼저 나서도 아부지가 절대 못 허게를 안 혔어. 같이 거들면서 재산을 불린 거제. 그러니 해년마다 다르게 땅이 늘어난 거여.

나는 아홉 살버텀 집안 살림을 도맡다시피 혔어. 그때는 사내 동상이 둘 생겼을 때여. 그 전에는 큰엄니랑 할무이도 도와주고 혔지만 그때부터는 주로 내가 혔어. 집에 머슴도 하나 있었지만 남잔게 농사일을 주로 하고, 집안일은 안 혔지. 그때는 큰 가마솥에 불을 때서 밥을 허자녀. 내가 밥을 풀려면 부뚜막에 출싹 올라앉아서 푸는 거여, 키가 안 당게. 우리 집터가 수근혔어.* 집 바로 옆에 시암(샘)이 있었 거든. 그 물이 아주 좋아서 동네 사람들이 그 물을 길러다 먹고 혔어. 근디 그 시암 때문에 집이 수근한 거여. 그르니 툭허면 고쿠락(아궁 이) 한쪽이 주저앉는 거여. 그럼 그거를 또 흙을 개서 발라서 부뚜막 을 고쳐, 그 작은 손으로. 여자 종은 읍섰제. 남자 머슴만 처음엔 하 나 난중엔 농사 커지니게 하나 더 해서 둘, 농사지으라고 둔 거제. 큰 딸이 있으니 나 믿고 살림은 다 나헌티 맡긴 거여. 우리 어무이는 살 림 그런 거는 잘 몰러. 어무이가 집에 있을 때도, 으레 내가 허고, 어 무이는 정지(부엌)에도 잘 안 들어왔어. 살림 배운 것도 할무이나 큰 엄니헌티 주로 배왔고. 두 냥반이 많이 거들어줬제. 할무이도 을매나 부지런한지 손이 놀지를 않여, 젊어서는 넘의 농사 품팔이도 많이 혔 댜. 내가 동상들 본다고 해봤자, 그 어린 게 을매나 잘 혔겄어? 빨래 를 양잿물에 담갔다가 냇가에 가서 빠는 건데, 그 어린 고사리 같은 손이 겨울기면 오리발모냥 되제. 빨게 가지구. 게다가 우리 집이 팔풍 받이여. 앞 뒤 옆으로 사방팔방이 모두 바람이 드는 집이라 그거여. 그라니 겨울기면 을매나 추워. 빨래를 해서 널어두 꽁꽁 얼기만 허지 마르지를 않는 거여. 방도 우풍이 너무 쎄나서 바닥은 불을 때서 뜨 거워도 웃 공기는 추분 거여. 물을 떠다놓으면 아침녘에는 얼어 있어. 그라니 나구 동상들이구 노상 콧물을 누렇게 달구 살았제. 동상들 애 기 때, 아부지랑 어무이가 번갈아가매 애기를 배 위에 올려놓고 자고 혔제.

* 습기가 많고 물이 스며 나옴.

나가 어려서부터 어무이를 닮았는가 극성시러웠어. 어무이가 가시나가 낭구(나무)하러 산에 다닌다고 못하게 혀도, 나는 나보다 큰 친구들이며 사내애덜 따라 나서서 낭구를 하러 다녔어. 좋은 소리 못들어도, 욕심이 많아서 먼처 따라나서는 거제. 그랑고 동네 감이라는 감은 다 주스러 댕기는 거여. 안직 안 익어서 요망큼할 때 바람 불면 떨어지는 거, 그거를 줍는 거제. 시방들이야 먹지도 않여, 그런 거는. 새파란 걸 주워다가 놔두면 삭어서 익제. 그럼 그거를 동상들을 멕이고. 싹수 있다고 동네 사람들이 칭찬을 많이 혔제, 엄니 아부지는 좋아라 안 허셔도.

그때 배추가 시방같이 좋기나 혀? 나승귀(배추 푸성귀)같이 작고 속도 안 차고 그렇제. 그런 걸로 김장을 허면 한 접을 혀도 많지가 않혀. 진잎(날것이나 절인 푸성귀 잎) 무청에다도 소금을 뿌려뒀다가 다음 날이나 물을 부어, 배추도 같이 절이고. 담 날 아침 일쩍부터 속을 만들어서 배추짐치를 담제. 어무이는 으레 안 혀고 할무이도 일 가면 못 하니께 내가 혼차서 많이 담갔어. 김장은 진잎짐치, 배추짐치, 동치미, 알타리 그런 거를 담갔제. 배추니 무니 모두 지지겹지(지저깨비. 떨어져 나오는 부스러기나 잔 조작) 같지. 시방 같으면 그런 거는 버릴 거여. 그런 거 몇 단지를 담가서 광에다가도 갖다놓구 땅에다도 묻고 혀서 겨우내 꺼내다 먹제.

보리쌀 껍데기를 일일이 갈아서 딲아서 밥을 허는 거여. 우리 엄니는 보리밥을 잘 안 먹었제. 아부지도 보리밥은 안 드리제. 그러니 엄니 아부지 걸루 쌀을 따로 씻어서 손으로 살짝 떠서는, 보리쌀 앉힐 때 가운데에다 구넉을 내서 자리를 만들어 가만히 앉히는 거여. 그래야 안 흐크러지고 쌀밥 두 그릇이 나오니께. 두 냥반 것만 그르케 하고 아그들이니 머슴이니는 보리만 있는 밥을 먹는 거여. 쌀알 귀경이 힘든 보리밥이제. 고구마밥도 우리 어무이는 안 좋아혀. 다른 엄니들허고 많이 달랐제. 지금 생각허면 현명헌 분이여.

"내가 집안 재산 불리는 삼분지 일을 했다고 늘 말혔어"
— 살림 밑천 큰딸

그때는 미뚜기(메뚜기)가 그렇게 많았어. 내가 하도 극성스러워서 자다 말고 깜깜할 때 깨서는 보리쌀이랑 쌀을 씻어 밥을 해놓고는, 혼차 새벽에 논을 나가는 거여. 어무이는 아예 정지간(부엌)을 안 들어옹게, 미뚜기 잡으로 가는 새벽이면 오밤중에 밥을 해놓는 거제. 서리 마르기 전에 가야 무거워서 미뚜기가 도망을 못 가. 가을이면 미뚜기가 많거든. 그걸 한 주전자 가득 잡아다 가마솥에 부어놓고는, 식구들 아침밥을 챙겨서 멕이고는 또 빈 주전자 들고 잡으러 가는 거제. 일단 주전자에 가득 넣고는 한바탕 흔들어, 그랴도 아직은 미뚜기가 살아 있어. 그르니 가마솥에 부어놓고는 뚜껑을 덮어놔야제. 그르케 서너 주전자를 잡아다가 넣고는 처음에는 불을 약하게 때. 그러면 그 안에서 미뚜기들이 한바탕 난리를 치면서 탁탁탁탁 튀다가는 어느새 조용해져. 뜨거워서 다 죽은 거제. 그럼 그때서야 불을 씨게 하고 뚜껑을 열고 뒤적여가면서 뽂는 거여. 그걸 어무니가 대전으루 옷감 떼러갈 때 가져가서 팔아. 미뚜기루 돈을 만드는 거제. 그 돈으루 돼야지를 사달렜어. 그럼 또 그 돼야지를 너무 잘 키우는 거여. 방법이 머겄어? 잘 멕이는 거제. 주로 깨구리를 삶아 멕였어. 내가 살림 살려

면 비누 산다 머한다 혀서 돈을 타잖아. 그러면 쓰고 남은 돈을 모으
는 거여. 돈은 넉넉하게 주니께. 그러면 동네 칭구들을 모아서는 깨
구리를 잡아오라 그려. 얼만큼을 잡아오면 얼마씩을 주구 함서, 우리
또래들을 모으는 거여. 그땐 깨구리도 많았거든. 그려, 어무이 장사
요령에서 내가 배운 거제. 많이 잡아온 아그는 돈을 더 주구 해서 깨
구리를 모아서는, 그걸 가마솥에 쌀마서 돼야지를 멕이는 거여. 그럼
돼야지가 피둥피둥 살이 찌고 잘 커. 나두 깨구리 다리 많이 먹었제.
그걸 구워 먹으면 살도 많고 고소하고 맛있거든. 그라구 어무이 몰래
너물도 캐다가 많이 퍼줬제. 어무이는 돌아댕기면서 집 비우고 동상
들 못 챙기고 할까봐 너물 캐는 걸 별로 안 좋아혔거든. 너물 반찬도
안 좋아혔고. 아부지가 너물 반찬을 좋아하시니, 아부지 드실 만큼만
반찬을 혀고 나머지는 모두 돼야지를 멕이는 거여. 그르니 그 돼야지
가 을매나 잘 컸겠어? 그르케 욕심이 많았어. 어려서 일을 많이 혔지
만 무서워를 안혔어. 재미도 지고. 그 돼야지가 새끼를 나면 열한 마
리 열두 마리를 낳아. 그러면 그걸 팔아다 돈 만들고 하면 을매니 재
미진지 몰러. 개도 키웠어. 그 개도 잘 멕여서는 새끼를 많이 쳐서 내
다 팔아 돈 만들고. 소도 키웠지. 소는 일도 많이 혔지만 나는 키워서
새끼 쳐서 파는 재미로 한 거여. 짐승들이 모두 잘 컸어. 동네 사람들
이 모두 내 손이 짐승 잘 키우는 손이라고들 칭찬을 혀고 그렸어. 그
저 내 욕심우루 좋다는 거는 다 멕이고 하니, 잘 안 클 수가 읍지. 누
가 일을 시켜서 하는 게 아니고, 그저 내 욕심에 재미져서 혼나가면서
두 하는 거여.

여름이면 미뚜기를 잡으러 십 리를 더 걸어 '시거리'라는 데로 가서
한 말씩을 잡아오기도 혔어. 칭구들허고도 가지만 혼차서도 많이 데

녔제. 좋은 자리를 알아뒀다 칭구들헌티도 안 가르쳐주고 혼차 몰래 가는 거제. 그 '시거리'는 강가거든, 그르니 미뚜기가 무지하게 많은 거여. 강가 풀에 그르케 많았제. 거그가 금강 줄기여.

그거를 한 말짜리 자루 챙겨간 데다가 부어가면서, 그 한 말을 다 채워야 집으로 오는 거여. 시암이 많았어. 댕댕이(댕댕이덩굴)라고 산에 넝굴져서 쭈욱 뻗는 풀, 그걸 뜯어다가 자루도 만들고 시루 밑도 만들고 했거든. 그럼 아그 업구 댕댕이두 끊으러 댕기는 거여. 그럼 어무이헌티 또 직사리나게 혼나는 겨. 그려도 엄마가 장사 나가느라 집에 잘 없응게 내 맘대로지 머, 하하. 너물 뜯어서 삶아다가 어무이 물래 동네 사람들도 나눠주고 그렸어. "저 집 큰딸 누가 데려갈지 복뎅이를 데려가는 거다. 부자될 거다." 그런 소리들을 많이 혔어. 근디 난중에 농약 생기구 함서는 미뚜기가 읍서진 거제, 새마을운동이니 통일벼*니 머니 하구 화학비료를 쓰면서 벼에 나락은 많이 열렸지만, 미뚜기는 영판 다르게 줄더라고.

근데 내가 어려서는 잔주렵(원인이 확실하지 않은 병치레)를 많이 해쌓어. 이유도 없이 많이 아팠다는 거제. 난중에야 그 이유를 알았지만, 그때는 몰랐지. 그때는 행상으로 댕기는 의사가 있었제. 그 의사헌티 주사도 많이 맞고 약도 쓰고 혔는디, 낫지를 않고 자주 아팠어. 주로 횟배를 많이 앓았어. 같은 거를 먹어두 식구들 중에는 그런 사람이 읍는데, 나만 그르케 횟배를 많이 앓은 거여. 그르니 이틀이니 사흘에 한 번 꼴로 마른 오징어를 안 먹으면, 회가 목으로 곧 넘어올 것처럼 아프고 속이 뒤집어지는 거여. 그르니 건어물 장사를 혀기도

---

* 1971년 개발에 성공해 전국에 퍼진 벼 품종. 40퍼센트 정도 생산량이 늘었다고 함.

혔지만, 할무이가 어디 귀경을 가며는 마른 오징어를 많이 사다 광이니 이불 밑이니에 감춰두고는, 나만 주는 거여. 회충약도 먹었는데 안 가라앉어. 회 한마리가 목으로 넘어온 적도 있어. 그때는 마른 오징어가 많이 비쌌는데, 나는 그걸 노상 먹었던 거여.

아부지가 염소 장사도 혔어. 강원도 가서 염소를 띠어서는, 새끼줄로 목줄을 해서 끌고 다님서 지방으루 서울루 염소 장사를 다니는 거제. 서울에 여관방 하나를 얻어 아예 하숙을 함서 염소 장사를 하는 거여. 맞어, 까만 염소. 최 선생도 어려서 봤구먼. 최 선생이 서울서 본 염소 장사가 울 아부진가도 모르제, 하하하. 처음에는 소매를 함서 돌아댕기다가 난중에는 아예 도매도 혔어. 강원도 산골로도 가고 남쪽 섬에도 가고, 거제도두 가구. 염소 있는 데는 다 댕기면서 띠어다가, 전국을 돌아다니는 거제. 교통편이 안 좋기는 혔지만, 있기는 혔지. 염소들을 끌고 배도 타고 기차도 타고 추럭도 타고. 한때는 염소 농장도 하셨제. 어무이는 그르케 해서 만든 목돈으로 돈놀이도 혔어. 장사하는 사람들이나 농사짓는 사람들헌티 이자 돈 빌려주고 하는 거제.

한번은 아부지가 강원도서 꿀을 한 말들이 큰 통으루 두 개를 사다 안방 다락에 올려놓으셨어. 장사할려고 강원도 진짜 토종꿀을 사오신 거제. 하루는 내가 베개를 놓구 어쩌구 해서 올라가서는 숟가락으로 그 꿀을 퍼먹은 거여. 한두 번 먹고 말랬는데 자꾸자꾸 퍼먹은 거제. 그르다 보니 속이 달아오르지 않겠어? 난 그럴 줄을 몰랐제, 어릴 땡게. 속이 활활 뜨겁구 물이 그르케 쓰일 수가 읎서. 츰음에는 속이 달아오르는 것도 참으면서 퍼먹다가 도저히 견디지를 못허게 속이 뜨겁고, 환장하게 목이 마르고 물이 쓰여 미치겠는 거여. 그려서 물 마시러 갈려구 다락을 나려올려는 데 아부지가 그걸 본 거여. 츰에는 야단을 쳤지. 팔려고 사다놓은 걸 먹었다고. 근디 아부지 야단은 들은 체도 안 하고, 속이 뜨겁다고 물 먹어야 한다구 윗도리를 걷어붙임서 홀떡거림서, 나 좀 나려달라고 난리를 치는 거제. 그제사 울 아부지가 "옳다꾸나" 하구는 나를 다락에서 나려 방 안에다 가두고는 문을 바깥으루 걸어버렸어. 속이 달아야 약이 된다는 거여. 꿀 먹구 속이 달아오를 때 물을 먹으면 약기가 다 읍서진다는 거제. 그 속 닳는 거를 그대로 참구 가라앉히면, 그거보다 더 좋은 보약이 읍대는 거제. 그르니 나는 못 견디겠으니께 문창호지를 다 뜯고 난리를 치고 울고불고혀도, 절대로 문을 안 열어준 거여. 그래야 몸에 좋다구. 아주 어릴 때는 아니고 쌩쌩허니 기억나는 걸 보니 아홉 살이나 되았겠지. 그 쌩고생을 하며 난리를 치구 지칠 대로 지쳐서야 난중에 가라앉았는데, 그러구 나서는 그 횟배가 싹 읍서진 거여. 아주 오간데 읍시 읍서졌어, 그 심하던 횟배가. 엄니 아부지가 좋아혔제. 장사는 난중이구 딸 횟배가 싹 나아버렸으니께. 그러구는 그 마른 오징어를 안 먹어두 괜찮드라구. 그르니 나는 시방도 마른 거든 젖은 거든 오징어를 별라 안 좋아혀.

동상들 업구 너물 뜯으러도 많이 다녔어. 어무이는 집에서 쉬는 날이면 고단헌게 노상 잠을 잤어. 그럼 자고 있는 어무이 몰래 옆에 자고 있는 아그를 쿡쿡 찔러 깨워가꼬, 갸를 들쳐업고 몰래 너물 뜯으러 가는 거여. 어무이가 가시나가 싸돌아당긴다고 못허게 했거든. 아침 일찌감치 나가서 한 소쿠리를 뜯어 가꼬 오면, 어무이는 그때는 일어났을 거 아녀. 그러면 어무이헌티 마악 혼나는 거여. 이놈의 지지배, 그르다가 비암헌티 물리면 으쩔려구 어린 동상까지 데꾸 풀 속을 돌아댕기냐고. 봄에는 풀이랑 너물이랑 많은 데는 비얌도 많았거든. 그라니 어무이 집에 기실 때는 어무이헌티 혼날까베 뜯어온 너물을 어무이 몰래 돼야지 우리에다 쏟아주는 거여.

최현숙 / 큰딸은 살림 밑천이라더니 제대로 하셨네.

이기순 / 그라제. 우리 어무이 아부지도 내가 집안 재산 불리는 삼 분지 일을 했다고 늘 말했어. 동네 사람들도 다 그러고. 나는 내 재 미로 내 욕심으로 한 거여. 시샘이 많아서 누가 머 하는 걸 보면, 그 걸 하고야 마는 거여. 근디 밭은 안 매봤어. 그런 거를 할 세가 읎섰 제. 모심는 거니 농사니도 해보고 싶어서, 우리 집 논 모도 메보고 나 락도 베보고 그렸어. 베도 짜봤는데, 우리 집서는 어무이가 머라 항 게 못 혀고, 큰집 큰엄니가 하는 거를 하겠다고 나서서 베도 짜고 가 마니니 새끼니도 짜봤어. 못허게 항게 더 해보고 싶었던 거제. 짚신 을 큰아부지가 잘 만들었제. 짚신을 만들어 줄줄이 엮어서 장에 내다 팔기도 혀고 집에서 식구들이 신기도 혔제. 자리도 매서 썼어. 그때야 장판이 어딨어? 왕골 쪼개서 그걸로 자리를 짜서 까는 거제. 돼야지, 개, 닭, 소, 그런 거를 한꺼번에 많이 키우지는 않았어도 종류대로 두 어 마리씩은 늘 키웠제. 새끼 나면 조금 키우다가 파는 거여. 수놈은 팔고 암놈을 키우다가 새끼 낳을 때 되면 이웃집 수놈헌티 가서 접붙 여오는 거제. 수놈도 튼튼하고 커다란 놈으로만 골라서. 수소가 어느 집이 좋다 하면 가서 붙이는 거제. 그러구는 돈을 좀 주는 거여. 새끼 루 달라는 집은 새끼루두 주구. 소 멕이는 거는 여물을 끓여서도 주 지만, 하루 한 번씩 들판에 내놔서 풀도 뜯게 하고.

옛날에는 장사를 다니면 돈으로 주는 사람보다 곡식으로들 주고 그렸자녀. 그르니 그걸 장에다 내다 팔고 오면 모를까, 안 그러면 장사 나갈 때 짐보다 들어올 때 짐이 더 크고 무거울 때가 많을 거 아녀. 그러면 큰아부지가 우리 엄니 그 곡식 짐을 멀리까지 나가서 받아오고 그랬어. 미리 약조를 하는 거제, 언제 어디로 가겠다고. 아부지는 알아서 가져오는디 어무이는 힘이 부치니께 큰아부지가 받으러 간 거제. 그니께는 엄니도 시아주버니를 아주 시아부지같이 생각을 하는 거여. 명일 때 되면 큰동서 내외간 옷도 해 드리고, 그 집 아그들 옷도 우리랑 똑같이 해주고. 더구나 그 집에 아들이 읍섰으니, 난중에는 우리 큰아들을 그 집에 양자로 주고 그랬어.

"별수 읍시 신을 받았어"
— 친정어머니의 신내림굿

그러다가 우리 막냇동상 밴 채로 어무이가 신기가 있어서 신이 나렸제. 어무이가 그때 즈음 늘 먼지 모르는 걸로 아프구 혔거든. 우리 형제가 일곱이자녀. 그 신 나릴 때까지도 어무이는 따로 장사를 나가고 혔는데, 막내 배고 나서는 더 자주 아픈 거여. 온갖 약을 다 써도 안 낫고 하니, 사람들이 신기가 있어서 아프다고 신을 받아야 낫는다고 그러는 거제. 그때도 신이 나리면 그걸 을매나 사람들이 이상하게 생각혔는지 몰러. 왕개봉 절이라구 그 전에두 댕기던 절인디, 아프면서는 더 자주 댕겼지. 시악시같은 아부지가 울 엄니 신 내리고 그라는 거를 좋아할 리가 읍제. 그려도 아파서 절에 가는 거를 말리지는 않았제.

결국 별수 읍시 신을 받았어. 나두 봤어. 나 어릴 때 생각루는, 완전히 정신 나가서 미친 사람 마냥 그렸제. 너무 희한한 거제. 신내림 굿을 허는디, 우리 어무이가 귀경 온 사람들 중에 누가 남의 장독간에 가서 장 찍어 먹은 거까정 알려내는 거여. 잘 알지도 못하는 사람인디, 그 집 세간 나간 살림살이꺼정 다 말을 혀고. 작두도 탔어. 그라고 귀경 온 사람보고 "당신은 어디 가면 머를 만나 으뜨케 좋을 꺼고. 당신은 어디 가면 무슨 일을 당할 꺼고, 그거를 자기도 무슨 말인지를 모르면서 입에서 줄줄이 나오는 거여. 그르니 모인 사람들이 모두 어무이를 돌았다고도 하고 용하다고도 하고 그렸지. 우리 집에서 내림굿을 혔어. 아부지가 싫어하니께 아부지 장사 나갔을 때 한 거제. 난중에 아부지가 알고 넘부끄럽다고, 이제 바깥도 못 나가겠다고 함서 두 냥반이 쌈이 시작된 거여. 그르케 자주 쌈이 되니, 나중엔 그걸 띤다구 엄니 아부지가 왕개봉 절을 같이 간 거여. 스님 붙잡고 이야기를 허니, 스님이 기도를 하라더래. 그래서 둘이 기도를 허는디, 어무이가 말문이 저절로 또 트인 거여. 예언도 하고 영판 모르는 남들 지난 일들도 영락읍시 맞추고. 그니께 그 스님이 안 되겠다고, 엄니는 저걸 혀야지 안 허면 오히려 인간 다리를 놓겠다(사람 죽겠다)고 그러드라. 그랑게 아부지도 할 수 읍시 엄니를 데리고 그냥 나려왔어. 그려서는 어무이가 집 근처에 법당을 차려놓구 다른 보살 하나를 두고 일을 혀고 대녔어. 굿도 허고 점도 봐주고 일을 다닌 거제. 어딜 나가면 매칠씩 집을 비우고 일을 혀고 하니께, 아부지는 속이 상해서 난리지 머여. 막내를 낳고 나서 그 아그를 집에 놓고 그르케 나다니는 거여. 첨에는 데꾸 나가기도 혔지만, 남 신 일 나가면서 갓난쟁이를 데리고 다니는 게 영 못할 일이제. 내가 보리쌀 씻은 물에 사카린 섞어서 막냇동상을 멕여 키웠어. 그르니 아부지가 그 꼴을 그냥 참지를 못허는 거제. 그래 자꾸 쌈이 되고, 아부지 무서서 어무이는 제대로 나가지를 못 허고. 동네서는 우리 집을 무당집이라고 손가락질도 허고 그렸어. 초하루 보름으로 떡을 안 허면 막냇동상이 그르케 울어대는 거여. 매달 초하루 보름마다. 그게 신의 조화지 뭐여. 떡을 하면 안 울어, 이노무 지지배가. 쌀을 도구통에 빻서 떡을 혔어, 내가. 시방 쉰 살인 그 막내 태어난 게 내가 시집가기 전이니께, 그때는 내가 다 살림 맡아 허던 때지. 허얀허게 백설기떡을 혔어. 울고불고 난리를 치다가도 불 때서 떡을 앉히면 울음이 딱 그치는 거여, 그 어린 게. 안 하면 아그도 아그지만 엄니도 난리를 칭게, 난 안 할 수가 읍서.

어무이 손님 중에 신문 기자 하나가 죽을병이 걸려서는 온갖 비싼 약을 다해도 못 낫다가는 울 어무이 병굿을 받고는 싹 나슨 거여. 그르니 그 기자가 우리 어무이를 신문에 낸다고 혔는디 우리 아부지가 그걸 못허게 혔어. 어디 세상에 방 낼 일이 있느냐 그거제. 나중엔 결국 신을 누르고 일을 안 혔어. 그르니 집안이 풍파가 많이 나는 거고 재산도 줄고 그런 거여. 아부지헌티는 안 헌다고 허고는 아부지 몰래 나가 기도 허고 그렸어. 아부지가 장사를 주로 다니니께 틈이 많은 거제.

외삼춘이 아부지랑 염소 장사를 혔는디, 그 외삼춘이 노름으로 돈을 잃고 아부지는 그 노름돈을 뒷돈으로 대주다가 우리 돈도 잃고. 신 일을 안 허니께 그런 우환이 생긴 거여. 그려서 어무이가 다시 산기도를 가기도 혔제. 어무이는 그 뒤로는 장사 가는 걸 차츰 줄였어. 큰돈은 못 벌어도, 어무이도 그 신 일 혀주는 걸로 돈도 벌고 그렸제. 그르다가 내가 시집을 가게 된 거여.

"평생의 젤로 큰 한이여, 못 배운 게"

— 학교 문턱만 밟다

6 · 25는 내가 대여섯이었는디, 그려도 기억이 좀 나. 동상 세 살배기는 업구 나는 걸리구 해서 동네 멀리 있는 어떤 산에 굴로 간다고 어무이랑 셋이서 피난을 갔어. 나도 보따리를 들고. 막 뛰어가고 걸어가고 하다가, 가다 말고 어무이가 "죽어두 같이 죽자"면서 집으로 도루돌아왔어. 아부지는 젊으니께 군인으루 붙들려 갔었구, 큰아부지는 으뜨케 또 빼돌려서 집에는 읍섰제. 어디루 숨겼겠제. 큰어무니네랑 할무이는 피난을 안 갔던 거제. 큰집이 안 가고 혀도, 동네 사람들이 모두 피난을 나서니 어무이도 얼결에 나서기는 혔지만, 가다봉께 생각이 바뀐 거제. 그 전쟁으루 우리나 큰집이나 큰 피해는 읍섰어. 논바닥이니 산길에 사람들이 죽어 있는 거를 많이 봤어. 폭격하는 거랑 총 쏘는 거랑두 보구, 처녀들이나 젊은 아짐들을 미군들이 저기를 현다고 다들 숨기고 그렸어. 우리 동네 아줌니가 곧 시집보낼 딸 하나만 데리구 어디루 피난을 갔다고도 혔어. 남은 식구들은 집에 놔두구. 여자들은 할무이든 처녀든 나갈 때 얼굴에 흑칠을 하고, 머리도 일부러 헝크려서 산발을 하고 그렸지. 전쟁 끝나고 좀 있다 아부지가 군인 옷을 입고 돌아오셨어.

6 · 25 지나구 한참 있다 4 · 19나 5 · 16은 말은 들었는데 잘 몰러. 깡촌 구석에서 동네서만 있는 색시가 그런 거를 귀경을 할 수가 없지. 게다가 그 전에는 내가 기억도 많았는데, 시방은 다 잊어버렸어. 아그들 낳구 남편헌티 밤나 뚜들겨 맞으면서 사느라구 늘 무섭구 맞구 불안허구 하니, 심장병이 생겨서는 늘 약을 먹었제. 그 약을 오래

먹고 또 중간에 한번 씨러져서 죽었다 깨나고 항께, 그루구 나서는 기억이 많이 읍서져 버리구 바보가 된 거여.

핵교는 내가 열한 살 먹어서 소핵교를 들어갔제. 호적이 잘못 됐응게 그 때나 핵교서 부른 거여. 근디 어무이가 동상들 키우라고 툭허면 핵교를 못 가게 허는 거여. 어무이는 다른 동생들헌테는 안 그렸는데, 나헌티는 참 모질게 혔어. 어려서 어무이가 하두 내 머리끄댕이를 잡고 난리를 쳐서 내 머리 뿌리가 다 빠졌어. 내가 오죽하면 "내 머리가 어무이 밥이여?" 그 소리꺼정 혔당게. 신 내리기 전에도 그렸지만 신 내리고 나서는 나헌티 더 모질게 혔제. 아부지랑 쌈 나도 아부지헌테는 못 헌게 나한티다 화풀이를 허고. 어무이 아부지가 소핵교 입학은 시켰지만 툭허면 핵교를 못 가게 혔어. 열한 살이면 게나마도 늦은 거였자녀. 근디 살림헐 사람 읍스니 못 가게 허는 거여. 핵교가 걸어서 산꼭대기를 넘어 한 5리 정도 됐어. 입학 때는 책을 샀어. 근디 그러구는 책을 못 샀어. 많이 빠지고 어쩌다 한 번 가고. 어느 때는 아그를 업고 핵교로 몰래 도망을 가는 거여. 내 밑으로 아들 둘에 그 밑으로 여동상을 낳아서는 갸를 업고 핵교를 가는 겨. 바로 밑에 남동상은 핵교를 넣었제.

내 호적이 늦은 거는 이유가 있어. 나 낳고서 바로, 아부지가 구장 보러 나를 호적에 넣어달라고 말을 혔댜. 그라고는 올린 줄 알았는디 안 올린 거제. 구장이 깜빡 잊어버린 거여. 그것두 내 밑에 남동상 낳고 갸를 호적을 올릴려고 가서 봉게, 내 호적이 읍는 거를 그제사 안 거제. 그르니 세 살 칭하 나는 오누이를 쌍둥이루 올릴 수는 읍슬 거 아녀. 그려서 나는 실제보다 세 살을 줄여서 그날 날짜로 올린거구, 동상은 그다음 해에 호적을 올린 거여, 갸도 한 살을 줄인 거제. 그르니 내가 본 나이로 열한 살에 먼저 핵교를 가고, 개는 그 다음해에나 통지서가 나온 거여. 나는 입학 때 말고는 책도 못 사서 읍고, 공부를 할려구 앉아도 늘 업은 아그가 울고 허니께 앉았을 수가 있어? 반 애들도 머라구들 놀리고. 나 말고는 그런 애는 읍섰제. 나 하나였어. 선상님도 애가 울면 나가서 재워오라 그러고. 겨우 달래고 재우고 해서 교실로 오면 또 깨서 울고. 그 작은 의자에 쭈그리고 앉았으니 저도 잠자리가 편했겄어? 하다봉께 나도 자연히 핵교가 추미가 읍서지지. 그르니 집안일 많으면 안 가고 어쩌다 한 번씩만 가고, 동상 핵교 가면서는 또 샘이 나서 쫓아갔다가, 또 아그가 울고불고항께 챙피허고, 다른 애들 배운 거를 못 따라강께 또 흥이 떨어지구……. 그때 한번은 선상님이 묻드라구. "너는 진학을 못 하고 한 번 더 2학년을 배워야 하는데 어쩌냐?" 하고. 챙피하잔여, 안 그래도 나이가 훨씬 많은데. 그려서 싫다고, 그럼 이젠 핵교 안 온다고 허니 선상님이 그냥 학년을 올려줬어. 그래봤자 제대로 다니지도 못하고 공부도 못 따라가고 혔지. 열흘이면 하루나 다녔나 몰라. 남들 졸업식 할 때가 됐는데 나는 챙피해서 갈 생각도 읍서 그러고 있는디, 선상님이 오라고 일부러 애를 보내신 거여. 그려도 챙피혀서 안 갔는디, 선상님이 졸업장을 챙겨 애 손에 보내줬어. 안됐응게 그렸겄제. 그려서 소핵교 졸업장은 있지만 그게 제대로 졸업을 헌 게 아닌 거제. 가짜 졸업장이나 마찬가지인 거지. 진짜로는 초등핵교* 2학년 중퇴두 안 되야. 핵교 이름이 영대초등핵교여. 핵교를 못 다닝게 친구도 떨어지고. 내가 머리래도 나빴으면 그런가 보다 허는디, 욕심도 많고 호기심도 많고 그른디 핵교

---

* 충남 연기군 금남면 영대리(지금은 세종특별자치시 금남면 영대리)에 있던 학교로, 지금은 폐교됐다.

제대로 못 다닌 게 내 평생의 한이구, 어무이헌티 원망이여. 아들이면 그르케 열심히 공부 욕심을 냈으면 대학이라두 보냈을 거여. 집에 돈은 있었웅게. 남동상 둘은 가르칠라 그려도 지가 배우기 싫다고 가다 말았어. 그 밑 여동상부터는 고등핵교까지 보내고 혔어. 어무이 아부지도 낭중에는 딸이라고 안 보내고 허지는 않은 거여. 못 배운 한은 아직도 많아. 나중에 결혼해서 말 못하고 산 설움에 글도 잘 모르니, 사는 내내 그 설움이 많지. 평생의 젤로 큰 한이여, 못 배운 게…….

두 냥반 모두 장사 나갔을 때, 보릿짚 말리느라고 마당에 짚을 널다가 혼차 주먹밥을 만들어서 집 간장을 한 줄 쪼옥 찌끄러서 먹던 기억이 나네. 그게 그르케 맛있을 수가 읍었제. 고구마를 열다섯 가마니씩을 해서는 웃방에다 통가리를 해놓고 두고두고 먹은 기억도 나고. 볏단을 기계루 털어서, 나락을 섬(가마니)에다가 담아서는 광에다 쌓아놓지. 쌀농사도 혔고 보리, 콩, 팥, 곡식이란 곡식은 다 혀지. 보리를 타면 우리 아부지는 옷 오른 거 마냥 가려워허고 그렸어. 그려서 아부지는 안 허고 다른 식구들이 다 혔지. 곡식은 내다 팔 거는 별라 읍었제. 주로 집 식구들 먹는 거제. 난중에 남동상들이 커서 같이 농사짓고 허니 농사가 커져서, 그때는 농사지은 거를 내다 팔기도 허고 그렸지. 그때는 농사를 져도 보릿고개가 되면 먹을 게 별라 읍었제. 죽을 안 쒀 먹었다 뿐이지 우리도 그럴 때는 힘들었지. 그러면 겨울게는 고구마도 먹고.

바로 밑 남동상은 일도 안 허고 공부도 안 허고 그렸어. 그려도 부모님이 머라 그러지를 않았지. 그 밑 남동상은 일을 많이 혔지. 공부는 싫어서 안 허고. 걔하고 나하고는 일은 직살나게 혀고 늘 야단을 맞고 그렸어. 첫 아들은 반건달이었는데, 그려도 갸는 대우는 젤 받었제. 장남이랑 장녀랑은 천지 차이제. 겨울게 그 밑 여동상을 데꾸 내가 빨래를 갔다 오면, 우리 아부지가 갸 손만 잡아. 싸고 비비고 하며 불 옆으로 데꾸 가고 함서두, 나헌티는 그러지를 안혔어. 그럼 그게 그르케 섭섭하고 그렸지. 여동상은 그저 따라가는 거뿐이지 그 어린 게 무슨 빨래를 혔겠어? 내가 시키지도 않지. 그른디 갸만 그르케 불 쬐라구 허구 나헌티는 암 말도 안 허는 거여. 그저 나는 당연히 일꾼이여. 머슴 하나 둔 거제. 그때는 서운하게 못 느꼈는데, 난중에는 그게 서운터라고. 낭중에는 '나를 줏어와서 이렇게 차별을 하나?' 그런 생각도 혔어. 핵교 생각하면 그렸잖여? 동상들은 고등핵교까지 보내고, 나는 초등핵교도 못 가게 허고. 나는 일하느라고 동네 벗어나서 어디 귀경도 못 가봤어. 거기서 동학사니 머니 그런 데가 멀지도 않았는디, 그른 디도 못 가봤당게.

사진? 사진이 머여 사진이? 사진이란 걸 찍어 본 게 선볼 때가 난생처음이었어. 그래두 내가 이 흑백 사진 두 개를 보관을 하구 있는 거여. 이건 스물둘에 선보느라고 찍은 사진이여. 나헌테는 보물이니께 잘 쓰고 돌려줘야 혀. 말하자면 정혼 때 사진이지. 정혼이 머 다른 게 아니고, 그냥 색시 집 와서 선보고 한 거제. 일부러 동네에서 십리를 걸어 나가서 사진관 가서 찍은 사진이여. 진분홍 치마에 연분홍 저고리여. 댕기는 빨간색이고. 머리를 많이 길었지. 이 사진을 신랑네에다 주는 거여. 그라구 이 사진은 그 무렵에 동네 친구들이랑 같이 찍은 거여. 다들 스물하나, 스물둘 그때제. 이걸 찍구 찾구 하니라구 쌀들두 퍼내구, 두 번이나 또 읍내 사진관까지 몰래 도망갔다 왔제. 맨 오른쪽이 나여. 그 옆에 친구는 중매로 결혼했는데, 아이까지 있는 유부남에게 속은 거여. 그라니 친정으로 다시 들어와 있다가 나중에

젊은 시절을 함께한 동네 친구들.

다시 결혼을 했는데, 첫애 낳다가 죽었어. 다른 애들이랑도 지금은 모두 연락이 안 되야. 어뜨케들 살고 있는지 너무 보고 싶은디…….

아부지가 엄해서 어디를 못 댕기게 허니께 친구들 만날려면 큰집 간다고 거짓말혀고 가는 거여. 그때는 콩쿠르 대회니 가설극장, 그런게 가끔 들어 왔거든. 그럼 그런 거를 을매나 가고 싶겄어? 근디 아부지가 다 큰 가시나가 사람 많은 데를 머하러 가느냐고 못 가게 허고 마당서 지키고 계시는 거여. 멀기도 혔어, 그 하는 데가. 그려도 다른 친구들은 많이 갔제. 남동상들은 댕겼지. 한번은 〈울려고 내가 왔던가〉,* 그 가설극장이 들어왔는데, 친구가 가서 보고는 그게 너무 잘되얏다고 자랑을 허드라구. 그래서 개랑 그걸 보러 가기로 약조를 허고

---

* 고은봉이 부른 가요 〈선창〉의 가사 첫 구절을 제목으로 한 영화 〈울려고 내가 왔던가〉(김화랑 감독, 1960년 개봉)를 말한다. 김진규, 도금봉, 엄앵란, 황정순, 황해, 최남현 등 그 시절 유명 배우들이 나왔다.

눈치를 살피는 거제. 그런 가설극장이 한번 오면 여러 날을 허거든. 근디 그날 꿀 장수가 우리 집서 진주각을 혔제. 여관 겸 밥 먹고 자고 쉬고 하는 거가 진주각이여. 장사꾼들이 우리 집서 진주각을 많이 혔제. 근디 그 꿀 장수가 나랑 친구랑 하는 소리를 듣고는 아부지헌티 일른 거여. 그랗게 아부지가 마당을 지키고 있는 거제. 그려도 가고 싶어서, 아부지 몰래 나가서 입을 옷을 보따리에 싸서는 뒷마당 돌담 울타리로 넘기고, 개구녁으로 기어서 빠져나왔어. 아부지가 난중에사 알고서는 어무이헌티 난리를 치면서 나를 끌고 오라구 보낸 거제. 어무이가 날 찾으러 그 가설극장에를 왔던 가벼. 근데 사람도 무지하게 많고 커다란 천막을 치고 허는디, 돈을 내고 들어가야 자녀. 근디 돈도 안 들고 급히 왔으니 들어가지를 못혀지. 딸년 찾으러 왔다고 말을 허면 그 사람 많은 데서 우세를 허는 거고. 그래서 어무이가 그냥 집으로 간 거제. 가설극장 끝나고 밤에 몰래 다무락(담장) 구녁으로 기어들다가, 그대로 아부지헌티 붙들려 간 거제. 우리 아부지는 천 날 가도 때리지는 않였어. 대신에 무르팍을 딱 꿇려 앉혀놓고는, 두 시간이고 세 시간이고 소리도 크게 안 내시고 조곤조곤 나무라면서 말을 한도 끝도 읎시 하는 거여. "말만 허게 큰 가시나가, 그런 데를 가믄 쓰겄느냐 안 쓰겄느냐? 동네서 나쁜 소문나믄 너나 어무이 아부지나 좋겄냐 안 좋겄냐?" 해쌈서 그냥 세월아 가라 하매 날이 새도록꺼정 그러고 계시는 거제. 아무리 충청도 양반이래지만 그르케 느려 터지구 거시기헐 수가 없는 거여. 나는 차라리 퍼뜩 몇 대 맞고 들어가 잠이나 잤으믄 쓰겄그만, 그걸 붙들어 꿇려 앉혀놓고 한 소리 또 하고 한 소리 또 하고 하염읎시 안 끝내며 "되긋냐? 안 되긋냐?" 물어쌓고, 나는 답을 해야 헝게 "안 되겠는디유"를 수도 없이 해쌓구. 아구,

내가 졸려 죽겄구 속이 터져서 나가 자빠지겄드랑게. 하하하. 이제사 웃지, 그때는 정말 죽겄는 거여, 그게. 눈에서는 주먹 같은 눈물이 뚝뚝 떨어지고. 열댓살 넘어서나 되았을 거여, 그 일이.

콩쿠르 대회를 하면 연극도 하고 노래자랑도 해서 등수를 멕여 상도 주고 허는 거여. 한번은 바로 집 근처서 그걸 했제. 무대에 올라가서 친구들이랑 노래도 하고 춤도 추고 혔는데, 나도 연극을 혔어. 〈이수일과 심순애〉 연극을 친구들이랑 혔어. "울려고 내가 왔던가 웃을려고 왔던가?" 그거랑, "잡지 마라 잡지 마라 잡으면 찢어진다" 함서 발로 탁 차내고 하는 거. 내가 심순애 역을 혔제. 코트를 착 걸치고 있는 남자의 바짓가랭이를 잡으면서 울고 못 가게 늘어지는, 그 심순애를 내가 혔제. 그건 바로 집 근처니게 아부지도 못 가게를 안 혔어. 나보고 친구들이랑 동네 아짐들이랑 모두 잘한다고 박수를 치고 소리를 치고. 우리 연극이 일등을 혔제.

어려서 동네 뒤 높은 산에 호랭이굴이라는 데가 있었제. 거기서 호랭이가 새끼도 낳고 산다고 다들 무서워라 혔는디, 나는 거그를 혼차 가서 들여다보고 그렸어. 호기심이 많아서 무서운 줄도 모르는 거제.

밤이면 큰집 간다고 거짓말을 치고서는, 톱이랑 횃불 가지고 냇물에 고기 잡으러도 갔제. 불이 환하니께 고기가 훤히 보여. 고기들이 자다가 말고 불빛에 깨서는, 정신이 읍승게 도망을 못 가거든. 그걸 톱 등으루다 물을 가르면서 잽싸게 후려치면 고기가 기절을 하는 거제. 죽기도 하고. 그럼 그걸 주서 담는 거여. 냇물에 고기도 그르케 많었어, 그때는. 꼬치장이니 쌀이니를 미리 감춰뒀다 그걸 잡아서는 밤에 몰래 냇가에서 매운탕을 해 먹는 거제, 마늘이나 호박도 낮에 미리 서리들을 해놓고. 다 그 친구네들 밭이지 머. 그라고는 목욕들도 하고, 한바탕 놀고 하는 거제. 아부지가 매운탕을 좋아하니 그걸 일부러 한 그릇 떠놨다가는 아부지를 챙겨 드리는 거여. 밤에 냇물서 놀았다고 허면 난리가 난게, 아부지헌티는 큰집에서 매운탕해서 가져왔다고 하고. 두 집서 늘 음식이니 반찬을 해 날르고 혔으니, 아부지는 머 그런가 부다 허고 잘 잡수시지. 그거 혀서는 안 들켜봤어, 하하하.

복숭들을 사 먹으러 가자구 혀서, 복숭 농사하는 집을 가기로 허고 미리 보리쌀을 감촤놔. 복숭아 과수원이지 말하자면. 내가 살림을 맡았으니께 돈 될 거 감촤놓고 하는 거는 얼마든지 혀거든. 우리 어무이랑 아부지는 보리구 고구마구 을매나 있는가 을매나 줄었는가는 관심도 읍승게. 장돌뱅이니 행상들이랑 와서 먹는 사람도 많응게, 그런 걸 따질 생각도 안쿠. 어무이 아부지헌티는 또 큰집 간다고 허구는 집을 나오는 거여. 가서 자고 온다 그려도 큰집은 괜찮였어. 난중에라도 큰집 안 갔다는 거 들킬까봐, 큰집 들러서 사촌 여동상을 데꾸 가는 거여. 갸를 업구 그 위 동상을 걸리구, 큰아부지헌티는 "야들 데꾸 가서 모욕하구 오게" 하구 거짓말을 치구는 데꾸 나오는 거제. 동네에 내 또래들이 솔찮혀서(꽤 많아서) 한 열댓 명은 됐제. 밤에는 여자들만 여서일곱이 가는 거여. 복숭을 한 보따리를 사서 먹구 있는디, 동네 구장이라는 냥반을 거기서 만난 거여. "너그들 이 밤에 왜 여기 와 있느냐?"구 지나가는 말루 그러는디, 괜시리 겁이 난 거제. 그려서 작은 아그를 업구 큰 동상은 손을 잡구, 막 산으로 도망을 간 거여. 근디 또랑을 건너다가는 업은 아그를 놓쳤어. 그르니 아그가 또랑에 처박혀서 막 울고 난리가 난 거제. 들킬까봐 겁이 낭게 애들도 다 흩어져버렸어. 그 구장이 남두 아니구 먼 친척으로 오빠 되는 냥반이여. 머한다구 산으로 도망을 갔능가 몰러. 아그가 온몸에 황토를 뒤집어쓰구 난리를 치구 울구, 소리 나면 더 겁이 낭게 입을 틀어막구, 옷을 벗어서 아그를 닦아놓구, 물에 와서 씻기고, 일르지 말라고 다짐 다짐을 혀고, 하하하. 시방도 사촌 동상 만나면 그 야그들을 함서 깔깔대구 웃는다닝께.

큰집허구 우리 집허구는 걸어서 5분이나 되는 가차운 데여. 툭허면 큰집서 동상들하구 밤새 웃고 떠들고 노는 거제. 그 집에는 딸만 있었거든. 그르니 재밌자녀. 우리가 밤새 웃고 떠들고 허면 큰아부지가, "너그들은 밤새 머이가 그리 좋아서 잠도 안 자고 웃고 그러느냐?"구 함서 야단도 안 치시제. 남의 밭 서리들도 몰려다니면서 많이 혔제. 오늘은 우리 밭, 니얄은 니네 밭 해감서. 나는 친구들허고 멀리는 못 나갔어. 명일 같을 때는 여자들끼리 모욕도 허구. 어려서야 머 남녀 그런 거도 모르고, 같이 빨개벗고 모욕하고 그렸지.

"너하구 나하구 연애를 허면 안 되긋냐?"
— 혼인 전 나의 황금시대

집이 하도 엄한 게 사춘기 머 그런 거도 잘 몰렀어. 근디 나를 좋아하는 동네 총각들은 많았제. 그려두 누가 나를 좋아하구 나도 마음이 읍지는 안 혀도, 만나서 말을 해보거나 그런 거는 못혔어. 동네서야 "아무거시 딸은 시집가면 잘 살겄다" 그런 말들은 많았제. 근데 집 근처 동산 너머 집에 한 총각이 나를 좋아한다고, 친구가 그러드라구. 그 사람은 대핵교꺼정 나오고 박 대통령 상까지 받은 사람이여. 솔직허니 말허지만, 그 사람하구 나하구는 따로 약속을 하고 만나본 적은 읍서. 그 총각네 집은 잘 살았제. 아부지가 면에서 멋 좀 보고, 형제들도 다 빵빵하구. 그 사촌들이 우리랑 비슷한 또래 딸들이 있는디, 나는 그 사촌들이랑도 한데 어울려 보지는 못혔어. 그르니 잘생기고 잘났다는 거는 들었는디, 만나본 적은 읍섰지. 친구 하나랑 어딜 가다가 멀리 그 남자가 가는 거를 보고 "저 사람이 너 좋아하는 그 남자다" 해서 얼굴이나 아는 정도였지. 나도 마음에 있기는 혔지만, 아부지 무섭구 동네 말 무서워서 으뜨케 해본 적이 읍섰던 거여. 그 사람 말구두 동네 시영오빠 한 사람도 나를 좋아혔어. 그때는 시영오빠 시영언니 그런 게 많았자녀. (팔뚝에 검푸른 점 문신을 보여주며) 이게 전라도서 시집온 시영언니랑 한 거여. 말하자면 하도 가난혀서 글루 팔려서 시집을 온 성(누나 또는 형님)이었제. 그 성 서러운 거랑 시집살이허는 거 이야기를 들으며 친해져서는, 나랑 시영언니 시영동상을 삼은 거제. 나는 언니가 읍승게 언니 있는 게 너무 부러워서, 둘이 의형제를 삼은 거여. 바늘에 실을 꿰서 먹물을 묻혀서는 살을 꿰는 거제. 나는 그 성을 해주고, 그 성은 나를 해주고. 이런 게 내 팔에 많았제. 친구들이니 언니 동상들하고 많이들 혔으니께. 근디 다른 거는 다 지워지고, 이거 한 개만 남은 거여. 시영오빠를 삼기도 혔어. 좋아하고 머 그런 게 아니고, 순수하게 시영오빠를 삼는 거여. 열여섯 열일곱에 한 동네 오빠랑 시영오빠를 삼았는데, 나는 진짜루 오라버니 읍는 게 넘 아쉽고 그런 거여. 다른 게 그르케 부러웠으면 진짜 도둑질이라도 했을 거여. 근디 오라버니를 으뜨케 도둑질을 하느냐구? 그르니 시영오빠를 삼은 거제. 그걸 아부지가 알았으면 난리가 났겄지. 그르니 절대로 아부지헌티는 모르게 허고, 어무이헌티는 말을 혔어. 어무이 친정 동네 사람인데, 어무이도 머라고는 안 하드라구. 우리 집이

두 오고, 따지자면 먼 친척이기도 헝게, 자주는 아니더라도 편케 드나들던 사람이지. 어무이두 아마 시영언니 시영오빠 그런 걸 해봤을 거여. 시집오기 전 큰애기 적에. 근디 나는 다른 맘은 정말루 하나두 읍고 진짜 오라버니로만 생각하고 대혔는디, 어느 날 그 시영오빠가 나를 좋아한다는 말을 하드라구. 애인으루 생각을 한다구 하는 거제. 그려서 "나는 아니다" 딱 잘라서 거절을 혀고, 그 뒤로는 절대로 안 봤지. "너하구 나하구 연애를 허면 안되긋냐?" 그런 얘기를 하드라구.

산 넘어 집 그 남자? 나도 싫지는 않구 설레기도 하구 그러기는 혔어. 솔직허니 말혀서 설렌 사람은 딱 그 사람 하나여. 한번은 대평이라고 십 리를 걸어 나가는 데서 콩쿠르 대회가 있었어. 그려서 또 큰집에서 자고 온다고 거짓말을 치고는 거기를 간 거제. 근디 거기에 그 남자가 왔드라구. 나를 보고는 일부러 가차이 와서는 반가와라 함서 "귀경 나왔느냐?"고 말을 시키드라구. 암 말도 안 혔지. 그르니께 "오늘 기분이 좋으니께, 내가 무대 올라가서 노래를 하마"고 그러는 거여. 나보다 서너 살 많을 거여. 근디 노래한다고 무대 올라가는 거를 보고는, 무서워서 그 채로 도망을 왔어, 나가.

최현숙 / 어이구, 이 갑갑한 양반아. 마음 설렌 총각은 그 남자 하나였다며, 뒤로 빼더라도 적당히 빼야지.

이기순 / 그러게 말여……. 바보였제. 시방 생각으루는 그려. 근디 그때는 그냥 겁이 나고 그렸어. 그르다가 그 남자가 나하구 결혼을 하고 싶다고 하도 그려 싼 게, 난중에는 동네 구장, 그 복숭 사먹다 들킨 그 구장을 세워서는 말을 넣은 거여, 그 남자 어무이가 사돈 삼자고. 딸을 우리헌티 여의면 안 되겠느냐고. 그러기 전에 그 남자가 한 번 나헌티 편지를 보낸 게 있었제. 사람 시키지 않구 우체국으루

혀서. 근디 그 편지를 우리 어무이가 받은 거여.

최현숙 / 아고, 그 남자도 갑갑하네. 우체국으로 해서 부치면 누가 받을 줄 알아? 누구 사람을 시켜서 몰래 보내야지…….

이기순 / 사람을 시켜서 여러 번 보냈는데, 내가 안 받웅게 결국 우체국으루다 해서 보낸 거제. 편지들 말구두 사람을 시켜서 나를 만나자고 여러 번 그렸는디, 나는 그저 모르는 척 혔제. 그 남자가 싫지는 않았는디, 그르케 사귀고 그런 걸로 남자 만나는 건 생각도 못하고 그렸던 거제. 설레기는 혔지만 무서운 게. 그때는 남자하면 나는 그저 오라버니만 바랐던 거구, 오라버니 읍는 거만 아쉽고 부럽고 그렸던 거여.

오죽 속이 탔으면 우체국으로 혀서 편지를 보냈겄어? 잘못혀먼 어른들이 받을 줄 알면서두. 아닌 게 아니라 그 편지를 어무이가 받은 거여. 그라고는 글자도 모르고 항게 그 구장헌티 보여준 거여, 글씨. 무슨 편지가 왔는데 누가 보낸 거고 머라고 써졌느냐고 물은 거제. 그랑게 구장이 이 집 큰딸헌티 온 거인데 아무거시 큰아들이 보낸 거라고 그런 거제. 편지 내용은 난 모르지. 어무이헌티야 읽어줬겄지. 근디 나헌티 그걸 말을 혀? 어무이가 그 편지는 찢어버리구는 나한테만 야단을 치는 거제. 아니, 내가 멀 혔다구? 그러구는 더 단속만 심해진 거여, 말만 한 딸년 어트케 될까벼. 그르니 그 남자는 더 애가 닳아 하구, 결국 그 집 어무이가 며느리를 삼자고 구장을 세워 말을 정식으루 넣은 거여. 그 집에 정신이 좀 이상혀다는 여동상 하나가 있기는 혔는데, 남자는 키는 작아도 똑똑혔어. 그 남자 아는 사람들은 다 그 말을 혔고, 나도 싫지는 않았고. 난중에 어무이가 나헌티, "그 사람이 너를 많이 좋아허고, 그 부모들까지 며느리를 삼고 사돈을 하자는디, 니 맘은 어떠냐?" 하고 묻더라고. 그 편지만 아니었어두 나는 싫다고 안 혔을틴디, 그 편지 땜에 내가 "좋다" 그러지를 못혔어. 편지가 들통이 났응게 내가 무신 연애하다가 시집갔다고 그 소리 할까벼 싫다고 헌 거지.

최현숙 / 아고, 굴러들어 온 복을 찼구만, 이 양반아.

이기순 / 기여, 내가 복을 찬 거여. 내가 그르케 바보여. 그 남자는 나 아니면 장가 안 간다고 그렸다드라구. 그르다가 나는 다른 데로 시집을 간 거 아녀. 내 평생의 젤 큰 후회여, 그게. 그 콩쿠르 대회가 마지막이었지. 그 뒤에 딱 한 번 보긴 봤어. 시집가고 딸 낳고 어찌하다 부산 살 때여. 이불 널려고 마당을 나갔는디, 그 남자가 집 앞을 지나가드라구. 그 사람이 나를 못 봤는데, 나는 봤어. 을매나 놀랬던지 이불 널려다 말고 그냥 얼른 돌아서 들어왔어. 그라구는 못 봤지. 나 시집가고도 그 남자는 한참을 선도 안 보고 그렸다드라구. 내가 시집갔다 혹시라도 다시 오면 나랑 혼인하겠다는 소리까정 허면서. 장개도 늦게 갔어. 난중에 늦게늦게 외지 사람하고 결혼을 혔다고 하드라구. 내가 시집가서 힘들게 살고 있다는 말도 들었다고 하드라구. 어무이도 난중에 내가 사는 게 하도 저기 허니께, 그 사람 야그를 하드라구.

나 결혼할 때 사주단자가 왔는데, 우리 남동상이 서방헌티 얼결에 그 남자 야그를 한 거여. 우리 누나가 을매나 좋은 혼처가 많았는지 아느냐며, 동상은 그냥 누나 자랑삼아 한 거제. 근디 남편은 그 남자 야그를 을매나 울궈먹어가믄서 의처증이 많구 그렸는디……. 말도 마슈, 그 말 땜에 내가 당한 거는. 심지어는 우리 큰애가 그 남자 아그가 아니냐는 억지소리까지 하드라니께. 지가 날짜를 따져보면 모르겠어? 그냥 억지소리를 하는 거제. 나는 솔직허니 말혀서 말 한 번을 안혔는디……. 근디 시방은 한 번 보고 싶어. 증말 한 번만이라도 봤으면 좋겄어. 연애라도 허자믄 허겄어. 하하하.

그라구봉게 또 있었네. 내 친구 어무이가 무당이었는디, 그 어무이랑 시영아들을 삼은 총각이 나를 많이 좋아라 혔어. 칭구 말이 상사병이 걸려서 다 죽게 됐다드라구. 근디 나는 머 아무 생각도 읍고, 직업도 뚜렷하게 읍는 사람이고 한게 좋지를 않혔지.

"아그하고 몸땡이만 나온 거여"
— 속아서 한 혼인 어그러지다

그러구는 첨으루 선을 보고 혼인을 한 거여. 고향 인근 사람이 아니고 대전 사람이여. 고향에다 대면 도시 사람인 거제. 외사촌 성이 한집에서 사는 사람을 중신을 한 거여. 나는 첨부터 싫다고 혔어. 인물은 괜찮은데, 머가 싫은지 그냥 싫드라구. 우리 집에서 선을 봤어. 그 집은 시어무이 자리가 왔제. 시아부지는 이미 돌아가시고 안 계셨고. 우리 부모님은 사람이 성실해 보인다고 좋다고 혔어. 목수 기술이 있었거든. 그르니 밥은 안 굶기겄다구 생각을 하신 거제. 더구나 외사촌 성이 속인다는 생각을 혔겄어? 근데 알고도 속였던 거여. 같은 집에서 살고 사정도 다 알고 함서. 그러니 나는 시방도 친척 결혼식이나 그른 디서 그 성을 보면 아는 척도 안 혀. 평생 웬수가 된 거제. 그 성네가 그 사람네 집에 세를 살고 있었어. 집도 그냥 낭구로 찌름허게 지은 허술한 집에, 자기네가 방 두 개를 쓰고 방 하나를 사촌 성네헌티 세를 준 거제. 한집이서 살면서 밥하기 싫응게, 노상 그 집 가서 밥을 먹구 하믄서 지나가는 말로 농담 삼아 내 얘기를 끄냈다가, 그게 으뜨케 중신으루까지 이어진 거였어. 사촌 동상인데 그럴 수가 있어? 시상에, 장난삼아 꺼냈더라도 아니다 싶으면 얼른 둘러대고 막았어야지.

속을 몰랐으니 엄마 아부지뿐 아니라 큰아부지네도 좋다고 허드라구. 그려도 나는 싫다매 미루고 있는 건데, 저짝에서 사주단자가 온 거여. 몰라, 우리 어무이가 그짝에다 확답을 했는가는, 난 싫다고 혔제. 근디 사주단자를 갖고 서방 될 사람이 온 거여. 그라구 그날부터 폭설이 오기를 시작을 허는디, 하도 많이 와서 차가 다니지를 못한 거여. 그해에 눈이 징그럽게 왔제. 그르니 남자가 가지를 못허고 우리 집서 사흘 밤을 자게 된 거여. 우리 어무이는 그때 신이 나려서 집 옆에 만든 법당에서 노상 기도를 혀고, 나는 아랫방에서 동상들허고 자고 아부지는 멀리 장사를 나갔고 없는디, 그 남자가 나를 덮친 거여. 그 사람도 떨면서 나를 덮친 건데 나도 얼결에 당한 거제. 그르니 빼도 박도 못허고 어쩌지를 못하고 있는 거제. 나는 이상하게 그 남자가 무슨 크다란 짐승모냥 무섭드라구. 인물은 잘 생겼는디도 내 눈에는 그르케 무섭고 징그럽게 보이는 거여. 그르케 함도 오고 잠자리를 혔는디도, 나는 안 허고 싶었제. 그때로야 그르케 잠자리를 허면 당연히 혼인을 하는 거로 아니께 걱정이 되면서도, 절대 안 허고 싶은 거여. 그르다가 그 집에 빚이 많다는 걸 알게 된 거여, 우리 집서. 어무이가 그짝 동네를 가서 곰을 파봤지. 뒤를 파봤다는 거제. 그 동네에 그 외사촌 언니 말고도 일가들이 많이 있고 허니께, 그 사람들 통해서 이리저리 알아본 거여. 근디 그르케 빚이 많고 시엄니 자리며 시동상 자리며 안 좋다는 걸 어무이가 알아낸 거여. 시엄니가 장사한담서 일수도 쓰고 남의 돈을 많이 쓰고 하다가 빚이 많고, 시동상이 깡패도 하고 패싸움을 하고 그런 소리를 들은 거여. 그르니 우리 집에서도 그제사 안 할려고 한 거고. 그 남자헌티 당한 거를, 처음에는 말을 안 하다가 난중에야 어무이헌티 이야기를 혔어. 그래서 어무이도 잠자리를 헌 거를 알믄서두 파혼할 생각을 한 거제. 근디 파혼하자고 그 남자 집에 갔다가 거기서 어무이가 승강이 끝에 기절을 한 거여. 그짝서는 파혼을 못 헌다고 할 거 아녀. 그러니라고 선을 보고 일년 반을 혼인을 안 혀고 시간을 끈 거여. 사주단자까정 받고도 한참이 지난 거제. 그 남자는 자주 집에를 왔어. 저는 같이 잘라고 혔지만, 나는 절대루 아니였제. 그르다가 별수 읎시 날을 받아놓고, 그라구는 또 몇 번을 당혔어. 아무리 싫어도 사주단자까지 왔고 집에서 여러 날을 재우기도 하구 했으니, 결혼을 안 할 수가 읎는 거여, 그때로는. 게다가 우리 아부지가 새각시처럼 얌전하고 양반 소리 듣는 사람이자녀. 그르케까지 하고는 그 혼인을 깨지를 못허는 거제. 그르니 우리 어무이도 어쩔 거여? 혼수를 마련해서는 시집을 보낸 거지. 큰집에서 양복 한 벌을 해주고, 미싱이니 농이니 살림을 해서 시집을 갔어. 재산도 있고 내가 살림 삼분지 일을 만든 거니께, 혼수도 잘혀 갔지.

우리 집서 결혼식을 혔어. 머리 낭자하고 구식 결혼을 혔지. 정월이니 한 겨울인디, 사진 한 장도 안 찍어줬어. 친정서도 다들 실망들을 한 거제. 시집으로 가려면 버스 정류장까정 십 리를 가서 버스를 타야 허는디, 가마도 안 태우고 걸어 나와서 버스를 타고 간 거여. 서방이 차를 불러달라고 혔는디, 그걸 안 불러줬어. 여러 가지가 괘씸한 거제. 우리 막내가 시방 쉰이니 나랑 열여덟 살, 거의 스무 살 차이자녀. 나를 어무이같이 알고 나도 그르케 키운 건데, 네 살짜리가 울고불고 난리를 쳤제. 나도 갸를 띠어놓고 갈 생각을 항게 너무 서럽고 슬프고. 그니께 갸가 울면서 한참을 쫓아오고 나는 들어가라고 말리고. 그르다가 개울에서 내가 넘어졌어. 그르니 치마가 개울물에 젖었자녀. 그 젖은 치마를 그냥 그대로 입고 걸어서 버스 정류장까정 가서는 버스 타고 대전을 간 거여. 짐은 미리 구루마로 보낸 거구. 옛날에는 시집갈 때 친정 부모들이 같이 가자녀. 아부지가 안 가고 큰아부지가 갔어. 그르케 시집을 가서는 폐백 올리고 산 거여. 근디 서방헌티 정도 읍섰지만, 홀시엄니가 둘이 앉았는 꼴을 못 보는 거여. 그라구는 가자마자 아이가 들어선 거제. 결혼하기 전에 날 받아놓고서는 집에서도 혔고, 어디를 가다가 산에서도 한 번 또 당혔는디, 그때도 아그는 안 생겼어. 내가 혼인을 자꾸 미룽게 저도 불안허니께 자꾸 나를 덮칠려고 많이 헌 거여.

그 집은 아들 셋에 딸 둘이여. 누이 하나에 그 사람이 큰아들이구, 바로 아래가 나랑 한동갑인 시누, 그 아래로 아들 둘 그렸어. 나 시집 갈 때 누이는 결혼을 이미 혔제. 큰 남동상이 머리가 비상혀서 잘만 풀렸으면 잘 됐을 거여. 암산을 잘 허고 일본까지 가서 상도 타고 그렸어. 근디 그 좋은 머리를 딴 데로 쓴 거제. 처음에는 그 아들 뒷바라지를 하느라고 집 돈을 많이 쓰고 빚도 쓰고 혔는디, 그 시동상이 깡패루 풀려나간 거여. 그르니 허구헌 날 돈 훔쳐들고 나가, 못된 짓 허면 돈으루 막고, 돈 떨어지면 기어들어 오고. 그러면서 집안을 망치구 속을 썩이구 한 거제. 고등핵교 다니면서 깡패 생활을 함서두 머리가 좋으니 선상도 짜르지를 못하는 거여. 그 깡패를 하다가도 난중에는 조흥은행까지 들어갔제. 근디 그걸 제대로 안 다닝게 짤린 거제.

내 손으로 옷을 다 지어서 시집을 갔어. 우리 집에 오래전부터 미싱이 있어서, 동상들 옷이랑 집에 필요한 것들이랑 다 내가 만들어서 입히구 쓰구 그랬거든. 어무이헌티 옷감 끊어달라고도 허고, 어무이가 옷감 장사를 허니 짜뚜리 남은 것들로 옷도 맨들고 다우다 치마도 맨들었어. 속감까지 넣어서 다 맨들어 쓰고 입히고 했웅게. 할무니헌테 배우기도 혔으니 대강 눈대중이 생기는 거여. 그러니 철마다 입을 치마저고리도 내가 만들고 혀서 시집을 간 거여.

시집가서는 시엄니랑 시동상들이랑 같이 산 거제. 혼인 1년 만에 큰아들을 낳았어. 정월 보름날이여, 큰애 생일이. 나랑 남편은 세 살 차이여. 홀시엄니가 둘이 앉았는 꼴도 못 보더니만, 아이 슬 때 을매나 입덧이 심헌디, 시어미라고 머 하나 사다주는 것도 읍서. 아그가 서서 친정을 보내는디, 가다가 길바닥에서 몇 번을 눕고 주저앉고 허며, 수도 읍시 쉬었다 갔어. 집에 들어가니 어무이가 내 꼬라지를 보고 놀래 자빠지는 거여. 빼싹 말라서 거지꼴을 하고 온 거제.

친정 와서야 과일이랑 골고루 사다줘서 먹고 항게, 입덧이 좀 가라앉은 거여. 신행 가서 한 이십 일을 있다가 갔어. 그랗게 시엄니가 "아구 친정 갔다가 잘 먹고 왔구나" 그러드라구. 그러구두 한참을 못 먹고 허는디, 한번은 서방이 나만 데리고 어디를 가자고 해서는 둘만 나갔어. 과일 가게를 가더니 두고 먹으라고 자두를 한 접을 사 주는디, 그 한 접을 과일 가게 앉은 자리서 다 먹은 거여. 그때 자두는 아주 작고 시었제. 근디 그게 을매나 맛있는지, 한 접 백 개를 앉은 자리서 다 먹은 거여. 과일 장사가 깜짝 놀래. 을매나 못 먹었으면 그걸 앉은 자리에서 다 먹었겄어? 그러구 집을 왔는데, 시어미가 둘이 나갔다 왔다고 난중까지 두고두고 온갖 소리를 다 허는겨. 지 아들 읍슬 때만. 자두 먹은 거는 말을 안 혔지. 둘이 나간 거만 갖고 그 구박을 다하는 거여. 아들 있는 데서는 잘 나갔다 왔다고 하구서는. 나는 그게 첨에 너무 이상혔어. 그런 사람을 겪어보지를 않았응게. 빵이 그르케 먹구 싶었제. 시집가기 전에는 가루 것을 아예 먹지를 안 혔거든. 그르니 남의 결혼식을 가도 친척들이 "쟈는 국수 주지 말고 찬밥 갖다줘라" 그라고들 웃었거든. 그렇게 입맛이 달라지드라고.

서방은 잘 혔어, 그때는. 근디 시엄니가 그르케 강짜를 부려. 서방 있을 때는 잘 혀다가 서방만 나가면 볶아대는 거여. 그르니 서방은 지 엄니가 그런 줄은 모르지. 내가 시엄니 그런 거를 좀 얘기를 할라 하면, 나를 믿지를 안 혀. 오히려 나한테만 저기 허면서 싫어혀더라구.

시엄니는 술을 그르케 좋아할 수가 읍서. 그 냥반은 쉰여섯인가에 혼차가 됐다고 하드라구. 막내 시동상 일곱 살에 내가 시집을 간 거여. 내가 그 시동상을 모욕을 시키고 어무이처럼 키우다시피 혔어. 시엄니는 집에 잘 붙어 있지도 않고, 있을 때도 살림 그런 거는 아예 안 혀지. 서방은 돈 버는 거를 모두 시엄니를 갖다주니, 서방도 늘 돈이 읍서. 그르니 나도 서방도 멀 제대로 쓰고 싶은데 쓸 수가 읍는 거제. 그 큰 시동상 뒷바라지며 치다꺼리에 빚을 져서, 시엄니도 맨날 돈이 모자라고 빚내고 일수 쓰고 그렸어.

그르다가 어느 날 그 판잣집이랑 살림들이 빚으로 넘어갔어, 숟가락 몽뎅이 하나 못 건지고. 내가 시집갈 때 해간 세간들도 모두 뺏겼어. 그러구두 빚을 다 못 갚아서 시엄니네가 모두 도망을 간 거여. 참기가 차서……. 서방은 시엄니가 얼루 미리 빼돌린 거여. 암것도 모르다가, 어느 날 보니 아그허구 나허구만 남았더라고. 지네끼리만 말을 해서 싹 도망을 간 거제. 서방이 사람 둘을 데리구 근처에 방 얻어주고 밥은 우리랑 같이 멕이면서 일을 했는데, 그 사람들도 다 없어진 거여. 서방도 나헌티 온다 간다 말 한마디를 안 혔어. 혼인 초에는 나도 잘 해보려는 마음이 있었는데, 그 일로 아예 서방헌티도 정내미가 떨어져 버리드면. 빚쟁이들이야 나헌티만 난리를 치는 거제. 그러니께 동네 사람들이 오히려 막아주더라고. 그 며느리도 속아서 혼인한 거라고. 그래두 빚쟁이들이 안 믿고 난리지. 지네들은 붙들고 늘어질 게 나밖에 읍스니. 그러구 있는데 친정어무이가 소식을 듣고 온 거여. 어무이가 그 근처 사는 친정 쪽 사촌 언니네로 나를 빼돌렸다가, 친정 동네로 데리고 들어갔어. 아그하고 몸땡이만 나온 거여. 친정에 가서 오래 있으면 빚쟁이들이 글루 찾아올 거 아녀. 그러니 어무이네도 오래 못 있고 청주 이모네로 가 있었제. 거그서 한 달을 있었제.

"그르케 저르케 살림을 다시 모투머 살았어"
— 약수동에서 행상을 시작하다

난중에 남편이 친정으로 찾아왔는디, 어무이가 선뜻 안 알려줬어. 그 어린 것을 그르케 빚쟁이들헌티 넘기고 갔으니 을매나 미웠겠어? 그르다가 하두 남편이 강짜를 부리고 하니 별수 읍시 알려줬제. 그러구는 어무이가 쌀 열 가마니를 얻어서는 서울 약수동 산동네에 방을 얻어줬어. 집주인은 이종 오빠였어. 아부지가 염소 장사를 하면서 그 집서 하숙을 하고 있었어. 일부러 아부지 가차이다 둔 거이지. 그때 쌀 열 가마니 값 방은 아주 엉망이었제. 쌀금이 쌌거든. 정지도 읍는 방이었제. 큰아이 두 살도 되기 전이여. 그르케 서울 생활이 시작된 거제. 그 집이 방이 일곱 개가 있었는데, 아부지가 하나 쓰고 우리가 하나 쓰고, 다른 염소 장사나 장사꾼들이 하숙이니 자취니를 했어. 그때부터 아부지 밥은 내가 맡은 거제. 정지도 읍는 방서 내가 밥을 해 드리고, 아부지가 쌀도 팔아주고 반찬값도 대주고 한 거여. 그르다가 아그를 업고 행상을 시작혔어. 난중엔 시방 광주대단지 들어선 그 경기도 광주를 가서 빵을 떠다가 빵 장사 행상을 혔어. 1500원 어치를 사면 큰 다라이에 하나 가득 수북허니 줘. 그걸 서울 중부시장을 돌아다니면서 파는 거여. 하나에 3원씩 팔고 들어와.

서방은 일을 찾지만 쌩판 모르는 서울서 일이 그르케 안기나? 그니께 첨에는 일을 못 혔지. 그르다가 둘째를 낳아서는 하나는 업고 하나는 걸리고 하며 장사를 계속 혔어. 중부시장서 소라도 떠다가 삶아 팔았어. 연탄불 갖다놓구 삶아 파는 거 있자녀. 종이 봉지 뾰족허니 담아서. 행상 함서 어무이 생각이 많이 났제. 울 어무이가 나 어렸을 때 이렇게 업고 댕김서 장사를 혔겠구나 하구. 서글프제. 우리 어무이가 가난을 벗어나 볼려구 새끼들 업고 걸리며 부부간에 장사를 해서 살림을 키워놨구, 나두 그르케 열심히 살면서 살림을 불려서 시집을 왔는데, 모든 게 도로 아미타불이 된 거 아녀? 한심하고 머가 잘못 되서 이리 된 거인가 싶고. 싫다는 결혼 억지로 시킨 부모도 원망되고, 알면서도 중신 나선 외사촌 성두 원망이 되고…….

한번은 빚쟁이가 으뜨케 알고 거그를 찾아왔어. 와서 보니께 너무나 기가 막힌 거제. 정지도 읍는 방에 아그 둘 데리고 기가 막히게 사는 거를 보고는 그냥 가더라고. 근디 나가는 길로 쌀을 한 말을 팔아다 주면서는, 아그들 밥해서 멕이고 열심히 살라고 혀더라고. 그러고는 다시는 오덜 않았어. 고마운 마음도 있지만, 오죽허면 빚 받으러 왔다가 보태주고 가나 싶어 더 기가 멕히더먼…….

아그가 둘이니 멀리 돌아댕길 수가 읍서서 장사는 약수동 집 근처서 혔어. 마늘, 배추, 그런 거를 행상이나 좌판을 허며 팔았지. 쌀은 아부지가 팔아준게 반찬값도 벌고 서방 용돈도 줘야 자녀. 서방은 처음부터 술도 먹고 담배도 하고 그렀는디, 일을 안 하니 술 담배가 더 많아지는 거제. 그르니 돈이 모일 새가 읎서. 그려도 닥치는 대로 아무 거나 혔어. 파, 햇마늘도 팔고. 겨울에는 깻잎 절군 거를 어무이가 보내줘. 시골서는 깻잎이 흔하자녀. 그거 갖다 팔아서 반찬값이라도 하라고 어무이가 일부러 절궜다가 아부지 편에 보내는 거제. 그걸 씻어서 양념해서 좌판에서 팔고. 그러다 봉게 돈이 조금씩 모타지드라고. 애들 크면서는 중부시장서도 장사를 많이 혔지. 동네보다는 장사가 잘 되제. 약수동 산동네가 그 시장이랑 안 멀었거든. 큰 머스매가 엄청 순혔어. 갸를 이종 오빠네다 맡겨놓고 장사를 다니기도 혔어. 그르니 돈이 좀 모타지고, 아부지 주변 사람들로 연결을 허니 남편 일도 생기고 그랴드라구. 그르케 저르케 살림을 다시 모투며 살았어.

그때는 염소를 팔아서 잡아주면, 염소 내장은 안줬어. '똥보'라고 해서 먹지를 않응게 사는 사람도 버리는 걸로나 알지. 그걸 깨끗하게 씻어서 양념을 해서 볶아 하숙하는 사람들을 주면 모두 그르케 좋아라 혀. 그게 영양이 많자녀. 나도 그런 음식 안 해봤지만 한번 해보니게 허겄드라구. 음식 만드는 눈썰미가 있는 거제. 그르니 다른 염소 장사들도 그 내장을 안 버리고 일부러 갖고 와서 같이 해먹는 거여. 이종 사촌 언니네가 그 근처에 사는데 그 형부가 종로 돈화한의원 한의사였어. 언니도 그 한의원을 나가고. 근디 그 친정어무이, 나헌티는 이모지, 그 이모가 딸네 집을 왔다가 그 오빠네도 왔제. 그 부잣집 딸네 아들네들이 자기 어무이헌티 을매나 맛있는 거를 해 드렸겄어? 근디 그 이모가 내가 만든 그 내장볶음을 너무 맛있게 잡순 거여. 난중에도 두고두고 그 야그를 허시는 거여. 세상에, 읍는 집에 와서 드셔서 잊지를 못하는 건지 어쩐지……. 그걸 너무 맛있게 잡순 거제. 돌아가시기 전까지 노상 나만 보면 그 얘기를 허셨어. 기순네서 먹은 염소 내장볶음이 정말 맛있었다고. 난중에 방 얻을 때 빚낸 그 쌀 열 가마니 값을 어무이헌티 갚았어. 이자까지 다 쳐서. 어무이야 안 받을라 하지만 난 계산은 분명히 혀, 부모 자식 간에도. 돈이 모타져서 동네서 50만 원짜리 **번호계**도 부었어. 쌀은 계속 아부지가 팔아주고 반찬값도 넉넉허니 보태시고 허니, 돈이 모타지지.

"한번 손을 대고 나서는 툭허면 뚜들겨 패는 거여"
— 가정 폭력 시작되다

내가 오월 스무닷새 날 딸을 낳았어. 시째지. 어무이가 나 산간을 한다고 거글 왔제. 근디 친정엄니가 유월 초여드레가 생일이여. 그래서 내가 어무이 생신인디 닭이라도 한 마리 사서 미역국 끓여드리자고 남편헌티 얘기를 혔어. 그르니께 "시어무이는 어디 가서 무슨 고생을 하는지 알지도 못허고 알려고도 안 험서 친정어무이 생일을 해주잖다"고, 아그 낳고 누웠는 여편네를 두들겨 패는 거여. 그걸 어무이가 봤어. 내가 친정엄니 산간 들이는 거를 별로 안 좋아혔어. 나 못사는 꼴을 어무이헌티 보이기가 싫어서. 근디 지가 산간할 사람 읍스니 친정엄니를 오시게 하라고 혔거든. 그래놓고는 생신날 닭미역국 끓이잖다고 그르케 패는 거여. 그게 남편헌티 처음 맞은 거여. 그걸 마당서 보고서는 어무이가 기절을 헌 거여. 그르니 한집에 있는 사람들이 어무이를 물을 멕이고 방으로 뗴미고, 한바탕들 놀랬제. 깨나서는 어무이가 가신다는 거여. 을매나 속이 상혔겠어? 그러고 어무이는 가버렸어.

모르지, 지네끼리는 서로 연락을 하고 에미랑 동상들이 어디가 있는지 아는 가도. 아마 알았을 거여. 나헌티는 얘기를 안 하니께 나는 모르는 거제. 그르케 한번 손을 대고 나서는 툭허면 뚜들겨 패는 거여. 아부지 있는 데서는 안 때리지만, 그런다고 아부지가 그걸 모르졌어? 얼굴만 봐도 아는 거고, 같이 사는 사람들헌티 야그도 듣고 허실 테고. 때리면 손 닿는 대로 두들겨 패고 발로 밟고. 남 보는 데서는 청산유수고 잘 혀지. 그르니 집 나가면 사람들이 아주 착한 서방인 줄 안다니께.

아구, 대드는 게 어딨어? 나는 대들고 그런 거 모르는 사람이여. 아부지고 남편이고 헌티 대드는 사람이 못 되야. 처음에는 지 어무이 핑계로 때리는 게 많았어. 내 아부지가 가차이서 늘 나를 챙겨주고 하니께는 그게 꼬였던 거제. 그 집도 처가 쪽 친척이고 하니 더 꼬이는 거여. 그거 아니면 어디 비빌 데도 읍슴서 그게 싫은 거제. 난중에는 내가 장사를 하니라고 돌아다닝게 의처증이 생겨서는 벼라별 소리를 다하는 거여. 큰아들이 내 고향 동네 남자 자식이라는 소리까지 그때 하더라니께. 아, 지가 날짜 따져보면 몰르것어? 공연히 쌩트집을 잡는 거제. 남들 앞에서는 얌전한 척함서도, 나랑만 있으면 그르케 나를 쥐 잡듯이 허고, 악을 쓰며 패고 하는 거제. 밖에다가는 '법 읍시 사는 사람' 소리를 듣는 거고.

안 쓰고 안 먹고 행상도 하고 저도 일을 좀 해서 벌고 혀서, 계 탈거랑 해서 백만 원 넘게 돈이 모였어. 그때 그 이종 오빠네가 집을 백만 원에 내놨어. 내가 속으로 그 집을 살려고 마음을 먹었제. 그 오라버니헌티도 내가 곗돈 타면 그 집 사겠다고 얘기도 해놨고. 그때는 돈이 귀해서 집이 잘 안 나가고 했거든. 근디 어느 날 갑자기 시엄니가 온 거여. 으뜨케 알고 왔는지 그런 거는 나는 모르지. 지네끼리 통하다가 왔겠지. 근디 그 시어미가 돈이 을매나 있냐고 묻더라고. 그때만 혀도 서방이랑 나는 서로 돈이고 머고 거짓말을 안 하고 같이 모으고 하던 때지. 그니께 서방이 통장에 돈이 얼마가 있고 곧 계를 얼마를 탈 거다 하고 얘기를 했나벼. 그르니 시엄니가 나헌티 와서 "나 하고 한데 합치자" 그러는겨. 그려서 내가 "엄니. 일 년만 더 고생을 좀 해주셔요. 제가 큰며느리잉게 엄니를 당연히 모실 턴디 시방은 살림 키울 궁리로 어렵고, 저도 생각혀는 게 있으니 일 년만 더 고생을 하시고 합치는 게 좋겠어유" 그렸어. 내가 곧 집을 사서 모시겠다는 말까지 혔어. 그 집이라는 말은 안 허고. 그러자 시어미랑 서방이 밥상을 뒤집어엎고 난리가 난 거여. 그라구는 나를 친정으로 보내버리더라고, 곗돈은 그다음 달에 탈 달인데. 친정 가서 지가 올 때까정 기다리래는 거여. 친정에 있는데, 서방이 그렸나 시어미가 그렸나? 곗돈 다 타고 방 빼고 혀서 부산에다가 전셋집을 하나 얻어놨더라고. 그러구 남는 돈은 빚진 거를 또 갚었대는 거여. 서울서 집 사려던 돈을 부산서 전세를 얻었으니 그 차이가 을매나 큰 거여. 나머지 돈은 얼루 갔나 나는 모르는 거제.

"하는 구녕만 알지 난 구녕은 모른다"
— 부산 생활과 시어머니의 폭력

그르케 해놓고는 서방이 나 있는 친정으로 온 거여, 부산 가자고. 돈이랑 집이랑 으뜨케 했냐고 물으니께 머이라고 설명을 하더라고. 내가 안 간다고 혔어. 세상에 그 돈이 얼마나 기가 막히게 벌어서 못 먹고 못 쓰고 모은 건데, 그걸 나헌티는 말 한마디 읎시 그르케 쪼개 풍지박산을 만들었냐고, 안 간다고 혔어. 그렸더니 엄니 아부지 있는데서 나를 뚜들겨 패고 밟고 난리를 치는 거여. 그르니 우리 어무이는 또 쓰러지고, 아부지는 남부끄러우니께 조용히 혀고 따라가라고만 혀고. 아부지가 그르니 어떡햐? 그냥 아부지 하란 대로 따라 나섰어. 아그들 데리고. 그런 거가 아부지헌티 내가 원이 많여. 아닌 걸 뻔히 알면서도 체면 생각해서 딸을 사지로 내모는 거제. 그래서 거그서 부산으로 가서, 방 두 개짜리 독채에서 시어머니랑 시누이, 시동상들하고 같이 산 거여. 그르다가 또 일수를 얻어서 머를 한다고 하더니만, 난중에는 일수 돈을 얻을 수가 읎는 거제. 나는 부산서 한동안은 일을 안 혔어. 서방은 부산 조선공사를 다니고. 서방 벌이가 괜찮은데도, 나는 그 월급을 한 번을 못 만져봤어. 살림 사느라 필요한 돈은 시어미헌티 일일이 타서 쓰는 거제. 그른데다 동네 사람들하고 얘기도 못 허게 혀. 얘기라도 하다 들켰다 하면 그날은 죽도록 맞는 거여. 남자 아니라 여자여도 마찬가지여. 시엄니도 싫어하고. 긍게 나가지를 못하고 집에서 아그들하고만 있는 거제. 그르다가 시째를 거그서 낳았어.

술 살 돈도 안 줬으면서 시장 보고 오는 길거리서 술 안 사왔다고 다짜고짜 달겨들어서 장 보따리를 길바닥에다 다 내던지고 뚜들겨 패고. 동네 여자들이 그걸 다 보고서는 "세상에 이런 시집살이를 으뜨케 살아?" 하더라고.

시엄니가 을매나 서방하고 나 사이를 이간질을 하는지 몰러. 지 말도 안 듣고, 동네 누구랑 말질을 하고 어쩌고 한다고. 그러구 툭허먼 나헌티 "하는 구녕만 알지 난 구녕은 모른다"고 쌍욕을 하매 악을 쓰는 거여. 지 아들 있는 데서는 그런 소리 못 혀제. 지 아들헌티는 떠받들고 잘혀. 남편은 내 말은 믿지를 않으니, 머라고 이간질을 하든 나는 아예 입을 다물고 사는 거여. 나랑 동갑인 시누는 그걸 알아. 그르니 시어미가 나를 쥐 잡듯 허면 그 시누는 내 편을 들어. 언니가 무슨 잘못이 있다고 그르게 못살게 그러느냐고.

한번은 큰아부지 환갑잔치로 친정을 갔다가 부산 집을 들어서는데, 글씨 친정서 돈 안 갖고 왔다면서 시엄니가 다짜고짜 달겨드는 거여. 먹살을 잡아 벽에다 박아놓고 주먹으로 가슴을 때리는디, (윗옷 단추를 열어 목 아래 가슴을 보이며) 나는 시방도 여기가 이렇게 가라앉지를 않고 튀어나와 있어. 뼈가 부은 건가 부서진 건가 어쩐가 가라앉지를 않더라고. 한동안은 여그가 아파서 숨 쉬기도 힘들었제. 서방헌티 맞는 것도 억울헌디, 친정 가서 돈 안 해왔다고 시엄니가 그르게 패고 처박고 그런 거여. 완전히 돈에 뒤집힌 거제. 이런 말을 어디 가서 허겠어? 종년도 그런 종년이 읍제. 바깥에도 나다니지를 못혀고. 그르다가 시어머니가 그 전세를 담보로 또 빚을 냈어. 근데 그 돈을 못 갚응게 결국 또 거덜이 나버린 거여, 시어미는 혼차 도망가고. 살 길이 망망허자녀. 그때 우리 이종사촌 언니 두엇이 그 부산서 살고 있었거든. 그래서 언니랑 형부헌티 사정 야그를 혔지. 챙피헌 게 솔직허니 다 말은 못 혀지, 그냥 둘러대는 거제. 그르니 형부가 돈을 얼마큼 해주드라고. 그라고 그 집 잡은 사람이 와서는, 자기가 보드래도 내가 참 암것두 모르고 시어미 잘못 만나 살림이 거덜나버린 걸 안시럽게 본 거여. 그르니 쌀을 얻어주고, 계를 하나 들어 다달이 계를 부어 그 돈을 갚으라면서 더는 뜨잡이를 안 혀더라고. 사람을 살려야 돈도 받겄다 싶으니게 그런 거제. 거그다 친정 동상이 빌려준 50만 원을 합해서 그 빚을 갚고는 단칸 사글세방을 얻어 들어갔어. 큰시동상은 군대를 가고, 시누는 방 하나 얻어서 따로 나가고, 막내 시동상은 같이 살았던가 어쩐가 기억이 가물가물혀. 그때부터 자갈치시장 가서 생선도 떠다 팔고 행상도 하고, 닥치는 대로 머든 했어. 먹고 살아야 항게. 남편은 조선공사를 그대로 다니고. 아마 남편도 그때는 인쟈 돈 모툴 마음이 안 들었을 거여. 나헌티야 지 어미 욕을 안 하지만 지 속으로는 원을 안 했겄어? 불만도 많았겄지. 마누라랑 새끼랑 살려고 부부간에 일해서 돈을 모타놓으면, 지 에미가 와서 그르케 한입에 털어 망가뜨리고를 여러 번을 하니, 돈 모툴 마음도 안 나고 다 귀찮고 싫은 거제. 그르니 술로 읍새고 기집질로 읍새고 했을 거여. 그때부터 술이고 기집질이고가 심해진 거여. 때리는 것도 더 심해지고.

그려도 나는 안 쓰고 안 먹고 모아서는 파출소 옆으로 50만 원짜리 전세를 얻어 들어갔어. 근디 너무 살기가 힘들고 딱 죽어버렸으면 좋겄는거여. 서방은 조선공사를 다니니 남들 보기에는 번듯한 직장이지만, 맨날 술집 기집들하고 노느라고 월급은 다 써버리지. 난 월급은 한 번도 못 받아봤지. 아그들은 무작무작 크는데 겨우 살림 피워놓으면 시어미가 와서 다 풍비박산을 만들어버리지. (한숨을 깊게 내쉬며) 아휴, 서방 의처증은 갈수록 심해지고 천날 만날 두들겨 맞고 그르니께, 내가 살아야겄다는 의욕이 읍서지는 거여. 그때 이미 우울증이 심허게 생겼제. 안 그렇었어? 내가 살아야 머하겄나? (눈물이 가득 고여 흐르며) 그른다구 새끼들을 놔두고 죽으면 눈물을 구멍구멍 흘리면서 거지 꼬라지 천덕꾸러기로 살틴디, 살자고 장사는 허면서도 맨날 죽을 생각을 혀는 거제. 그르다가 어느 날은 아그들하고 같이 죽어야겄다 싶어서 내가 그 어린 새끼들헌티 술을 먹였어. 한바탕 또 뚜들겨 맞고 한 다음 날이여. 큰 머스마는 시방도 그 술 먹은 거를 알아. 죽을라고 한 거는 시방도 모르지. 밑에 아그들은 술을 먹은 것도 몰러, 시방도. 나는 원체 술을 못 헌게 한 모금이나 먹었나 혔고. 그라고는 그 셋을 업고 걸리고 해서 오밤중에 그 부산 바닷가를 간 거여. 막내는 아직 안 낳았을 때지. 그 새끼들을 끌고 깜깜한 밤중에 바닷물로 들어간 거여. 아, 근디 거기를 순찰허던 순경이 그거를 본 거여. 나오라고 막 악을 쓰며 뛰어와서는 끌어내더라구. 내가 그 순경 이름도 안 잊어버려. 이분식이여, 이분식. "왜 젊은 새댁이 그런 맘을 먹어요? 죽을라고 맘을 먹으면 그 맘으로 살아야지." 죽을라 그렸단 소리는 안 혔지만, 보면 다 아는 거제. 그려서 못 죽었제. 죽는 것도 팔자가 돼야 죽는 거여. 새끼 셋을 바닷물로 끌고 들어가는 심정이 오죽 헀겄어……

이혼 생각을 왜 안 해봤겄어? 근디 워낙에 친정 아부지가 엄하고, 어릴 적부터 보고 배운 게 이혼 그런 거랑은 너무 멀응게, 이혼할 엄두를 못 내고 그저 '징역살이다, 종살이다' 그러고 사는 거여. 그라구 그르케 맞고만 살다보면 주녁(주눅)이 들어요. 그르니 '이걸 어뜨케 허면 좀 거시기 허겄다' 하는 궁리를 못하는 거여. 죽고 싶고 불안허고 무섭고 그러기만 하는 거고. 그라니 넘허고 이야기허지도 않고, 허고 싶지도 않고, 점점 생각도 읍서지는 거여. 혼차만 우울증에 빠지고, 사람도 안 보고 싶고. 그라고는 내가 정말 머를 잘못해서 맞은 것모냥 내 탓을 허는 거여. 매칠 안 맞고 지나면 언제 때릴라나 불안하고, 맞고 나야 마음이 편코. 아예 등신이 되는 거여. 맘만 그런 게 아녀. 그때부터 내가 심장병이 걸렸다니께. 협심증이라나? 녹두알만 한 작은 약을 늘 지니고 있다가, 가슴이 너무 아프고 숨이 막힐 때 먹었제. 시방도 그 약을 먹어. 조금만 맘을 써도 속이 벌렁벌렁허고, 소변이 자꾸 마렵고, 잠도 못 자고. 아무 일이 없어도 늘 긴장이 서 있는 거여, 그때는. 우울증 약은 진즉부터 먹기 시작했제. 돈이 읍스니께 장사해서 생긴 돈 서방 몰래 넣어뒀다가 약을 사 먹었제. 약국 가서도 맞는다는 소리는 못하고 증세만 얘기를 하는 거제. 너무 고통스러우니께 사람이 정상이 아니게 되는 거여. 우울증하구 불안증이 점점 심해지고.

단칸 사글세 살 땐데, 한번은 남편이 조선공사 월급을 타왔제. 노상하던 대루 한 달 외상 가져온 쌀값도 주고 어쩌고 해야 헝게 봉투째로 남편이 농 속 이불 틈에다 낑겨뒀어. 나도 그걸 봤고. 그 전날 군대 갔다 휴가 나온 시동상이 왔는디, 그날 낮에 말도 읍시 읍서졌더라고. 퍼뜩 직감이 나서 농을 뒤져봉게, 그걸 봉투째로 홀라당 갖고 도망을 간거. 전 달 쌀값을 못 갚으면 다음 달 쌀도 외상을 안 줘. 나중에 알리면 더 맞을까 싶기도 허고 혀서, 그길로 아그를 업고 회사를 쫓아간 거여. 여편네가 새파랗게 질려서 아그까지 둘러업고 쫓아왔으니 서방도 놀랬겄제. 내 말을 듣고는 저도 을매나 기가 찼을 거여. 그르니 어쩌? 또 이종사촌 언니헌티 쫓아가서 한 달 쌀값을 빌려서는 끼니를 때우는 거제. 근디 사흘 만에 그 돈을 다 쓰고 시동상이 들어온 거여. 내가 하도 기가 차서, 정지 칼을 뽑아들고 방으로 들어갔어. "당신 죽고 나 죽자. 당신이 인간이냐? 겨우 살 만하게 맨들면 또 탁 엎질러 쏟아서 맷 번을 이렇게 나자빠지구 하며 이제 쌀을 외상으로 사다 먹고 사는데, 그 월급을 통째로 훔쳐가서는 사흘 만에 다 털고 들어오니, 이제 나는 안 산다. 너 죽고 나 죽자." 그라고 뜨잡이를 하는디 형이 들어오더만. 지 동생 새끼를 보자마자 "싸가지 읍는 새끼" 하고 귀싸대기를 때리구 둘이 엉켜서 쌈질을 허며 난리를 허더라고. 그르다가 시동상은 도망을 쳐서는 나타나지를 않고 부대로 들어갔다더라고. 그려도 휴가 나오면 또 우리 집으로 오더라고. 갈데가 어디 있겠어? 오죽하면 내가 칼을 뽑아 들었겠어. 그때는 정말 저 죽구 나 죽구 헐 생각이었어…….

그러다가 행상도 허구 포장마차도 허며 모아서 곗돈도 탔어. 시엄니랑만 같이 안 살면 돈이 모타져, 나는. 계 탄 거루 파출소 옆 전셋집으로 이사를 가서 거기서 막내를 밴 거여. 걔가 지금 서른여덟이야. 막내 바로 전에 애 하나가 더 생겼어. 그걸 내가 두 달이나 됐을 때 수술을 했어. 안 살려구 작심을 한 때지. 그래서 그 위로는 두 살 칭한데 막내만 세 살 칭하여. 그것도 생명이니 죄지. 핑계가 머든 죄여. 그렇지만, 안 살려구 허구 죽기까지 할려구 할 때니 태어나 봤자 더 고생을 헐 꺼다 하는 생각이었제. 그때는 무료로 수술을 해줬자녀. 근디, 유산하고 났더니 애는 또 더 잘 들어서드라고. 그려서 바로 막내가 생긴 거여. 걔도 안 날려구 혔는데, 서방이 애 밴 거를 알구는 이제 절대로 술 안 먹는다고 하도 혀서 좀 나을라나 허구 낳은 건데 또 똑같드라구. 막내 낳구서는 루프*를 허다가, 나중에는 배꼽 수술**을 혔어. 서방한테 수술***하라는 말을 혀봤는디, 그거 하면 정력이 떨어진대나 으쩐대나 하면서 말도 못 끄내게 허더라구.

막내 낳고는 서방이 해외 바람이 불어서는 사우디를 가겠다드라구. 그때 중동으로 가는 기술자들이 많았자녀.**** 그른데 조선공사 퇴직

---

* 여성의 자궁 안에 일상적으로 넣어놓는 피임 장치.
** 여성의 나팔관을 묶는 방식의 영구 피임 수술.
*** 무도 정관수술. 남성의 정관을 묶는 방식의 영구 피임 수술.
**** 1970년대 중반부터 1980년대 중반까지 오일 달러를 앞세운 중동 산유국들이 경제 개발 계획을 추진하면서 전세계의 자본과 노동력이 중동으로 몰렸다. 한국도 건설업을 중심으로 정부와 민간 차원에서 중동에 적극 진출했다.

금이랑 월급 탄 거를 술집 기집헌티 다 갖다 바친 거여. 조선공사는 3~4년 넘게 댕겼으니 퇴직금이니 머니 꽤 되얏을 턴디, 그걸 홀라당 바친 거여. 그 사람은 술이 취하면 아무 정신이 읍고, 난중에도 아무 기억도 못 혀. 그르니 사우디를 갈려면 비행깃값이며 머며 해서 돈을 만들어야 헐 거 아녀? 동네 사람들이랑 시장 사람들이 나를 믿고 형게, 나가서 이자 돈을 빌려다가 그 돈을 만들어줬어. 근디 그게 또 사기를 당했다는 거여. 그때 사우디 바람 불면서 사기로 알선하는 데들도 많았거든. 몰러, 진짜로 사기를 당한 경가 또 어느 계집헌티다 바쳤능가는. 지가 그렇다니께 나는 그런지 알지, 내가 캐묻기나 할 수가 있어, 어쩌? 50만 원을 만들어 달래서 빚을 내서 줬는데, 그걸 사기를 당했다니 또 그만큼을 만들어야 하는 거 아녀. 간다고 작정은 해놨는데 어쩔 거여? 다시 또 40만 원을 빚을 내 합해서 90만 원 빚을 만들어놓고, 그노무 사우디를 간 거제. 그른디 저 거그서 월급 받는 거를, 집 생활비만 얼마를 들어오게 하고 나머지는 지 통장으로 들어가게 해놓더라고. 나는 그 생활비 오는 거는 손을 안 대고 그대로 모투고, 내가 노점하고 행상하고 포장마차 하는 걸로 생활비도 하고 빚도 갚고 혔어. 그른디 먼 지랄이 나서 1년 만에 돌아오더라고. 지가 만든 빚 겨우 갚을 만항게 달랑 온 거여. 와서는 또 일도 안 하고 술이나 처먹고 놀면서 집에 있는 거제. 그러니 승질은 더 지랄이고 의처증은 더 심해지고. 그르다가 지 통장 돈 다 떨어지고 나헌티 뜯어간 돈 다 쓰고 어쩌고 허면, 또 가는 거여. 갈려면 또 여비니 머니 있어야 할 거 아녀? 그럼 또 나헌티 빌려오게 해서 빚을 만들어놓고 가고, 그 빚 갚을 만하면 또 오고. 가면 1년을 더 못 있어? 의처증 때문에라도 못 있나벼.

하루는 서방 사우디 갔을 때. 내가 하도 심장 통증이 심허고 숨이 막혀서 약을 먹었는디, 늦게 먹었나 으쨌나, 쓰러진 거여. 그러구는 이틀을 못 깨난 거여. 어디 딴 데 가서 그렸으면 죽었을 거여. 집이니 아그들도 있고 이웃들도 있어 살었제. 아그들이랑 먹을려고 정지에서 라면 다섯 개를 커다란 냄비에 끓이다 말고 쓰러졌거든. 난중에 깨서 정지에 가봉게, 그 라면이 냄비 안에 퉁퉁 불어서 그대로 있더랑게. 내가 쓰러지니 아그들이 같이 세 사는 사람들을 불러온 거여.

울 어무이 죽었다고. 사람들이 한의원까정 쫓아가서 의사 데려다가 따고 침놓고 해서 급한 거를 넘긴 거여. 그날 밤까지 두고 보자고 하는 그 사흘 만에 깨난 거제. 깨는 났는디, 머리에는 쌀 한가마니를 얻은 거 마냥 무겁고 아프고 정신도 멍허니 바보가 된 거 같드라구. 손발이 움직거려지기는 하는디 기운이 하나토 웁서서 방에 놓은 그릇 하나도 집지도 들지도 못하겠는 거여. 마비가 된 거는 아닌디, 움직일 기운이 웁는 거제. 어트게 된 건지를 모르겠어. 그릉게 인져 이모 며느리가 거기서 세를 같이 살았는디, 국을 끓여서 아그들도 주고 나도 멕이고 거둔 거제. 사흘째 되는 날 기운을 져우 차리고 정지에 가봉게, 라면 냄비가 그 꼴로 그대로 있는 거여. 누가 정지를 가보지를 않은 거제. 그때 씨러진 걸루 내 머리가 많이 잘못 됐나, 그 전 기억도 많이 웁서지고 티가 나게 기억력이 안 좋아진 거여.

그때는 파출소서 식모 사는 사람들이 있었제. 내가 파출서 바로 이우제서 그르케 열심히 살고 항게, 파출소장이 나더러 순경들 밥도 혀주고 청소도 혀달라고 혀서 내가 그 식모도 살았제. 장사하고 살림하고 하는 틈틈이 그 일을 헌 거여. 나를 너무 착실허게 봉 거제. 그라고 아그가 길을 잃어버려서 파출소를 데려오면, 부모가 아그 찾으러 올 때꺼정 나헌티 맡기는 거여. 파출소서 아그가 울고 난리를 칭게, 나헌티 데꾸 오는 거제. 우리 아그들이랑 노느라고 울지도 않고 그려. 우리 아그들헌티는 과자 하나를 못 사줘도 갸는 과자도 사다주고, 먹는 거 씻기는 거를 갸를 더 챙겨주는 거여. 우리 아그들은 찬밥을 줘도, 갸는 일부러 뜨건 밥을 혀주고.

한번은 어디 식모 사는 여자가 군인이랑 거시기를 혀다가 임신을 헌 거여. 여자는 아그 나올 때가 되고 남자는 군대 가서 안 나타나고. 그르다가 여자가 시장을 보러 왔다가 배를 튼 거여. 집을 모르니께 사람들이 파출소에다 신고를 혀서 순경들이 파출소로 데꾸 온 거여. 아그는 막 나올려고 배를 틀고 여자는 죽겠다고 악을 쓰고 난리를 칭게, 순경들이 또 나헌티 쫓아온 거제. 동네 끝에서 장사를 하고 있는디 거기까지 쫓아온 거여. 그르니 어뜨켜? 장사하든 거 후닥닥 순경들더러 접으라 혀고 나는 먼첨 뜀박질을 헝 거제, 파출소로. 아구야, 가서 봉게 아그 대그빡이 뻔히 보이드먼. 순경들헌티 '싸게 싸게 물 디우구 가세랑 아그 쌀 보재기랑 챙기라고 혀고, 나는 그 색시랑 실갱이를 헌 거제. 그라구 난리 수선을 피우는데, 아그가 나온 거여. 파출소서 나하고 순경하고 아그를 받은 거제. 그 순경 이름이 박종권이여. 이름도 안 잊어. 그라구는 아그를 모욕을 시키고 색시를 미역국을 끓여 멕이고…… 아이구 내가 벼라별 일을 다 하고 살았당게. 나같이 산 사람 읍서. 그르케 아그를 받아서는 아그랑 아가씨랑을 파출소 숙직실에다 산방을 채려준 거여. 식모니께 주인집에 야그해도 나 몰라라 허드라고. 그라구는 어디 갈 데가 읍는 여자드라고, 부모두 없대구. 내가 삼칠일을 들락거리면서 산바라지를 해준 거여. 들어가는 돈이야 파출소 순경들이 걷은 거제. 요즘 머 순경들 어쩐다고들 허드만, 그때 순경들은 참 고생도 많고 별 일들을 다 혔어. 기저귓감이니 아그 옷이니 산모 옷이니 모두 그르케 순경들이 걷은 돈으로 사고. 그러다가 모자원인가 얼루 보냈다가, 낭중에 아그는 어디 입양가는 데로 보냈다더라구.

파출소 이우제 살면서 벼라별 귀경을 다 혔어. 부부간에 싸우고 파출소를 와서는 거기서도 그르케 싸우고 악을 쓰고 혀다가, 여자가 변소 간다고 가서는 거그서 목을 매 죽을려고 하는 거를 순경이 보고 입으로 인공호흡을 혀서 살리고. 그럴 때도 나를 불러. 여자가 머 어쨌다 하면 무조건 나를 부르는겨. 그때만 혀도 여자 순경이 어디 있어? 여자 소매치기를 잡으면 몸을 뒤져야 허는디, 자기네가 뒤지기가 거시기 항게 나를 오라는 거여. 잡아온 여자들 화장실 간다 그러면 그거 쫓아가 지키라고 부르고. 참 밸일을 다 하고 살았어. 어느 날은 깡패를 잡아냈는데, 그르케 악독한 깡패는 내가 첨 봤어. 수갑을 의자랑 해서 채워뒀는데 지가 막 의자를 끌고 그 파출소를 다 뒤집어가매 난리를 쳐놓고는, 난중에 순경들이 자기를 때려서 손목이 그렇게 됐다고 애먼 소리를 허는 거여. 그러니 그런 놈이다 싶은 사람을 잡아오면 순경들이 또 나를 불러. 그거 보고 낭중에 증인을 서래는 거제. 보니께 진짜루 그런 놈들이 많드라구. 요즘은 머 사진기 같은 거가 지절루 다 찍어둔다드만 그때는 그른 게 읎었자녀. 근디 뒷심이 을매나 좋은지, 그런 놈들이 또 그냥 풀려나기도 허드랑게, 거꾸로 그놈 잡은 순경은 짤리기도 혀고. 아까 그 깡패 그놈은, 지 아부지가 더 높은 깡패여. 조직 폭력 대장인가 모라드라고. 그르니 아마 짤렸다고만 소문을 내고 순경을 일부러 피신을 시킨 건지도 몰러, 다른 데로. 거기서는 보복을 당헐 테니께. 또 어느 날 밤에는 조선공사 옆 어디에서 여자랑 남자랑 거시기를 하고 있다고 신고가 온 거여. 그냥 거시기가 아니고 그 거시기를 허는 거제. 순경이 안 갈려고 시간을 끌다가, 신고가 또 들어온 거여. 안즉도 그러고 있는 거제. 그래 별수 읎시 갈라면서, 나를 또 가자더라구. 혹시 여자가 무슨 일을 벌릴까 걱정을 했는지 어쩐지. 가서 봉게 시방도 그 짓을 하고 있더랑게. 그러니 순경이 남자 엉덩이를 발로 찬 겨. 그러니 지네는 또 을매나 놀랬겄어. 그래 그 둘을 파출소로 잡아왔어. 근디 와서도 남자가 화장실 가면 여자가 졸졸졸 쫓아가고, 의자에도 둘이 딱 붙어 앉고 올라앉고 해서는, 만지고 뽀뽀하고 밸짓을 다하는겨. 참 순경 노릇도 힘들겄드랑게.

난중에는 그 순경들이 나헌티 상을 주었다고 하드라구. 충청도 아줌니는 법 읍시도 살 냥반이고, 동네 순경 하나 몫을 해줬대는 거여. 근디 내가 딱 거절을 혔어. "나보다도 더 훌륭한 사람이 많은디, 나는 상 받을 자격이 읍습니다." 근디도 하도 줘야 한다고 혀서, 내가 "머를 봉게 나는 상을 받으면 우리 자손들이 안 좋답디다" 함서 거절을 혔어. 자손들헌티 안 좋대니께 순경들도 더 어뜩케를 못 혔지. 그른디 시방은 내가 사회생활을 하다 봉게 그 상을 안 받은 게 후회가 되야. 그 파출소 옆에서 살면서 한 일들이 참 재미지기도 혔고 보람도 있었제. 내가 남들헌티 필요한 사람이다 하는 보람이 있는 거제.

"죽을라고 목도 매봤제, 디지게 맞고 난 다음 날"
— 암사동 아파트와 포장마차

하도 당허니께 나도 이제 서방이고 시에미 모르게 따로 돈을 모타야겄다는 생각을 허며 돈을 모탰어. 그 돈으로 친정 남동생이랑 안면도에 땅을 나란히 사놨제. 그 땅서 친정아부지가 염소 농장을 한동안 혔구. 막내아들 낳고 나서 서방이 사우디 갔을 때, 한 9개월인가를 친정살이를 허고 있는디, 동생이 그 안면도 땅을 팔게 되어서 나도 같이 팔아서 그 돈을 손도 안 대고 통장에 넣어두고 서울 천호동으로 이사를 혔어. 애들 넷 디꾸 먹구사는 데는 그래도 서울이 젤 나은 거제. 주로 포장마차를 혔어. 나는 포장마차를 허면 잘 되드라구. 물건이 아무리 비싸도 젤 좋고 싱싱한 걸로만 사. 일단 재료가 좋아야 음식이 맛있는 건게. 그라구 솔직허니, 있는 사람들헌티는 많이 받어. 바가지를 씌워두 씌우구. 그치만 넝마주이니 청년, 학생들 그런 돈 읍는 사람들헌티는 싸게두 주구 공짜루두 주구 그렸어.

그때 근처 포장마차나 대포집들에 밀주라 혀서 집에서 만든 술을 대주는 젊은 부부가 있었어. 값도 싸고 맛도 좋은데, 그게 불법이여. 근디 그 부부가 들킨 거여. 그래서 벌금이 많이 나왔는디, 그걸 못 내면 감옥을 가게 된 거여. 첨에는 남자가 와서 돈을 빌려달라고 혔는데, 안 해줬어. 술이나 받았지 잘 모르는 사람인게. 그르다가 남자가 결국 감옥을 가고, 여자가 다시 온 거여. 갓난쟁이를 업고 쪼그만 아그 하나를 걸리고 해서 왔드라구. 하두 목을 매기도 하고, 아그들 보니 나 산 게 생각나고 혀서 불쌍허자녀. 그래서 그 안면도 땅 판 거를 헐어서 90만 원을 빌려줬어. 차용증이고 머고 읎시 그냥 준 거제. 근디 그것들이 그 돈을 안 갚는 거여. 서방도 감옥서 나오고 지네도 계속 다른 장사도 허고 허니 얼마씩 까나가면서라도 얼마든지 줄만 헌디, 여러 번 쫓아가도 아예 갚을 생각을 안 허는 거여. 그 돈을 안 갚고는, 일본인가 어딘가로 가버렸다는 소문만 나고 읎서져버렸어.

그르다가 있는 돈 긁어모으고 빚도 좀 내서 암사아파트를 하나 사서 들어갔어. 그러구는 중부시장서 포장마차를 혔지. 막내가 세 살 먹었는데, 그걸 재우고 밖으로 잠그고 아침 시장을 갔다 오는 거여, 물건 떠러. 다른 애들은 다 핵교 가고 유치원 가고 항게. 와서 보면 아그가 울어서 눈물 콧물에 난리가 되아 있어. 그걸 붙잡고 을매나 둘이 울었는가 몰라. 시엄니는 지 아들 읎서두 자주 들락거리지. 용돈 나올 데가 나밖에 없응게. 술은 중독이 되야서 맨날 술값 달라고 난리지. 난중에 막내 시동생이 취직을 해서는, 사당동서 세를 얻어 그 막내 아들네하고 같이 산 거여. 그 집 남자들이 막내만 빼고 다 술 중독이여. 서방도 그렇고.

한번은 누가 큰시동상헌티 머라고 혔는지, 그놈이 술이 잔뜩 취해 와서 온갖 씨팔조팔을 찾아가며 포장마차를 때려 부수고 난리를 치는 거여. 이우제 사람들이 뜯어 말기고 순경을 부르고 하니 도망을 가더라구. 넘들 보기도 아그들 데리구 열심히 사는데, 시동상이 그르케 애먼 소리를 하며 난리를 친다구 사람들이 그놈 말을 믿었어? 그루구는 내가 매칠 아는 형님네로 피신을 가 있었어. 서방이 찾고 난리를 쳐도 주변에서 알면서도 모른다고 말해주고, "그 착한 사람이 늘 한강 야그를 허더만, 아마 한강 가서 죽어뿌렸나 보다"고도 그라고. 그르니 서방이 혼차 한강을 몇 번을 갔다드라구. 그르다가 으뜨케 서방이 나 숨어 있던 그 집을 찾아내서는, 아그들 때문에 또 별수읍시 기어들어 간 거제.

암사시장서도 포장마차를 혔어. 오징어니 아나고 같은 그날그날 성성한 걸로 생선회두 팔고, 소주, 맥주, 국수, 밥두 팔구. 음식 잘 현다고 소문이 나서 잘나가는 굵은 손님들이 많이 왔제. 자가용 타고 회사 사람들 몰고 오는 사람들, 코카콜라 손님들, 트럭 하는 사람들, 강에서 모래 파는 사람들. 모두 굵은 손님들이 많았제. 굵은 손님들헌티는 많이 받기는 혔어. 아닌 말루, 그 사람들게는 잔돈인게 많이 받아도 되는 거제. 노가다나 넝마나 경비하는 사람들도 많이 왔구, 순경들도 당번 아닐 때 사복 입고 오구. 그르니 우리 포장마차 와서는 누가 땡깡을 부리거나 하지를 못혔어. 시장 경비헌티 포장마차 키를 딱 맡기고 장사를 혔어. 따로 먹을 것도 해주고 허는 거제. 파출소 대장이며 순경들헌티도 잘 챙겨주고. 다들 '우리 누님'이라고 혀며 잘해줬어. 그르니 먼 일만 나면 쫓아와서 방패가 돼주는 거제.

그르니 서방은 그게 못미덥고 의심스럽다고 사우디 안 가고 집에 있을 때면 뻑하면 쫓아대니는겨. 자기는 일 나갈 생각도 안 하구. 여기서도 일을 구할려면 왜 없어? 근디 안 하구 노는 거여. 재료 사러 시장 보러 가도 거기를 쫓아오고, 장사를 허면 손 하나 까딱도 안 함서 망만 보고 감시만 하는 거제. 그르다가도 내 친구가 서방이랑 우리 집으로 놀러오면 또 그르케 잘 해줄 수가 읎서. 웃고, 챙겨주고, 먹을 것도 지가 더 사다주고. 그러다 가고 나면 별 생트집을 잡으면서 그 칭구 서방이 나 보러 왔대는 거여. 나만 쳐다보더래는 거제. 그르니 칭구랑 의 상할까봐 오지 말라는 말도 못하다가, 난중에는 내가 "너만 왔으면 좋겠다" 하는 소리를 혔어. 툭허면 내 눈이 밤탱이가 되고 혀니 지네도 눈치로 알지. 그르케만 말혔는디도 알아듣고는, 결국은 그 친구도 놀러를 안 오드라구. 그르니 친구가 자꾸 줄어. 그 밤탱이 눈에 안경이라도 쓰구, 나는 장사를 나갔어. 명절이라도 아침 일찍 명절상 차려 마치구는, 꼭 장사를 나간겨. 그른 날이면 넝마주이니 양아치니 하는 사람들은 갈 데도 읎구 밥 먹을 데도 읎스니께 오거든. 그라니 나도 불쌍한 사람들 명절 챙겨준다 여기매, 일부러 문을 열고 돈 벌 생각을 안 하고 멕였어.

한번은 서방이 해외 가 읎구 막내가 일곱 살 때, 아그가 한강 갔다 오다가 암사동 뒤 건널목에서 자가용 차에 치이는 큰 사고가 났제. 현장 조사를 하는디, 그 사람이 거짓말을 헌 거여. 나는 아그가 안 죽구 살아난 거만 다행으루 여기구 별라 따지지두 안 혔어. 돈도 병원비 말고는 하나도 안 받고 합의를 해준 거여. 내가 그르케 세상을 멍

청허게 살었어. 얼마 안 있다가 또 큰아들이 라면 끓이려는 물을 막 내가 발로 차서 화상을 입는 사고도 났제. 광화문 한일병원인가에 한참 입원을 했어. 그르니 막내 병원비로 한동안 번 게 다 들어갔어. 그러는 중에 애들 에비가 사우디서 온 거여. 교통사고니 화상이니는, 서방헌티는 미리 알려줬지. 난중에 알면 더 원망 들을까봐. 근디 그 서방은 와서도 돈 한 푼을 안 내놓는 거여. 내가 잘못혀서 아그가 다쳤다며 오히려 나헌티만 지랄을 하는 거제. 그라구 저는 또 술집 다니면서 기집질이나 하고 벌어 온 돈 갖다 바치고. 그게 사람이여? 지 새끼가 그러구 있는데. 막내아들 간병함서는 포장마차는 못 허니께 한동안 한강서 커피니 라면이니 그런 장사를 혔어. 병원비도 많이 들어가는 데 벌이가 읍스면 안 되자녀. 그게 보긴 그려도 장사가 잘 돼. 여름 한철 사람 많은 시간에만 나가도 장사가 좀 되드라구. 그때만 혀도 한강 고수부지 그런 데 매점 같은 게 읍섰거든.

그 깡패 큰시동상은 여자 얻어 살다가 일찍 죽었어. 나이도 많이 더 먹고 먼저 결혼에서 아그까지 딸린 여자랑 살았거든. 혼인인지 동거인지는 몰러. 부부간에 맨날 술만 먹고 하다가 연탄불에 불이 나서는 아그랑 시동상이랑이 죽은 거여. 여자는 겨우 안 죽구 화상만 입고 살아났는데, 난중에 오토바이를 타고 가다가 떨어져서 죽었다드라구.

시방도 나는 누가 머로 죽었다고 하면, 다 지 명이 거기까지다 그르케 생각혀. 그르니 누구 죽음이든 그르케 슬프고 그런 게 읍서. 지목숨 지가 끊어서 죽는 것도, 오죽허면 그렸을까……. 그 고생한 것이 불쌍키는 혀도, 죽은 게 안타깝고 사는 게 더 낫다 하는 그런 거가 별로 읍서. 내가 죽을라고 몇 번을 혔는디도 안 죽어지드라구. 못 죽는 거여. 내가 그르케 기막히게 살면서 죽을라고 무슨 짓을 안 혀봤었어? 한번은 한강에 빠져 죽을라고 암사동 그쪽 한강 다리 위를 가서 한강물을 들여다봉게, 내 눈에 다리 밑에다가 축대를 쌓은 걸로 보이는 거여. 그러니 거기 떨어져봤자 죽지는 못하고 병신만 돼서 더 천대를 받겄다 싶드라구. 그려서 그냥 기어들어 옹겨. 난중에 그 자리를 가 보니께, 축대는 무슨 축대여? 물만 깊고 잘 흐르더만. 죽을라는 거를 머가 막은 거제.

죽을라고 목도 매봤제. 디지게 맞고 난 다음 날이여. 식구들 다 나가고 나서, 방문 위에다 못을 박고 거기에 줄을 맸어. 의자를 놓고 올라가서 목을 매달고는 의자만 툭 쳐서 빼면 그대로 죽는 건디, 딱 그때 대문 벨소리가 땡똥 하고 울리는 거여. 안 나가고 가만히 있응게, 급하게 찾는 거 마냥 계속 땡동거리고 울려대는 거여. 그르니 그대로 문을 안 열고 매달렸다가는 그 사람이 으뜨케라도 들어와서 내가 죽기도 전에 나를 끌어내리겄다 싶어서는, 얼른 목맨 거를 빼고 내려와서 대문을 열러 간 거여. 그런디 희한하게 아무도 읍는 거여. 그 거도 머가 썬 거제.

죽고 사는 거는, 참 모르겄어. 누가 죽어버리겄다고 자살을 혔는디 그걸 살려놓는 걸 보면, 그게 잘한 건지 어떤 건지 난 모르겄더라고. 오죽하면 죽을 생각을 혀겄어? 그걸 못 죽게 해놓고는, 죽겄다고 한 거시기를 풀어주는 것도 아니구. 한강서 죽겄다구 물에 빠진 사람을 건져냈는디, 매칠 있다 결국 그 자리에 빠져 죽어서는 낚싯바늘에 걸려 시체로 나왔더래는 거여. 그르니 살고 죽는 거는 난 모르겄어. 하여튼 내 사는 동안 몇 번을 진짜로 죽을려고 해 봤지만, 죽어지지가 않는 거여.

친정 식구들은 그르케 심하게 맞고 사는 줄은 몰랐제. 말해봤자 더 속상하기도 할 테고, 내가 챙피해서라도 말을 못 혔어. 제일 큰 남동상은 그놈이 아부지헌티 욕하고 하는 거를 직접 보기도 혔고 어무이가 얘기를 해줘서 모르지는 않지만, 심한 거는 모르고. 다른 동상들은 아마 몰랐을 거여. 난중에 나 집 나갔다는 소리 듣고 그 난중에 이혼하고 어쩌고 한다고 할 때 알았겠지. 여동상도 처음에는 내가 머를 잘못혀서 그르케 맞고 시끄럽다고 생각을 혔드라고.

한번은 서방이랑 사당동 막내 시동생네를 갔는디, 시어미가 큰아들 붙잡고 거짓말하고 그러다 그 집서 또 둘이 나를 두들겨 패고 욕하고. 시동상네 집에서 말여. 밥통 다 뒤집어엎고 밥상 내던지고 난리를 쳤드던. 그 사당동 안집 여자가 그걸 다 들은 거여. 내가 화장실 가서 울고 있는데, 주인 여자가 쫓아와서는 나보러 살지를 말라는 거여. 시어미가 평소에 그 안집 여자한테, 큰아들은 사우디 가서 돈을 많이 벌어와서는 큰아들네는 과일 가게를 큰 거를 하고 있고 큰며느리는 을매나 호강을 허고 사는지 손에 물 하나 안 묻히고 산다며 거짓말을 했다는 거여. 근디 보니 아예 싹수가 읍는 사람들이라는 거제. 그르니 아그들 생각해서라도 이혼을 하라는 거제. 내가 그때 '우리 막내, 니가 혼차 밥만 먹을 정도가 되면 나는 안 산다' 하고 다짐을 혔제.

"막내가 밥만 자기 손으로 먹으면 나간다"
— 신기가 드러나기 시작하다

그러구 집에 왔는디, 나는 몰러. 그날 암사아파트 뒤쪽 공원 있는 데로 서방이랑 둘이 간 거까지만 기억이 나. 그러구는 생각이 안나. 딱 기억이 거기까지야. 근디 난중에 남편이 그러는데, 내가 공원서 막 길길이 뛰면서 별소리를 다 허더랴. 원망이니 한탄이니로 시작해서 니가 으뜨케 될 거라느니 내가 멀 할 거라느니, 그런 말을 길길이 뛰면서 허더라는 거여. 화가 나서 하는 게 아니고, 신들린 것 모냥으로 훨훨 날르대는 거여. 나는 하나도 기억이 안 나, 그때도 시방도. 그때 남편 생각이 '이 여자가 신이 들렸구나' 했대는 거여. 아무리 소리를 지르고 때리고 말리고 혀도, 도저히 못 해보겠더래는 거여. 그려서 내 허리를 붙잡고 "다시는 술도 안 먹고 때리지도 않겠다"고 싹싹 빌었대는 거여. 신기 있는 사람은 저러다가 도망간다는 소리를 어디서 들었디야. 그르니 다시는 술 안 먹고 안 패고 하겠다고 싹싹 빌며 다짐에 다짐을 한 거제. 그라구 있는디 내가 술을 사오라 그러드랴. 그려서 얼른 가서 사왔는데, 내가 술을 부어주드랴. 그려서 그걸 받아서 마실라고 한게 내가 그 술잔을 뺏어가꼬는 술병이랑 술잔이랑을 확 던져 깨뜨리드랴. "아직도 정신을 못 챙겼냐? 금방 안 먹겠다 하고 또 입을 대느냐?" 그럼서 또 길길이 뛰드랴. 그려서 아니라고 아니라고, 마지막이라며 주는 거라 마셔야 되는 줄 알았다고, 정말 안 마신다고 그럼서 엉엉 울면서 빌었대는 거여. 그르니 다시 다짐을 받고서는 집에 왔댜. 나는 그 공원 간 거랑 난중에 집으로 걸어온 거만 기억이 있고, 그 중간은 암것두 기억이 읍서. 그라구서는 진짜루 한 달을 술을 안 먹드라구. 술 안 먹으면 안 때리거든. 술만 먹으면 별 망나니짓을 다 혀도 술이 깨면 하나도 기억을 못 혀. 그르니 그 사람은 술이 또 귀신인 거제. 그 일 있구는 한 달을 술을 안 먹고 좀 살 만하다가, 결국은 또 술을 처먹구 망나니짓을 허더라구. 그라구서 깨고 나면 저도 겁이 나는가, 또 절대로 안 마신다고 함서 빌어쌓고. 그르니 저도

지 맘대로 안 되는 거여.

그르다가 서방이 또 사우디를 갔어. 이젠 정신을 차린다구 간 거제. 근디 그때면 이미 나는 신기가 많이 있었던 거여. 아그들을 핵교 보내놓고 아파트 방문 창문 다 잠그고 전축을 크게 틀어놓구는, 팬티만 입은 채로 미친 사람같이 뛰고 난리를 쳤어. 속에서 으뜨케 헐 수읍게 머가 치밀어 오르면 그르케라도 풀어야지, 안 그르믄 후떡증이 불처럼 나서 젼딜 수가 읍서. 그르케 한바탕 뛰고 나서 좀 가라앉으면 장사를 나가고 그렸어. 처음에는 그게 화병인 줄 알았는디, 아파트 공원서 그 일 있구부터는 달리 생각이 되더라고. 선몽도 자주 꾸고 혔으니 먼가 넘들이랑 다르구나 혀는 생각을 허게 되지. 어무이가 신일을 헸웅게 그런 거를 좀 알었제.

한번은 집에서 방바닥을 걸레질 하다 말고 나도 모르게 막 울음이 나면서는, "큰아들이 관제구설이 들어서 큰일 났다"고 중얼거리는 거여. 큰아들 고등학교 때여. 관청에 끌려가서 고초를 당할 일이 있대는 거지. 그려서 내가 왜 이런 건지, 큰아들 관제구설이 있다는디 이걸 어뜨케야 하는 건지 불안하자녀. 그려서 어디 가서 머를 물어봤제. 점 보는 보살한티 간 거여. 그니께 내가 신기가 있어서 그렇대는 거여. 그라구 큰아들을 놓구 일을 허면은 괜찮대는 거여. 그려서 굿당에 가서 굿을 혔어. 그러구 딱 사흘 만에 큰아들 핵교 학상들이 큰일을 저질렀어. 우리 아이가 규율부장허면서 반장이니 하는 애들이랑 친구였거든. 근데 반장이 주동이 돼서 패거리가 반장 이모를 건드린 거야. 이모가 바람을 피웠대나 어쨌대나 해서 지네들끼리 술 먹구 몰려가서는, 친조카가 지 이모를 거시기를 헌 거여. 그러니 이모부가 난리가 났을 거 아녀? 그래 가꼬 이모부랑 애들이랑 싸움이 붙었는디, 그

놈 새끼들이 이모부를 칼로 찔러서 죽인 거여. 그러구는 지네끼리 차를 몰구 도망을 가다가 휴게소서 또 사람 하나를 칼로 찌르구. 근데 우리 아는 빠진 거여. 규율부장 하면서 반장이니 부반장이니 하는 애들이랑 늘 어울려 다녔어. 근데 딱 그 일 저지를 때는, 야만 패거리에서 어뜨케 빠진 거여. 원래대루믄 늘 같이 다니든 애들이니까 휩쓸렸을 거 아녀? 애들두 평소에 나쁘고 그런 애들도 아니었대는 거여. 그러니 나는 그 때부텀은 신기가 많이 있었던 거지. 그 보살도 내가 신내림을 받아야 한대는 거였어. 근데 그때 당장은 안 혔어. 그러다가 결국에 나중에는 이 길을 걸은 거지.

막내 시동상을 일곱 살부터 내가 키웠자녀. 그르니 자식 같기도 허지. 게다가 막내아들인데 시어미랑 살고 항게 나도 미안혀서 더 잘 혔지. 근디 시어미가 나헌티 하던 걸 그 막내 동서헌티 그대로 허는 거여. 그르니 밤나 쌈이 되지. 나나 그렇지, 젊은 여자가 그걸 그대루 당하구 살어? 그르니 노상 시어미랑 며느리가 다투구, 시동상은 맨날 나헌티 전화를 해서 죽겠대는 거여. 어무이가 이러는데 내가 으뜨케 해야 하느냐고. 둘 사이에서 으뜨케 해볼 수가 읍는 거제. 마누라 말이 옳은데 그렇다고 에미를 버릴 수도 읍고. 그려서 내가 시동상헌티, "서방님, 그려도 서방님은 세 식구만 살지요. 나는 손위 시누도 있고, 개고기 삼촌(큰시동생의 못된 행실을 빗대어 부른 별명)에 서방님도 있지. 남편이라고 내 야그는 듣지도 않고, 툭허면 의처증에 패기나 허지. 그런 속에서 그 기막힌 시엄니 시집살이를 당했으니, 그르니 나는 어쨌겠어요? 나야 멍청하고 바보여서 그랬다 치고, 동서헌티 잘 해줘요" 그렸어. 그르니 시동상이 "이 노인네가 죽을 때 논두랑을 이고 죽을라(가족 친지들의 미움을 사 행려자로 살다 죽는다)고 그래요" 하드라구. 그르더니 결국 같이 못 살구 그 방을 시엄니 쥐버리고 저희들은 친정살이를 들어 가드라구. 오죽허면 그랬겠어? 근디 그 시어미가 그 친정까지, 그니게 사돈네지, 거그까지 쫓아와서 난리를 쳤다드라구. 지 아들이 벌어주는 돈 저헌티 안 준다고. 그 동서는 똑똑하고 현명한 거여.

막내 동서가 애가 서서 배가 많이 불러오니 포대기랑 배내옷이랑도 사다주고 잉어도 사다 고아주러 그 사돈댁을 나두 몇 번 갔어. 그러구는 그 시동상은 아그 낳기 전에 해외를 갔어. 차 정비 기술이 있어서 그걸루 사우디를 간 거여. 통장을 마누라 앞으로 해놓고 가면서는, 지 에미헌티는 자기가 관리한다고 한 거제. 그러니 시어미가 막내 며느리 잡을 일이 읎자녀. 그 막내 시동상도 나를 오해한 게 있을 거여. 맨날 지네들끼리만 이야기를 하고 연락들을 하고 그러니 온갖 나쁜 이야기만 들었을 거 아녀? 해외 근무 끝나고 와서 그 동서가 "성님이 나헌티 이렇게 잘해줬다"고 함서 얘기를 하니 시동상이 오해를 많이 풀었을 거여. 그라구 저도 에미랑 살아본게 내 심정을 알았을 테지. 시방이야 그 형이랑 에미랑 다 죽었지만, 여지껏도 가끔 전화를 혀. 그냥 안부 전화지 머.

정월 초하루에 동서가 아그를 낳았어. 그래서 초이틀에 아그를 보러 동서네를 갔제, 서방이랑 같이. 근디 거기서 시에미가 또 거짓말을 하며 나를 죽일 년을 만들고 생트집을 잡은 거여. 그러니 거기서도 한판 난리가 난 거제. 첫애기 낳은 그 사돈네 집서 더구나 정초부텀. 사람도 아니여. 그라구 집에를 왔는디 서방이 나가서 술을 처먹고 들어와서는 나를 또 잡는 거여. 이번에는 아주 사람을 죽일 듯이 잡더라고. 살림 다 부수고, 발로 짓밟고, 벽에다 머리를 내던지고, 멱살을 잡구는 머리를 벽에 찧어대구, 아예 죽일 작정을 하고 지랄을 하드라구. 그걸 맞다가 맞다가 이르다가는 죽겠다 싶어 입던 채로 집을 나왔어. 그러니 집 나온 날이 1986년 음력으로 정월 초사흗날이여. 막내아들 초등학교 3학년 때여. 막내가 밥만 지 손으로 먹으면 나간다 생각한 게 그대로 된 거지. 옷 보따리를 싸고 멀 챙기고 할 새도 읎었제. 아그들 재워놓고 입은 옷 채로 봉창에 딱 3만 원 넣고 집을 나왔든 거여. 그때는 정말 살기도 싫고, 사람도 모두 싫고 하드라구. 말하자면 살겠다구 나온 게 아니구, 죽을라구 나온 거여. 죽을라구.

"마음이야 더읎시 편혔지"
— 입산 그리고 기도 생활

일단 팔공산으로 갔어. 팔공산이라는 데가 대구 어딘가에 있다는 소리만 들었지, 그게 어디가 붙은지 얼로 가는지를 전혀 몰랐제. 기차 타구 버스 타고 해서 물어물어 간 거여. 거기가 단숨에 올라가기가 엄청 힘든 덴데, 버스를 갈아타고 나려서는 그 길로 걸어서 올라간 거여. 왜 하필 팔공산으로 갔는가는, 그때로는 나도 모르겠더라구. 나중에야 '신이 인도를 혔구나' 하고 생각이 됐지만. 팔공산은 우리 엄니가 신 받고 일할 때 자주 간 산이여. 그냥 거그 가서 원 없이 실컷 울기나 하고 죽을 생각이었제. 어쨌든 서방이고 세상이고 이제 끝이라는 생각이니까, 죽는 게 급허게는 안 여겨진 거이지. 그저 놓고 나온 자슥새끼들 생각허며 맘 편허게 실컷 울어나 보고 그 끝에 죽으면 그만이다, 그 생각이었어. 그런 맘이 드니까 마음도 가라앉고 무섭고 걱정되는 것도 다 넘의 일 같드라고. 자슥새끼들이 맘에 안 걸릴 수 없지만, 그때 마음으로는 자식이고 부모고 다 허망허고 넘의 세상 같은 거여. 그랴도 막상 산에 가서 기도를 헌다고 앉아서는 자슥 기도부텀 나오드라구.

시방은 **팔공산**을 잘 가꿔놨드만, 그때는 그런 시설이 거의 읎었제. **갓바위**에 한 스무 명이나 섰게 되야 있고 암것도 읎었제. 거기서 한 일주일은 있을라고 작정을 혔는데, 정월달이라 기도 손님들이 많응게 안 된다는 거여. 그려서 팔공산서는 사흘만 기도를 헌 거여. "나는 새

198

끼들 넷을 떼어놓고 나온 나쁜 에밉니다. 나헌티야 먼 벌을 내리셔도 좋은디, 우리 새끼들만은 잘 보살펴 주십시오." 그 기도만 허는 거여. 집으로 돌아갈 생각은 안 들더라고. 하도 질리기도 허고, 진짜루 끝낼 작정을 혔으니 그랬겠지. 맘이 한없이 편혔어. 내 살아온 동안 그렇게 마음이 편코 좋은 적이 없었어. 그러다가 또 제정신이 들면 자슥새끼들 땜에 미치겄는 거구. 새끼 넷을 띠어놓고 나온 년이 오죽허겄어? (울음)

그 전에는 누가 어린애 띠어놓구 집 나갔다구 허면 '나같이 뚜들겨 맞으면서 사는 년도 있는데' 하며 속으루 '죽일 년, 독한 년' 욕을 했는데, 내가 해보니께 그게 아닌 거제. 그럼서두 마음 한편은 나헌티다 죽일 년 독한 년 욕을 하는 거지. 새끼들 띠어놓고 나와서는 배고프다고 밥 먹고, 춥다구 이불 덥구…….

3일을 기도한다구 있으면서 기도하러 온 사람들이랑도 야그를 좀 할 거 아녀? 내 사정 얘기는 안 나오더라구. 그저 하는 얘기들을 듣는 건데, 어디 산이 기도가 좋다, 누가 어디서 신을 받았다, 누가 먼 사연으로 기도를 받고 거시기를 혔다 하는 그런 말들을 듣기만 하는 거제. '나도 그 사람들처럼 기도만 하구 살면 좋겠다'는 생각도 들고, '기도든 머든 이렇게 산에서만 있다 죽어버렸으면 좋겠다'는 생각도 들고.

3일 만에 그 산을 나와서는 계룡산으로 갔어. 거그가 기도처로 좋다는 말들 땜에 글루 갈 생각을 헌 거여. 동학사 있는 그 대전이니께 대구서는 한참 먼 데지만, 내 고향서는 안 먼 거지. 그려도 한 번도 안 가본 곳이여. 해가 어스름해서나 계룡산 들어간다는 버스 정류장에 떨어졌어. 어디서 차를 탔는지도 모르고 계룡산 가는 버스만 물어물어 타서는, 운전수헌티 계룡산 올라가는 데서 나려달라고 혔어. 운전수가 자기도 어느 길로 가는지는 모르는데 계룡산에 기도하러 간다는 사람들 나리는 데를 알려줄 테니 거기서 나리라고 하더라고. 나려서 보니 벌써 어두운 데 가게가 하나 있드라구. 주인헌티 계룡산 가는 길을 물으니 첨이냐고 물어. 그래서 첨이라고 항게, 어디 논길로 산길로 혀서 간다고 설명은 함서도 첨 가는 사람이 이 시간에는 못 간다는 거여. 곧 밤중이 되니께는. 나보러 기다리라더니 어디다 전화를 넣은게 어떤 보살님이 왔어. 그 보살 얘기가, 자기가 내일 아침에 계룡산으로 산 기도를 강게 오늘 밤을 자기 집서 자고 내일 아침에 같이 가자드라구. 그러자구 허구 그 보살님을 졸랑졸랑 쫓아갔제. 그 보살님 집이 굿당이드라구. 일 보는 사람 하나 두고 굿 일을 하는 거여. 내내 굶었는디도 배고픈 거도 모르겠는디, 내 꼴이 하도 심난헌게 묻도 않고 밥을 챙겨주더라고. 그래 밥을 얻어먹고는 머래두 거들랬더니, 대근헐텡게(피곤할 테니) 퍼뜩 자라는 거여. 염치두 없이 그 채로 자구 아침에 잠이 깼는데, 키질 소리가 나드라구. 쌀을 고르는 거제. 나 깬 거를 보고는 시방 가자고 하더라고. 쌀 한 되 서 홉을 담아 나를 주고, 머를 더 챙기고 해서 먼저 나서드라구. 산에 올라가면서 "산에 며칠 있을 거요?" 물어서 "머혀도 삼일은 있어야지요" 했더니, 날이 추운데 옷도 션찮고 요데기라도 가져올 걸 그랬다고 하더라고. 악이 난께 나는 추운 줄도 모르겠드라고. 집에서 입던 채로 나온 거 아녀? 정월 초사흗날 새벽에 나온 거제. 그르니 많이 추울 땐데도 춥고 배고프고를 당췌 모르는 거여. 그 보살이 사연도 안 물어보고 다른 기도도 안 가르쳐주고 "그저 산왕대신만 찾아" 그러더라고. 그 보살은 기도 공부를 헌 사람이니 감이 있었겠지. 내가 신기가 읍섰다면 그 냥반들이랑 통하고 연결되고 안 됐겠지. 계룡산을 들어가서 나는 밑도 끝도 읍시 기도를 혀고, 그 보살님은 넘 일 받은 기도를 혀고는 나려갔어. 혼차 바위 위서 기도하고, 잘 때는 바위 밑에서 자고 그렸어. 바위 밑이 비가 오면 비가 조금 맞을 정도로 움푹 들어간 바위였어. 첫날 기도는 그저 산왕대신만 찾으면서 집중을 혀서 잘혔어. "산왕대신 할아부지, 내가 죽을죄를 졌습니다. 내가 새끼 넷을 두고 나왔습니다. 내가 내 사주팔자를 못 이겨서 자슥새끼들 두고 나왔는디. 어쨌든 내 새끼들 좀 잘되게 해주세요. 나는 시방 죽어도 한이 읍스니, 그저 내 새끼들은 옳은 길로 인도해주세요." 그거 말고는 기도를 머 알기를 혀 어쩌? 산왕대신만 찾으라고 혔으니 산왕대신은 앞에다 붙이고 뒤에다 붙이고 함서, 자슥새끼 기도만 하는 거제.

이튿날은 눈이 많이 왔어. 근디 저녁 기도를 한참 하던 중에 사람 오는 소리가 들리는 거여. 시계도 읍서서 몇 시인가는 모르는데, 벌써 깜깜허니 한밤중이었제. 눈도 오고 한밤중인 그 산에 누가 사람이 오겄느냐고? 그런디 꼭 사람 지껄이는 소리가 나는 거여. 근디 보살님이 사람 소리가 나든 머하든 무조건 산왕대신만 찾으라고 혔거든. 그 랴서 소리야 어쨌든지 간에 산왕대신만 찾으면서 새끼들 기도만 계속 혔어. 무서운 거도 모르겄드라고. 서방 기도는 안 나와.

그르다가 어느 순간 나도 모르게 막 울음이 터지드만 내 입에서 저절로 소리가 나오는 거여. "귀인이 와서 너를 도와줄 거다" 하는 소리가. 이게 먼 소린가 싶으면서도 계속 울며 기도를 혔어. 근디 새벽녘에 어떤 사람이 산신 기도를 들어왔어. 대전 사람이라더라고. 일을 하나 띠여 가지고 온 보살인 거제. 첨 보는 사람인데 자기 기도를 다 끝내고는 나를 보면서, "에구 불쌍헌 지고, 늘(널)판에서 서로 설음 높이 올라가겄다고 저울질을 하고 있네" 그러는 겨. 그 전에 내 입서 나온 기도도 있고 해서, 붙들고 말을 붙였어. "내가 사실은 올데갈데읍는 사람입니다. 내가 어디 백일기도래도 할 디를 인도해주세요. 돈도 수중에 하나도 읍네요" 하며 난생처음 보는 사람헌티 부탁을 헌 거제. 내가 당췌 그런 낯이 읍는 사람이거든. 근디 그 말이 나오드라고. 그 보살이 암 말 읍시 자기 집으로 가자더라고. 그래서 아니라고, 내가 여기서 삼일 기도를 하기로 했으니 끝나고 가겠다고, 그러니 전화번호래도 적어달라고 혔어. 쓰고 어쩌고 헐 게 읍서서 초 탄 심지 그거루 팔뚝에다 적어주고는 그 보살은 나려갔제. 만 3일을 혼차 산에 있어도 하나두 안 무서웠어. 기도를 거의 마칠 때쯤 눈을 감고 있으면 머가 쌕 하고 지나가고 반대 방향으로 쌕 하고 지나가고, 누가 모래를 쫙 끼얹구 그려. 근디도 하나도 안 무섭고, 그저 "산왕대신 할아부지 산왕대신 할아부지, 나는 우째도 좋고, 우리 새끼들 구멍 구멍 눈물 안 나게 해주시고 머를 혀도 잘되게 해주세요"(울면서 기도문을 읊는다) 그 기도만 하는 거여. 그른디 또 갑자기 울음이 터지면서 내 입에서 "걱정 말어라, 걱정 말어라. 중생을 인도시켜서 내가 너를 살려주마. 불쌍하다 불쌍하다, 맘은 천심인지고. 화근 하나는 사주팔자가 기구 허니, 이를 우짜면 좋냐?" 그러드라구. 내 입에서 그 소리가 저절로 나오는 거여.

삼일 기도를 채우고 산을 나려가서 그 보살헌티 전화를 했더니 일단 오라드라고. 그래서 "아직은 아니에요. 내가 산 하나를 더 갔다가 갈게요. 제가 삼산을 다니며 기도허기로 맘을 먹었거든요" 그렸어. 전에 어무이가 신 내렸을 때 삼산을 돌며 기도를 헌다는 말을 들은 거제. 내 맘에 그냥 그러고 싶어진 거여. 마지막으로 지리산 뱀사골을 들어갔어. 산 경비가 못 들어가게 하는 데를 밤에 몰래 들어갔어. 가져간 거라고는 여섯 개짜리 초 한 곽밖에 읎섰제. 먹을 것도 입을 것도 암것도 읎는 거여. 그 초도 모질라서 달랑 두 개만 켜놓고 밤새 기도를 혔어. (두 손을 싹싹 빌며 이야기를 잇는다.) "나 죽는 거는 좋은게, 우리 새끼들만 잘되게 해주세요. 산왕대신 할아부지 산왕대신 할아부지, 내가 3일만 기도를 허고 어느 보살네로 가야 합니다. 내가 돈도 읎고 배운 것도 읎습니다. 그저 악한 인간 처내불고 선한 인간 대행시켜서, 저를 산왕대신 뜻대로 인도해주세요." 그러고만 기도를 허는 거제. 신 받는 건 봤어도 기도하는 건 못 봤지. 어무이도 안 가르쳤고. 내가 어릴 때부터 신기가 있었던 거여. 어려서 횟배 앓고 한 것도 신기로 해서 아팠던 거여. 그 소리를 어떤 보살이 어무이헌티 하는 말을 들었제. 우리 식구 아무도 횟배가 읎는데 나만 그르케 심하게 아팠거든.

전라도로 해서 지리산을 갔는데, 갈 때 돈은 있는데 나올 돈이 읎는 거여. 뱀사골서 삼일 기도를 마치고 버스 타는 데로 나려는 왔는데, 돈이 읎서 걱정만 하고 앉았는 거제. 변죽이 읎서서 누굴 붙잡고 사정을 헐 줄도 모르고. 근디 어떤 남자 하나가 "보살님 얼굴 봉게 기도하고 오는 분이네요. 어서 버스 타셔요." 그러고 말을 붙여. 그려서 "가긴 가야 겄는디 차 탈 돈이 읎서요" 긍게, "그냥 타셔요 제가 댈 게요" 그려서 "고맙습니다" 하고 그냥 탔어. 나가 그러지를 못허는 사람이거든, 더구나 생판 모르는 남자인디. 근디 그때는 그라드라고. 그 차가 전주까지 가는 거였어. 해가 아직 남았을 때 산을 나려왔더래도 전주 오니게 어두워졌더라구. 긍게 그 양반이 저녁을 사주겄다 그려. 옷이고 머고, 그지가 따로 읎지. 메칠을 기도만 허구 빈속에 을매나 춥고 떨려, 그 겨울에. 그려도 워낙 급한게 차는 얻어 탔지만, 솔직허니 내가 그 양반을 어디서 봤다고 밥까지 얻어먹느냐고? 그려서 괜찮다고 헝게 그 양반 하는 소리가, 자기 엄니도 그르케 산을 다님서 기도를 혔는디 엄니가 돌아가셔서 시방 밥을 떠다 바치며 삼년상 중이라는 거여. 내가 원채 서방헌티 맞고 늘 불안하게 사느라 주녁이 들려서 남하고는 말을 잘 못하는 사람이 되았부렀거든. 더구나 영판 모르는 남헌티, 그것도 남자헌티 자꾸 신세를 질 변죽이 못 되는 거제. 아무리 급혀도. 그려서 싫다구 하니게, 어디를 가실 거냐고 묻는 거여. 그래 시방 대전을 가기는 가야 하는데, 어쩔지 모르겠다고 답을 혔어. 그르니 그 양반이 "나는 나쁜 사람 아닝게, 신세를 지셔도 괜찮습니다"고 함서 끌다시피 해서 식당을 데꾸 들어가드라구. 그르니 저녁밥은 일단 먹구, 나는 추워서 불 앞에 앉아 이젠 차비 걱정을 하는 거제. 그른디 그 양반이 나가서 택시를 잡아오더니 나오라고 부르는 거여. 돈도 한 푼 읍는데 택시는 잡아왔고, 버스도 아닌 택시니게 이젠 겁이 왈칵 나더랑게. 그려서 안 타고 머뭇거리고 있는디, 그 양반이 택시 운전수헌티 돈을 줌서 "이 보살님을 기차역까지 데려다주고, 남은 돈은 보살님을 드려요" 하며 나를 택시로 밀어 넣는 거여. 운전수가 내준 거스름돈이 을매나 됐는지는 모르겠는디, 그 돈으로 대전 오는 기찻값까지 하고도 남었어. 그르니 시방같이 주변이 좀 생겼으면 고맙다며 전화번호래도 받고 혔겠구만, 그때는 그런 주변머리도 정신머리도 읍고. 참 세상에, 그런 덕을 보며 기도를 다닌 거여. "악한 인간 쳐내불고 선한 인간 대행시켜서, 저를 산왕대신 뜻대로 인도해주세요" 하는 기도가 그렇게 맞아드는 거여.

대전을 와서 전에 그 보살님한테 전화를 헝게 얼른 오라는 거여. 어딘지 찾아가지를 못허겠다고 혔더니, 보살님이 와서 데리고 갔어. 한

3일을 빨래니 청소니 집안일을 하고 있는데, 곧 다른 보살네로 데리고 가드라구. 거기가 내가 있을 집이라는 거여. 거기 들어가기 전에 내가 돈 한 푼 읎고 갈 곳도 읎다며 걱정을 했더니, 그런 걱정은 말고 기도하러 오는 사람들 밥이나 해주고 함서 내 기도를 하면 된다는 거여. 그 집도 무당집이었제. 작은 법당을 차렸더라구. 일 해주는 틈틈이 법당서 기도를 혀다, 산신각에 가서도 기도를 혔어. 계룡산이여 거기가. 돈이 읎서서 남이 기도하고 꺼놓고 간 초들을 모아 불을 켜놓고 기도를 혔어. 남이 켜놓은 초는 절대로 안 가꼬 왔제. 꺼놓고 간 거를 주워다 켜놓고 기도를 혔지. 보살한테서 쓰다 남은 초 토막을 얻어다가도 켜고. 낮에는 주로 법당 일 봐주고 손님들 음식이니 치다꺼리를 허는 거제. 그러다가 백일기도를 시작혔어. 나 시작하던 날 같이 백일기도 들어온 사람도 있었제. 그 사람은 자식도 찾아오고 영감이 돈도 갖다 법당에다 바치고 허는디, 나는 그런 게 어딨어? 혼차고, 돈도 하나 읎고. 그러니 거기서도 천대가 많드라구. 그 사람은 기도만 허게 허는디, 난 밤에도 기도 중에도 툭허면 불러서는 이거 해라 저거 해라 시켜대는 거제. 같이 백일기도 들어간 그 사람 뒷바라지도 나를 시키고. 그 여자가 나를 많이 하대를 허고 비웃고 그렸어. 비가 주룩주룩 와서 길이고 마당이고 무너지고 허니 흙도 니아까로 해서 날르고 다지고.

그란디 거기서 백일기도를 혀다가 말문이 틴 거여. 내가 내 말을 허며 기도를 허는 게 아니라, 신이 내 입으루 예언을 허고 그러는 거제. 사람만 탁 보면, 나도 모르게 그 사람의 앞일이며 뒷일이며가 주르륵 나오는 거여. 같이 기도 들어간 그 여자는 결국에는 말문이 안 트이구 그냥 나려갔어.

어떤 보살님들은 초라도 사서 쓰라고 돈도 주고 가고 음식 남은 거를 쏟아주고도 가고 하니, 나는 더 필요한 게 읎는 거제. 한동안 여름 장마가 져서 맷날 매칠을 비가 억수같이 쏟아졌어. 비가 하도 내리 퍼부으니, 산속에서 어디 갈 데가 읎는 거제. 기도하러 오는 손님들도 읎고. 그르니 기도하기에는 차라리 장마가 좋더라고. 그르케 백일기도를 마치고 이제 어찌해야 하나 생각하며 기도를 허는디 "걱정 말어라, 걱정 말어라. 악한 중생 처내불고 선한 중생 대행시켜, 너를 지켜줄 테니 걱정 말아라. 너를 인도해줄 테니 걱정 말아라" 하는 그 기도가 또 막 나오는 거여. 그리고 "높은 산에 재 날리고, 얕은 산에 사당 짓는다"는 기도도 나와. 내가 그 의지하던 보살헌티 그 기도가 먼 소리인가 물응게 별로 안 좋아라 하더라고. 나중에사 내 기도가 자기보다 더 높은 걸 알고 나를 시암을 낸 거를 알았어. 근디 나는 그걸 모른게 미워하는 줄도 모르고 붙들고 물은 거제. 그러는데 마침 글루 기도 들어온 한 사람이 논산 대둔산에 자기가 천막 쳐놓은 게 있담서, 거그 가서 기도를 하라는 거여. 시방은 유원지랑 케이블카가 들어왔다드만, 그때는 그런 거 하나 읎시 길이 아주 나빴거든. 그래서 고맙다고 하고 나려가기로 약조를 혀고, 그 주인 보살에게 승복을 한 벌 맞춰줬어. 어쨌든 말하자면 스승인 거자녀. 그럼서도 내가 이 말 한마디는 혔어. "보살님, 제가 읎시 와서 여기서 기도하느라 너무 설움을 받았네요." 그 말은 꼭 하고 싶드라고. 기도하는 사람들끼리도 그르케 칭하를 두고 달리 대하는 게 잘못됐다는 생각을 한 거여. 그려도 전에 같으면 주녁이 들려서 속으로만 생각혔지 말로는 못 혔을 틴디, 그때는 선상헌티도 그 말이 나오더만.

나 어릴 때야 일 욕심도 많고 성격도 활발했는데, 결혼하고는 늘 남편이니 시집 때문에 주녁만 들려 생각도 맘대로 못 허고 말은 더 못 허고, 그리 된 거제. 근디 죽을 작정을 허고 집을 나오고, 기도를 함서 영혼도 맑아지고 말문도 트이고 헝게 다시 자신감이 생긴 거여. 무섭거나 불안허거나 그런 거도 읍서지고, 남 눈치 보구 하는 거도 많이 읍서지고.

최현숙 / 죽을 작정을 하고 남편 집을 나오고, 기도를 하며 자기 길을 찾아 나가는 모습이 정말 좋아 보여요. 영혼이 맑아져서 신의 소리를 듣고 말한다는 것은 곧 자신의 원래 모습과 당당함을 되찾는 거겠죠.

이기순 / 최 선상처럼 신내림을 이해해주니 내가 이런 얘기를 맘 대로 편케 다 할 수 있는 거여. 아무리 친한 사람헌티도 세상 나와서 만난 사람헌티는 이 얘기를 맘 놓고 해본 적이 읍서. 다들 미친 사람 취급하거나 천한 일로 여깅게.

최현숙 / 선배님의 삶이나 생각에는 기도 일과 세상 일, 두 세계가 나뉘어 있는 거네요.

이기순 / 기여. 그럴 수밖에 읍서. 영혼과 육신이 다르고 신과 사 람이 다르디끼, 기도 일하고 세상 일이 다를 수밖에 읍는 거여. 신 내 린 사람은 그 두 가지를 같이 살아야 헝게 사주팔자가 험하고 사는 게 힘든 거제.

더구나 혼인까지 혀서 서방이랑 새끼들꺼정 있는 여자가 신내림을 받으면, 그걸 잘 감수허고 살기는 너무 힘들고 고통스럽제. 우리 어무 이도 그렸고, 나도 마찬가지여. 서방이 못 허게 하고 자식들도 싫어하 고. 그려도 본인은 그르케 살지 않을 수가 읍는 거여. 신의 명잉게. 그 려서 내가 나중에 신령님께 원망 많이 혔어. 나를 점지를 허실려면 혼인하기 전에 점지를 혀주셔서, 혼차 살면서 아무 걱정 읎이 기도하고 일허게 하시지, 머허러 자식들 넷이나 낳고 나서야 신이 나려오셨냐고. 서방이야 돌아서면 남이지만 자식들은 안 그런 거자녀.

최현숙 / 그런 면도 있지만 한편으로는 보통 사람들 아프고 힘든 삶을 직접 살아본 사람들이 신을 받아야 인생살이를 더 잘 이해하고 보듬을 거라는 생각도 들어요. 결국 신내림을 받는 게 중요한 게 아니고, 받은 신의 뜻을 세상 속에서 어떻게 펼치느냐가 신내림의 목표일 테니까요. 그리고 신내림이든 성령 체험이든 여자들에게 더 많은 것도 여자들이 남자들보다 더 아픔과 상처가 많고, 그러니 신을 추구하는 마음도 더 간절할 수밖에 없어서 그런 거죠. 물론 거기서도 대장이야 다 남자들이 많이 하지만, 하하하.

이기순 / 최 선상은 천주교 신자람서 무속인들을 하대하는 게 읎네. 그게 종교를 제대로 믿는 거여.

최현숙 / 그럼요. 저는 무속이든 기독교든 불교든, 진리를 좇고 이웃을 이롭게 하려는 믿음이라면 모두 같은 길이라고 생각해요. 종교의 이름이 무엇이든 신과 사람을 향한 겸허한 마음으로 간절히 길을 묻는 사람들은 신의 일부를 직접 만나게 되는 것 같더라고요. 저는 지금까지 들은 선배님의 삶과 고난, 집을 나오고 산을 들어가고 신을 만나는 과정이, 더없이 자연스럽고 아름답게 느껴져요. 물론 당사자는 정말 큰 아픔을 겪었지만, 그 아픔이 오히려 신을 찾고 만나게 하는 길이었던 거죠.

이기순 / 기여, 아픔이 많아야 더 간절해지는 거여, 그래야 영혼이 맑아져서 신을 만나는 거이지. 한 번 신이 내렸더라도 영혼을 안 딱으면 또 멀어지는 거이고.

그려서 계룡산서 백일기도를 마치고 대둔산으로 들어간겨. 거기는 기도하는 보살님들도 많고, 기도 맡기러 온 사람들도 많더라고. 그렇게 살기는 편혀. 사람들이 가면서 밥이니 반찬이니 쌀이니를 쏟아주고 가면, 그걸로 먹으면서 기도를 하는 거여. 나헌티 기도를 부탁허는 사람들도 돈을 찔러주고도 가. 추우니께 천막도 치고 밥해 먹을 자리도 대강 만들고 해서 기도를 허는 거제. 근디 사람이 많고 일이 많으면, 아무래도 마음을 닦는 데는 안 좋지. 그려도 기도를 허는 이유가 사람들 도와주자는 거니, 그게 힘든 거이지.

　근디 어느 날 전라도 전주 보살 하나가 백일기도할 총각을 데리고 왔어. 그 총각이 돌멩이를 주워 구들을 만들고 천막을 치더라고. 불 때면 따뜻해지게 구들을 깔기도 혔거든. 근디 그 천막을 치고 난 뒤부텀은 내가 기도만 하면 산에서 돌멩이들이 굴러 내려와 그 총각 천막으로 떨어지는 게 보이는 거여. 소리도 들리고. 나가 보면 실지로 그러지는 않는디. 그러구 쥐가 양은솥을 훑고, 솥뚜껑을 홀딱 뒤집고, 쌀 단지를 뒤지고 다니고 하드라구. 그라더니 그 보살을 딱 눕혀놓고 꼼짝을 못허게 하는 거여. 누가 그려, 산신령이 그러는 거제. 그르다가 내 입에서 그 보살헌티 "혹시 여기 구들돌을 산신각에서 가져와서 천막을 친 거 아니냐?"고 묻더랑게. 긍께 그 보살이 모른다고 혀. 그려서 그 총각헌티 물으니, 아 글씨 기다는 거여. 산신각 앞에 널쩍한 돌이 있어서 하나 갖다 썼대는 거여. 그렇게 내 입에서 "아이고 큰일 났네, 이거 큰일 났네" 하드라구. 그라고는 얼른 그 돌을 제자리에 갖다놓으라고 호통을 쳐. 총각이 놀래서 얼른 갖다놓더라구. 그라고는 일 보러 산 아래 다녀오겠다는 사람헌티, "여기 시방 상문 쪄서 큰일 나것어요. 올 때 꼬추 서 근 사 오세요" 그러는겨. 사람이 죽어 나가겠다는 거제. 내가 말을 허는 게 아니고 내 입에서 그 말이 나오는 거여. 사 온 꼬추에서 일단 한 근에 불을 놨어. 그라고는 다 죽게 된 그 보살하고 총각을 꼬추 불 앞에 딱 무르팍을 꿇려놓고 내가 기도를 하는 거여. "미련한 중생들이 몰러서 그런 거니 살려만 주십시오" 하고 싹싹 빌면서 기도를 하는 거여. 그 꼬추를 어쩌는 거를 내가 알던 게 전혀 아니거든. "이 도량에서 아무 일이 읎서야 사람들도 끌어들이고, 할아부지도 이름나고 제자들도 이름나서 좋은 일 많이 항게, 용서하시고 살려주세요. 용서하시고 살려주세요" 하고 기도가 나오는 거여. 근디 한 근을 다 태우도록 꼬추 탄내가 안 나. 그르니 두 근을 마저 다 부어 태우는 거여. 땅바닥에다 태우는 거제. 한참을 넋이 나간 듯 기도가 터지는 거 같더만, 느닷읎시 기도할 때 쓰는 칼을 내가 들고서는 막 칼춤을 추면서 그 사람 둘을 짤르고 찔르고 하는 숭을 내면서 기도를 허는 거여. 그게 어떤 거냐면 내가 이런 말이며 몸짓을 하는 거를 알기는 아는데, 그게 내 생각으로 하는 게 아니고 누가 내 입으로 말을 하고 내 몸으로 움직이는 거여.

그르케 칼로 사람을 짜르고 찌르는 시늉을 허며 한참 칼춤을 추고는, 그 불에다 침을 세 번을 뱉고서는 두 사람을 천막으로 들어가라고 하드라구. 총각이 환자 보살을 업고 들어갔지. 그라구는 보살이 살아나기 시작을 혀서 몸이 다 낫고, 난중에 총각이랑 산을 나려갔어. 그 보살이 자기 집을 나려갔다 얼마 안 있어 다시 왔드라고. 그때 죽었다 살어서 집을 들어서자마자 친정어매가 "너 거기서 죽을 뻔혔쟈? 너 그 보살 못 만났으면 거그서 송장 돼서 나왔다" 그러드랴. 그 어매가 신 받은 사람인디 그때는 보살을 안 혀도 앉어서 천리를 보는 사람이라드라고. "가서 고맙다고 혀라" 그러믄서 어무이가 다시 보내드랴. 그 야그를 허고 고맙다고를 수도 없이 허고는, 돈 맷 푼을 두고 가더라고. 나중에라도 자기 집을 꼭 오라고 주소도 주고. 안 가봤어, 그라구는.

그라다가 동짓달이 되았는디, 거그가 곧 유원지가 된다고 남자들이 들락거리매 기계를 들고 머를 재고 혀더라구. '유원지가 되면 갈 데가 읎스니 걱정이다' 하는 생각을 허며 기도를 허는디, "걱정 말어라, 내일 귀인이 와서 도와줄 거다" 그랴. 이튿날 남자 하나가 다리를 쩔뚝거리면서 와서는, 자기 마누라가 암인데 병원서는 못 살겠다고 한다는거. 그러니 자기 산이 있응게 나보러 글루 와서 마누라랑 같이 지내면서 기도도 혀주고 하면 안 되겠냐고 그랴. 좋다고 가보자고 하고는 따라 갔어. 대전 근처 오대산 어딘디, 기도하기에 산도 깊고 좋아. 바위 밑에서 물도 솟는다고 하고. 들어가자마자 기도함서 "여그가 뉘 터전이냐?"고 물응게 "여기서 자리를 잡아라" 그랴. 근데 봉게 바위고 어디고 얼음이 얼어서 마땅히 앉아 기도할 데가 읎서. 어디다 으뜨케 하고 있을 가늠이 안 서는 거여. 한겨울잉게. 데리고 간 아자씨도 날이 풀리면 부인을 데리고 오겠다면서 먼저 갔고. 근데 거기서 전에 나랑 같이 백일기도 들어갔다 말문 안 트인 그 보살하고 아자씨 하나를 만났어. 그 사람들도 글루 기도를 온 거지. 나랑 그르케 세 사람이 얘기를 하다가, 조금 날 풀리면 다시 오기로 혀고 우선 안면도 어디로 가자 해서 같이 갔어.

안면도는 이북이 가차워서 파출소에다가 주민증을 맡기고 들어갔어. 그라구 밤에는 바깥을 나오면 안 돼. 총을 쏴. 사람 읎는 집을 하나 읃어서 밤에는 집에 있고 낮에는 바위 위서 기도를 하는 거제. 3일째 기도를 하는디 "얼른 니 터전으로 가서, 천막이라도 치고 기도를 하며 니 사람을 받으라" 그러는 거여. 그려서 혼차서 다시 그 오대 산을 들어가서 구들 맨들고 비닐 치고 나무 꺾어다 불을 피고 지내 며 기도를 혔어. 근디 그 추운 겨울인디도 손님이 연이어 들여지는 거 여. 많이는 아니고 안 끊이고 오는 거제. 나를 글로 데려간 남자도 부 인을 데꼬 와서 7일을 기도를 허고 많이 좋아져서 가고. 쌀 단지를 두 개를 놓고 있었는디, 한 단지가 비면 다음 단지 먹는 동안 빈 단지 채 울 손님이 계속 이어지는 거여. 그르케 단지 두 개가 다 차지도 않고 다 떨어지지도 않게 손님이 들여지더라고. 그르니 쓸데가 읍스니 돈 이 자연히 모아지는 거지.

마음이야 더욱시 편혔지. 그르케 세상 떠나서 기도만 하고 사는 게, 더욱시 마음이 편코 좋지. 자슥 걱정이야 안 날 수 읍지만, 그저 산신 령께 다 맡기는 거여. 그르다가 모아진 돈으로 포도밭을 하나 은어서 포도 농사도 지으면서 기도하매 살았어. 낮에는 동네 가서 모도 심 어줘서 삯도 받고, 산을 돌아다니며 고사리도 따고 약초를 주로 많 이 캐고. 죽을 병 나서 오는 사람들헌티는 기도도 해주고 약초로 약 도 하게 허구 그러면 신기허게 낫더라고. 날씨 흐리거나 비 오는 날 은 낮에 동네 내려왔다 어두워서 산에 올라가는디, 나 올라가는 길 앞에 밝은 불이 탁 켜 있어. 별도 달도 읍고 아무도 읍는디. 밝은 빛 이야. 불을 밝혀 길을 보여주는 거제. 하나도 안 무섭고 오히려 '산신 령님이 내 길을 밝혀주는구나' 해서 마음이 더 좋제. 나는 뭣보담도 내 말 트이는 것을 봐서 산신령이 나를 점지허셨다는 걸 믿은 거여. 원체야 활달한 사람이었는디, 결혼하고 사는 동안 워낙에 주넉이 들 고 짓눌려 살아서, 누구헌티고 말을 못 허게 돼버렸거든. 그러다 봉게 딱히 신령님이 허는 말이 아니드라도 내가 할 말, 해야 할 말들을 알게 되고, 그 말들을 헐 용기가 생기는 거제. 근디 시방도 다른 말들은 잘 못혀. 그냥 사람들이랑 살아가는 이야기혀고 어디 모임 나가서 많은 사람들이랑 있고 할 때는 말을 잘 못혀. 그러니 듣고만 있고 말을 잘 안 하는 거여. 근디 오늘 최선상이랑 살아온 이야기함서는 배고픈지도 목마른지도 모르고 이렇게 술술 나오는 걸 보니, 이게 또 신령님이 만든 자리구나 싶구먼.

한번은 어떤 여자가 딸이랑 남편이랑 해서 식구들하고 산을 왔는데 내가 그 여자를 붙잡고는 나도 모르게 "당신헌티 큰일 났어. 당신 아들이 칼 맞겄으니 어뜩 허믄 좋아?" 함서 말이 나오는 거여. 그러고는 어뜨케 어뜨케 하라고 그 사람헌티 내가 시키는 거여. 근디 그게 딱 들어맞는 거여. 그 여자가 내가 하라는 대로 기도를 허고 나서, 난중에 그 사람 아들이 어떤 정신 나간 사람헌티 느닷읎시 칼을 맞았는데 칼이 비껴간 거여. 그르니 그 여자가 일부러 다시 찾아온 거제. 보살님 덕에 우리 아들 살았다며, 고맙다고.

첨에 백일기도 안내혀준 보살 있자녀. 그 보살이 자기 서방이 환갑 바로 전에 환갑을 못 챙기고 죽었어. 그런 사람은 사갑*을 해주는 게 좋아. 그 사람 환갑 날짜에 간단하게라도 음식을 혀서 사람들도 멕이고 상도 간단히 챙기고 허는 거가 사갑이여. 그 보살이 서방 생일날 사갑을 안 하고 남의 일을 들어간 거여. 기도 일을 받아서 들어간 거제. 근디 굿을 허다 신장대**에 맞아서 씨러진 거여. 그려서 그 보살이 중환자실로 실려 갔는디, 낫지를 않고 정신도 오락가락허고 돈만 들

---

* 사갑제(祀甲祭). 환갑 전에 세상을 떠난 이의 환갑날 가족과 친지들을 모아 여는 잔치.
** 무당이 신장(神將)을 내릴 때 쓰는 막대기나 나뭇가지.

어간다더라구. 그 말을 기도 들어온 사람헌티 들은 거여. 어쨌든 가봐야지 정상이자녀. 홀대는 혔지만, 그래도 말허자면 스승인디. 근디 말을 들었는디도 별라 안 가고 싶은 거여. 왠지 맘이 안 나는 거제. 그려서 안 가고 있는데 자기는 해볼 거 다 해보고 안 되니 포기를 하고 집에 와 있다는 말을 또 들었어. 그 말을 듣고서야 가보고 싶은 맘이 생기더라구. 그래서 포도 한 박스를 따서 싸 들고 그 집을 갔어. 나를 알아보고 반가워는 혀. 근디 나를 붙잡고 자기 며느리가 돈을 훔쳐낸다느니 머 한다느니 억지소리를 하는 거여. 큰아들네랑 같이 살고 있었거든. 그래서 "나를 따라서 산으로 갑시다" 항게, 처음에는 간다고 혔다가 가자고 막상 일어서면 또 안 간다는 거여. 그걸 맷 번을 하더랑게. 나쁜 귀신이 못 가게 막는 거제. 그래서 내가 아들 며느리헌티 "어무이를 나헌티 맡겨 보소. 다행히 고치면 좋고, 못 고치면 내 기도가 모자라 그런 거니 할 수 읍고, 어쨌든 맡겨 보소" 했더니 큰아들네랑 순경하는 작은아들이 어무이를 구슬러서는 산으로 같이 갔어. 제물 사고 쌀 빻아서 떡도 내가 쪄주고 해서 산신 앞에 제물 올리고 기도를 헌 거여. 혼차는 못 헌게 도와주는 사람 하나가 챙겨주고 축원을 올리고, 나는 곱대를 열두 고개를 잡고 기도를 허는디 죽은 영감이 나헌티 와서는 얘기를 하는 거여. 역사 얘기를. 자기 마누라가 어쩌고저쩌고, 자기 환갑을 못 혀서 어쩌고. 그러다가 큰며느리가 아그를 딸만 낳고 아들을 못 낳아서 노심초사를 하다 자기가 갔는디, 죽어서도 그 걱정을 헌대는 거여. 큰아들보고는 불쌍허다고도 허고. 그런디 내가 그 아들헌티 "엄니가 법당을 20년인가를 했는디 아들이 법당 앞에 한 번도 절을 안 했냐?"고 막 야단을 쳐. 그니께 아들이 잘못혔다면서 절을 하는 거여. 긍게 그 보살헌티 삼칠일을 기도를 하라고

214

시키는 거여. 그러겄다고 허드라고, 보살도. 근디 보살이 잡신 땜에 무서운 게 내가 화장실이라도 가면 글로 쫓아와서 그 문 앞에 서 있는 거여. 나 옵시 있기가 무서운 거제. 쬦겨날 거를 알고 잡신이 그 보살을 시시탐탐 노리는 거여. 첨에는 머느리랑 아들들이 산을 왔다 갔다 하다가 열흘이나 됐을 때 내가 못 오게 혔어. "어무이 병 고칠려면 발 딱 끊어라." 그르니께 안 오는 거제. 그러며 삼칠일 기도를 하다가 보니께 그 보살이 병원서 받은 약을 먹고 있더라고. 그라구 그 보살이 "약도 다 떨어져가는데 안 온다"면서 자식들 원망을 하는 거여, 약에 의지를 허고. 나는 시방도 그 약이 무슨 약인지를 모르는디, 내가 막 야단을 치면서 "어디 기도하는 사람이 신령한 산 속까지 뱀가루를 가지고 와서 먹으면서 기도를 헌다고 허느냐? 당장 서낭에 갖다 내버려라" 하매 막 호통을 치는 거여. 그니께 그 보살이 약을 서낭에다 쏟아붓드라구. 그르니께 아그들도 안 오고 남은 약은 버리고 그런 거제. 나는 계속 칼로 쳐주면서 기도를 하고. 난중에 삼칠일이 돼가는 날, "내가 가서 삼칠일 제물을 해서 올 테니께 혼차 있어라"고 항게 그러겄다고 하드라구. 인제 무서운 게 좀 옵서진 거제. 그려서 아들 며느리를 만나서 삼칠일 굿 의논을 하고 제물도 마련하고 해서 기도를 허며 "아들 낳구 싶제?" 그렇게 그 아들 며느리가 "그렇다"고 합창을 허드라구. 내가 "아들하나 점지해줄게 나헌티 와서 용공기도를 하라"고 그라믄서 나도 모르게 일러주는 거제. 내 입으로는 그 장담을 못 혀지. 결국 그 보살도 병을 낫고 아들 며느리네도 용공기도 끝나고 1년이나 있다 아들을 낳았어. 그렇게 그 아들이 거그다가 돈을 내서 절을 짓겠다고 혀서, 그런저런 의논이 오고 갔제.

그러는디 어떤 기집년 하나가 지가 보살이라며 기도를 허겠다고 와서는, 으뜨케 내 주민등록증을 훔쳐서 주민등록번호를 알아내서는 영감헌티 일러바친 거여. 애들 아부지 말이여. 보살은 말로만 하는 거고, 사기 쳐서 돈도 뜯어내고 남자들이랑 놀러나 다니면서 등쳐먹고 하는 년이지. 내가 "너 그런 짓이나 할 거면 여기는 오지도 말어" 하고 야단을 치고 하니, 그년이 앙심을 품은 거여. 그년이 애들 아부지 헌티 연락을 한 거제, 나를 모함까지 허면서. "기도는 무슨 기도를 허느냐? 맨날 관광 차 타고 다니면서 노래나 하고 남자들이랑 놀고 다닌다." 지 허는 짓을 내가 헌다고 거짓말꺼정 친 거지. 산으로 기도 오는 여자들이나 보살들 중에는 세상에서 참 기막히게 서럽게 살다 온 사람들이 많거든. 주로는 나만케로 바보 저리 가라 허게 착해 빠진 사람인디, 부모나 서방을 잘못 만나 고달프고 서럽게 살다가, 오갈 데 읎시 그리로 도망 온 사람들이 있어. 그러니 그 약점들을 알고 그런 사람들 등쳐먹고 사는 년인 거제, 그년이.

하루는 동네를 나려갔는데 아는 보살집이서 "어떤 영감이 와서 보살님을 묻길래 모른다고 했다"고 그러더라고. 잘했다고 고맙다고 혀면서, 먼가 예감이 이상혀서 생김새를 물으니 딱 서방인 거여. 알고봉게 그년이 나 있는 기도처까지 알려준 게벼. 그래서 기도처 사람들 입단속을 혀놓고 그렸어. 한 날은 어디를 갔다가 기도처를 가는디, 그날따라 공연시레 다른 길로 가고 싶어서 늘 가던 길로 안 가고 뻉 돌아서 뒤로 돌아 들어갔어. 근디 바로 전에 한 영감이 와서 나를 찾았댜. 그런 사람 읎다고 하니 그냥 갔다는 거제. 다니던 길로 왔으면 그 서방놈이랑 부딪치는 거였제. 난중에 동네 와서 들으니 애들 아부지가 그년헌티 방도 얻어주고 식객도 해주고 어쩌고 하기로 했다는 말이 들리드라구. 그놈도 그년헌티 속은 거제. 어느 날 그년은 버스 정류장에서 버스를 기둘리고 나는 산에서 나려와서 동네 보살집을 가려고 정류장을 지나다가, 내가 먼저 그년을 본 거여. 커다란 보따리를 들고 섰더라고. 득달같이 달려가서는 그년 모가지를 딱 잡아채고 "이 쌍년아, 이년아. 내 오늘 니년 다리 몽댕이를 뿐질러버릴란다" 그럼서 머리끄댕이를 잡고 집어던지고 함서 사람을 반을 죽여놓은 거여. 내 기운이나 승질로는 그러지를 못혀. 그런 욕도 못 허고. 근디 먼 힘으로 그렸는지 그르케 욕을 함서 산으로 질질 끌고 가는 거제. "이년 오늘 내가 죽여버린다" 그러매. 그르다가 그년이 도망을 갔어. 그러고서는 무서워서 동네를 나타나지를 안 혀. 더 어쩌다가는 제명에 못 죽겄다 싶었겄제.

언제 올랑가는 몰라도 집을 알았으니 다시 올 거는 분명헌 거자녀. 하루는 남 일을 갔다가 오는데, 갑자기 맘이 불안하고 집을 옮기고 싶은 거여. 그란디 마침 거기 기도하러 와서 나랑 속 이야기도 하던 친한 사람을 길에서 만났어. 그려서 내가 맘이 불안하고 어쩌고 함서 집을 옮기기는 해야겄는디 어디 갈 데가 읍다고 걱정을 했어. 그랑게 걱정 말라고 자기가 알아본다고 하더니, 복숭나무 과수원에 빈집이 하나 있다고, 주인이랑 얘기를 혔으니 거기 와서 있으라는 거여. 그려서 그날 당장 밤에 짐을 다 옮겨놨어. 기도하던 데서 멀지는 않은디, 그려도 한참을 나려오는 데지. 근디 그 이튿날 아닌 게 아니라 서방이 또 찾아온 거여. 그르니 나를 못 만나고 그냥 간 거제.

산 들어간 지 한참 되고 언제 어무이헌티는 내가 연락도 하고 머한다고도 혀고 혔어. 나 연락 안 되는 걸로 큰 걱정을 허실 텐게. 어무이는 늘 "니가 그르케 산에서만 있으면 아주 산사람이 되버링게, 나려와라 나려와라" 그렸지. 나는 3년은 채우구 나려간다고 혔어. 산을 나려온 거는 만 3년이 훨씬 넘어가던 때여. 우리 엄니는 사위 비기 싫으니 내 새끼들도 다 비기 싫다고 우리 아그들을 한동안 안 보고 살았어. 난중에 내가 아그들이 무슨 죄냐고 좀 따뜻하게 좀 혀라고 허니께 암 말도 안 하시더라고. 그러고도 우리 애들을 별라 안 이뻐라 혔어, 돌아가실 때꺼정. 나는 혼인으루는 어무이 원망을 안 혀. 어무이야 내 혼인을 막을려고 혔제. 사돈 될 집까지 쫓아가서 깨자고도 혔고. 아부지가 동네 위신 생각혀서 깨지를 못한 거여. 아부지 탓이지, 어무이는 아녀.

그르케 만 3년 넘어 떠돌이 생활을 혔어. 삼산을 돌며 기도하던 3~4년간이 마흔에 들어가서 마흔서너 살에 나려왔으니, 1986년에서 1990년 그때쯤인가벼.

최현숙 / 산에서 사는 그 3~4년 동안 자기를 뭐라고 생각하신 거예요?

이기순 / 츰이야 새끼들 버리고 집 나온 못되고 처량한 여편네였지만, 나중에는 신 받은 보살이었제. 혼인이 나를 나락으로 떨군 거라면, 산에서 보낸 3년은 나를 다시 살군 거제. 그걸 넘어, 나를 완전히 다른 사람으로 살게 한 거여. 아직 신내림굿을 정식으로 헌 거는 아니지만, 신을 받은 거제. 그러니 내가 모르는 예언이나 신명들을 저절로 하는 거제. 그른 디다가 그게 으뜨케든 내가 혼차 살아갈 방편도 만들어가는 거고. 돈을 벌겠다고 작정을 혀서 버는 게 아니고, 기도하다 보면 살아가는 데 필요한 재물은 어뜨케든 해결이 되더라고. 무엇보다 일단 마음이 편허고 좋은 거고. 그러니 그러고 산 거제. 산을 나려오면서도 신을 떠날 생각은 안 한 거여. 신을 모시고 세상 사람들 허고 살 생각을 헌 거여. 산에 있는 동안은 독허게 맴을 먹구 자식들한테는 연락을 안 혔어. 그거 보면 내가 독헌 게 있나벼. 3년 다 돼갈 쯤에 어무이한테만 연락을 한 거구.

"사람은 겉을 봐도 신은 마음을 보는 거여"
— 이 보살, 깃발 꽂다

산을 나려와서는 서울 구로동에다 법당 터를 하나 얻었제. 어무이가 돈도 보태주고 혔어. 거기서 살면서 신내림굿을 제대로 받은 거제. 모 아진 돈도 있응게, 신굿도 하고 법당도 차리고 헌 거여. 관악산에서 신내림굿을 혀서 정식으로 신을 받았어. 처음에는 말이 안 트여서 물 만 떠놓고 기도만 하고 있는 거여. 말이 트였다고 늘 말이 트여 있는 게 아니여. 신이 내 입에서 말을 안 하면 내 입이 안 트이는 거제. 산 에서나 그렸지 나려오니께 다른 거제. 구로동 와서 법당 차릴 때까지 도 그렸어. 신 받을 때가 정월달이었제. 신어머니랑 해서 한 대여섯 명이 같이 올라갔어. 신어머니는 친정어무이가 연결을 해줬어. 지금은 두 분 다 돌아가셨지. 관악산 굿당에 다 모여서 신내림굿을 허며 기 도를 혀도 잠만 오지 말이 안 트이는 거여. 그려서 얼음을 깨서 찬물 을 둘러쓰고 혀도 그저 잠만 오는 거여. 그러다 사흘째 새벽에 자다 가 잠이 뿔끈 깨지더니 옥수(정한수)를 제단에 올리고 싶더라구. 그 려서 샘에 가서 물을 떠다 올리는 데, 귀에 목탁 소리가 들려. 그라고 는 혼자서 손뼉을 탁탁 치더니만, 막 울면서 말문이 트이면서 신명들 을 여럿 불러들이는 거여. 그러더니만은 산꼭대기로 정신읎시 막 뛰 어 올라갔어. 거기서두 울음이 한읎시 나오는 거여. 같이 간 사람들이 모두 자다 깨서들 나를 쫓아오는데, 당췌 그 걸음을 못 따라오겠더라는 거여. 따라오구 어쩌구가 아니라, 날라가듯이 휙휙 함서 보였다 말다 하더래. 그러다가 나를 놓쳤는데 어디서 한바탕 울음소리가 나더만 산꼭대기서 길길이 하늘로 뛰더라는 거여. 내 느낌으로 뛰는 게 아니고 허공을 나르는 거여. 그르케 가벼울 수가 읍서. 그라면서 막 신명을 불러들이는 거여. 도슬장군님 들어오시네유, 백마신장님 들어오시네유 하면서. 불사대신은 어뜨케 들어오시구, 칠성님두 들어오시구. 동자신들두 먼 할아버지 대신 손길 잡고 같이 들어오시구. 선녀도 나려오구. 들어오시는 신 이름들을 줄줄이 외며 부르는 거제. 약사부사, 약사부처님…… 나는 약사보살을 제일 큰 대신으로 혀서 신내림을 받은 거여. 그러니 나헌테는 다른 대신이니 부처님들도 많지만, 약사부처님이 첫째지(이기순의 법당 제단에는 가장 큰 형상으로 약사부사님과 산신령님이 모셔져 있다).

작두도 탔어. 말간 물에 재, 소금, 꼬추가루를 타서 거기에 먼저 발을 닦는 거여. 부정을 씻어내는 거제. 그러구는 말간 물로 닦아내고 맨발로 작두를 타는 거여. 작두가 이만혀지(약 70센티미터 정도 손을 벌려 보임). 먼저 쌀 한 가마니 놓고, 거기에 선반 놓고, 그 위에 물동이 놓고, 그 위에 작두를 놓아. 그러구는 작두 위에 올라가서는 우선 동서남북을 향해 절을 혀고는 오방기를 들고 시퍼런 작두날을 타는 거여. 몸이 새털처럼 가벼워. 그러니 그 시퍼런 칼날 위를 걷는 거제. 신명을 부르기도 하구 누구헌테 오방기를 뽑으라고 혀서 머가 어뜨타 풀어주기도 하고. 신이 나리면 작두날이 하나도 안 무서워. 신어머니가 큰 법사님이었제. 그 양반 야그가, 나같이 제대로 신 받는 거는 첨 봤대. 그 신어머니는 선거리를 많이 하는 분이여. 서서 하는 굿을 말하는 거여. 칼춤도 추고 작두도 타구. 그러고 산을 나려와서는, 신어머니가 내가 신 받은 거를 설명을 해주더라고. 신내림을 받는 동안은 내가 멀 혔는가를 나는 잘 모르는 거제. 그르케 신내림을 받구 나려와서는 구로동 집으루 온 거지. 거기서 법당을 차렸다구는 하지만 아무 거시기를 안 허고, 상 하나에 물만 세 그릇 떠놓고 촛대 두 개 세워 불 켜놓구 받은 신명만 종이에 써서 붙여놓기만 혔어. 바깥에 보살 집이니 머니 간판두 안 붙이구 깃대도 안 세우구, 처음에는. 나는 머 그런 거 알리구 손님 끌구 그런 거도 별루 하구 싶지 않구 그러드라고. 신을 받았으니, 신 일을 하고 살아야 하는 갑다 하는 거지, 멀 잘해야겄다 그런 맴이 안드는 거여. 어떻게 하는지도 잘 모르겄구.

그런데 사람들이 어뜨케 알구 찾아오더라구. 어느 날 한 여자가 찾아왔어. 멀 보루 왔대는 거여. 그려서 "난 아무것두 모르는데 어떻게 알고 왔어요?" 그렇게 "여기 이제 막 신이 나린 거 같아서 왔습니다" 하는 거여. 그려서 "신은 나리기는 나렸는데 난 어뜨케 헐 줄을 모릅니다" 허니께, "아유, 나오는 대로 하셔유" 그라는겨. 그래 별 수 없이 앉으라구 혀구 상 위에 쌀이랑 엽전이랑 챙겨는 놨는데, 그노메 쌀이니 엽전이니를 어떻게 할 줄도 모르고 있는 거제. 그라니 "나오는 대로 해봐유, 해봐유" 그러는겨. 엽전이 몇 개인가 세보지도 않았구, 지금도 그걸 몰라. 엽전을 던지니 엎어지고 제껴지고를 하는데 그걸 멀 어떻게 읽는 지를 모르겄는 거여. 쌀두 던져봤지만 그게 머 무슨 소린지도 모르고. 그러니 어쩌? 사람 앉혀놓구 그저 기도를 헌 거지. "아구, 신령님. 난 암것두 모르는 데 이 불쌍한 영혼이 와서 머를 봐 달래니 어쩝니까?" 신령님 뜻을 알려달라구 헌 거지. "내가 암 말두 못 허거나 잘못 말하면, 나도 망신이지만 신령님도 망신이지 않습니까? 나야 머 괜찮지만 신령님 망신하시면 어뜨커겠어요?" 하고 그르케 빌면서 애원을 혔어. "머라구 할 말두 없구, 글루두 못 허구, 이 손님을 그냥 보내야겠어요?" 그르는데 밑두 끝두 없이 "그 사람하구 이혼해봤자 돈만 내빌구, 결국에 가서 그 사람하구 또 살 거다." 이런 말이 나와. 그 사람 사정은 듣지도 않구 앉았는 건데…….

최현숙 / 아고, 완전 배짱이시네. 당신이 안 가르쳐주면 나만 망신이냐, 당신이 망신 아니냐, 그러니 올바르게 알려달라. 그렇게 다 맡겨버리니 신도 안 가르쳐줄 수가 없는 거지, 하하하.

이기순 / 기여. 나는 모릉게 신령님이 해결을 혀라 그거여. 진짜루 모르구, 하하하. 그래 가꾸서는 이제 "정신 바짝 차리구, 될 수 있으며는 그대루 참구 살어라" 하는 거지. 그라니 그 여자가 이혼을 안 하면 허구헌 날 맞기만 하구, 기집질도 끝이 없구, 술만 처먹어서 속이 썩어지는데, 어뜩케 사냐는 거여. 꼭 나 살던 거랑 똑같은 여자가 첫 손님인 거여. 근데 내가 어쩌? 멀 알어야지. 으뜨케 말을 해줘야 할지 모르는 거지. 그려서 "신이 하는 말씀은 그것게, 나머지는 아줌니가 판단을 나려서 저그 하셔요" 그라는데, "그 사람이 역마살이 끼여서 어쩔 수가 없다. 문 앞에 나가면은 내 남편이 아니다 그르케 생각허며 비우구서 살으라" 그런 말이 나오는 거여. 그 여자는 결국 "그 사람이 너무 속을 썩여서 살 수가 없어요" 허면서는 갔어. 나중에 2년이나 있다 다시 왔는데, 결국 못 참구 이혼을 했다가 이혼하매 받은 돈을 진짜 홀랑 다 날리고 다시 기어들어 왔대는 거여. 법당 허면서 온갖 사람들이 다 왔지만, 나 겉은 사람들이 많이 오드라고. 그러니 내 설움에 그 여자들 설움에 맴이 통하는 거제. 그라니 머 어뜨케 해라 신이 일러주는 대로 말은 혀주지만, 그거루 끝이 아닌 거지. 내 설움

을 생각혀서 같이 울어두주구, 동상처럼 성님처럼 다른 일루 챙겨두
주구 그러는 거여.

그 여자 첨에 왔다 가구 매칠 있다가 그 여자 소개로 왔담서 좀 젊
은 여자 하나가 왔어. 그래서 신은 얼마 전에 나리기는 혔는데 나는
어뜨게 하는지두 모르니께 다른 데 가서 보시라구 그렸어. 그라는 데
두 안 가구 먼저 앉는 거여. 그래서 한참을 앉아서 쳐다만 보는 거지.
머라구를 해야 허는데 젠장 내가 멀 알어? 그래서 또 별 수 없이 기
도를 허는 거지. 지난번이랑 똑같이 헐 수밖에 없자녀. 그 기도를 허
며 어뜩허면 좋겠냐구 하는데, 동자가 딱 나타나더니 애기 목소리루
말을 허는 거여. "언니, 언니. 언니는 왜 술만 먹으면 울어? 울지 마.
내 고향 버리구 타향에 가서 살겄다. 외국에 나가겄어. 아하, 그라구
보니 임신했구나. 부모 덕두 없구 어찌 그르케 외로와" 그러는 거여,
애기 목소리루. 신은 할아버지신이 오신 건데, 동자가 심부름을 하는
거여. 원래 할아버지가 대신이구, 동자를 데리고 있으면서 심부름도
시키고 그려. 어떤 할아버지는 동자두 있구 선녀두 있구 그러지. 그
동자가 할아버지 시키는 대로 그 여자네 집을 가서 사정도 알아보고
허는 거제. 그게 할아버지 손길 잡구 동자가 나려오는 거여. 백마신
장, 불사대신 같은 큰 신에 딸려서 동자랑 선녀들이 나려와. 신명 부
를 때 자기가 누구 따라서 나려왔다고 일러줘.

그라구는 "언니, 언니, 울지 마, 언니 술집 나가면서 타락됐네. 언니
지금 돈두 없다. 여기 오는 복채두 꿔 갖고 왔다, 그지? 깔깔깔" 천방
지축 아이처럼 그러드라고. 그러드니 나도 모르게 눈물이 나오면서
는, "아구, 우리 언니 불쌍허다. 도와주께, 언니. 언니 부적이나 하나
맞추고 가. 내가 그냥 해줄게 맞추구 가. 맞추구 가면 돈이 생길 거여.

그때 부적값 줘." 그러는 거지. 그걸 다 내 입으루 하는 거여.

그라구 동자신은 한참을 조용헌데, 내가 좀 미안한 생각이 들더라구. 쌩판 알도 못허는 사람헌테다 별말을 다 한 거자녀. 내가 전접스럽기나(말 많고 남 일에 아는 체를 잘하는) 허면 모르지만, 그러지도 못허자녀. 그려서 "아구 난 몰러유. 내가 실수했나 모르겠시유. 그냥 나오는 대루 일러준 거인디" 그러니께, 아닌 게 아니라 임신 2개월이구, 돈도 없어서 살 길이 막막하구, 복채도 꿔서 왔대는 거여. 그라구는 부적을 써주겠다고 허며 매칫날 받아가라 그러고는 보냈어. 부적 쓰는 것두 신어머니한테 매라고 배우기야 혔지만, 나는 잘 몰른당게요. 글도 제대로 못 쓰니께 삐딱삐딱 어뜨케 쓰기는 쓰는 거지만. 그걸 드나드는 문 앞에다 붙여주랑게 그리기는 허는 거제. 부적 찾아가라구 전화를 헝게, 선생님이 직접 와서 붙여달라며 아파트를 알려주드라고. 그래서 찾아가니까, 진수성찬을 채려논 거여. 너무 고맙다매, 복채두 꿔서 갔는데 선생님을 보구 와서는 그렇게 돈이 잘 들어오고 일이 풀린대는 거지. 그래서 대접 잘 받고 부적값도 받고 온 거여. 그러고는 그 사람이 또 다른 사람을 끌어주구 그러면서 손님이 안 끊어지는 거여. 그 여자는 결국 미국을 갔어. 임신한 애가 미군 애기인 건데, 그 아빠랑 같이 간 거지. 가기 전에 일부러 인사를 하러 왔드라구.

사람들이 나를 '이 보살'이라고 불렀어. 나중에도 간판은 써 붙이지는 안 허고 기만 하나 꽂아놨어. 그러구선두 산으로 기도를 많이 다녔지. 우이동 영주대, 관악산 연주암, 남산, 아차산, 그런 데를 새벽에 나가서 다녀오는 거지. 깊은 산으로 약초도 캐러 다니고.

우이동 다녀오면서 한번은 종점서 버스를 타려는데 첨 보는 차장이 자기가 시간이 없으니께 경기도 광주 가는 표를 사다 달래는 거여. 영 알도 못허는 차장인디. 그려서 돈 만 원을 받아서 시외버스 터미널을 가서 차표를 사와서는 그 차장을 찾으니께, 영 못 찾겠는 거여. 그때 만 원이면 큰돈이었어. 지미럴, 내가 배우기나 혔어야 그 버스 회사를 찾구 차장을 찾구를 하지. 모르자녀. 차장도 첨 보는 사람이어서 봐두 모를 정도였어, 기억이. 차장도 씌구 나도 씐 거지, 둘 다 제정신에 그럴 일이 아니자녀, 하하하. 별수 없이 표 산 데를 가니까 다시 돈을 내주더라구. 그러니 남의 돈을 받았으니 걱정이네, 이져. 그려서 한쪽 구석에 앉아 산왕대신 할아버지한테 물었지. 이만저만해서 이렇게 넘의 돈을 받았는데 어뜨케 하냐고. 그랬더니 얼른 시장 가서 과일이래도 사 놓구 목욕재계를 허고 기도를 허래는 거여. 오늘 그 사람들이 일진이 안 좋아서 사고가 날 운명이라 너한테 이 돈이 넘어온 거니, 얼른 막아주래는 거여. 그려서 얼른 집으루 와서 과일이랑 사다놓고 빌었어. 모르지 사고를 막았는지는. 그리고 어쨌든 나는 꽁돈은 안 먹은 거지, 하하하.

기도해줘서 덕 본 사람이랑은 형제도 삼고 시영아들이니 딸이니 자손을 삼고 혔제. 인저 덕 본 사람들 중에는 옷두 해주구 승복두 해주고들 그라드라구. 그러다 봉게 그 길을 그냥 걷게 된 거지……. 큰 욕심은 없어서 돈을 많이는 못 벌었어. 나를 만나러 온 사람들 보면 열에 일고여덟은 여자였어. 산에 가서 기도할 때도 열에 여덟은 여자지. 손님들두 모두 보면 나모냥 기막히게 살거나 한이 많은 사람들이었어. 그러니 나는 더 마음이 가고 정성을 들여서 기도를 허게 되지. 그 사람 기도하다 보면 내 설움도 없게 되고. 돈 많고 잘나고 그런 사람들이야 유명하고 화려하구 광고도 크게 하는 데들루 가는 거겠제. 그른데 나는 내 말을 허는 게 아니라, 신 말을 전하는 거지. 그러구 내 말을 보태서 길게 말을 만들지두 못허구 짧으니, 누구들은 별라 좋아라를 안 허기도 허드라구. 근데 나는 길게 말을 할 줄도 모르구 전하는 말만 하는 건데, 깊게 아는 사람들은 그런 내 속을 더 알고 쳐주는 거지. 신내림으루 내가 나 좋자구 한 거는 읎서. 먹고나 살면 되는 거제. 어려운 사람들 위해서 주로 한 거여. 떡을 꼭 내 손으루 직접 쪄서 올렸어. 일곱 신 각각에게 떡을 작은 시루로 하나씩을 일일이 쪄서 올리는 거제. 이게 그 시루여. 보통은 팥 시루떡이나 흰설기를 방앗간에 맞추는데, 그라믄 정성이 모자르지. 등도 보통은 다들 사서들 다는데, 나는 내 손으로 만들어 달았어. 사람은 겉을 봐도 신은 마음을 보는 거여.

모르는 사람들은 미신이니 사기니 허며 하대를 허구, 더구나 교회 다니는 사람들은 우리를 마귀라고도 하구. 그러니 나도 어디 가서 이런 야그를 통 안 허고 살지. 가족들도 그려. 아부지도 그러고, 자식들도 저기 혀는 게 많았어. 지금도 이걸 싫어라 하는 애들이 있어. 그래두 막내는 나가서 친구들게도 당당허게 얘기를 하드라고. 다른 애들은 싫어혀지. 그러니 내가 자식들허고 살면서 이걸 더 하기도 어렵지. 신하고 사람을 같이 만나구 통허구, 그 중간에서 산다는 게 쉽지가 안혀. 어무이는 자기도 살아봤으니까 첨에는 말렸지. 그르치만 어쩔 거여? 팔자가 그른걸. 그건 어무이도 아니, 결국에는 더 막지를 못 허고 도와주기도 허고 그랬어. 신어무이도 세워주고 같이 신 일도 다니고.

신내림을 받고 나서는 죽을 사람도 여럿 살렸어. 굿이나 기도도 용하지만, 난 약초에 밝았어. 산에 있으면서도 그렇고 나려와서도 꿈에 약초를 그르케 일러주는 거여. 산에서 꿈을 꾸는디, 삼을 박스로 받는 거여. 그런 날은 반드시 산삼을 많이 캐. 그럼 그걸 돈 읎는 사람게는 그냥도 주고, 사겠다는 사람게는 팔기도 혀고 그렸어. 약초 캐러 산을 다님서 나도 모르게 "약이 다른 게 약이냐? 이런 게 다 약이지. 독만 아니면 다 약이여" 머 그런 말을 막 혼차 중얼중얼함서 맘에 탁 뜨이는 거를 뜯구 캐구 하는 거여. 환자 기도를 받아서 기도를 허며 산을 다니면, 맘에 딱 뜨이는 게 있어. 그려도 혹시 모릉게 일단 내가 먹어봐서 안 죽으면 그걸 약으로 알고 쓰는 거여. 눈에는 풀이지만 맘으루는 그게 약이래는 거여. 산에서도 그러드만 나려와서 법당 할 때도, 무슨 일이 있으면 꼭 꿈으로 선몽을 대줘. 그럼 그걸 사람헌티 말하면 꼭 그게 일이 연결이 돼. 새로 만난 영감도 나헌티 병 고치려고 만나서 살게 된 사람이여.

"죽는 사람 하나 살린다는 생각으로 살겠다"
— 김 씨를 만나다

최현숙 / 새로 만난 영감님 이야기 좀 해주세요.

이기순 / 그르게 기도하매 사람들 일 봐주고 약초도 캐러 다니고 함서, 법당을 허며 1년인가 넘었을 겨. 하루는 관악산 기도 중에 "너 나려가면 귀인을 만날 거다" 그랴. 그러고 산을 나려와 구로동으로 갔어. 근디 이 냥반이 친구랑 등산을 갔다가 내 동상 삼은 여자가 하는 종암동 호프집을 간 거여. 그때만 혀도 그 냥반은 몸에 고질병이 많았어. 그르니 다리를 찔뚝거리고 함서도 산을 다닌 거제. 호프집서 그 동상이랑 셋이서 이런저런 이야기를 하다가, "언니 하나를 소개해준다더니 으뜨케 소개 안 해주냐 어쩌냐?" 농담 삼아 이야기를 허다가 동상이 내게 전화를 한 거제, 오라고. 동상은 장사나 할 생각으로 그냥 지나가는 소리로 중신 어쩌구 헌 건데, 남자가 아픈 거 말고는 사람은 괜찮아 보잉게 오라고 전화까지 한 거제. 얼른 와보라고 전화가 왔어. 택시비도 줄 텡게 얼른 오래는 거여. 내가 이사 가지 말라는 데로 이사 가서 실패하고 나와서 종암동서 호프집을 허는 동상인게, 오라는데 딱 잘라서 못 간다고도 못 허고, 왜 오라는지는 물어도 답을 안 혀고. 내가 용하다고 말도 내주고 하는 동상인게 먼 일이나 하나 얻어주는 건가 해서 갔어. 동생이 자꾸 합석을 하자는디, 낮이께 손님도 없는데 따루 앉겄다고 우길 수도 없어 같이 합석이 되았어. 나는 원체 술을 못 허니께 닭이나 한 조각 먹는데, 자꾸 맥주를 한잔 마시라고 해서 별수 읍시 한 잔을 마셨어. 너무 거절하는 것도 그러자녀. 근데 그 한 잔에 술이 취해서는 생전 첨 보는 남자헌티 별말을 다 한 거여. "당신 술만 먹지 말고 마누라 저승길 가게 길이라도 닦아주라"고 말이 나오는 거여. 그러니 놀래서는 "네?" 그러는데, "마누라 산소는 잘 들었구먼. 자리는 좋은데, 죽어서도 조상님들 밥이나 해주게 생겼구먼. 묘터는 꽝우리 형으로 되고, 앞이 탁 터지고, 흙은 황토구먼." 또 그라는겨. 내가 그 남자를 멀 알었어? 근디 그 말이 나오는 거제. 그라구는 "근디 마나님은 진짜 죽었세유? 내가 이거 실례 아녀유?" 하며 또 내 정신이 들어와서 그러구 묻는 거여. 나는 몰른게. 그러니 그 남자가 을매나 놀래구 당황혔겄어. 근디 하는 말이 마누라가 죽었는데, 자기 부모 옆, 긍게 시부모 옆에 산소를 썼다고 하드라고. 그래서 "돌아가셨으면 길이나 닦아요. 아직 저승길을 못가고 있어요" 함서, 또 "마나님이 살아서 덕을 못 쌓았네요. 욕심만 많아서 잔뜩 움켜쥘 줄만 알지 풀 줄을 모르고, 남 밥 한 숟갈 주는 것도 벌벌 떨었네요" 하는 말이 나와. 긍게 그렇다고 하드라구. 그래서 "자식들하고 상의를 해 보겄어유" 하더니 연락을 하게 전화번호를 달라더라고. 그르니 일을 맡을려면 전화번호를 줘야 항게 줬지.

한 달이 넘어도 연락이 웂길래 안 할랭가 보다 혀고 잊고 있었는데, 어느 날 전화가 왔어. 좀 보자고. 내가 좀 저기혀니께, "아, 굿을 할려면 굿할 곳을 가봐야 할 거 아뇨?" 그러는 거여. 볶음밥을 한 그릇 얻어먹고 그 집을 갔지. 일산 신도시 들어서기 전 자리인디, 집이 아주 엉망이야. 몸 시원찮은 홀애비 혼차 산다지만 그려도 그럴 수가 웂서. 살림살이도 아무렇게나 놓은 채로 청소고 머고, 굿을 할려면 크게 청소부터 해야 하겄는겨. 지붕도 새고, 흙으로 붙인 집이라 방바닥이고 마루고 난리지. 정지에 연탄재는 난리로 쌓였다가 무너져 있고, 사람 섰는데도 쥐들이 돌아다니고, 방바닥에 옷들도 몸만 빠져나온 모냥 그대로 엉망으로 널려 있고. 몸 맘대로 못 움직이는 홀애비가 방에 휴대용 가스렌지를 가져다 놓고 냄비 하나에 물통 하나 놓고 라면이나 그저 끓여먹으면서 잠만 자고 나오는 거여. 상 하나, 물통 하나, 냄비 하나, 그게 안방 한가운데를 비워서 있는 거제. 일을 하려면 얼마가 드느냐고 묻길래, 백만 원을 불렀어. 적게 부른 건 아닌데, 돈도 있어 보였지만 집 치울려면 사람을 써야겄드라고. 그렇게 넉넉히 부른 거제. 그 돈으로 사람도 사고, 제물도 다 마련하고, 통돼야지도 한 마리 하기로 혔어. 통돼야지 잡아 일하는 경우는 별로 많지 않거든. 나 신나려 준 신어무이랑 친정어무이도 오라구 혔어. 그때만 해두 같이 살림 살려는 생각은 안 혔지. 그 사람이 법당 왔다 갔을 때 울 어무이가, "야 사람이 금방 씨러져서 죽을 거 같다. 걸어댕기는 거도 꼭 곰이 재주 부리며 걷는 것 같다" 그렸어.

일을 할려면 내 집도 알켜줘야자녀. 돈을 백만 원이나 받는데 내 법당이며 머며를 알려줘야 내가 사기꾼이라는 생각을 안 할 거 아녀. 가짜 무당도 많응게. 그르케 해서 일을 해주고 나니 쥐방울 드나들 듯 내 집을 들락거리드라고. 지 마누라 잘 보내중게 이제 저도 좀 낫게 해달라는 거제. "보살님이 나를 살려줘야지, 나를 살려줄 사람이 읍서요" 하는 거여. 그 냥반이 나이가 나보다 열한 살이 많구, 아들 셋에 딸 셋 해서 자식이 육남매여. 40대에 자기가 먼저 풍 맞고, 마누라는 낭중에 풍을 맞아 살다가 먼저 죽은 거여. 원래 재산이 많았는데, 벌은 거가 모다 병 치다꺼리로 들어가서 재산이라고는 일산 집 그거 하나랑 원체 자기네 살던 서울 집 하나밖에 안 남은 거여. 일산 집은 부모님이 살던 집인 거여. 풍으로 반신불수가 돼서 온몸을 찔뚝거리며 걷고, 길가다가도 잘 넘어지고 그렸어. 근디 만날 "나 좀 살려주소. 나 살려주면 집이라도 하나 해줄게" 그러는겨. "이제 곧 신도시 생기면 여기 집에서 돈이 많이 생길 거요" 그러면서 매달리는 거여. 나이도 열한 살이나 차이지, 몸도 션찮지, 여러 가지가 맘이 안가는 거제. 살려달라는 건, 자기랑 살면서 자기 약도 해주고 몸도 낫게 해달래는 거여. 내가 약초 잘 구하고 약 잘 쓴다는 소문이 많이 났거든. 나는 남자라면 진절머리가 나는 사람이자녀. 절대로 죽을 때꺼정 혼차 살려고 작정을 한 때여서 맘이 하나도 읍섰제. 오죽하면 신어무이가 젊은 신딸이 혼차 사는 게 딱하다고 다른 사람 선보이는 자리라며 나를 나오라 혀서 가봉게, 나 선보이는 자리더라고. 남자는 공무원이어서 팬찮았지. 근디도 싫다고 안 갔어. 근디 이 남자가 하도 매달리는 거여. 그거도 그거지만, 이 남자 처음 만나기 바로 전에 기도하다가 귀인을 만날 거다 하는 소리가 있었자녀. 그라구두 그 사람 선몽이 더 있었거든. 그래서 내가 조건을 물었제. "내가 낫궈주면 당신은 나를 머를 해 주겄어요?" 긍게 집을 하나 주겄댜. "그럼 좋소. 내가 낫궈주면 집을 해주고 못 낫구면 나는 미련 읍시 털게요." 이렇게 조건을 걸었제.

최현숙 / 아유, 이제야 좀 현명해지시는 거네.

이기순 / 그것도 내 깜냥으로는 못혀. 난 오는 복도 피하구, 먹으라고 내놓는 밥그릇도 옆으로 미는 사람이여. 그래서 같이 살면서 나는 주로 산 돌아댕기며 약초 캐다가 해 멕이고, 다른 일 생기면 기도 일도 혀고 그렸어. 일산 그 영감네 집을 들락거리면서 구로동 법당은 자주 문을 닫았지만, 일은 안 끊이고 계속 들어왔으니께. 나중에는 주로 일산에서 살고 구로동 법당을 다녔는데, 점점 문 닫는 날이 많아졌제. 산 다니고 일 다니고 살림허고 헝게. 근디 이 이가 병이 한두 가지가 아녀. 풍 맞아서 반신불수인 채로 운동한다고 산 댕기다가 넘어져서 엉치뼈가 다 부서졌더라고. 천식이 심해서는 그냥 앉아만 있어도 숨소리가 쌕쌕대고, 그르니 자다가도 숨소리가 거칠다가 갑자기 한참 동안 죽은 것마냥 숨소리가 끊겨. 그르다가 갑자기 방이 떠나가게 숨을 몰아쉬고. 그르케 숨이 막힐 때면, 머리를 송충이 대가리처럼 뒤흔들며 땀이 비 오듯 쏟아지고 그려는겨. 그 냥반쪽 친척들이랑 다 만나고 같이 들락거리고 그렸어. 혼인 신고는 안 혔지만, 그짝 어른들은 부인 대우를 허더라고. 사람을 살려놔서 그렸기도 허겄지.

애들 애비랑은 그때는 법적으로 이혼이 되었을 때지. 하도 도장을 안 찍어줄라고 하는 거를 동상들이랑 같이 수를 찾았지. 그쪽이 여자가 생겨서 같이 목동에다 살림을 하는 거여. 그래 이혼 안 해주면 간통으로 고소를 허겄다고 혔드만, 별수 없이 이혼장에 도장을 찍은 거제. 위자료가 머여? 그런 거 하나도 안 바래. 암사동 아파트도 다 줘버렸어. 이혼만 허구 다 준거여. 그렇게 끝을 보구는 시엄니가 죽기 바로 전에 아그들 통해서 나를 보고 싶어하니 오라고 연락이 왔는데도 안 갔어. 애들 아부지 암 걸려서 병원 입원했을 때랑 죽었을 때도 안 갔어. 동갑인 시누는 충청도 내 친정 근처에 살아. 볼 일이야 읍지만 서로 안쓰럽고 그런 마음이지. 어쩌다 보면 인사라도 혀. 막내 시동상은 형 살았을 때 가끔 전화하고, "형이 어떤 여자랑 살아도 지는 형수는 하나뿐이에유" 이러면서 만나자고 보자고 그랬지. 그려도 안 만났어. 시방도 가끔 전화를 혀. "병신 같은 형이 형수 같은 사람이 어딨다고, 지 복을 지가 팽개치고 그르케 갔다"고. 시엄니는 막내아들 곁에서 죽었제. 애들 애비 죽고 처음에는 기제사나 명절 제사는 내가 지내줬어. 죽고 난게 저도 먼가 인생이 잘못 풀려서 그렸으려니 싶어, 가엾게 생각이 되더라고. 그랴도 애들 아부지기는 형게, 애들 생각하면 지네가 제사 받을 때꺼정은 내가라도 상을 받아줘야겠다 헌 거제. 그라고 애들이 너무 풀리는 게 읍는 거여. 애들 봐서 제사상 채려준 거제. 내가 제사상을 채링게 막내가 "아부지 제사 지내주니 너무 맘이 편하다" 그라드라고. 니들 봐서 지내주는 거라고 애들헌티 그렸어. 글구 제발 자손들 좀 잘되게 해달라고 제사 때 빌기도 혔고. 시방은 큰아들네가 지내고 나는 안 가지. 그때 줘버린 그 암사동 아파트를 결국 지 병 치다꺼리로 다 쓰고 간 거여. 돈 한 푼 달라고도 않고 받지도 않고, 이혼만 딱 한 거여. 그때면 벌써 자식들이랑은 오고 가고 하던 때여. 많이 크기도 혔고. 구로동 법당 하믄서 자식들이랑은 만나고 챙기고 혔지. 이혼 반대허는 애들은 없었어.

　산 내려와서 구로동 법당 차리고 나서, 자식들을 만날려고 연락을 혔제. 지 에비는 다른 여자랑 살림 나가고, 애들끼리만 암사동 아파트서 살던 때제. 딸이 오빠 둘이랑 남동생이랑 살면서 살림하며 핵교 다니며 고생이 많았겠제. 첨에는 딸이 안 볼라구 하드라구. 내 주민번호 홈쳐다가 애들 아부지한테 연락했대는 그 여자가 한 말들이 딸한테두 들어간 거여. 근데 내 친구 하나가 "니 엄마가 그럴 리가 없다. 내가 산을 가 봤는데 니 엄마가 산에서 너무 고생도 많고, 너희들 걱정에 늘 울고 힘들어하매 밤나 자식들 기도만 혀드라. 니 아버지 때문에 도저히 못살겠어서 나온 거지, 자식들 안 챙길 사람이 아니다" 허며 일단 만나라고 헌 거제. 딸도 그 친구를 좋아혔거든. 한번 만나구서는 풀리더라구. 그때 딸이 열아홉 스물, 그때였어. 딸은 그럼서도 상고를 나와 특허청을 다니면서 야간 대학을 나오고 그런 애여. 갸한테 제일 미안혀지.

내 평생 가슴에 제일 상처가 된 거는 자식새끼들 놓고 집 나간 거여. 서방한테 당한 폭력이나 그런 거야 내가 당한 거고, 또 이혼도 하구 서방두 죽었으니까 이젠 없는 거지만, 자식들 놓구 나간 거는 평생을 죄책감으로 남는 거지. 후회는 안 혀. 그때는 어쩔 수가 없었응게. 그르치만 어쨌든 아직도 나헌테는 그게 너무 아픈 거여. 그라니 지금도 이렇게 아들 둘 데리구 살구, 하는 데꺼정 하드래두 늘 모자른 거 같구 그러지. 생각 같아서는 혼차 산으루 들어가서 기도나 허구 살았으면 맘이 편허겄는데 그러지를 못허는 거여. 그때 못한 거를 죄닦음을 해야 허는 거지. 그게 에미 노릇이니까 별수 읍는 거제. 신일을 안 혀니까 몸이 늘 아퍼. 나이 들어서 아픈 거랑 다른 거여. 자식들 일 잘 안 풀리는 거두 나헌티 원망스러운 거구.

새 영감이랑 살림 낼 때, 영감 쪽 자식들이 처음에는 반대가 읍섰지. 자기네가 돌보지도 않는 병든 아부지를 낫게 해주고 치다꺼리 해주는 사람인데, 반대를 할 일이 읍는 거제. 근디 난중에 병 다 낫고 집을 해주고 어쩌고 하는 이야기가 나오면서는 난리가 났지. 우리 딸도 첨에 팔팔 뛰었지. 이왕 팔자를 고칠려면 멀쩡한 사람헌티 가라. 몸도 안 성한 사람헌티 가서 송장치례할 일 있냐고 반대를 많이 혔어. 그려서 내가 다른 아들들헌티랑은 다르게 딸헌티는 솔직헌 야그를 다 혔어. "이 사람은 남자 구실을 못 허는 사람이여. 죽는 사람 하나 살린다는 생각으로 살겄다. 집이야 하나 생길지 어쩔지 모르지만, 내 팔자가 그렇다."

영감은 내가 하나하나 약을 쓰는 것마다 그대로 병이 나아가는 거여. 약이 잘 맞고 치료가 맞아떨어지는 거제. 그러구 양쪽 자식들도 서로 만나고 챙기고 서로 어무이 아부지로 부르고, 그렇게 되았어. 난 첨부터 그 냥반헌티 솔직허게 내 지난 야그도 다 혔어. 머가 어쩌도 나는 쟈네들헌티는 죄인잉게 이쟈는 그 죄도 닦고 다시는 자식들 안 아프게 할란다고, 아예 첨부터 다짐을 혔어. 우리 손주들을 영감이 업어주고 이뻐하고 그렸어. 영감은 무슨 약에 낳은 건지 모르지만 병이 많이 낫궈졌어. 숨차고 소리 나는 것도 그렇고, 다리 쩔뚝거리는 것도 많이 낫구. 내가 일도 많이 안 하고 산에를 많이 다녔지, 약초 구하니라고. 그르케 병 다 낫고 나서, 난중에 집을 달라고 혔어. "해준다더니 왜 안 해주냐?" 그럼서. 그려서 이 집을 사준 거여. 일산 신도시에 있던 집이 동네에 아파트 단지 들어서면서 택지 70평을 받았거든. 그거를 팔아서 자기 빚 갚고, 남은 거에 내 돈 보태서 이걸 산 거제. 서울 집은 딸 주고 가게 터 나온 거는 아들 사주고. 그르니 자식들헌티도 다 해준 거여. 대신 내가 그 냥반 죽을 때꺼정 책임을 져준 거제.

그 사람 자식들이 이 집을 내 이름만으로 한 거를 알고 난리가 났제. 아부지랑 같이 안 했다고. 아들이 나헌티 와서 땡깡도 놓고 한바탕혔어. 지 아부지 죽기 전에 내가 도망이라도 가면 어디 하소연할 데도 없이 알거지가 된대는 거지. 내가 끝까정 책임을 질 거라고 여러 번 말혔는디도 못 믿는대는 거여. 그르다 갸네들 작은아부지 돌아가셔서 상막*해놨을 때, 거그서 내가 집안 어른들헌티 이 집 일들을 다 야그를 혔어. 그렸더니 어른들이 그 사람 자식들을 불러서 야단을 친 거여. "누가 니 엄니처럼 아부지헌티 할 수 있겄냐? 딸이고 아들이고 니네가 한 번이라도 진심으로 아부지를 챙겨본 적이 있느냐? 오죽하면 니 아부지가 저 엄니헌티 매달렸겄냐? 그 은공으로 니 아부지가 병을 다 털고 새 세상을 사는 거 아니냐? 니 엄니가 니 아부지 버리고 도망갈 사람으로 여겨지냐?" 이러면서 야단을 쳤다더라구. 그러구는 그 말이 없어지드라구.

난중에는 아예 굿을 그만뒀제. 딱 접고서는 그 사람 몸 챙기는 일만 헌 거제. 초파일이니 대보름에 등 달고 기도허는 것만 조금씩 혀 주고. 그래도 법당은 그대루 뒀어. 그 사람이 돈을 제대로 못 버니 내가 노동판까지 들어가서 생활비를 벌면서 그 사람 몸을 챙겼어. 아파트 신도시 지을 때 그 양반이 신도시 경비를 좀 하기는 혔지만 그 돈으로야 못살지. 약 캐러 다니는 것도 이래저래 돈 드는 일이고. 그려서 공사장 노가다를 뛰었제. 그걸로 먹고 산 거여. 새벽 인력시장 나가서 일을 얻기도 혀고, 일 허는 사람끼리 서로 연결해서 얻기도 혀고. 방수 일도 맷 년을 허고 호스트**도 한참을 혀고, 닥치는 대로 노

---

* 喪幕. 망인을 기려 3년간 음력 초하루와 보름에 음식을 차리고 곡을 하는 의식.
** 높은 건물 짓는 공사장에서 짐 싣는 엘리베이터 지키는 일.

가다 일을 혔어. 그 냥반 버는 돈은 자기 자식들헌테랑 당신 용돈으로 쓰라 허고, 내가 번 거로 둘이 먹고산 거제. 여기서 가까운 저 신작로 길가에서 포장마차도 혔어. 순대도 일고여덜 관씩 팔았고, 떡볶이도 진짜 쌀떡에 고춧가루도 제일로 좋은 놈으로 사서 혔어. 조미료는 일체 안 쓰고 오뎅국도 내가 직접 국물 만들어서 혔어. 그 냥반도 심바람(심부름)을 해줬지. 나는 머든 먹는장사를 허면 잘되더라구. 근디 장사가 잘되니께 주변 가게에서 신고를 혀서 못 하게 되았어. 그거 하느라 구청까지 불려가고, 포장마차 뺏기고, 벌금 물고 찾아오고를 많이 혔지. 낸중에는 목욕탕에서 청소해주면서 약초, 김밥, 음료수를 놓고 팔기도 혔어. 그 장사도 잘되았어. 약초도 다들 용하다고 하고, 김밥도 백 개 넘게 팔고. 벌이가 좀 되는 거 같으니께 나라시(목욕탕 때밀이)가 주인헌티 속싹거리는 거여. 무신 목욕탕에서 약초를 팔게 하고 그라냐고, 손님들이 싫다고 하더라고. 그래서 그만두고 나왔어.

"사람들게도 하늘게도 떳떳혀"
— 노가다와 요양 일을 하며 김 씨를 보내다

영감이 신 일을 반대는 안 혔지. 근데 남자가 늘 문 앞이나 집 안에 있고 허니, 사람들이 편히 드나들기가 좀 머헌 거지. 그라구 나도 그 사람 약 캐러 다니느라 법당 일에 매여 있지를 못허고 기도도 줄어든 게 점점 흐려지는 거여. 차츰 신기가 주는 거지. 그렇게 신기가 떨어져도 일을 허는 사람은 허는디, 나는 그라고 싶지 않은 거여. 돈 벌자고 그 일을 할 수는 없는 거지. 신 일은 신하고 사람을 이어주는 일인디, 내가 다른 일로 바빠서 신기가 줄어들면 그걸루 그만둬야제. 시늉만 하매 신 일을 하는 건, 신도 속이고 사람도 속이는 일이제. 아직도 부처님은 모시고 있어. 시간 나는 대로 기도도 허고. 선몽도 가끔 오고 혀는디, 그냥 없는 사람 착한 사람 도움 되는 말이나 혀주는 거구, 일삼아 돈 받으며 허는 거는 안 혀.

지금도 1년에 시 번, 사월 초파일, 정월 대보름, 칠월 칠석에는 꼭 기도해달라매 정성으루 초값 보내는 사람이 있어. 돈이야 얼마 안 되지만 안 잊고 두 집서 20년 넘게 늘 제 날짜에 연락도 오고 등도 달아달라고 하니, 그거는 늘 정성으루 해주는 거여. 등도 사다가 안 하고 내가 직접 만들어서 불을 키는 거구. 그 집 아들 네다섯 살이나 돼서 만났는데 애가 밥을 안 먹구 빼짝 말르구 아프구 그렸어. 근데 글씨 그 어린애가 내가 시영어머니를 삼아줘야 밥을 먹겠다고 혀서 내 시영아들로 삼고 일도 혀주고 혀서 인연이 된 거야. 그 집 애가 지금 스물여섯인가 일곱인디, 아주 잘 되았어. 아들도 그렇구 다른 자식들도 그렇구. 초파일, 정월 대보름, 칠월 칠석에 꼭 5만 원씩을 보내고 전화를 혀. 그게 많이 보내야 좋은 게 아녀. 그렇게 꼬박꼬박 하는 게 어렵거든. 그러니 나도 정성으로 해주는 거지. 또 한 집도 그 형제여. 다른 집들도 더러 초파일에는 등을 달구 하는데, 지금들은 내가 노동판 일 허구 요양 일 허구 하니 안 하는 줄 알구 안 저기혀지.

가만 보면 진실로 신명을 받아서 허는 사람이 드물더라구. 내가 보믄 알지. 사기루 함서 사람들 돈만 뜯어내는 사람인 게 보이는 거여. 그런 사람일수록 말은 청산유수여. 책도 가지가지 놓구 공부가 높은 것처럼 보이는 거여. 그러면서 "내가 진짜다, 내가 용하다" 그래쌓는 거를 보면, 이 일을 허기가 더 싫어지드라구. 그런 사람들 보구 머가 어뜨타 하고 싶지도 않고 내가 진짜다 하구 싶지두 않구. 그러다 봉게 내가 점점 일을 안 하게 되더라구. 돈 버는 수단으로만 하는 사람이 많아.

내가 공부를 못혔자녀. 더 깊게 들어갈려면 공부가 좀 있고 법문도 하고 기도문도 외고 하며 철학 공부를 해야 허는디, 내가 겨우 읽기는 허는데 쓰도 못허고 읽어도 무슨 말인가 잘 모르겠는 거지. 그러니 더 할 생각을 자연히 안 허는 거지. 못 배운 게 여러 가지로 한이여.

이 일 허는 사람들끼리도 다 겉을 보며 하더라구. 무속인들 사이에서두 협회나 연합회나 그런 게 있는데, 보면 신이 높은 게 아니라 돈 많고 세상 공부가 많은 사람들이 저기를 혀더라구. 그러니 그런 데도 잘 안 나가게 되는 거여. 그려도 필요하니께 자격증이랑은 다 받아놨어.

요양보호사 자격증은 2009년에 땄어. 근디 요양 일이 돈이 안 되니 계속 노가다를 댕겼어. 요양 일은 하루 네 시간 허면 50만 원, 여덟 시간 허면 백만 원이자녀. 노가다는 한 달이면 150~160만 원은 버니께, 힘은 들지만 훨씬 낫제.

그 냥반이 돌아가신 거는 한 4~5년 돼. 이 집 화장실서 갑자기 씨러져서 명지병원 중환자실로 실어간 거여. 나중에 요양병원으로 옮겨서 한 달 동안 내가 붙어서 간호를 혔어. 거의 잠을 못 자면서 영감 돌보고 다른 환자들도 간병을 해주고 그렸어. 가래 빼는 거며 오줌 빼는 거며, 거그 환자들 많이 봐줬제. 그르다가 나 집에 갔다 오는 새에 자기가 자기 손으로 죽 들어가는 호스를 빼버린 거여. 한 달 보름을 껴놓은 호스를 뺐는데, 다시 낄 수가 읍대는 거여. 목 뚫은 디가 너무 안 좋아져 버린 거제. 한 달 넘게 물 한 모금을 못 넘기다가 돌아가셨어. 가래만 빼주고, 링게루만 허구. 어느 날 오늘은 가시겠다 싶더라구. 그날 저녁 그 사람 딸이 왔길래 딸이랑 몸을 다 씻겨주고, 미리 사둔 깨끗한 새 옷으로 싹 갈아입히고, 나는 걸레를 빨러 나왔어. 그란디 딸이 뛰어와서는 "어무이, 아부지가 이상해요" 그라드라고. 놀래서 가봉게 이상허드라고. 의사랑 불렀는데 가망이 읍댜. 그전에도 몇 번을 죽었다 깨나고 혔제. 근디 그때는 마지막이다 싶더라고. 내 주머니를 뒤진게 돈이 2만 1000원밖에 읍더라고. 그래서 그 돈을 손에 쥐여주며 "내가 수중에 이것밖에 읍네유. 이놈 갖구 노잣돈 혀서 편히 가셔유. 막내는 내가 잘혀서 장가보낼 텡게 걱정하지 말고 맴 편히 가셔유" 그렸어. "누가 머라고 혀도, 이 집은 내가 가질 거예요" 그 말도 혔어. 옷이랑 양말을 마저 싹 입히고 얼굴을 쓰다듬은게 그제사 손이 풀리면서 돈을 떨어뜨리더라고. 그러고는 간 거제. 내가 와서 환갑잔치혔지, 딸들 아들들 결혼도 시켰지, 병 다 낫고도 내가 벌어 두 사람 먹고 살았지. 막내만 혼인을 못 시키고 간 건데, 난중에 막내아들 장가도 신부 폐물까지 내가 다 마련해줬어. 그러니 솔직허니 말해서, 내가 이 집 와서 돈 벌었다 헐 거는 읍서. 내가 고생하고 일하고 번 거로 이 집이 내 꺼가 된 거여. 20년 못 되게 같이 살았을 거여.

첨에 그 냥반 자식들이 집 명의 때문에 하도 머라 해서, 나도 많이 힘들었제. 난중에 지 아부지 아직 살았을 때, 집 명의만 받고 지 아부지 나 몰라라 할까봐 그렸다고 죄송하다고 사과들을 하드라구. 그때만 혀도 사람을 잘 모를 땐게. 난중에 아부지헌티 하는 거 보고 함서는, 돌아가시고 나서도 다른 말이 읍었제. 돈이고 재산 문제라서 참 말하기가 거시기는 헌데, 내가 그 자격은 충분하다고 생각혀. 사람들게도 하늘게도 떳떳혀.

그 양반이 성질은 급혀도 속은 깊고 인정이 많은 사람이었제. 그려도 솔직허게 그 양반하고 살았어도 부부 생활 그런 거는 읎었어. 병나았어도 그게 안 되더라고. 그르니 그런 거는 모르고 서로 의지하고 산 거제. 그 영감이 남자 구실을 못 한다는 걸 알고 아마 더 같이 살 생각이 든 거 같어. 부부간 정이나 의지가 잠자리를 하고 못하고에 있는 것도 아니고, 법으루 신고를 했느냐 안 했느냐도 아니라고 생각혀. 외려 첫 영감은 웬수였고, 나중 영감이 더 의지도 되고 시방도 '나랑 같이 산 사람이었다' 싶어. 서로 하느라고 잘 했응게. 그 사람은 혼인 신고를 하자구 혔는디, 내가 그런 게 별로 마음이 읎드라구. 남자헌티 디여서 남자랑 멀 묶어놓는 게 싫은 거제. 시방도 얘기허지만, 돌아가셨어도 그 양반 원은 읎을 거여. 그때 벌써 구십 넘은 아주버님이 시방도 살아 계신디, 그 냥반이 자기 동상 죽었을 때 내 손을 잡고 "제수씨가 온갖 정성 다해줘서 우리 동상이 새 세상을 살고 갔어요" 치하를 허드라고. 집안사람들이니 어른들이니 동네 사람들도 다 내 칭찬을 허며 더없이 공을 들여서 병 낫구고 살리고 혔다 그렸어. 나도 그르케 보내고 나니 한이 읎고 맴이 깔끔혀.

오징어를 사서 세 마리를 튀겨놓으면 산만 헌디, 그걸 그르케 좋아혀서 다 먹었제. 나는 어려서 오징어를 하도 먹어서 물렸자녀. 그르니 안 먹지. 그려도 그 냥반이 좋아하니 오징어 튀김을 잘 해줬어. 반찬이랑도 다 그 양반 입에 맞춰서 허고. 내가 시장 봐서 새 음식 만들어놓으면, "이상허게 나 먹고 싶은 거를 딱 알고 그걸 해놓았네" 그런 말을 많이 혔어. 항상 그러기야 할까마는 말이라도 그르케 하는 사람인 거제. 삼도 1년에 열댓 재씩 사놓구서 데려 먹이고 혔어. 그 집 제사도 내가 다 모셨고. 그러니 지 아부지 갔을 때 큰아들이 나를 껴안으면서 고맙다고 고생하셨다고 하더라고. 전에 집 일이 저도 마음에 걸린 거제. 가고 2년 있다가 제사를 큰아들헌티 줬지, 내가 우리 애들이랑 산게……. 그 냥반 가고 2년이나 있다 애들 아버지도 갔어.

"어무이 보듯이 이걸 봐라"
— 아버지 이야기

최현숙 / 친정아버지를 많이 원망했겠어요. 싫다는 결혼도 아버지 체면 때문에 끝까지 싫다고 못한 거고, 살면서 안 살 작정했을 때도 아버지가 동네 창피하다고 서방 따라가라고 해서 일찍 못 끝내기도 했잖아요.

이기순 / 그러기는 헌 거지. 어무이가 장사구 집안 살림이구를 다 알아서 헌 거지만, 그려두 내 혼사 못 말린 거며 어무이 신 일 못헌 거를 보면, 큰일들은 아부지 뜻을 못 거스른 거여. 나는 어릴 때부터 친정아버지가 너무 어려워서 애들 둘 낳구서두 같이 밥을 못 먹었어. 아주 유한 분인데두 나는 늘 어려웠어. 셋 낳아가꾸 친정 가서야 같이 밥은 먹었는데, 아직두 어려웠지. 내가 또 누구헌테구 말을 자분자분허게 못 허자녀. 그러니 아부지헌테는 더 그런 거지. 산 다녀와서 신 일 허구 할 때, 아버지가 병나서 내가 병간호하면서야 좀 편해졌어. 노환이었겠지. 잡수지도 못허고 돌아가시게 생긴 거여. 그래서 아예 내가 친정으루 나려가서 보신을 해드린 거여. 소고기, 천엽, 내장, 똥보, 그런 거를 짓다듬어 그릇에 붙여서는 솥단지에 물을 붓고 앉히는 거여. 중탕을 허는 거지. 그걸 오래 끓이면 지름이 쏙 빠져. 그라구 고기는 지지곱지같이 맛이 하나두 없구 숨 같어져. 그럼 고기는 버리고 그 국물을 드시는 거지. 죽도 여러 가지를 돌아가면서 끓여드리구. 그렇게 보신을 해드리니 좀 살아나시드라고. 그래서 몇 년을 더 살았어. 그라다가는 친정 보일러를 조카가 잘못 다뤄서 터지는 바람에 아버지가 창문 높은 데서 떨어지면서 엉치랑 허벅지에 뼈가 다 부스러진 거여. 그때도 병원에 입원해 계신데 내가 가서 병간을 했어. 그때 아버지랑 많이 이무러워졌지. 아버지헌테 어려서 나는 그저 일이나 하는 딸이구 자식이었지. 그런 게 어려서는 섭섭혔어. 동생들만 이뻐하구 동생들이랑은 이야기도 많이 하시구. 나랑은 나중에야 편해진 거여. 그른데다 내가 하는 신 일도 아부지야 못마땅혔겠지. 나 이혼한 거로는 머라구를 안 하셨어. 그때는 니가 알아서 하라구 하시더라구.

아부지두 가 자두 모르는 분이었어. 하나두 못 배운 분이지. 그려두 호인이구 경우 바르구, 얌전한 분이셨지. 가실 때두 아침 잘 잡수구 갑자기 그냥 가신 거여. 시골집을 새로 고쳐서 지하에 창고를 두구 1층을 살림집을 하구 그렸어. 아침 잡수구 지하 창고를 가셨다가 1층으루 올라오는 계단에서 돌아가신 거여. 엄마랑은 안 보이니께 깨밭에 간 줄로 생각헌 거지. 그런데 하두 안 오니까 어스름 나절에나 찾아본 거여. 그른데 계단 거그서 벌써 돌아가신 채로 찾은 거제.

아부지 돌아가시구 내가 관절루 무릎이 아프면서야, 아부지 엉치 부서지고 다리 아프구 못 걷구 헌게 다시 떠오르더라구. 방이며 마루를 기어 다님서두 화장실을 혼차 다니는 거여. 변기통 가져올 게 그냥 계시라구 수도 없이 혀도 아니라는 거여. 안 아픈게 화장실 가서 보신대는 거지. 딱 두 번을 내가 방에서 변을 받아내구, 그라구 돌아가

굿당에서 쓰던 제구.

신 거여.(울음) 자식들게 폐 안 끼치려구 그렇게 힘들게 혼차서 하신 거지. 내가 요즘 요양한다구 하면서 노인들 환자들 발을 닦아주고 모욕도 해주고 함서, '울 아부지헌티 모욕 한 번을 못 해드렸는데' 싶구, 후회가 들어. 아버지는 한 8년 전에 돌아가셨으니 2005년에나 가신 거구, 어무이는 작년에 가셨어. 어무이랑은 여행도 많이 돌아다니구 모욕두 많이 다니구 나랑 싸움두 많이 혀서, 별로 한 되는 게 읎제.

신 일 허며 쓰던 제구들두 안 허구 쌓아놓고만 있으니 먼지가 많이 쌓였어. 나중에 신 내모실 굿(신을 나가시게 하는 굿) 헐 때 제대로 한 번 쓰구 나서 어쩌든지 하려구 쌓아두고만 있는 거여. 몇 년 전에

243

내가 신을 내모실려구 맘을 먹었어. 몸으루만 받구 법당이니는 치울려구 한 거지. 그렸는데 너무 몸이 아프고 고통시럽더라구. 그래서 할 수 없이 못 내모신 거지. 내가 내 살아온 이야기를 누구헌티도 안 혔어. 자식들도 잘 모르지.

최현숙 / 지금 하는 요양보호사 일은 어때요? 하시는 일이랑 선배님의 마음이나 느낌을 얘기해주세요.

이기순 / 시방은 두 노인 부부를 돌보고 있어. 두 노인이 모두 등급을 받았으니, 하루 여덟 시간을 돌보는 거제. 나는 그저 부모처럼 생각을 혀. 오줌이니 똥이니를 싸고도 모르셔. 다른 정신은 말짱헌데 거기는 느낌이 읍스신 거제, 근육도 다 풀린 거고. 오줌 누울 때가 됐다 싶어서 "어무이 오줌 쌌어?" 물으면 "아녀 안 쌌을걸" 혀. "멀, 쌀 때가 되았는디" 그럼서 열어봐. 그럼 오줌에다 똥도 묻어 있어. 어떨 때는 많이도 싸 있고. 그르니 모르시는 거제. 그려서 항상 기저귀를 채워놓고 있지. 할무이는 거의 침상에만 있어. 아주 걷지를 못허는 거제. 그르니 늘 체위 변경을 해드려야 혀, 욕창 안 생기게. 물을 수도 읍시 갈아 떠다가 침상에서 모욕이랑 머리 감기를 일주일에 한 번씩 꼭 혀드려. 정신은 좋으시니 모욕허는 요일이면 먼첨 "나 오늘 안 닦아줘?" 그라시지. 그럼 "어무이, 기여. 오늘 닦는 날이여. 좀만 기둘려. 이거버텀 허고 닦아줄게" 허고는 급헌 거 먼처 허고 모욕을 시키는 거여. 침상 모욕을 깨끗허게 하려면 수건을 수도 읍시 빨아야 허고, 물을 수도 읍시 갈아야 혀. 깨끗이 혀도 살 껍데기 비듬이 을매나 날리는지 몰러. 아들네가 4층에서 살면서 아침을 챙겨 드리고 내가 아홉 시에 가서 여섯 시까지 하는 거여. 한 시간은 쉬는 시간이라고 쉬라지만, 그게 쉬어져? 그냥 해드리는 거제. 두 분이 칼국수를 좋아혀서 그걸 밀어서 해드려. 노인들은 그런 거 좋아하자녀. 이젠 나도 골병이 들어서 파스 붙이고 혀. 두 노인 환자 돌보는 게 쉬운 일이 아니지. 수입은 120만 원 쪼금 못 되지. 2등급, 3등급 그러신게. 하도 내 몸이 아파서 그만둘 생각을 혔다가도, '나 아니면 누가 이 냥반들을 이렇게 해줄까' 하는 마음에 그대로 허는 거제. 다르게 해볼려 혀도 연줄이 이 분들이랑인가 안 바까지더라고. 돈으로 치면야 너무 적은 거여. 돈 생각 허면 못 혀지. 자식들도 마다하고 안 하려는 일을 하는 거자녀.

 나 살아온 거 돌아보면 어려운 사람 돌보는 게 내 본분이더라고. 그르니 그르케 생각허고 허는 거여. 기도를 해줘서 복을 주는 거, 굿을 허고 액을 막아줘서 복을 주는 거, 그런 거랑 똑같은 일이제. 노인들 가시는 날까지 따듯허게 돌보는 것이 복 주고 액 막는 일이제. 죽음이야 내 일이 아니고. 내가 별라 가진 거도 읍고 배운 거도 읍서서 제대로 잘 허지는 못혔지만, 마음은 늘 그렸어. 그게 부처님 마음이고 신령님 마음이고. 근디 있는 사람헌티는 냉정혀. 그저 사회생활 할 려니께 만나고 얘기하고 하는 거제. 마음도 안 가고 겉으로만 대하는 거제. 그치만 읍는 사람헌티는 잘 혀. 시방도 된장이고 꼬치장이고 이 동네 읍는 노인들헌티는 일부러 더 맨들어서 드리고 혀, 물 한 모금이라도 더 정갈허게 챙겨 드리고.

최현숙　/　그게 부처의 측은지심이자 자비고, 예수의 사랑이고, 진정한 무속인들이 추구하는 복이죠. 저는 모두 같은 대상을 향한 같은 추구이자 기도라고 생각해요. 자기 양심을 마주치는 만남이기도 하고. 부처든, 산신령이든, 하느님이든 자기 양심을 닦아야 만날 수 있는 것이고, 그게 선배님이 말씀하신 영이 맑아지는 거죠. 물론 종교나 무속을 내세워서 돈이나 권력이나 자기 이익을 추구하는 사람들이야 어디라도 있고요.

이기순 / 기여, 내 생각이 바로 최 선상 생각이여. 내가 모시는 부처나 산신령이나 교회 하느님이랑 같다고 생각혀. 그르니 딸 교회 댕기는 거를 나는 지 뜻대로 하게 혀. 저는 나 이거 허는 거를 좋아라 안 혀도. 무속에서 신내림이라고 하는 걸 교회서는 성령 오신다고 허드만.

신 일을 다시 헐 생각은 읍서. 그건 그거대로 너무 힘들고 고통이 따르는 일이여. 그리고 시방 그걸 다시 허면 자식들 돌보는 거를 잘 못 허니께. 자식들한테 죄지은 사람이자녀. 그려도 마음 한쪽에는 속세를 다 떠나 산에 가서 살고 싶은 마음은 구름같어. 가서 자손들이나 없는 사람들 위해서 기도나 함서 살고 싶은 마음이 굴뚝같지. 근디 내가 낳은 새끼들잉게, 허는 데꺼정은 책임을 져야지 어쩌겄어? 어려서 떼어놓고 가서 못한 거를, 이제는 갚아야제.

지금은 요양일 하니라구 바쁘면서두, 봄 되니까 쩌그다가 고구마 다섯 구뎅이랑 감자, 강낭콩, 고추, 땅콩, 호박, 다마내기를 심어서 길러. 일 가기 전에 아침 일찌거니도 들르구. 날마다 가는겨, 재미가 나서. 동네 공터 길 지나가는 옆인디, 풀이 엉망으로 큰 거여. 집수리한 쓰레기들을 거그다 부어놔서 난리였는디, 땅이 아깝더라구. 그걸 다 가려내가꾸 거그다 거름을 해서 심은 거여.

최현숙 / 요즘은 노인들도 연애도 하고 새로 결혼도 하고 하잖아요. 결혼은 싫다니, 연애나 한 번 제대로 하시면 좋겠네요. 아직 젊고 건강하신데, 하하하.

이기순 / 기여, 안 그려도 이제는 좀 마음이 달라지더랑게. 재미나고 부럽게 사는 거 보면, 나도 저렇게 좀 살아봤으면 을매나 좋을까 싶어. 나도 좋은 세상을 한번 살아보고도 싶은 거제. 안 그려도 여기 언니가 아그들 모르게 연애도 좀 하고 그러라고 하길래, "좋은 사람 있으면 소개 좀 해주소!" 그랬어. 있으면 정말 혀보고 싶어. 근디 그런 사람이 읍자녀. 그리구 막상 있어도 무섭더랑게. 얼마 전에 나이가 나보다 많이 적은 남자 하나가 하도 연락을 허고 안부를 묻고 허는데, 무섭더랑게. 그래서 싫은 소리를 혀고 연락을 안 받고 혀서 겨우 끊어냈어. 어려서 나랑 혼삿말 있었다는 우리 동네 그 남자는 시방이라도 찾아오면 이제는 좋다고 할 거여. 정말이여, 하하하. 그르케 나를 좋아해주고 잘해주는 사람이랑 한번 지대로 살아보고 싶어. 그러면 잠자리도 좋을 거 같고. 나는 그 복을 못 받은 거제. 내가 으뜨케 먼저 소식을 알아봐? 알아보면 알 수도 있겠지만, 그걸 으뜨케 나서?

최현숙 / 저도 제대로 갖춘 굿 한번 보고 싶어요. 교회나 성당의 예배보다 제대로 된 굿판이 가장 훌륭한 기도 자리더라고요. 신이고 기도하는 사람이고 참여자가 함께 어우러지는……. 선배님 이야기 쓰느라 혼자서 인터넷으로 굿 동영상도 많이 보고 했는데, 어디 바다나 산에서 하는 제대로 된 굿에 한바탕 어울리고 싶더라구요. 저랑 시간 만들어서 같이 가는 거는 어때요?

이기순 / 아, 최 선상이랑 가면사 좋지. 진짜루 한번 같이 가서 놀아보더라구, 하하하.

그렇다 旅行이다.

가장 가까운 곳에서 눈물 하나가 바다를 일으킨다.

바다를 일으켜서는 또 다른 바다로 끄을고 간다.

부끄럽게 가만가만 暴風 속에서도 새우를 키우며

돌아오지 않으려고 바다에서 자는 물.

잠자리가 불편하다고 곳곳에서 女子들은 무덤을 가리키며 울었다.

— 강은교, 〈바리데기의 여행(旅行) 노래 이곡(二曲)·어제 밤〉 중에서

　애초 이기순은 이야기 주인공 예비 명단 12명에 없었다. 8090세대 여성 구술사 작업하고 다르게 5070세대의 주인공은 만나기 어려웠다. 먼저 이윤숙하고 작업을 진행하다가 이윤숙이 이기순을 추천했다. 이윤숙을 따라 협회 모임에 온 이기순을 몇 번 만나기는 했다. 그렇지만 참석은 해도 거의 말이 없는 분이어서 주목할 기회가 없었다. 협회에서 상근을 하고 있던 내게 "고생해주셔서 미안시럽다"며 따스한 웃음만 보이는 분이었다. 추천한다는 말을 듣고도 좀 미심쩍었다.

다만 공사장 노가다를 한 일이나 산 돌아다니며 약초 캔 이야기가 관심을 끌었고, 본인도 어느 정도 하고 싶어하더라는 말을 듣고 전화를 했다. "살아 온 거는 너무 기가 맥히고 헐 말이 많은디……내가 말을 못혀서……." 느리게 말을 끌면서도, 시작은 해보자고 했다. 해보자고는 하니 나도 인터뷰를 해보고 결정할 생각이었다. 그이 집에서 일요일 오전 10시에 시작한 첫 인터뷰는 30분도 되기 전에 신바람에 올라탔다. 앉은 김에 가는 데까지 가자며 저녁 6시 무렵까지 이어진 인터뷰가 무리일까 염려됐는데, 목도 안 마르고 배도 안 고프다 했다. 아무에게도 해본 적 없다는 속 이야기를 느린 곡조의 한풀이 타령을 하듯 하염없이 풀어냈다. 내가 "배고파서 못 하겠다"며 우겨서 오후 3시에야 밥을 시켜 먹었다. 이기순도 "놀듯이 말이 풀린다"며 희한해했다.

말, 신 내림, 해방과 자립

이기순의 삶을 특징짓는 핵심 중 하나는 말이다. 어린 시절, 말 잘하는 여자아이였다. 동생들도 친구들도 말을 잘 들어줬다. 칠남매의 맏딸이어서 배우지 못한 게 평생의 한이다. 그런데도 욕심과 억척스러움으로 집안 살림의 3분의 1을 키워 부모도 동네 어른들도 모두 칭찬하고 부러워했다. 아닌 줄 알면서도 아버지 체면 때문에 거부하지 못한 결혼, 그 결혼을 하면서 말을 잃어가기 시작했다. 말을 해도 통하지 않았고, 말 한마디라도 잘못했다가는 두들겨 맞기 일쑤였다. 갈수록 주눅이 들었고, 말과 함께 생각도 마음도 잃어갔다. 억눌림이 한계에 닿아 입이 닫힐 때 신이 그 입을 통해 말을 시작했다. 신내림굿 이전에도 '저절로 말이 트이고 입이 열리는' 일을 겪으며 신이 오는 기미를 느꼈다. 배우지도 생각지도 않은 기도문이 입에서 술술 나왔다.

전혀 모르는 남들 일을 신이 그이의 입을 빌려 말했다. 신내림과 신일을 한 절정기에는 그이의 말인지 신의 말인지 구분되지 않기도 한다. 구분할 일이 아닐 테다. 신과 교통하는 일이 뜸해진 요즘, 그이는 자기가 말을 못하는 사람이라고 생각한다. 그런데 신바람 나게 생애 이야기를 풀었다.

신내림은 억압에서 벗어나는 해방이자 경제적, 사회적 자립이며, 고통받는 사람들하고 함께하는 나눔이었다. 순박함과 억눌린 열정과 죽음을 각오한 절망은 신이 이기순을 선택한 이유였을 것이다. 무속(인)을 대하는 사회의 차가운 시선, 무속 사회까지 뻗친 학벌주의, 자식에게 드는 자책감 등은 무속인으로서 세상 안에서 자기 사명을 다하는 데 벽이 됐을 수 있다. 반면 그 김에 찾은 돌봄 노동자의 삶이나 일상 속에서, 신에게서도 자유로워진 이기순을 보는 듯하다.

베푸는 사람, 이기순

신이랑 함께하든 신 없이 하든 이기순은 베푸는 사람이다. 가정 폭력에 시달리며 가계를 책임지던 시절에도 명절이면 없는 사람들 챙겨 먹이려고 포장마차를 쉬지 않았다. 신 내림에서 이어진 무속인의 삶도, 마음과 몸의 병 때문에 고통받는 사람들을 위한 도움의 삶이었다. 60대 중반에 시작한 요양과 간병 노동은 문자 그대로 몸으로 하는 돌봄이자 베풂이다. 친구 따라 찾아온 노동조합도 챙겨야 할 돈이나 권리 이전에 없는 사람들끼리 나누는 울력이다.

지식이니 철학의 깊이를 떠나, 예수니 부처니 산신령이니 하는 인간 너머 존재들을 믿고 말고를 떠나, 진보니 보수니 하는 정치적 견해를 떠나, 한 사람의 사람됨은 삶을 통해 드러난다. 가난하게 태어나

가난하게 살며 이웃들하고 가난한 삶을 나누며 즐겁게 사는 일은 사람이 살아가는 최선의 존재 방식이다. 때때로 세상을 보는 안목이 높지 않고 말과 글이 모자라더라도, 가난과 나눔을 즐긴다는 것 자체가 이미 깊은 통찰이고 넓은 변혁이다. "솔직허니 말혀지만 있는 사람들게는 많이 받았어, 바가지를 씌워두 씌우구. 하지만 넝마주이니 청년들 학생들 그런 돈읍는 사람들헌티는, 싸게두 주구 공짜루두 주구 그렸어." 이기순이 살아온 삶의 핵심이다.

제대로 대접받지 못한 맏딸이자 가정 폭력의 피해자인 무학無學의 여편네가 신접神接을 거쳐 자기와 이웃을 구하는 무속인으로 변화하는 이야기를 들으며, 그이가 만난 산신령들이 미덥고 감사하다. 온전히 동의할 수 없는 효와 모성과 노동에 관한 인식은 섣부른 왈가왈부를 삼가고 말하는 이와 듣는 이와 읽는 이들의 이야깃거리로 남긴다.

남은 생애 동안 발밑에서 일상이 무너지는 사태를 막아줄 '집'이 생겨 다행이다. 있는 사람에게 해줄 만큼 다 하고 정당하게 받은 몫이다. 연애 좀 한번 제대로 해보고 싶단다. 누구 좋은 사람 있으면 소개 좀 해주소.

“도대체
내가
멀 잘못했냐구!”

*

이윤숙

오나가나 화끈하고 열심이며, 친해지자 맞담배를 나누다 말고 덥석 묻지도 않은 아픔을 털어놓은 여자. 2~3년간 협회 일로 만나다가 못 본 지 반년 지나 이어진 간단한 핸드폰 통화에도, 한마디 질문도 없이 '오케이'를 했다. 피차 최저 임금 시급 노동에다 그이는 휴일 노동까지 하느라 시간 잡기가 어려웠다. 미뤄봤자 마찬가지라며 1차 인터뷰는 금요일 저녁부터 2박 3일을 잡자고 문자가 왔다. 일요일 시급은 평상시의 1.5배다. 되도록 토요일 저녁에 끝낼 요량을 하며 화정역에서 버스를 타고 아파트로 찾아갔다. 둘 다 메모지 챙기고, 식탁 옆 벽 콘센트에 충전기 꽂고, 녹음 실행하고, 핸드폰은 한쪽에 놓고, 식탁에 마주 앉았다. 배짱이 맞았다.

이윤숙 / 됐지? 배고프면 먹고 졸리면 자구 하면서, 가는 데까지 가 보자고…….

돼지띠. 1959년 음력 10월 6일생. 나보다 두 살 아래에, 둘만 있을 때는 전부터 서로 말을 놨다. 고향은 경기도 고양군 일산.

이윤숙 / 고향이 여기서 가까워. 여기서 나서 자라고, 결혼해서 잠깐 강원도 살다 다시 들어온 거지. 어릴 때 친구들이구 동창이구, 아직 이 동네에 많이 살구 만나구 그래. 여자도 많고 남자는 더 많아. 나는 남자 친구들이 훨씬 더 많았어. 내 성격이 워낙에 남자 성격이었거든.

형제들은 아들, 아들, 딸, 딸, 아들 해서 삼남 이녀고, 나는 넷째에 딸로는 작은딸인 거지. 우리는 딸이라고 차별받은 게 거의 없어. 할아버지 할머니 해서 삼대가 한 집에서 살았는데, 유독 나만 많이 예뻐하셨어. 나 낳기 전까지는 모리개떡, 감자떡, 쌀겨, 그런 거 먹으며 연명하던 가난한 집안이었는데, 나 낳고 난 뒤부터 살림이 많이 펴기 시작했다고, 다들 나를 많이 예뻐하셨어. 나 낳던 해에 송아지 한 마리를 샀는데, 그 송아지가 커서 새끼 낳고 소가 느는 대로 살림도 크면서, 여기저기 땅도 사고 집도 사고 그랬대. (일어나서 옷을 걷어 올려 등을 보여주며) 내가 여기 점이 커다란 게 있는데, 아이가 크면 클수록 점도 커가고 재산도 불어났다고 다들 복점이라고 했어.

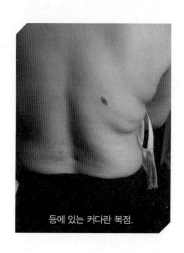

등에 있는 커다란 복점.

아버지 형제는 사남매였어, 아들, 아들, 딸, 딸에 큰아들이야. 형제 간에 우애가 좋았지. 그때만 해도 녹번동, 연신내, 응암동, 그런 데가 모두 경기도였어. 친척들이 다 그 근방에 살고 있어서, 나도 학교 다 닐 때랑은 친척 집에서 살기도 했어. 녹번동이 전부 호박밭이었어. 지 금 녹번동 진흥마켓이 옛날 도원극장 자리야.

아버지는 밤에 잘 때도 나만 데리고 자고, 유별나게 작은딸을 예뻐 하셨지. 우리 언니도 여자라고 차별받은 거는 없었는데, 어려서 밤만 되면 캥캥거리며 울어서 미움을 좀 받았대. 나는 어린 시절뿐 아니라 결혼 전까지 젊은 시절 기억이 아주 좋아. 사랑도 많이 받았고, 하고 싶은 거 다 하고 살았거든. 학교도 남부럽지 않게 다녔고, 직장 생활 도 맘껏 했고, 키도 크고 예뻐서 뽀대도 좋았고. 하하하. 아주 잘나간 거지.

아마 서울이 가까운 경기도다 보니, 사람들이 좀 깨어 있는 것도 있 었을 거야. 아래 지방 시골이면 달랐겠지. 게다가 엄마는 자기가 여 자여서 못 배운 것에 한이 많았던 거야. 외가댁은 원래는 부자였는데, 외할아버지가 노름을 좋아해서 재산을 탕진했다고 하더라구. 어려서 엄마가 서당에 공부하러 가면, 외할아버지가 댕기 머리를 가위로 잘 라버렸대. "기집애가 공부하면 시집가서 친정에 편지질이나 하고 뚝 하면 친정으로 온다", "여자가 배우면 양쪽 집안에 안 좋다" 그러면서. 그런데 엄마는 자른 머리에 수건을 뒤집어쓰고 학교를 갔대. 그러면 남자애들이 수건을 벗기고 얼라리 꼴라리 놀려대서, 학교를 못 갔다 고 하더라구. 그러니 자기가 못 배운 한 때문에 딸들도 공부를 가르 치려고 한 거지.

아빠도 공부를 많이 하고 싶었지만, 워낙에 가난해서 학교를 더 다

닐 엄두를 못 내고 소학교만 나왔대. 그러면서도 자기 남동생은 고려
대학교에 독일 유학까지 뒷바라지를 했어. 결혼하고 나서도 동생 뒷
바라지를 계속한 거야. 할머니랑 아빠는 내 자식 내 동생이어서 희생
할 마음이 있었을 테고, 엄마도 시동생이나 자식들 가르치는 것으로
자기 한을 푼 거지. 작은아버지는 지금 응암동에서 은평구 유지로 빵
빵하게 살고 계셔.

"노상 돌아다니며 노는 게 일이었어"
— 윤택하고 즐거운 청(소)년 시절

아빠가 평범한 분인데, 엄마는 여걸이었어. 엄마는 항상 "외할아버지
가 나를 조금만 더 가르쳐놨으면 내가 이렇게 갑갑하게는 안 사는
데……" 하셨어. 대신 열심히 일해 돈 벌어 자식들 가르치는 낙으로
사신 것 같아. 밤에는 잠 안 자고 집안일 하시고, 낮에는 돈 되는 건
뭐든지 찾아다니며 일을 하셨지. 낮에 뜯어놓은 시금치를 밤에 다듬
어서 장에 내다 팔기도 했고. 부자는 아니었는데, 자식들을 최대한 뒷
바라지한 거지. 그걸 닮아서 내가 지금 돈 되는 건 뭐든지 닥치는 대
로 다 하고, 자식들한테 투자를 많이 하는 건가봐. 성격이 반대여도
엄마랑 아빠 사이에 별다른 갈등은 없었어. 아버지가 지혜롭고 따뜻
한 분이어서, 엄마가 주도하는 거에 열등의식이 있거나 그러지 않은
거지.

학교 들어가기 전에는 많이 아파서 늘 병원에 업혀 가고, 한의원에
서 침 맞고 한약 지어 먹고 그랬어. 시골 사람들 하는 민간요법, 그런

거는 안 했어. 특히 예뻐한 딸이어서 그랬는지, 조금만 아프다고 하면 무조건 동네 의원이나 병원에 데리고 갔어. 제일병원을 많이 갔어. 크면서도 하도 말괄량이다 보니 자주 삐고 깨지고 부러지고 그랬지.

그 시절에 가난한 집 아이들은 하양이니 까망이니 고무신을 신었는데, 우리는 그거 안 신었어. 만화 그려진 털신이나 운동화를 신었지. 다른 애들은 보재기 책보 메고 다닐 때, 나는 여학생들 드는 곤색 책가방을 초등학교 때부터 들고 다녔어. 그때는 여중생들이 겨울이면 까만 치마에 까만 윗도리 교복을 입었잖아. 나는 그런 교복 안 입어 봤어. 사립 학교를 다녔고, 교복도 아주 예뻤어. 중학교 때 아버지가 나를 데리고 가서 오리엔트 손목시계를 오천 몇 백 원 주고 사준 기억이 나.

집 근처 공립 중학교나 재건 중학교는 학비도 싸고 공부도 좀 못하는 학교였는데, 좀 멀리 있는 사립 학교는 수업료도 비싸고 시설도 좋고 교육 내용도 아주 좋았지. 지금 예술 중학교나 예술 고등학교랑 비슷하게, 특히 예체능 관련 과목이 많았어. 입학시험은 없었고 대신 비싸니까, 돈만 있으면 들어가는 거야. 그때는 경기도 국공립 중학교들도 입학시험이 없었어. 아침에 보충 수업을 한 시간씩 따로 먼저 하고, 방학 때도 바이올린이나 피아노 같은 특별 과목을 가르쳤어. 별도 레슨비 없이 모든 학생들이 한 가지 이상 악기를 배우는 거지. 내가 다닌 학교는 성석초등학교, 고양여자중학교(지금 고양예술고등학교), 고양여자고등학교, 서울예술전문대학(지금 서울예술대학교)이야. 방학 때는 연신내나 녹번동에 있는 친척 집에서 지내면서 학원을 많이 다녔어. 주로 국어, 영어, 수학 같은 주요 과목을 배웠지. 거기서는 명성학원이 제일 유명했어. 고등학교 방학 때는 광화문에 있는 타자 학원도 다녔어. 내가 공부를 못하니까 학원을 더 많이 보낸 거 같아. 공부에는 별 취미가 없었어. 언니도 똑같이 비슷한 수준의 교육을 시킨 것 같아. 오남매 모두 4년제 대학이나 전문대, 고등학교까지 교육을 받았어.

서울예전 성악과에 국악부와 서양악부가 있는데, 나는 성악과 국악부에서 판소리를 전공했어. 공부에는 별 관심이 없어서 성적도 좋지 않았어. 그 학교는 특히 여자애들은 실력이 안 되서 돈으로 들어오는 애들이 많았어. 보결인 거지. 지금 말하면 촌지를 상납하는 거야. 그런 걸 엄마가 다 알아보고 돈도 마련하고 한 거야. 아빠는 내가 보결로 들어간 걸 아마 돌아가실 때까지 몰랐을 거야, 하하하. 엄마가 낙찰계로 목돈을 만들어서 입학금이니 등록금을 내고 그랬지. 학교가 천호동에 있어서 집에서는 많이 멀었지. 그래서 주로 녹번동 친척 집에서 다녔어. 그래도 버스 두 번을 갈아타면서 다니는 거야. 가는 데만 두 시간 반에서 세 시간 정도야. 하숙이나 자취 그런 거는 아빠가 절대 못하게 했어.

초등학교 때부터 무용이나 체육 같은 예체능을 좋아했어. 친정 쪽에 예체능 계열을 전공하거나, 그쪽으로 성공한 사람들이 많아. 키도 크고 예쁘고 성격도 활달해서, 학교에서도 인기가 많았어. 그러니 공부는 잘 못했지만 학교 다니는 게 재밌었지. 내가 운동장 연단에 올라가 노래나 체조 시범을 하면 운동장에 가득 있는 아이들이 모두 나를 따라하고 그랬어. 이승만 대통령이 쓰던 마이크 있잖아, 그 마이크를 썼어. 운동회 발표회니 학예회니 그럴 때 무용 발표도 많이 했어. 그런데다가 성격이, 말괄량이를 넘어서 한때는 거의 여자 깡패처럼 놀기도 했어. 그렇다고 뭐 크게 나쁜 짓하는 깡패는 아니고, 애들 사이에서 온갖 개구쟁이 짓을 하는 정도였지. 주로 남자애들이랑 어울려서 여자애들 고무줄 끊어먹고, 애들이 공치기하면 공 뺏어서 면도칼로 쫙 찢어서 던지고, 오재미를 곡식 대신 일부러 울퉁불퉁하고 잘잘한 돌을 넣어 만들어서 미운 놈한테 던지고 했어. 던지기도 무겁지만 맞는 애는 무지 아프지. 남자애처럼 말괄량이고 험하게 놀아도 집에서 혼내거나 하지를 않았어. "기집애가 왜 그러냐" 하는 소리도 안 듣고 큰 거지.

누구랑 싸웠는데 못 이기면 꼭 복수를 해야 속이 풀리는 거야. 기철이라는 애랑 많이 싸웠네, 하하하. 한번은 자다 말고 밤에 내복 바람으로 걔네 집까지 쫓아가서는, 대문을 막 두들기면서 "야, 기철이 나와! 빨리 나와!" 하며 난리를 친 거야. 그 집 식구들이 다 깨서 말괄량이 깡패 기집애 왔다며 내다보더라구. 걔네 엄마가 대문을 열어줬어. 설마 무슨 일 있을까 싶었던 거지. 대문 열자마자 기철이 방으로 냅다 쫓아 들어가서, 자고 있는 애를 덮쳐서 막 두들겨 패고는 그대로 뛰어나왔어. 그렇게 해서라도 복수를 못 하면 낮에 따로 불러내는 거야. 학교 파하자마자 막 뛰어서 작은 동산에 올라가서는 걔 지나가기를 기다리는 거야. 그 애가 나타나면 돌을 던져서 신호를 보내. 그래서 산으로 불러 올려서는 둘이 맞장을 뜨는 거지. 이길 때까지 자꾸 싸우자구 시비 걸구 덤비구. 결국 이겨야지 속이 풀리는 거야. 2~3년 선배인 언나나 오빠들이 대부분이어서 힘으로는 나를 이길 수 있었을 거야. 그래도 다들 결국 맞고 끝내더라구. 하도 끈질기게 덤비니까, 더 건드리지 않는 거지. 게다가 내가 위로 오빠가 둘이나 있잖아. 그러니 그 빽도 좋은 거지. 지금도 그때 친구들이나 선배들을 동네에서 자주 만나. 같은 동네에 오래 함께 사니까, 보면서 같이 늙어가는 거지. 여자들은 결혼하면 보통 고향을 뜨잖아. 그러니 여기서 만나는 옛날 친구들은, 지금도 남자 친구들이 훨씬 더 많아.

언니랑은 극과 극이었어. 언니는 요조숙녀 타입이야. 착하고 예쁘고 살림 잘하고 공부 잘하고. 그래도 나랑 갈등은 없었어. 내가 언니 말을 거의 안 들었지만, "쟤는 저런 애다" 하면서 언니가 참고 넘긴 거지. 오빠들도 뭐라고 안 그랬어. 큰오빠는 주로 내가 사고 치면 뒷수습을 해줬지. 동네 애들도 큰오빠라면 꼼짝 못하니까, 제일 든든한 빽인 거지.

남들 사춘기라는 여중 여고 때도, 남자애들 때문에 설레고 좋아하고 그런 게 전혀 없었어. 주로 남자애들이랑 어울려 놀았는데, 걔네들도 나를 남자로 대한 거야. 지네들끼리 모이는 자리에 다른 여자애는 안 불러도 나는 꼭 부르는 거야. 나를 끼워준 게 아니고, 주로 내가 주도하고 불러 모으고 하는 편이었어. 낮에는 손거울로 햇빛 비춰서 하고, 밤이면 손전등이 비싸니까 깡통에 솔가지나 풀 솔방울 넣고 불붙이고 돌려서 싸인 보내는 거야. 모이는 위치를 알리는 거지. 대보름뿐 아니라 평소에도 밤에는 그 깡통불로 싸인도 보내고 불놀이도 하고 놀았어. 동네끼리 편 나눠서 옆 동네 애들이랑 전쟁놀이도 하고. 거기도 여자는 나 혼자야. 두세 살 정도 위는 오빠라고도 안 부르고, 그저 "야!" 하거나 그냥 이름을 부르는 거지. 내가 키도 크고 해서 더 그랬나봐. 두세 살 위인 남자애들에 비교해도 키가 작지 않았거든. 공부 못하는 거 때문에 기죽고 그런 것도 없었어. 같이 어울려서 뻐끔 담배도 피고 술도 마시고. 밤에 산에 모여서 새우깡 안주로 깡소주도 마시고, 크리스마스에는 파티 한다고 모여서 민화투도 치고. 학교에서는 노는 아이였지만, 폭력 학생 그런 거는 아니었어. 야외 전축 들고 산에 몰려가서 같이 춤추고 노래하고. 그때 한참 디스코가 유행이었잖아.

최현숙 / 여중이나 여고 때, 여자 친구들하고 관계는 어땠어? 초등학교 때는 여자애들 많이 괴롭혔다고 했잖아. 사춘기 지나면서 달라진 건가? 그런 남자 같은 여자아이를 보는 여자 친구들 반응은 어땠어?

이윤숙 / 초등학교 때처럼 여자애들 괴롭히는 건 없어졌고, 모든 애들이랑 원만한 관계였어. 오히려 남자 같은 여자가 여학교 안에서는 인기가 좋잖아. 덜렁이니까 챙겨주는 애들도 많고. 좋아하는 남자아이들한테 편지니 선물이니 전해주고, 만남 주선해주는 일도 많이 했어. 어떤 여자애들은 나를 남자 친구나 애인 같은 마음으로 좋아하기도 한 것 같아. 그런데 내가 워낙 연애 감정 그런 거에 무디니까, 나는 그저 그런 여자들을 친구로 생각했지 별다른 감정으로 좋다거나 싫다거나 그런 게 없었던 거 같아. 친하던 여자애 하나는 내가 다른 여자애랑 얘기하는 것도 싫다고 하더라구.

처음이자 마지막으로 좋아하는 감정을 가진 경험이 딱 한 번 있어. 연애는 아니고 짝사랑인데, 고 2 때 국사 교생 선생님이었어. 여중 여고 때 그런 일들 많잖아, 하하하. 뭔가 관심을 끌고는 싶은데, 성적으로는 도저히 안 되잖아. 그러니 거꾸로 국사 시험을 이름만 쓰고 백지로 내버린 거야. 국사 시간에 그 선생이 들어오자마자, 내 이름을 부르며 앞으로 나오래. 나에 관해 좀 알아봤나봐. 마포걸레 자루를 집어 들더니 "돌아!", "잡어!" 이래. 그럼 또 나는 암 말도 안 하고 하라는 대로 하는 거야. "치마 들어!" 그러더라구. 엿 먹이려고 교복 치마를 확 들어 올려서 빤스까지 보이게 해버렸어. '너 그렇게 하는데,

나 이렇게 못해?' 하는 마음인 거지. 60명 되는 애들이 깔깔대며 책상을 두드리고 교실이 난리가 난 거지. 교생도 놀랬겠지? 근데 저두 물러설 수 없는 거야. 교생 실습 나가면 애들이랑 기선 잡기 승강이를 하기도 하잖아. "세!" 그러더니, 마포걸레 자루로 엉덩이랑 허벅지를 패는 거야. 나도 안 지려고 "하나, 둘, 셋……" 눈 하나 깜짝 안 하고 큰 소리로 세는 거지. 그러니 여고생 놓고 매 싸움을 해봤자 좋을 게 없다 싶었는지 예닐곱 대 때리고는 멈추더라구. 나는 뭐 '내가 이겼다!' 하는 생각이었고, 화나고 억울하고 그런 것도 없었어.

여름이니까 밤에 이불을 둘둘 말아 끌어안고 자느라 허벅지가 나왔나봐. 어느 날 아침 엄마가 놀래 자빠진 거야. 엉덩이랑 허벅지에 뱀이 감긴 것처럼 자국이 난 거지. "저 금쪽같은 새끼가, 우리 이쁜 돼지 새끼가 어디 가서 누구한테 맞았냐?" 하고 난리가 난 거지. 내가 커서도 별명이 집에서는 돼지고 나가서는 깡패였거든. 엄마가 얼마나 놀랬겠어? 혹시 남자한테 잘못 당한 건가도 싶고, 별 상상이 다 된 거지. 근데 나는 벌써 며칠 지난 일이어서 다 까먹은 거야. 나으려면 가렵잖아. 그저 긁적긁적 긁으면서 아무 일도 아니라는 듯 교생 이야기를 한 거야. 엄마가 당장 학교 쫓아간다고 난리를 치고, 나는 챙피하게 뭐 이런 걸 갖고 그러냐며 말리느라고 생난리를 쳤어. 엄마가 학교 오면 당장에 학교 때려 치워버린다고 하니 쫓아가지는 못하고, 그러자니 엄마는 더 울화통이 난 거지. 그 뒤로 교생 실습 끝날 때까지, 그 교생하고 나는 서로 유달리 으르렁댔어. 교생 선생은 내가 자기를 우습게 안 거라고 생각한 거지. 나나 그 교생 선생이나 피차 미숙한 거야. 하하하.

어릴 때부터 할머니가 절에 다녔어. 엄마는 원래 점 보러도 다니는 미신이었는데, 나중에는 절에도 다니고 점 보러도 가고 그러시더라구. 그래서 나도 할머니랑 엄마 따라 절을 다니게 됐지. 그러니 자연스럽게 불교 신자가 된 거야. 엄마는 학교 공부를 거의 못 했지만 글씨니 셈이니 그런 거는 잘했어. 사리 판단도 잘하고, 똑똑하고 열정적인 분이었지. 지금 살아 계시면 여든 셋이 되는 건데, 몇 년 전에 돌아가셨어.

할아버지는 우리를 붙들고 가문 이야기를 많이 하셨어. "너네 집안은 뼈대 있는 전주 이씨다. 너희는 진낭군 19대손이다. 애비는 18대손이고, 나는 17대 손이다." 노상 그러시는 거지. 조선 왕족 이씨 손인 거야. 나도 자라는 동안 그 자부심이 있었고, 지금도 그 마음이 깔려 있는 거 같아. 종로 비원에서 여는 종묘 제례에 지금도 작은아버지가 참석하셔. 아버지 살아 계실 때는 장손인 아버지가 가셨지. 전주나 여주나 여러 곳에서 지금도 때 되면 제사들을 지내. 고양시 선산에도 정기적으로 제사를 지내고, 선산에 산지기도 따로 두고 있어. 1년이면 몇 번을 돌아다니면서 제사를 지내. 나도 어릴 때부터 그 제사들을 따라다녔어. 우리는 선산 제사에 여자들도 절을 해. 여자들이 음식을 만들지만 남자들도 치다꺼리들을 많이 해. 빈대떡도 부치고 만두도 빚고. 제사상 차림은 남자들이 다 하지. 절은 남녀가 같이 해. 여자들도 부엌에서 앞치마 두르고 일하다가 자기 차례에 후다닥 뛰어나와서 절을 올려. 전에는 먼저 태어난 순서대로 한 명씩 절을 했는데, 나중에는 같은 항렬별로 남자 먼저 하고 여자는 나중에 하는 식으로 여럿이 함께 하더라구.

더없이 편하고 내 마음대로 할 수 있고, 풍족하고 남부럽지 않은 가정 환경이었어. 그때나 지금이나 친정은 농사를 짓는 집인데, 나는 농사 경험이 전혀 없어. 오빠 언니는 모두 농사일을 도왔어. 나는 밭에 새참이나 점심 내가는 심부름도 안 해봤어. 나다니는 스타일이어서 노상 돌아다니며 노는 게 일이었어. 그때 여자애치고는 특이한 경우였지. 다른 집 같으면 그런 여자애도 없었고, 그런 여자애를 집에서 그냥 놔두지도 않았을 거잖아.

초등학교는 6학년까지 남녀 합반이었고, 중학교 고등학교는 여중에 여고였어. 국공립이나 재건 학교는 종합중이나 종합고로 남녀 공학이 많았지. 대학 때도 남자애들이랑 완행 밤 열차 타고 돌아다니며 술 먹고 놀고 그랬어. 그러면서도 또 안국동 조계사 청년회 활동도 하고 그랬지.

최현숙 / 그 시절 자기가 '여성'이라는 것에 어떤 느낌이나 생각을 가진 것 같아? 여성인 자기를 긍정한 것 같다든지 여성을 부정하고 싶을 때가 있다든지 하는 기억들 말이야.

이윤숙 / 글쎄, 여자여서 차별받는다는 느낌이 없었기 때문에 부정하고 싶은 마음은 없던 거 같아. 어른들이 "쟤는 남자로 태어났어야 한다"는 말을 하기는 했지만, 그때는 그런 말들이 이해가 안 됐지. 대학 다니고 직장 다닐 때도 그런 생각은 없었어. 결혼하고 나서 며느리, 아내, 엄마, 그런 게 되다보니까 주변이랑 갈등도 많고 혼란스럽기도 했지. 결혼 뒤 다시 사회에 나왔을 때도 내가 여자이기 때문에 남자들보다 많이 억울하다는 걸 절감한 거구.

언니나 엄마가 있어서 생리는 미리 알고 있었어. 다른 애들은 천으로 만든 생리대를 쓰던 땐데, 나는 학교에서는 코텍스, 집에서는 천 생리대를 썼어. 그때만 해도 비닐이 많지 않았잖아. 책가방에 다 쓴 생리대를 종이에 싸서 넣으면, 피가 배어 나와서 책에도 묻고 그랬어.

그러니 생리 때면 너무 귀찮고 싫은 거지. 천 생리대는 아침에 눈뜨고 오강에 담가놓으면 엄마가 빨아줬어. 뒤꼍 우물에서 다레박으로 물을 퍼서 빨아준 기억이 나. 방은 언니랑 같이 썼지만 잠은 아빠랑 많이 잤어. 고등학교 때까지. 아빠는 원체 몸이 찬데, 내가 열이 많아서 나랑 자면 따뜻하다고 좋아하셨어. 가슴이 커질 때도 "아빠, 왜 이래? 나 젖꼭지가 발갛고 가렵고 긁으니까 아파" 그러면, 아빠가 "어디 보자" 하면서 아까쟁끼 빨간약, 지금 머어큐로크롬을 젖꼭지에 발라주며 호호 불면서 "우리 이쁜 돼지 찌찌를 모기가 물었나 부네" 그랬다니까. 하하하.

동네 나지막한 산에 군부대가 있었어. 원래는 월남전 갔다 온 군인들을 모아놓느라고 만든 부대인데, 걔네들 다 제대하고도 계속 군부대로 쓴 거지. 땅 주인들한테 정부가 강제 매입을 해서 싸게 뺏은 거야. 우리 땅도 뺏겼어. 박정희 대통령 때지. 그 군인들 사이에서도 내가 깡패로 이름이 나는 사건이 있었어. 대학 다닐 땐데, 그때 베레모를 자주 쓰고 다녔어. 키도 크고 날씬했으니 멋쟁이 여대생이잖아. 언니랑 어딜 갔다 어둑해져서 집에 오는 길이었어. 부대 옆으로 해서 산꼭대기를 넘어야 집을 가는 거야. 삥 돌아가는 길이 있기는 했는데, 그날은 늦어서 지름길로 간 거지. 그런데 군바리 하나가 갑자기 나타나서 달려드는 거야. 스물두서너 살이나 돼 보이는 놈인데, 숨어서 눈독을 들이고 있었나봐. 술도 좀 취했고. 언니는 벌벌 떨며 주저앉아 울기부터 하더라구. 나는 그 새끼랑 맞장 뜰 폼을 잡고 말싸움을 걸며 시간을 끌었어. 소리를 질러서 언니부터 얼른 도망을 시켜놨어. 근데 아무래도 밀릴 거 같애. 그래서 나도 도망칠 길을 보며, 짱돌을 하나 집어 던졌어. 근데 마침 그 새끼가 짱돌을 피하다가 뭐에 걸려 넘어지면서 모자가 떼구르르 굴러오는 거야. 얼른 달려가 집어 들고는 냅다 뛰었지. "너 나중에 보자!" 하며 엿 멕이는 주먹질도 하고. 언니는 한참 앞에서 뛰고 있고. 걔네들은 모자가 생명이거든. 그 안에 이름이랑 군번이랑 다 써 있잖아. 그 새끼가 쫓아오면서 울다시피 하며 싹싹 빌더라구. "그냥 술김에 장난한 거야. 한 번만 봐줘!" 그러면서. 더 쫓아오면 잡히겠다 싶어, 짱돌을 다시 집어 제대로 맞춰주고는 모자를 던졌지. 나는 무서운 게 없는 사람이야.

대학 때도 학교라고 가서는 친구들 만나 소주 먹고 놀러 다니느라고 바빴지. 그래도 판소리 공부는 겨우겨우 한 거야. 판소리 전공은 한 학년에 남녀 합해서 일고여덟 명이었어. 전문대 2년 과정이었지. 교내든 외부든 공연이 있으면, 나는 무대에서도 뛰는 사람이었어. 뭘 잘해서 뛰는 게 아니야. 키도 크고 말라깽이에 날씬하고 하니까, 천장에서 왔다 갔다 하는 카메라가 나를 많이 비추는 거야. 그러면 우리 엄마 아버지는 자기 딸이 최고라서 비춘다고 그렇게 좋아하셨다니까. 하하하.

대학 때 같이 몰려다닌 멤버들이랑 무지하게 놀러 다녔네. 주로 서울이랑 경기도를 싸돌아다니며 논 거야. 서대문 영천, 광화문 종로, 용산 이태원 같은 데가 놀 곳이 많았어. 초저녁에 만나서 포장마차 왕대포에서 일단 한잔 걸치고, 밤 되면 나이트클럽으로 가는 거야. 쿨 시스터즈, 펄 시스터즈, 화니 시스터즈 하는 온갖 시스터즈들에, 남진, 나훈아, 조용필, 패티 김 하는 유명한 가수들이 무지 많았잖아. 이미자도 계속 부르고 있었고. 나중에 박정희 때문에 노래 못 한 심수봉. 〈나는 여자이니까〉랑 〈남자는 배 여자는 항구〉, 그게 얼마나 청승 맞고 좋아. 〈미워도 다시 한 번〉, 〈해변의 여인〉, 〈안 되는 줄 알면서 왜 그랬을까?〉, 〈커피 한 잔〉, 〈고추잠자리〉. "새파란 수평선" 하고 시작하는 〈진주조개잡이〉. 송창식이랑 양희은도 잘 팔렸고, 대학가요제도 그때 시작해서 걔네들 노래도 좋았지. 그 시절 유행가랑 팝송들이 두고두고 정말 좋잖아. 지금 노래나 가수들은 수명이 너무 짧아. 그때 나이트를 가면 초대 가수들은 두어 곡만 부르고 내려가거든. 비싸니까. 그러면 우리 멤버들이 우르르 단체로 올라가서는, 대여섯이 쭈루룩 서서 그 가수들 흉내를 내고 무대를 휩쓸면서 춤을 추며 노래를 부르는 거지. 그러면 손님들도 좋아라고 난리를 치고. 술은 못 하지만 놀고 어울리는 거 좋아하고 분위기 잘 띄우니까, 술자리고 노는 자리고 나 없으면 안 된다는 거야. 그때도 주로 내가 친구들을 몰고 다녔어. 하여튼 전문대 2년을 주로 놀기만 하고 학교는 날라리로 다녔어. 졸업하고 사회 나와서야 많이 줄었지만, 직장 다니면서도 틈틈이 놀러 다녔지.

졸업하자마자 롯데에 지원을 했어. 그 전에 명동 롯데백화점을 갔는데, 거기 엘리베터 걸이 그렇게 멋있어 보이더라구. 옷 쫙 빼입고 모자까지 폼 나게 쓰고 "올라갑니다, 내려갑니다" 하는 엘리베터 걸, 그게 뭐가 그렇게 좋아보였나 몰라? 그걸 하고 싶어서 지원을 한 거야. 딱 한 명 뽑는데, 그걸 또 시험을 보더라구. 아마 시험 과목에서 점수가 제대로 안 나왔겠지? 당연하지, 하하하. 그래서 떨어졌어.

롯데 떨어지고 삼환에 시험 보러 갔는데, 면접관으로 나온 부장이 다른 직장을 연결해줘서 다른 회사를 들어갔어. 거기도 시험을 보기는 봤어. 근데 그냥 절차고, 그 부장이 나를 붙여주라고 한 거 같아. 나중에 알고 보니 그 부장이 큰손 장영자랑 연결된 사람이구, 교육부 장관 한 사람 사위더라구.

"미스 리, 미스코리아 나가봐!"

— 외모로 뽑힌 직장 생활

처음에는 무슨 회사인지도 모르고 들어갔는데, 결혼 전까지 그 회사를 계속 다녔어. 우리나라 재벌이나 고위 공무원 같은, 브이아이피 거물급들을 모시는 일이었어. 그 사람들이 오는 미팅이나 큰 회의나 행사를 기획하고 주선하고 진행하는 일을 하는 회사였어. 그런 남녀 직원들을 기업에 파견하기도 했고. 주말 회동이나 고위급만 모이는 회의, 조찬회, 골프 모임을 기획하고, 필요한 서비스도 하는 거지. 입사시험이 있기는 했는데, 실력을 본다기보다는 최소한의 능력만 본 것같아. 특히 미스를 뽑을 때는 외모를 가장 중요하게 본 거야. 그 높은 사람들 옆에 붙어서 여러 가지를 챙겨주고 심부름도 하는 게 미스들이 하는 일이었어. 관리직은 모두 남자고 여자는 한 명이나 있었을라나?

일 성격상 직장 일도 그렇지만 개인 생활에서도 정보기관에서 자주 미행을 했어. 그러니 맘대로 놀러 다니던 거에 많이 제약을 받게된 거지. 정주영, 이순자 여사 아버지 이기동, 백두진, 신격호 같은 잘나가는 사업가나 전직 현직 장차관들, 안기부나 중앙정보부 고위직에 정계 인물들을 많이 만나고 직접 모시기도 했어. 청와대 암행어사라는 사람들도 자주 봤어. 아마 그런 자리에서 만난 재벌들 줄 타고 고위 공무원들이 퇴직하고 사업체를 하나씩 받기도 하는 것 같았어. 나야 말단 직원이니 자세한 건 잘 모르지만, 거기서 한국 고위급들의 네트워크가 만들어지는 거지. 우리 같은 직원들에게도 구두 티켓이나 정장 티켓이 많이 들어왔어.

한때는 제지 파트 담당이어서 한국제지 ○○○ 회장도 모셨어. 제지 분야 모임 있으면 그 대표급들이 모두 모이는 거지. 유한킴벌리, 개나리벽지, 대한제지 같은 큰 회사 최고 경영자들만 참석하는 거야.

초봉은 월 15만 원에 식대 3만 원을 통장이 아니고 현금으로 받았어. 그 시절 여자 봉급으로는 센 거지. 봉급도 봉급이지만, 이래저래 생기는 게 더 많은 직장이야. 국가 기관은 아니고 주식회사야. '신○○관광 주식회사.' 이름만 관광이지, 하는 일은 고위 관료들이랑 회장들 모임 기획하고 서비스하는 거야. 지금도 그 회사는 있는데, 하는 일은 바뀌었나 몰라. 오래전 이야기니까.

회사 간부가 "미스 리, 미스코리아 나가봐" 하는 얘기를 했어. 나가면 자기가 힘을 써서 '미스 한국일보'라도 되게 한대는 거야. 그러면 회사 명예도 뜨고 하니까 제안을 한 거지. 그때 지금 이 키 그대로 165센티고, 가슴은 62나 63으로 컸고, 허리는 22~23에 다리가 쫙 빠졌어. 다리만 보고 쫓아다니는 사람도 있었어. 하도 귀찮아서 내가 붙들고 대놓고 물어보니까, "아가씨 다리가 너무 예뻐서 그랬습니다. 나쁜 의도는 없었습니다" 그러더라구. 미스코리아는 아버지가 절대 안된다고 하셔서 못 나갔어. 그 직장 생활을 대학 나오자마자 거의 바로 시작했으니 스물한 살부터 스물여섯 살까지 6년을 한 거야. 내 인생에서 제일 수입도 좋고 가장 잘나가던 시절이지. 그렇게 잘나가던 때도 있었다는 자부심을 지금도 갖고 있어. 웃어른들 대하는 거나 사회생활에서 인간관계나 에티켓을 많이 배웠고, 나중에도 도움이 많이 됐지. 회사는 중요한 업무나 브이아이피 담당을 나한테 많이 배치했어. 성격도 화끈하고 일 처리도 잘하고 외모도 좋으니, 회사도 좋아하고 영감들도 많이 좋아했지. 인기가 아주 좋았어. 직원은 해외 파견까지 해서 100명에서 150명 정도 됐을 거야.

결혼하면서 그만뒀다가, 큰애 낳고 서른한 살에 다시 슬쩍 알아봤더니 우윳값 줄 테니 나오라더라구. 옳다구나 하고 들어갔다가 작은애 만삭 때까지 한 4~5년을 더 다녔어. 서른여섯 살까지. 그때는 완전히 대우가 달라지더라구. 아줌마니까…….

그때 모시던 사람들 사는 세상은 보통 사람들하고는 완전히 다른 별세계야. 뭐든지 최고급이지. 먹는 거니 노는 거니 완전히 다르고, 타고 다니는 차나 사는 집들도 최고급이고. 솔직히 부럽지 뭐. 나도 못사는 사람은 아닌데, 내가 상상할 수도 없는 생활을 하는 거야. 그때는 그런 사람들 모두 열심히 공부도 하고 노력해서 그렇게 성공한 거라고 생각하고 우러러봤어.

여자랑 호텔방 들어갈 때나 사우나 들어갈 때는 영감들이 지갑을 통째로 맡겨. 그러면서 필요한 거 있으면 꺼내서 쓰라고도 해. 나는 하나도 안 꺼냈어. 그러니 나를 더 신임한 거겠지. 장지갑 맡기는 영감들도 많았어. 십만 원짜리 수표도 많고 현금도 많아서 한 움큼씩 꺼내도 모를 정도지. 그걸 받아놨다가 갈 때 그대로 드려. 글쎄, 사람 됨됨이를 보려고도 그랬을 거야. 용돈이라며 영감들이 크게 팁을 주기도 했어. 한번은 내가 휴게실에서 수다 떨고 놀고 있는데, 한 영감이 회사 사장을 불러서 일부러 나를 데려오라고 한 거야. 사장이 꽉 쫄아서 휴게실로 와서는 나더러 뭐 잘못한 거 있느냐고 심각하게 묻더라구. 그래서 그런 거 없다고 하고 영감한테 갔어. 사장은 내 뒤에서 얼어 있는데 나는 "찾으셨어요? 무슨 부족한 거 있으세요? 불편한 거 있으시면 얘기해 주세요" 하고 상냥하게 말을 하니까, 지갑에서 십만 원짜리 수표 한 움큼을 꺼내면서 "빤쓰 달린 스타킹 사 입어" 그러더라구. 팬티도 아니고 빤쓰야. 그 사람들이 우리 같은 사람한테 교양 떨 일이 뭐 있겠어? 그렇게 주는 돈은 감사하다고 깍듯하게 인사하고 받아야지, 그때도 사양하면 오히려 예의 없다는 소리를 들어. 그렇게 주는 돈은 사장도 터치를 못해. 사장 통해서 돈을 줬으면 지가 닦아 먹을 수도 있고, 알게 모르게 그런 일이 많았어. 잘해봤자 회식비 같은 공금으로 쓰고, 아니면 지 주머니로 들어가는 거지. 근데 저 보는 데서 직접 내 손에 쥐여준 돈은 달라고 못하지. 정주영이 나한테 50만 원을 그렇게 준 적도 있어.

한번은 야유회갈 때 내가 모시던 한일스텐 회장이 50만 원을 기부를 했어. 그걸 직원들 불러놓고 부장이 발표를 하면서, 나더러 회장한테 감사하다는 말을 하라는 거야. 속으로야 "내가 받은 돈도 아닌데 왜 내가 감사하다는 말을 해?" 했지만, 그래도 인사는 깍듯이 하는 거지. 야유회 다녀와서 "회장님, 덕분에 잘 다녀왔습니다. 감사합니다" 하고 인사를 했지.

한일약품 사장이 나를 많이 예뻐했어. 나중에 회장이 된 사람이지. 그 사람이 처음에 자전거 타고 약 팔러 다닌 분이더라구. 그러다가 피임약으로 돈을 많이 벌어서 회사를 키운 거지. 안소영이 금붕어 뽀뽀하는 텔레비전 광고한 '먹지 않는 피임약 쌴루프', 그거 말이야. 성관계 전에 질에 넣기만 하면 피임이 되는 약을 개발했으니 얼마나 돈을 긁어모았겠어? 그러구 나서는 질에 넣는 생리대 그거로도 또 한 바탕 벌었지. 결혼 뒤 복귀하고 그분을 만났는데, 중풍으로 편마비가 되셨더라구. 미스 때 해외여행 가시면 나한테 엽서도 보내고 그랬어. 가기 전에 나한테 "선물 뭐 사올까?" 물어서 괜찮다고 하니까, 그래도 또 물으시더라구. 뭐 하나 사주고 싶으시다면서. 그래서 "수첩에 가시는 곳마다 뭐가 좋은지 메모하셨다가 나중에 보여주세요. 그거 읽어보면 저도 함께 여행한 기분이 들 것 같아요" 그랬거든. 그런데 내 주소를 어떻게 알았는지 어느 날부터 집으로 엽서가 오는 거야. 여행지 옮길 때마다 관광 엽서를 사서 짧은 글을 써서 보내시는 거지. 별 내용은 없고 안부 글이었어. 잘 있냐, 부모님 잘 계시냐, 일 잘하고 있느냐, 부모님 잘 모셔라 같은 내용인 것 같아. '마누라랑 내 나이 자식이 있는 양반이 왜 나한테? …… 60대 할아버지가 나를 좋아하나?' 하는 생각도 잠깐 했어. 공적 관계니까 함부로 하지 못하지만 사적으로 엮이고 싶은 마음들도 많았겠지. 돈 많고 권력 좋은 사람들이니, 여직원들이랑 그런 관계인 경우도 많았거든.

내가 돈은 많이 버는데, 쓸 시간이 없었어. 직장 생활에서 사생활을 많이 제재하고 심지어는 미행하는 사람이 언제 따라붙을지 모르니 친구들이랑 놀러 돌아다니는 걸 맘대로 못하는 거야. 물론 몰래 숨어서나 미행 떼어내면서 놀러 다니기는 했지만, 대학 다닐 때하고는 너무 다른 거야. 돈 잘 벌어 친정에 도움도 많이 됐고, 그때 모은 돈으로 아버지가 내 이름으로 땅도 사놓고 그랬어. 그 땅을 내내 가지고 있다가 남편 사업 망하고 나서 빚 갚고 애들 교육하느라고 다 팔아 썼어. 근무 아닐 때도 경양식집, 스탠드바, 다방, 어디를 가든 조심스럽고 불안하고 그랬어. 미행은 한번 따라 붙으면 여러 명이 무전기로 서로 연락하면서 동선을 파악하는 거야. 한참 그렇게 심하다 싶으면 아예 친구들 약속도 다 깨고 한동안 안 만나고 살아. 직장하고 집만 왔다 갔다 하는 거지. 그러다 조금 널널하다 싶으면 다시 친구들 만나서 숨통을 트는 거지. 북악터널 가면, 위는 북악나이트이고 아래는 스카이호텔 나이트가 있어. 거기를 많이 갔어. 조영남 나오는 하얏트

호텔이나 크라운 호텔도 자주 갔고. 그렇지만 별 보고 나가서 별 보고 들어오는 바쁜 생활이 반복되는 시절이었어. 잘나가는 직장 여성으로 프라이드가 높은 때기도 했지.

고위급 인사들 여성 편력도 많이 봤지. 심지어 여자랑 들어가는 호텔 룸 키까지 내가 받아다 방문 열어주고, 휴게실이나 커피숍에서 나오기를 기다리는 거야. 그러니 여자 배우나 탤런트랑 고관들 관계도 많이 알게 되고, 소문으로 돌던 이야기들 실상도 그대로 보는 거지. 한 유명 여배우의 엄마이자 매니저인 사람은 딸이랑 회장이 룸에 들어가면 바로 옆에 룸을 얻어서 시간까지 재면서 대기했어. 그러다 시간 되면 딸 들어간 룸 방문을 두드리면서 시간 됐으니 빨리 나오라고 재촉도 하더라고. 타임당 돈을 받는 거지. 나중에 내가 우리 애들 음악 레슨 받으면서 데리고 다녀보니, 그 타임당 돈의 무서움을 알겠더라니까, 하하하. 한 시간에 30만 원하는 유명 교수 레슨을 받으면, 정확히 딱 50분하고 끝내더라고. 10분은 휴식 시간이라는 거지. 1분, 2분이 다 돈이니, 시간 되기 전에 레슨 받을 준비를 완벽하게 해놓고 교수 들어오면 바로 레슨 들어가게 하는 거야. 1분에 만 원 가까이 되는 거잖아. 돈 시계가 째깍째깍 하는 거야. 나도 요즘 시급 노동을 하고 있지만, 내 최저 임금 시급이랑 그 사람들 시급은 천지 차이지, 하하하.

고위급들이나 회사 상사들한테서 업무 말고도 다른 제안들이 은근히 많았어. 따로 만나자, 수고 많아서 식사 대접하려고 세종문화회관이니 무슨 호텔 레스토랑을 예약해놓았으니 나와라, 이번에 일을 잘해서 뭔가 선물을 하고 싶으니 나와라, 그런 입질들이 많았지. 그럴 때는 적당히 웃으면서 오히려 감사하다며 다른 핑계 대고 기분 안 나쁘게 거절하는 게 능력이야. 어떤 때는 갑자기 밤에 업무가 생겼다며 나오라고 하는데, 아무래도 낌새가 이상한 거야. 몇 마디만 물어보면 사적인 만남인지 공적인 업무인지 금방 알 수 있지. 사적 만남이면, 적당히 핑계를 대면 떼는 안 써. 그 분야가 워낙에 고위직들이 관련된 일들이니 모두 조심을 하는 거야. 더구나 정부 고위직도 많아서 언제 누구한테 미행이 따라붙을지 모르니, 다들 무리하게 위험을 무릅쓰지는 않는 거지. 나도 내가 모시는 사람들을 언제 어디서 볼지 모르니까 조심하지. 혹시 잘못되면 우리 같은 사람은 단번에 퇴출될 수도 있거든. 고위급 고객을 관리하는 사람이 그런 사생활에 말리면 안 되니까 조심을 많이 했지. 어떤 고위급은 한동안 우리 집으로 기사까지 딸려서 프라이드나 포드를 보냈어. 그걸로 출근하고 그걸로 퇴근하는 거지. 자기 업무를 전담하는 사람이니 자기 회사 직원이 아니라도 그런 서비스를 해주는 건데, 그것도 좋기도 하지만 많이 부담스러운 거지. 하지만 거절하면 안 되니까, 감사하게 받으면서도 말리지 않으려고 늘 조심하는 거야. 모르지, 나를 꼬셔서 따먹어볼까 하는 생각을 했을 수도 있을 거야. 성적 제안 같은 게 상당히 많았었는데, 나는 말리지 않았어. 그저 모르는 척 순진한 척 하면서 감사하다고만 하고 적당히 선을 그은 거지.

여직원 중에는 알게 모르게 그런 요구에 넘어간 사람이 있었어. 여자 쪽에서 그런 기회를 만들기도 하고. 상대는 고위직 인사나 회사 상사들이지. 그렇게 해서 한 재산 챙기거나, 고급 레스토랑 같은 거 하나씩 받고 세컨드로 들어앉은 여자도 있고, 평생 먹고살 거 챙긴 여자도 있어. 지금도 그런 고위직이나 여자들이 누군지 알고 있어. 내가 여기에 일일이 말할 수는 없지만, 흔한 일이지. 어떤 사람은 자기 세컨드를 운전기사나 부하 직원이랑 위장 결혼까지 시켜 늘 가까이 두고 있더라구. 돈으로 매수해서 여러 사람들 불행하게 만드는 거지. 재수 없으면 소리 소문도 없이, 아무것도 못 챙기고 사라지는 여자들도 있었어. 한탕주의로 했으면 나도 지금 이렇게 살고 있지는 않을 거야, 하하하. 돈 때문에 너무 힘들 때, 그런 생각이 잠깐 들기도 했지. 그치만 사람이 돈만 가지고 사는 건 아니잖아. 나는 성격상 누구 여자로 사는 거는 답답해서 못해. 젊어 한때지, 나이 들면 그런 여자들이 더 불행하고 자기 인생이 없는 거잖아. 내가 새침 떠는 사람도 아니고 노는 거는 누구보다 좋아했지만, 딱 그 선에서 끝낸 거야. 귀여움 받는 걸로 끝내고, 직장이라는 생각에 일 잘하고 인정받고 돈 벌고 하는 맛으로 다닌 거야. 내 몸을 팔 생각은 한번도 안 해봤어. 성격도 좋고 인기도 좋았지만, 남녀 관계 그런 거에 관심이 없거나 늦게 트인 것도 있어. 집안이 그런 문제는 엄했거든. 특히 조선 왕조 이씨 직계 자손 어쩌구 하는 이야기를 많이 듣고 자라서, 다른 건 몰라도 성이나 결혼 같은 문제에는 고지식했지, 집안 어른들이나 나나.

재입사해서 들어갔더니, 미스 리랑 밥 한 번 먹으려고 했는데 자기 순번까지 못 왔었다면서 지금은 결혼했으니까 이젠 식사 한 번 하자느니, 가슴도 더 커지고 섹시해졌다느니 하는 말들을 그냥 쉽게 하는 거야. 지금 보면 성희롱이지. 그때는 그런 게 기분 나쁜 줄도 모르고, 그저 인기가 좋아서 그런다고 생각했어. 근데 또 한편으론 나를 직장 동료로 생각하지 않고 여자로 생각하는 것 같아 기분 나쁘고 자존심이 상한다는 생각도 어렴풋이 들기도 했어. 성희롱 교육은 요양보호사 하면서 협회에서 받은 게 처음이야. 대학도 다니고 평생을 일했지만, 쉰이 넘어서야 그런 교육을 받은 거지. 어려서 받았으면 많이 달라졌을 거 같아.

집에서 엄마나 아빠가 내 직장 일을 반대하지는 않았어. 고위급의 비서나 직원들이 자주 드나들며 관리한다는 거를 아니까, 안전하고 좋은 직장으로 아신 거야. 근데 사실은 미스들에게는 좀 위험한 직장인 거야, 유혹도 많고. 부모님은 딸이 잘나가는 직장 다닌다고 자랑이 많았어. 그렇지만 미스코리아 나가는 건 절대 반대하신 거지. 딸 팔아서 기생 내보내고 몸도 팔고, 그런 걸로 생각하신 거야. 그렇게 잘나가던 시절에도 나는 연애 한 번을 못 해봤어. 그때나 지금이나 성, 이거는 꽉 막힌 거지. 그때는 직장 안팎 고위급이랑 둘만 만나 밥 먹고 하면 호텔 끌려가서 큰일 나는 줄 알았어. 게다가 여직원 중에서 신임도 받고 팀장도 하니까, 말 나는 걸 더 조심했지.

요즘 친구들 만나서 속 얘기 털어놓다 보면 나 같은 사람이 오히려 드물더라구. 나보다 나이 많은 여자들도 그래. 요즘 내가 가끔 만나는 70대 언니들 사우나 모임이 있어. 거기 한 언니가 신랑이 하도 바람을 피워서 참다 참다 자기도 맞바람을 피웠대. 근데 너무 좋다는 거야, 남편 바람피우는 기분도 이해가 돼서 남편한테 더 잘하고 잔소리도 안 하게 되더래. 나는 남편밖에 모른다고 했더니, 나보고 바보에다 골동품이래. 남편한테 늙은 여편네 취급만 받다가 다른 남자한테 여성으로 대우받는 느낌도 아주 좋고, 남몰래 연애하는 스릴이나 쾌감도 젊음을 새로 사는 거 같다는 거야. 세상이 많이 변한 건데, 난 성격 화끈하고 활달한 거랑 다르게 그런 거에는 관심이 없어. 여기서 자라서 여기서 사니까, 이 근방에 땅 부자, 집 부자, 알부자들을 많이 알고 가끔 만나기도 하잖아. 요즘 밥 벌어먹으려고 정신없이 뛰는 형편이지만, 그런 부자 남자 친구들이 많아. 어떤 모임에서 남자 동창이

자기가 총각 때 나를 무지 좋아했다고 하더라구. 그래서 "야, 임마! 니가 나를 왜 좋아해?" 그랬더니, "내가 다리를 몇 번 걸었는데 니가 안 자빠지더라" 그러대. "내가 왜 자빠져? 내가 너한테 자빠질 판이었냐? 니가 나한테 걸려 자빠질 판이었지" 그러고 웃고 말았어.

"이혼까지 가도 별 수 없다는 생각이었어"
― 결혼 그리고 시집살이

직장 다니면서 중매 선다는 사람들은 있었는데, 내가 정중히 거절을 했어. 직장하고 사생활은 분리해야 한다는 생각이었지. 대학 때부터 조계사 청년회 활동을 했는데, 거기 선배 언니가 중매를 섰어. 남자도 조계사를 몇 번 왔다는데, 전혀 모르는 사람이었어. 강원도 횡성이 고향이고, 거기서 계속 산 사람이야. 맞선 보기로 한 전날 서린호텔 나이트클럽을 가서 오랜만에 친구들이랑 스트레스 풀며 노느라 술이 떡이 됐어. 더구나 다른 남자들이 우리 쪽 여자들을 집적대서 싸움이 벌어져 가지고, 나도 엉겨서 싸우느라 목에 상처까지 있었어. 그 채로 나간 거지 뭐. 선배가 주선한 자리니 안 나갈 수 없어서 그냥 장난삼아 나간 거야. 선보는 자리에 우리 쪽에서는 나랑 선배 언니만 나갔고, 그쪽에서는 신랑 말고도 사촌 누나랑 시아버지 될 분이 나오셨더라구. 근데 시아버지 될 분이 나를 너무 잘 본 거야. 직장에서 늘 어르신들 대하던 대로 했으니, 싹싹하고 깍듯하고 예의바르게 보신 거야. 게다가 키도 크고 성격도 활달하니 마음에 쏙 드신 거지. 나는 첫 느낌이 뭐 아무렇지도 않았어. 장난삼아 나간 거니까 신랑을 잘 살피고 그런 것도 없었고, 속으로 '쪼끄만 게 뭔 장가를 간다고 선을 보러 나왔냐?' 그러면서, 겉으로는 얌전 빼고 앉아 있었지. 나보다 두 살 위라는데, 키도 작고 새까맣고 그랬어.

6월에 선보고 8월에 약혼하고 10월에 결혼하고, 숨 돌릴 새도 없이 진도가 나가버렸어. 시아버님이 맘에 쏙 들어서 서두르신 거지. 나는 신랑이고 시댁이고 그렇게 좋지도 않았지만, 딱히 싫은 것도 없었어. 하루는 데이트를 하는 데 18케이에 진주 박힌 반지를 내밀더라구. 아버지가 아들 손에 들려 보낸 거야. 선보고 바로 한 달쯤 뒤 플라자 호텔이었어. 그냥 '선물인가 보네' 하면서 받아왔는데, 친구가 그 얘기를 듣고는 "그걸 받아왔으면 결혼을 하겠다는 거야" 하더라고. "그래? 그럼 갖다주지 뭐?" 그랬어. 아직 결혼까지 할 마음은 없던 거지. 근데 그 집이 서두르고, 우리 집에서도 내가 딱히 싫다는 말이 없으니 그저 응한 거야. 나이도 스물다섯이 넘었으니 늦었다고도 생각을 하신 거고. 남자는 횡성서 커다란 정미소를 한다더라구. 선보고 나서는 데이트하느라고 일부러 서울을 자주 온 거고. 서울 한 번 오면 돈을 한 뭉텅이씩 챙겨와서 다 쓰고 가고 그랬대. 말하자면 돈으로 매수를 한 거지. 나는 그것도 모르고 진짜로 돈이 많은 집인 줄 알았어. 학교는 중학교만 졸업했다는데, '시골서 재산 있겠다, 커다란 정미소 있겠다, 학벌이 뭐가 필요해?' 그런 생각이었지. 부모님이고 나고. 사람은 차분하고 교양도 있고, 못 배운 사람 같지 않았거든, 얼굴도 잘 생겼고.

결혼식은 지금 은평구에 있는 세종예식장에서 했어. 시댁 쪽이 모두 횡성인데, 시아버님이 내가 좋으니까 신부 쪽 좋은 대로 다 해준 거지. 제주도 칼 호텔로 3박 4일 신혼여행을 갔어. 그러고는 바로 횡성 시댁으로 들어간 거지. 딸이 허니문 베이비야. 신혼여행 첫날밤이

나한테는 첫 섹스 경험이었고, 그날부터 딱 280일 만에 딸을 낳은 거야. 아주 정확해요, 날짜가.

신랑은 아들 다섯에 딸 하나인 집 넷째 아들이었어. 부모님 보기에 털털한 딸한테는 딱 맞는 집이었지. 돈도 많아 보이고, 넷째 아들이니 시집살이도 없을 거라고 생각한 거야. 더구나 시아버지 될 분이 아주 이뻐하시고 서두르시니 이럴 때 못 이기는 척하고 보내는 게 좋겠다 싶으셨겠지. 나중에 보니 윗대까지는 빵빵하던 집안이더라구. 시증조 대에는 조선에서 중국까지 당나귀 타고 사람들 데리고 드나들며 무역을 해서 일대 큰 부자였더라구. 온 동네 땅이 다 그 집안 땅이어서 동네 사람들이 모두 그 집 땅에서 살고, 그 집 애기 키워주고, 그 집 농사짓고 부엌일하고 하면서 먹고 살았다더라구. 횡성군 초원 1리, 2리, 3리 일대가 모두 그 집 땅이었대. 무지하게 큰 항아리에 엽전을 가득 담아놓고 집히는 대로 집어 줘가며 쓰면서 살았대. 신혼 때 시어머니가 집 바깥 사는 어느 집 큰애기가 일을 잘한다고 걔를 데려오고 그랬어. 그런데 물려받은 재산을 시아버지 윗대부터 탕진한 거야.

서울 경기도에서 보낸 도시 생활이랑 강원도 횡성 생활은 아주 큰 변화였지. 그래도 적응을 잘하는 성격이니까 곧 적응하려니 생각했어. 근데 내가 집안일을 해본 적이 없는 여자잖아. 결혼 전까지 스타킹이며 팬티 하나를 빨아본 적이 없거든. 어머니랑 할머니가 모두 떠받드니, 올케들도 작은시누라면 모두 공주처럼 알고 다 해준 거야. 나는 뭐 부모 모시고 사는 거는 문제로 생각하지도 않았어. 세상 부모가 모두 내 친정 부모님 같은 줄 안 거지. 결혼 전에 남편이 부모 모시고 사는 거를 물어봐서 난 좋다고 했어. 그리고 그거 때문에 오히려 남편이 착한 사람으로 여겨져 좋았다니까. 에구 그렇게 뭘 모른 거지, 하하. 더구나 넷째 며느리인 줄 알고 간 시집에서 대가족 살림을 다 맡아 해야 하는 처지가 된 거야. 맏며느리 노릇을 하는 거지. 더구나 시어머니가 아주 성격이 세고, 무조건 자기 시키는 대로 하라는 사람이었어.

형이 셋에 그 사람이 넷째 아들이고 밑으로 여동생이랑 남동생이 있어. 그런데 결혼하고 보니 넷째 아들이 부모를 모시고 사는 것뿐 아니라 온 집안의 장남 노릇을 하고 있는 거야. 그냥 장남 노릇을 하는 게 아니고, 없는 집안의 경제적 책임을 혼자 다 뒤집어쓰고 있는 거지. 위로 두 형은 우리가 결혼할 때 분가해 있었고, 셋째 형은 우리 뒤로 결혼해서 바로 분가하더라구. 넷째 아들인 남편이 버는 돈으로 남은 가족 생활비며 결혼해 나간 형들네 생활비 보태는 거며, 그 자식들한테 들어가는 돈까지 쓰는 거야. 심지어 결혼 전 내 돈까지 야금야금 들어가더라구. 돈 관리는 모두 시어머니가 하고. 남편은 돈 생기면 으레 자기 엄마한테 다 갖다주는 거야. 남편은 중학교 다닐 때부터 학교 갔다 와서 정미소 일을 주로 했다더라구.

구식 정미소였는데, 내가 말해서 현대식으로 싹 개조를 했어. 처음에는 시어머니가 반대를 하더니, 비용을 내가 낸다고 하니 물러서더라구. 결혼 전에 벌어놓은 돈을 따로 좀 갖고 있었거든. 싹 개조를 하고는 그 일대 농가들 벼니 뭐니 일거리들을 내가 직접 섭외하고 영업을 뛰어서, 다 우리가 맡게 됐어. 근방 구개면, 공근면, 서원면 곡식들을 다 우리가 소멸한 거지. 정미소 개조한 덕에 돈을 많이 벌었어. 그런데 그렇게 번 돈이 모두 시어머니한테 들어가는 거야. 들어간 내 돈은 아무도 얘기를 안 하고. 그런데다가 한 3년 정도 해보니 정미소가 사양길이라는 판단이 들기 시작하더라구.

시아버지랑은 아주 좋았는데 시어머니랑은 많이 힘들었어. 독재자 성격인데다가 주방 세제 하나 가지고도 참견을 하는 거야. "그런 세제를 쓰면 배창주가 째진다" 그러면서 설거지할 때마다 험한 잔소리를 하는 거지. 심지어 그 시절에 양잿물에 수세미 열매 있잖아, 그 수세미로 설거지를 하래는 거야. 게다가 나랑 성격이 똑같아서 자기주장이 강하고 그러니 자꾸 부딪치는 거지. 돈도 자기 아들이 버는 거니까 자기한테 다 내놓으라는 거구. 내가 시집가자마자 정미소 일을 맡아 내 돈 투자해서 현대식으로 개조까지 하고 온갖 영업을 다 뛰고 하며 돈을 늘리는 거를 보면서도, 집안 살림이고 정미소 일을 다 틀어쥐고 마음대로 하려는 거지, 일은 다 시키면서도. 그러니 나랑 늘 부딪칠 수밖에 없는 거야.

나도 가만히 있기만 하는 사람이 아니잖아. 시어머니랑 말다툼을 할 때도 "어머니 좀 가만히 계시고, 제 이야기도 들어보세요" 그러거든. 안 그러면 자기 말만 하는 사람이어서 내가 끼어들 틈이 없어. 처음에는 "시어머니한테 어떻게 그러냐?"고 더 화를 내더라구. 근데 그걸 시작은아버지가 몇 번 봤어. 그 양반은 시골 양반이더라도 이장을 몇 번 하고 했으니 트인 분이야. "형수님, 쟤 말이 맞네요. 조카며느리 말이 맞잖아요. 젊은 사람들 말도 좀 들으세요. 걔네 말이 맞으면 하자는 대로 따라가세요" 그러는 거지. 그 작은아버지가 둘째 부인의 아들이었거든. 밉게 말하자면 '첩의 새끼'인데 자기 며느리랑 짝짜꿍이 되니, 그 시동생이고 며느리고 더 미운 거지.

남편은 부모한테 물려받은 게 자기 몸 하나뿐인 사람이더라구. 그 몸도 건강하지 않고. 되레 온갖 짐들만 물려받은 거지. 남편 병 깊어지고 나서 내가 시어머니한테 "나한테 준 게 뭐 있어요?" 그러면서 한

번 대판 싸웠어. "병든 아들 준 거 말고 뭐 있어요? 시체 치우라는 거 말고 뭐가 더 있어요?" 하면서 내가 난리를 쳤어. 남편은 결혼 초에도 자주 아팠어. 시어머니는 지금도 짱짱하게 살고 있고, 시아버지는 돌아가셨어.

신혼 초에는 서로 잘 모르니 많이 부딪치기도 했지만, 신랑은 인간 성이나 성품은 좋은 사람이야. 부모가 제대로 키우지 않고 자기도 잘 풀리지 못한데다 너무 일찍 병을 얻어 지금은 사회생활에서 물러나 있기는 하지만, 인간성은 참 좋은 사람이야. 결혼 초에 내가 시어머니 랑 자꾸 싸움이 되니 그 사이에서 남편도 많이 힘들었겠지. 내가 옳은 줄은 알지만 내 편은 안 드는 거야. 그저 조용하기만 바라는 거고. 그러니 나한테 불만이 많았겠지.

결혼하고 4년 될 때, 남편이 술이 잔뜩 취해서 왔는데, 내가 좀 쫑 알쫑알했어. 낮에 시어머니랑 한바탕하고 나도 기분이 안 좋았거든. 술 취해서 자려는 데 내가 쫑알거리니 싫었던 거지. 그게 투덕투덕 말다툼이 됐어. 그러다가 베개로 나를 세게 때리는 거야. 얼마나 약이 오르는지. 내가 남자랑 싸워도 패는 사람이었지 맞는 사람이 아니잖아. 직접 손을 댄 거는 아니지만, 너무 화가 나더라구.

일단 거기서 나는 딱 멈췄어. 더 아무 말도 안하고 쩨려만 보다가, 그냥 누웠어. 속으로는 부글부글했지만, 어떻게 해야 할지 생각을 한 거야. '너 잘 걸렸다. 두고 보자' 그거였어. 안 그래도 한 4~5년 살다보 니 '이건 아니다' 하구 느껴지던 때였거든. '이걸 어떻게 해야 하나? 계속 이러구 살아야 하나? 어떻게 확 바꿔버려야 하나? 그게 안 되면 때려 치워버려야 하나?' 고민이 많은 때였어. 도무지 앞날이 안 보였지.

아침에 일어나지도 않고, 밥도 안 해주고, 나도 밥을 안 먹고, 며칠을 그랬어. 시어머니가 왜 그러냐고 물어서 여차여차해서 그런다고 하니까 뭐라는 줄 알아? "얘, 베개로 맞아서는 하나도 안 아프다. 나는 장작이고 지게 작대기로 수도 없이 맞고 살았다" 그러는 거야. 그러면서 하는 얘기가 남편도 맞고 자랐다는 거야. 그러니 폭력이 안에 쌓여 있는 사람인 거야. 그래도 나를 함부로 못하다가 술 핑계 삼아 한 번 친 게 된통 걸린 거지. 그때 시어머니를 향하던 마음이 접히더라고. 내가 기대한 거는 "아가 미안하다. 내가 자식을 잘못 키웠다. 그 놈을 내가 야단을 칠게" 그런 정도였는데, 아내 패는 걸 당연하게 생각하는 거잖아. 그래서 아예 시어머니 밥도 챙기지를 않았어.

저 상황에서 저 폭력에 이윤숙처럼 확실하게 대응을 시작하기는 쉬운 일이 아니다. 첫 폭력에 대응하는 방식이 부부간 폭력에서는 아주 중요하다. 많은 여자들이 폭력을 가져온 자기 탓을 하거나, 폭력의 정도를 핑계 삼거나, 자식이나 시부모를 구실로 삼아 첫 폭력을 용인하다가 점점 말려든다. 나는 그런 확고함이 놀라웠다.

이윤숙 / 아무것도 안 하는 방식으로 신랑을 계속 갈궜지. 말도 안 하고 밥도 안 하고 신경도 안 쓰고, 저는 저고 나는 나고. 거기는 다 지 나와버리잖아, 나는 외톨이고. 그런데도 사과를 안 하고 버티는 거야. 주도권 싸움을 하자는 거지. 근데 이게 주도권 싸움을 할 문제냐구? 그래서 "좋다! 해보자!" 하구 나도 버텼어.

그랬더니 점점 더 심해지는 거야. 하루는 또 술을 먹고 들어와서는 시비를 걸더라구. 대꾸도 안 하고 무시했어. 그러니까 밖에 나가서 나무 몽뎅이를 집어 들고 와서 때리려고 하더라구. 막상 때리지는 못하지. 내가 그렇게 만만한 사람은 아니라는 거를 저도 아니까. 그러니 나는 못 때리고 유리창을 다 때려 부숴. 놔뒀어. 그랬더니 이번에는 정미소로 뛰어 들어가 휘발유 기름통을 들고 와서 애랑 나랑 있는 방 바닥에 뿌리고는, 거기다가 라이타를 켜겠다는 거야. 놔뒀어. 막상 불을 지르지는 못하지. 시어머니랑 시아버지가 와서 말리구 어쩌구 해서 일단 그날 밤은 그러구 지나갔어.

"오냐, 잘 됐다. 이번 기회에 결판을 내자!" 그러구 작정을 했어. 다음 날 당장 원주에 있는 법원 앞 법무사를 찾아가서 3만 원인가 주고 진정서를 썼어. 내가 부르는 대로 그 사람이 받아 적어서는 진정서를 만들어주더라구. 5만 원인가 10만 원 주고 병원 진단서도 끊었어. 대놓고 때리지는 않았지만 이래저래 씨름하다 상처도 좀 나고 했거든. 그걸 들구 경찰서에 가서 고소를 했어. 서류를 보더니 아무리 부부 사이라도 폭행이 그 정도면 고소가 된다는 거지. 상처도 상처지만, 몽둥이로 협박하고, 유리창 깨고, 애기랑 부인 있는 방에 휘발유까지 붓고 라이타 들이댄 게 된통 걸리는 거지. 그러구 법원에 이혼 소송까지 냈어.

최현숙 / 역시 이윤숙이다, 정말 대단해.

이윤숙 / 그때 사촌 시동생이 동네 파출소에 의무경찰로 있었거든. 걔가 보니까 지 사촌 형이 고소를 당했잖아. 그러니 지 아버지를 붙들고 "아버지, 이윤숙이가 누구야? 누군데 형을 고소했어?" 그러구 물어봐서는 집안에도 말이 다 돌게 됐어. 남편이랑 시어머니도 그때 알게 된 거고. 그러니 남편이나 시댁은 집안이고 온 동네에 망신을 줬다 이거지. 그때는 부부 싸움으로 신고하면 경찰도 안 오고 조사도 안 해주던 시대야. 나는 이혼할 작정을 하고 폭력으로 고소를 한 거지. '여기서 못 고치면 안 산다' 하고 작심을 한 거야. 남편도 남편이지만 시댁이랑도 확실히 선을 긋자고 작정을 한 거야. 취하하라구 남편이 몇 번을 지랄을 떨고, 어떨 때는 살살 달래기도 하더라구. 시어머니는 대놓고 온갖 년을 붙이며 욕을 하고. 들은 척도 안했어.

그러더니 어느 날 또 술을 먹고 와서는 부엌으로 들어가더라구. 그러구는 나를 불러들이더니 식칼을 들어. 손가락을 잘라 다시는 안 때린다는 혈서를 쓴다는 거야. "맘대로 해, 이 새끼야. 내 손가락 아니고, 니 손가락이야. 난 혈서 쓰라는 소리 안 했거든. 다짐을 하려면 맨 정신에 제대로 사과를 하고 해야지, 왜 술 처먹고 와서 식칼 들구 협박이야?" 그랬어. 그랬더니 순간 쎄면 공그리에다 손가락을 올리고는 식칼로 찍더라구. 나두 속으로는 정말 놀랬지만, 냉정해지더라구. 옆에 있던 조카 하나가 행주로 휘감아서는 남편을 태워 원주 기독병원으로 달렸어. 지금도 그 손가락 마디가 휘어 있어. 시어머니는 사람들 둘러섰는 데서 "니년이 얼마나 잘났길래 우리 아들 손가락을 짤라 먹냐? 그러구 나니 좋냐? 니가 우리 집 말아 먹으려고 작정을 한 년이다" 하면서 온갖 쌍욕에 난리를 치는 거야. "내가 자르라는 소리 안 했거든요" 그랬더니, "니가 건드려서 개가 술 먹고 들어와서 그런 거지!" 그러대. "어머니, 술은 뭐 똥구멍으로 먹어요? 지가 지 입으로 술 먹고, 지 손으로 지 손가락 자른 거예요. 전 그런 거 안 통해요" 그랬어.

남편은 손가락 붙이고 퇴원하고 와서 경찰서로 불려가 조서도 쓰고 그랬어. 나는 조사받으러 가서도 "유치장에 집어넣어요. 끌어가요" 그랬어. 그러니 온 동네가 더 난리가 난 거지. 88 올림픽, 그 무렵이었어. 시어머니는 취하를 하라고 맨날 악을 쓰고 나는 못한다고 우기고, 노상 싸우는 거지. 그런데 남편은 많이 달라졌어. 맨 정신으로 차분하게 이야기 좀 하자 그러더라구. 그러더니 내 이야기도 많이 듣고, 혼자서 생각도 많이 하는 거 같더라구. 나도 내 어려움이나 고민도 많이 이야기를 했지. 그냥 차분하게 듣더라구. 애들 아빠는 원래가 차분하게 듣고 생각도 많은 사람이야. 다만 신혼 초에 전혀 성격이 다른 나, 특히 자기 어머니랑 노상 부딪치는 나를 만나서, 어떻게 해야 할 줄을 모른 거지. 결국 절대로 안 한다는 답을 듣고, 취하 서류에도 절대로 폭력을 안 하겠다는 걸 취하 조건으로 썼어. 나도 거기까지만 한 거지. 그러구는 여지껏 나나 애들한테 폭력을 쓴 적이 없어.

　남편 사과도 사과지만, 딸 때문이 컸지. 그 중간에 내가 다니던 절 큰스님하고 상의를 했어. 비구니 스님이야. 그분도 결혼해서 아들 셋 낳고 살다가 이혼하고 출가하신 분이거든. 남편이 고위직 공무원이었어. 그 속사정이야 말을 안 해 모르지만, 애들 셋을 다 놓고 나왔으니 사연도 많고 아픔도 많겠지. 그분이 횡성에서 절 주지랑 유치원 원장을 했거든. 우리 딸이 그 유치원을 다니고. 그 스님이 나랑도 잘 알고 남편도 알고 그랬어. 그 큰스님한테 상의를 하니까, "애가 만 네 살 되면 다 아니까, 네 살 뒤로는 애 놓고 이혼은 하지 않는 게 좋겠어요. 애를 봐요, 지금 나 하나만 보지 말고" 그러더라구. 그리고 "문숙(가명)이 아빠는 근본이 착한 사람이니, 가정 폭력은 초장에만 단단히 잡으면 잡힐 겁니다" 하는 얘기도 하시고. 그분 이야기가 많이 참고가 됐지. 그 충고를 두고, 내가 정말 고민을 많이 했어. 한바탕 소동의 발단이 된 건 남편이었지만, 진짜 문제는 시집 식구들 문제였잖아. 그걸 고치거나 벗어날 수 있느냐가 제일 중요했어, 그게 안 된다면 더 살 생각이 없는 거지. 남편 폭력도 식구들 안에서 쌓인 스트레스 때문인 거고, 그 스트레스를 결국 제일 손쉬운 나한테 쏟아버린 거잖아. 그 일 있고 새끼 생각해서 이혼 생각은 접으면서도, 서울로 혼자 올라가자고 작정을 했어. 남편한테도 고소 취하하기 전에, "나는 서울로 갈 거야. 당신은 알아서 해" 그랬어. 딸도 안 데리고 간다고 했고. 처음엔 말리더니 나중에는 안 말리더라구. 며칠 있다 혼자 서울로 왔어. 자기랑 딸까지 놓고 나가는 걸 보고 섭섭하기야 했겠지만, 남편하구는 속 이야기도 한 거고 생각도 통하게 된 거지. 남편도 자기가 억울하다는 생각을 하게 된 거고. 그런데 시어머니랑은 완전히 내가 죽일 년이래는 거지. 바람나서 나갔느니 나가서 죽었느니, 별소문이 다 난 거야.

최현숙 / 정말 무소의 뿔처럼 혼자서 가라네. 그런 결단력의 바탕이 뭐야?

이윤숙 / '며느리니까 아내니까 여자니까 나서지 말아야 한다, 참아야 한다' 같은 게 나는 없었어. 어릴 때부터 남녀 차별 없이 키운 부모님 덕, 또 내 적극적인 성격 덕도 있었지. 제일 중요한 건 자신감이었지. 내 노력과 능력으로 사회생활을 한 경험 덕분에 혼자서도 얼마든지 잘 살 수 있다는 자신감이 있었어. 내가 알았든 몰랐든 시골 살림에 가난하고 많이 못 배우구 건강 나쁘구, 거기에 시어머니까지 힘든 거, 그런 거는 다 좋다 이거야. 해보는 데까지 해보구 안 되면 안 되는 대로 사는 거지. 그런데 같이 머리 맞대고 힘 보태서 헤쳐가야 할 나를 '시키는 대로 해야 하는 사람', '나서지 말고 복종만 해야 하는 사람'으로 취급하는 거는 견딜 수가 없었어. 견딜 필요도 없는 거고. 다 깨구 빈손으로 나와도 난 혼자 살 자신이 있었어. 딸한테도 나중에 엄마 노릇 할 자신이 있었고. 더구나 아빠가 애를 나보다 더 잘 챙겼거든. 그러니 시어머니나 동네 사람들이 뭐라고 욕을 하든 내가 옳다고 생각하는 대로 결정할 수가 있었지.

이혼까지는 안 가고 나도 참은 거지만, 이혼까지 가도 별 수 없다는 생각이었어. 그러고는 고양으로 다시 와서 200만 원짜리 전세방 하나를 얻어 직장으로 복귀한 거야. 결혼 전 다니던 회사에 슬쩍 알아봤더니 흔쾌히 나오라고 하더라구. 6개월 정도 그렇게 별거를 했는데, 남편이 쫓아오더라구. 부모한테도 "난 문숙이 엄마랑 살겠어요" 하고 온 거지. 자기도 깨달은 거야, 내가 옳다는 걸. 자기 엄마가 틀리다는 것도 확실하게 안 거고, 넷째인 자기만 부모 모시고 살면서 온갖 짐을 혼자 짊어진 것도 맞지 않다는 걸 깨달은 거지. 자기만 멍청이 바보 같다는 생각을 했겠지.

신랑은 내가 전 직장에 복귀한 줄은 모르고, 아마 어디 식당이나 청소 일을 할 줄 알았나봐. 그런데 결혼 전 직장에 다시 다니는 거잖아. 월급이야 얼마 안 되지만 뽀대는 있어 보이는 거지. 그때부터 집안에서 발언권이나 그런 게 많이 나한테 온 거지. 내가 결혼 전에 내 이름으로 사놓은 빌라도 결혼한 뒤에는 모두 신랑 이름으로 바꿨거든. 시댁 식구들이 그러라구 쑤셔댄 거야. 지가 남자니까 남자 이름으로 해야 된다는 거였어. 신혼 초니까 그냥 좋은 게 좋은 거라고 그렇게 했는데, 서울 와서는 다시 내 이름으로 바꿨어. 그 빌라는 벌써 팔아 없앴어. 남편 사업 망하고 빚 갚는 데랑 애들 교육비니 생활비니 남편이랑 내 병원비로 다 팔아 썼어. 그거야 뭐 당연하지. 억울하지는 않아.

자식 없었다면 아마 그때 끝냈을 거야. 그러구 사실 남편이 못된 사람은 아닌 거잖아. 시댁 사람들 속에서 휘둘려서 자기 판단을 못한 거지. 그러니 남편이 나랑 살겠다고 부모 떠나서 왔는데, 구태여 이혼까지 할 이유는 없는 거야. 그건 지금도 마찬가지야. '한 번 결혼한 사람은 이혼은 절대 안 된다'는 그런 생각은 없어. 뜻이 안 맞고 싫으면 이혼할 수 있는 거지. 다만 난 구태여 이혼까지 할 이유나 마음이 아닌 거야, 그때도 그렇고 지금도 그렇고. 사업 망하고 병 생기고 한 게, 남자가 나빠서 그런 거는 아니잖아. 자기도 살아보려고 하다가 아이엠에프 때문에 쫄딱 망한 거고, 그거 때문에 안 좋던 몸에 병이 더 심해진 거고. 그 병도 사업하면서 마신 술 때문에 도진 거거든. 건설 쪽이 노상 술자리잖아. 사업 따낼 때도 그렇고 공사할 때도 그렇고.

서울 와서 당분간 남편은 애 키우면서 집에 있었어. 어쩌면 그 사람은 그런 일이 더 맞는 사람일 거야. 애 챙기는 것도 그렇고, 살림도 나보다 훨씬 깔끔하게 잘해. 학력도 중졸에다 시골에서 정미소 하던 사람이니, 서울살이 적응이 힘들었지. 직장 생활은 한 달을 못 채우고 그만두고 그만두고 하더라고. 주로 공장 생산직에 취직을 했는데, 남의 밑에서 굽실대며 새벽밥 먹고 나가고, 하루 종일 갇혀 일하고, 그런 걸 잘 못했어.

남편이 서울 오면서 재산 받아온 건 하나도 없어. 오히려 그 사람 이름으로 친척한테 1500만 원 빚이 있었어. 살림 합하면서 내 통장 다 털어서 그 빚 먼저 갚고, 2970만 원짜리 집을 얻었어. 처녀 때 사놓은 땅을 오빠한테 팔아서 돈을 만들었지. 아빠가 결혼 전에 내가 번 돈으로 땅을 사놨거든. 아빠 이름으로 하면 나중에 형제지간에 싸움 난다고 내가 번 건 내 앞으로 해 주신 거지.

집은 고양시 능곡에 얻었어. 처음에는 남편이랑 많이 부딪쳤어. 회사가 야간 근무랑 숙직 근무를 남녀 모두 하는데, 딸도 있고 하니 계속 문제가 되는 거야. 딸애 아니더라도 와이프가 야간에 숙직까지 하는 거를 좋아하는 남자가 어딨겠어? 더구나 처음에는 남편이 일을 안 했으니 열등의식 그런 것도 있었을 테고. 그러다가 남편이 건축 설비를 배워 설비업을 시작하면서 부딪치는 일은 줄었지만, 아이 돌보는 게 내 차지가 되니 나는 더 정신없이 바빠진 거야.

1990년대 초에 일산에 신도시 들어서면서 건설 쪽이 붐이 일었잖아. 그러니 남편이 설비를 배워서 작은 공사부터 하다가 차차 큰 공사를 맡게 된 거야. 친정이 일산에 기반이 있으니 맨땅에 헤딩은 아니었지. 더구나 사람도 꼼꼼하고 일도 깔끔하게 잘하고. 그런데 건설 자체가 결국 한탕주의더라구. 공사 없을 때는 마이너스로 한동안 버텨야 하고, 더구나 일 없을 때는 쓰는 돈이 더 많잖아. 큰 공사를 맡으면 한동안 월 500만 원씩 가져다주기도 하지만, 그 전에 마이너스 된 거 갚고 어쩌고 하면 결국 또 제로야. 그러구 나면 또 공사 잡을 때까지는 빚 만들며 사는 거고. 나는 원래 10만 원 벌어서 9만 원 쓰고 만 원 꼬박꼬박 저금하고 그러는 사람이거든.

주로 금강이나 현대 같은 대형 건설 회사에 하청으로 들어가서 내부 설비 공사를 맡았지. 근데 현금 회전이 안 되는 거야. 사업 따낼 때 커미션이나 뒷돈이 많이 들어가는데, 공사비는 늦게 나오고 그것도 툭하면 어음인 거지. 게다가 건설판 노가다라는 게 술도 많이 먹이고 먹고 하잖아. 원래도 몸이 안 좋았지만, 건설업 하느라 술을 하도 먹어서 간이 망가진 거지. 관 공사도 많이 따냈고, 단독 주택도 많이 했고. 손재주가 많아서 한번 보면 다 하더라고.

"시급 이천 몇 백 원에 하루 9시간, 딱 최저 임금"
— 아줌마 노동의 세계

둘째 임신하고 만삭 됐을 때, 1994년에 직장을 그만뒀어. 집 살림도 해주면서 아이 둘을 맡아줄 마땅한 사람을 구하는 게 너무 힘든 거야. 그리고 남편 사업이 한동안 잘나가고 해서 경제적으로도 좀 안정이 됐거든. 근데 사실은 그때부터 건설 쪽 경기는 벌써 힘들어지기 시작한 거고, 남편 건강도 망가지기 시작한 거야. 두 애들 나이 차이가 아홉 살이야. 집에서 애 둘 키우면서 할 수 있는 온갖 부업을 다 했어. 처음에는 아줌마들이 집에서 하는 부업부터 했지. 머리핀, 핸드폰 고리, 구슬 끼기, 전단지에 스티커 붙이기, 케이크 박스 접기, 페인트 견본품 카달로그에 스티커 붙이기…… 개당 5원짜리, 7원짜리 일들이야. 그래도 한 달이면 20만 원은 넘어. 되는 대로 집 안에서 애 키우면서 할 수 있은 일은 뭐든지 한 거야. 나는 놀지를 못해. 살림이야 하기는 하지만, 별 관심이 없어. 아이가 조금 크면서 남한테 맡길 수 있을 때는 유치원에서 하는 판소리나 장구 외부 강사도 다녔어. 그러다가 둘째 두 돌 지나고 나서 전에 일하던 관광 회사 쪽 업종에 알아보니, 일할 거면 나오라고 하더라구. 계속 출퇴근하는 건 아니고 행사 있을 때 나가서 일당으로 뛰는 거지.

운전면허를 작은애 갓 낳았을 때 따고, 조금 있다 내 차를 샀어. 아직은 살 만할 때지. 관광 회사 행사 뛰면서 차로 매일 너덧 군데 넘게 뺑뺑이 도는 생활을 한동안 계속했어. 큰애가 국악중학교 들어간 게 1997년, 나 서른여덟 때야. 양재 포이동에 있는 국립 학교지. 큰애 태워다주고 태워오고, 작은애 돌보는 집에 보내주고 데려오고, 내 일 다니고. 집에는 항상 살림이 밀려 있는 거야. 관광 회사는 땜빵용이니까, 거기 말고도 다른 일들을 닥치는 대로 했어. 신생아 돌보기는 한 달 40만 원으로 약속했는데 50만 원 주더라고. 그 돈이 딸 가야금 레슨비 하나 주고 나면 딱 떨어져. 맞벌이 부부 애들 봐주는 일도 했어.

아침 일찍 차 끌고 가서 애들 데려오고, 저녁에 퇴근한다고 전화 오면 데려다주기도 하고 찾아가기도 하고. 내 애도 다른 사람들 손에 많이 키웠으니까, 애 맡긴 엄마들 심정을 잘 알지.

근데 결혼하구 나이 들어서 다시 관광 회사를 나가보니, 그런 회사들이 여자를 어떻게 취급하는지를 뼈저리게 알겠더라구. 둘째 낳고 마흔 다 돼서 나가니까, 하는 일은 훨씬 빡센데 돈은 10분의 1이야. 돈 가치는 더 떨어졌으니 차이가 더 큰 거지. 아가씨랑 아줌마가 그렇게 다르더라구. 일이야 더 잘하지, 난 경력 있는 베테랑이니까. 그런데 고위급들한테 서비스하는 일이니 예쁘고 쭉쭉 빠진 아가씨들이나 좋지, 아줌마는 별수 없이 쓴다는 투야. 그 돈이라도 싫으면 그만두라는 거고. 면대면 서비스야 젊은 아가씨들 시킨다고 치고, 그 관리를 현장 출신에 경력 있는 여자들이 하면 더 잘할 거 아냐? 근데 아줌마는 쓸데없다는 거야. 아가씨들 관리도 남자들이 하는 거야. 남자들은 나이 많아지고 결혼까지 하면 가장이라면서 봉급도 더 오르고 가족 수당도 더 주고 그러더라구. 결혼한 여자들 봉급은 나이 들수록 점점 똥값이 되구.

최현숙 / 아주 중요한 이야기네. 젊은 여성 직장인은 꽃 취급 하는 거고, 나이 든 여성은 아줌마 취급 하는 거지. 더구나 그런 일은 너무 싸구려니까 남자들도 없는 거잖아.

이윤숙 / 맞아. 호칭도 그냥 아줌마 그러면서 그 젊은 것들 심부름이나 시키는 거야. 직장인 취급을 안 하는 거지. 내가 한창 때 일할 때도 그런 아줌마들을 많이 보고 일도 시키고 했는데, 그때는 나도 그분들 심정을 전혀 모른 거야.

자기와 가족 안에 있는 가부장의 벽을 많이 허물었다 해도 사회적 가부장의 벽을 허무는 일은 혼자 할 수 없었다.

이윤숙 / 그러다가 공인중개사 자격증 공부를 해봤는데, 그게 세법이랑 민법 때문에 너무 힘들더라고. 세법 계산도 어렵고, 민법은 워낙에 확실한 답이 없더라고. 해석을 어떻게 하느냐에 따라 답이 여러 가지로 나오는 거지. 그때 공인중개사 자격증이 한창 인기였거든. 자격증 빌려주기만 해도 1년에 300만 원 넘게 앉아서 벌었어. 그래서 시작한 건데, 너무 어려워서 중간에 포기했어.

난 살림만 한 기간이 없어. 애 둘 키우면서 내내 무슨 일이든 돈을 번 거야. 남편이랑 사업을 같이 한 적은 없어. 성격이 달라서 같이 하면 많이 싸웠을 거야. 따로따로 버는 거지.

그러다가 남편 사업이 아예 망하고, 간염은 점점 악화돼서 복수 차고 입원하고, 빚쟁이들은 매일 쫓아오고, 집이며 살림살이에 차압 붙고……. 풍비박산이 나기 시작하는 거야. 남편이 산으로 도망가서 숨어 있을 때, 나는 그래도 애들 데리고 살면서 공부시키고 돈 벌고 살림하고 해야 하잖아. 아무리 정신없이 뺑뺑이를 돌아도, 늘 시간도 모자라고 돈도 모자라고, 마음은 늘 불안하고 초조하고. 집으로 사람들 찾아오거나 전화하면 "장 사장 죽었어요" 그랬어. 난 그때 이미 불면증에다 우울증에 시달리고 있었던 거야. 남편은 없고 빚쟁이들은 늘 찾아와서 난리고, 혼자서 아무리 살려고 발버둥을 치면서 직장이라고 다녀도 돈도 얼마 안 되고, 애들은 둘이나 돼서 들어갈 돈은 많고. 아무리 허둥대봤자 제자리걸음도 아냐. 점점 더 뒤로 밀려나기만 하는 거야.

화병에 우울증에 도저히 못살 것 같아서 골프를 해봤어. 결혼 전 관광 회사 다닐 때, 그 회장급들 따라다니며 해봤거든. 누가 보면 나쁜 년, 미친년 하겠지. 남의 돈 떵겨먹구 서방은 어디 가서 죽었다는 년이 무슨 골프냐구. 근데 나는 미치지 않으려고 한 거야. 숨통인 거지. 작은애 봐주는 집에다 늦게 간다고 말해놓고, 저녁에 학교에서 딸 찾아서 고양 88골프장으로 간 거야. 너무 갑갑해 미쳐버릴 것 같아서 그렇게라도 풀어야 살겠더라고. 한 달 10만 원이야, 이용료가.

그때부터는 주로 유통 쪽에서 일했어. 아줌마들 40대 초반에, 그 일 많이 하잖아. 남편 잘나갈 때는 내가 왕고객이었어. 한번 가면 커다란 카트 하나 가득 채워도 부족해. 두 개씩 한꺼번에 끌면서 장을 봤지. 건설업 하면서 직원들 멕이고 하느라고 살 게 무지 많았지. 근데 거기를 판매원으로 들어간 거야. 처음에 월마트 고양점에서 시작했어. 난 생각도 안 하고 있었는데, 친구 통해서 납품 회사 쪽에서 제안이 온 거야. 성격이 활달하고 하니까 잘하겠다 싶었나 봐. 월마트가 고용하는 게 아니고, 매장에 물건 납품한 회사가 월급을 주는 거야. 유통은 그때 시작해서 지금도 가끔 해. 임금은 쌌어. 시급 이천 몇 백 원에 하루 9시간, **최저 임금**이었을 거야, 딱. 한 달 근무하면 60만 원이었어. 아들은 여섯 살 유치원 다니고 나 마흔한 살 때, 2000년쯤일 거야. 내가 서른아홉에 고혈압으로 쓰러지고 다행히 마비는 안 왔지만, 몸이 아직 회복이 안 돼서 많이 안 좋을 때야. 마음은 늘 갈팡질팡, 우울증이랑 불면증이랑 겹치기로 오고 할 때인데, 그래도 돈 버는 일이라면 무조건 뛰어나갔어. 안 그럴 수가 없었지.

여기저기 유통 옮겨 다니고 알바도 닥치는 대로 하다가, 나중에 월마트 부점장이 나를 잘 봐서 월마트 정직원으로 채용이 됐어. 피자

"노동부는 늘어나는 노동 문제를 체계적으로 분석, 장기적이고 근본적인 정책을 세워 수행하기 위해 정부가 재정을 지원하는 특수 법인 형태의 노동 전문 연구기관을 설치키로 했다. …… 조철권 노동부 장관은 28일 상오 청와대에서 전두환 대통령에게 새해 업무 보고를 하는 자리에서 이같이 밝히고 저임금 해소 방안으로 10인 이상 사업체의 경우 취업 규칙에 최저 임금 10만 원 이상을 명시토록 제도화하고, 특히 일부 재벌 그룹의 저임금 개선을 적극 유도하겠다고 보고했다. …… 노동부는 또 올해 저임금 실태 조사를 실시, 최저임금제 시행 기반을 구축하고 학력 간 직종 간 임금 격차 완화, 성과 배분 방식의 확산, 적정 임금 인상 등 임금 체계의 합리적 개선도 지속적으로 추진하는 한편 4월 말까지 근로자 중산층 육성 방안을 확정키로 했다"(《경향신문》 1985년 2월 28일).

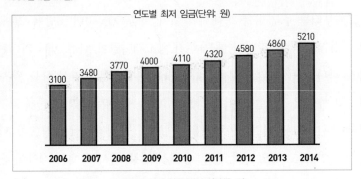

연도별 최저 임금(단위: 원)

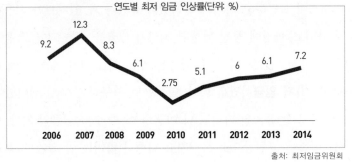

연도별 최저 임금 인상률(단위: %)

출처: 최저임금위원회

치킨 코너에 사람이 필요하다면서 이력서 넣으라고 하더라고. 납품 회사 직원으로 일하는 거를 유심히 본 거지. 성격도 화끈하고 다른 아줌마 직원들보다 체계적으로 일을 하니 욕심을 낸 거야. 정직원이니까 4대 보험도 들어주고, 퇴직금도 나오고, 식대도 따로 나오고 했어. 야간 근무하면 야간수당이 나오니까 일부러 오후 2시부터 밤 11시까지 하는 야간 근무조로 들어갔어. 오전조는 애들 챙겨 보내느라고 힘들지. 수당이니 초과 근무니 해서 정직원이니 훨씬 나았어. 지금은 그게 한 200만 원 정도 될 거야. 유통에서 아줌마로는 제일 잘 받은 거지.

그 월마트를 그만두게 된 건, 사실은 내 담배 때문이었어. 과장이 자기도 담배 피면서 여자가 담배 피는 꼴을 못 보는 거야. 쉴 때 잠깐 피는 건데도 말이야. 그러니 자꾸 다른 핑계를 대면서 사람을 쪼아대는 거야. 그때는 정말 죽어버리고 싶을 때였거든. 겉으로야 사람들 만나면 히히거려도, 속으로는 죽어도 몇 번을 죽어버리고 말 때였어. 담배 없으면 못살 것 같은 때고, 애들 때문에 못 죽을 때였거든. 근데 그 과장 새끼가 담배 때문에 하도 사람을 못살게 구니, 나도 그 김에 집어치운 거야. 가까운 건강 보조식품 회사에서 제의가 들어왔거든. 국화차, 오미자차 같은 온갖 건강식품 파는 회사인데, 정직원에 4대 보험 다 하고 월마트랑 똑같이 받기로 하고 그리로 옮겼어. 그런데 그회사가 얼마 못 가 망했어. 그리고는 유통에서 정직원으로 일한 적이 없어. 다 납품 업체 직원으로 시간당이나 일당으로만 일한 거지. 근로 계약서도 거의 안 써. 그래도 이런저런 일을 해보니 아줌마 일로는 유통이 제일 낫더라구. 근데 지금은 그거도 없어. 우리 나이면 땜빵으로나 별수 없이 투입하는 거지.

월마트 고양점에서 시작해서 홈에버, 세이브존, 이마트, 킴스클럽, 롯데마트, 롯데수퍼. 유통 분야는 모두 일을 해봤어. 세일 행사도 좋고, 땜빵도 좋고. 공산품이고 식품이고 닥치는 대로 하는 거지. 특히 세일 행사 때 투입이 되는 거야. 내가 판 상품은 오징어, 고등어, 떡갈비, 돈까스, 냉면, 또띠야, 치즈, 칫솔, 치약, 샤프란, 샴푸, 피죤, 동그랑땡……. 그러구두 한도 없이 많아. 품목은 상관이 없는 거야. 시식 코너에서는 비엔나 소세지, 만두, 물만두, 제주 만두, 취영루 물만두, 시제이 물만두, 군만두, 풀무원 왕만두, 뭐가 됐든 닥치는 대로 하는 거지, 뭐.

지난번 **롯데백화점 자살**, 그게 정말 맞는 이야기야. 정말 내 일 같은 느낌이었어. 일당 받으면서 시간제로 유통에 근무하는 사람들은 다 그 심정일 거야. 할당받은 매출 실적을 못 채우거나 저조하면, 그날 당장 짤리고 그날 일당도 못 받는 경우가 많아. 하루건 일주일이건 평가해서 매출 안 빠졌으면, 그 아줌만 당장 짤라. 그래서 나도 엄청 짤렸어. 그 상처가 장난이 아니야. 자주 당하는 거지만, 당할수록 무뎌지는 게 아니고 상처가 쌓여. 그러니 나도 화나니까 시식 물량 남으면 숨겨놨다가 빼돌리고 그랬어. 일 끝나고 내 물건 사서 나올 때, 거기에 묻어서 갖고 나오지. 시식 물량은 바코드 다 죽인 거니까 안 걸려. 다들 그렇게 많이들 해. 그렇게라도 복수를 해야지, 안 그러면 더 울화통이 터져. 나만 맨날 당하고 살 수는 없는 거잖아.

그 억울함과 울화를 나도 경험을 통해 안다. 그리고 그 쪼잔한 복수가 결국 허전함과 우울만을 남긴다는 사실을 이윤숙도 모를 리 없다. 아니, 모든 상품과 시간과 사람에게 각각의 바코드가 붙어 있는 '매장'에서는, 돈 아닌 무엇도, 누구도, 애초부터 결국까지, 쓸모가 없다.

이윤숙 / 매장은 주로 바쁜 시간에 투입되는 거고, 일하는 내내 서서 해야 돼. 그러니 다리 붓는 것도 너무 힘든데, 냉장식품 시식 코너를 맡으면 정말 너무 힘들어. 내 허리 바로 뒤에 냉장고가 열린 채로 있어서, 그 찬바람에 허리가 다 망가지는 거야. 냉동식품이야 키도 낮고 닫혀 있으니까, 냉장식품보다는 덜 힘들고. 음식 시식은, 유통 기한 거의 다 차가는 걸로 해. 어차피 못 팔면 버릴 거니까 시식으로 내놓는 거지. 폐기 처분 직전 것으로 시식을 하게 하고, 본 상품은 유통 기한 많이 남은 거를 팔지. 유통 기한이 박혀 있으니까 속일 수가 없어. 하긴 그 유통 기한까지 속여서 고쳐 쓰는 업체도 있기는 하더라

고. 과일은 시식을 좋은 걸로 하고 파는 건 안 좋은 게 나갈 수 있는
거야. 과일에 유통 기한이 써 있지는 않잖아. 칫솔, 치약 같은 공산품
도 모두 유통 기한이 있어. 상하는 게 아니지만 법적으로 정해져 있
어. 그러니 유통 기한 지난 공산품은 직원들이 싸게 사다가 두고두고
쓰든가 누구한테 팔든가 하지. 그런 유통 기한만 몰래 뒤지고 다니는
파파라치가 있어. 그게 밥벌이고 직업인 거지. 나는 개를 키우니까,
강아지 사료 유통 기한이 얼마 안 남은 걸 50퍼센트 세일할 때 두 개
씩 사서는 냉동실에 넣어두고 먹여. 유통 매장에서 한 경험들이 일상
생활에 많이 도움이 돼.

식당 일도 했어. 설거지 알바뿐 아니라 바쁜 시간대에 타임당 콜 오
면 시간만 맞으면 뛰는 거야. 갑자기 단체 손님들 몰려오거나 하면
콜이 오는 거야. 그럴 때는 시급이 좀 세지는 거지. 김밥집 알바는 시
급 5000원인데, 퇴근할 때 애들 주라고 뭐를 싸주는 곳도 있어. 식당
일도 종일 서 있어서 너무 힘들어.

지금도 이러고 있으면 김밥집이나 24시간 식당에서 땜빵 뛰라고 부
르기도 해. 김밥집에 아예 취직도 해봤는데, 아침 9시부터 저녁 9시까
지 열두 시간을 하면 한 달에 120만 원을 줘. 최저 임금도 안 되는 거
지. 알바나 땜빵이 시간당으로 따지면 돈은 더 되는 거야. 보리밥 뷔
페도 김밥집이랑 똑같아. 난 요리는 못하니까 채소 다듬기, 나물이나
시래기 삶기, 요리 준비, 설거지, 그런 거를 해. 기술이 없으니 빡세게
힘든 일만 하는 거야. 내가 식당을 (운영)해본 적은 없어. 그런 거는
별로 취미가 없어.

아파트 단지 상가 하나를 분양받아서, 언니 올케랑 언니 친구들이
랑 같이 투자해서 한정식집을 해본 적은 있어. 메뉴는 비빔밥, 돌솥

밥, 김치찌개, 돼지갈비, 빨간 돼지, 그런 거였어. 내가 식당으로 출근한 게 아니고, 다른 유통을 뛰던 때야. 분양은 내가 받은 거고, 여러 사람이 투자하고 일도 같이하면서 운영한 거지. 그런데 공동으로 뭘 하는 게, 내 적성에는 안 맞더라구. "난 빠질 테니 니네가 운영해. 대신 손해나도 나한테 돈 더 투자하라는 소리만 말아" 그러구 빠졌지. 지금 그 식당은 접었고, 상가는 공장하는 사람한테 임대를 줬어. 상가가 잘될 거라구 하도 난리를 쳐서 없는 돈에 빚내서 분양을 받은 건데, 그게 아닌 거지. 가게를 사겠다는 사람도 없고, 갈수록 값은 똥값이 되는 거야. 그거 생각해도 열불 나.

육체적으로든 정신적으로든 금전적으로든 모든 어려움이 한꺼번에 몰려오더라구. 그러니 담배를 하루에 두 갑씩도 피워봤어. 선거 운동원은 안 해봤어. 동네 터줏대감으로 사람도 많이 알고 성격도 화끈하니까, 선거 때마다 이 당 저 당서 제안은 많이 왔지. 그런데 오래 산 동네에서 한쪽 후보만 대놓고 지지하고 동네 사람들 앞에서 선거 운동하는 거는, 일부러 안 했어. 얼굴 쪽팔리기도 싫고.

요양(요양보호사) 하면서도, 상조 회사 땜빵도 뛰어봤어. 상조 회사 땜빵은 임금이 괜찮아. 저녁 5시에 투입돼서 밤 11시면 끝나. 주로 장례식장에서 문상객들 음식 서빙하는 건데, 6시간에 보통 5만 원을 줘. 정직원은 적게 두고, 대신 갑자기 콜할 수 있는 사람들을 확보하고 있는 거지. 그래야 회사는 인건비가 적게 나가잖아. 염하는 것도 많이 봤어. 그거 배우고 싶더라구. 염은 장례문화자격증인가 그게 있어야 하는 거야.

물 바께쓰 들고 다니면서 아파트 계단 청소도 했어. 아침 9시 출근해서 오후 4시에 퇴근하고, 한 달에 40만 원에서 45만 원 받는 거

지. 청소 용역 회사에 고용돼서 계단 청소만 하는 아줌마인 거야. 큰
애 중학교 입학한 뒤부터 한동안 했어. 아파트 지하실 가서 혼자 많
이 울고, 담배도 많이 피웠어. 추락하기 시작한 때여서 너무 힘들었어.
작은애가 1994년생이야. 걔 낳고 두 돌 되는 1996년부터 남편 사업이
망해가기 시작한 거고, **아이엠에프** 지나면서는 아주 완전히 망한 거
구. 그 전에 잠깐 좋을 때는 큰애 가야금이고 뭐고 모두 일시불로 산
때도 있었어. 작은애 낳은 뒤로는 점점 힘들어진 거야. 그러니 내가
버느라고 집에 잘 없어서 애를 챙기지를 못한 거야. 그러느라 작은 애
가 초등학교에서 오랫동안 학교 폭력을 당한 것도 모른 거야. 남편은
떴다방이니까 집에는 거의 없었지. 공사 따내서 멀리 일하러 가고, 빚
쟁이 피해서 도망도 다니고. 큰애는 나중에 기숙사에를 넣었어. 그러
니 작은애는 어릴 때부터 어린이집 끝나고 집에 오면 여기저기 다른
학원을 다니거나 아님 혼자 있었지.

남편 사업 힘들어지면서 내 우울 증세가 시작됐지만, 그때는 병은
아니었어. 결정적으로 병이 되고 아예 쓰러져버린 건 남편이 그동안
부동산을 담보로 시댁 빚보증을 서준 거를 뒤늦게 알게 된 때였어.
그게 1998년이야. 만으루 서른아홉 되는 해 4월이었어. 아홉수가 그
렇게 무섭더라구. 우리 식구 사는 것두 벌써 힘들던 땐데, 나 몰래 빚
보증 선 게 차압이 들어오구 난리가 나면서야 내가 알게 된 거야. 어
떤 거는 보증 서준 지가 9년이 됐더라구. 처음 쓰러진 시작은 고혈압
이었어. 그래두 중풍이 안 와서 다행이지. 그 충격이 우울증을 넘어
서 정신병까지 간 거야. 정신병원을 두 번이나 들어갔어. 나중에 결국
시댁 사람들이 그 빚을 다 갚기는 했지만, 내 병은 낫지를 않고 아직
까지 계속인 거야. 남편은 내가 겨우 뒷마무리하면 계속 또 저지르고

"정부는 심각한 외환위기를 타개하기 위해 21일 밤 국제통화기금(IMF)에 일단 200억 달러의 구제금융을 공식 요청했다. …… 임창열 부총리 겸 재정경제원 장관은 이날 밤 10시 정부제1청사에서 열린 기자회견에서 "정부는 IMF에 대기성 차관을 요청키로 했다"고 밝히고 "IMF는 다음 주 초부터 실무협의단을 파견해 우리 정부와 협의를 시작할 것이며 실제 자금이 지원되기까지는 3, 4주 걸릴 것"이라고 말했다. …… 한국이 받을 지원금은 IMF 긴급융자제도에 따른 대기성 차관 55억 달러와 미국 일본 등 10여 개국이 IMF 패키지 형태의 협조융자를 합쳐 일단 200억 달러로 정해졌으며 IMF 측의 실사 결과나 우리 경제 상황에 따라 늘어날 것으로 보인다. …… 한편 김영삼 대통령은 22일 담화를 발표, 당면한 외환위기를 타개하기 위해 IMF 자금 도입이 불가피하다는 점을 설명하고 정부도 경제 회생을 위해 '뼈를 깎는 노력'을 기울일 각오인 만큼 국민도 정부의 방침에 호응, 근검절약에 앞장서 달라고 호소할 예정이다"(《동아일보》1997년 11월 22일). 20여 년 전에 터진 아이엠에프 외환 위기는 우리 삶을 근본적으로 바꿨고, "부자 되세요!"가 복을 부르는 새해 인사가 됐다. 신자유주의, 자유무역협정, 자기계발, 스펙, 재테크, 구조조정, 정리해고 같은 말들이 일상어가 됐다. 이제 아이엠에프는 졸업했지만 우리 삶의 위기는 여전히 현재 진행형이다. "올해 3분기(7~9월) 실질 국내총생산이 지난해 같은 기간에 비해 12.3% 늘어난 것으로 잠정 집계됐다. …… 국제통화기금 관리 체제에 들어선 지 2년이 다 돼가는 시점에서 반가운 소식이 아닐 수 없다. 주가도 크게 올라 지수 1000을 눈앞에 두고 있고, 경상수지·물가·외환보유고 등 다른 경제지표들도 대부분 호조를 보이고 있다. …… '경제신탁통치'의 나락으로 내몰았던 경제위기는 완전히 해소된 것인가. 그렇지 않다는 게 정직한 답변일 것이다. 위기의 상처는 많이 치유했으나 그 근본 원인의 수술은 아직 멀었다. …… 구조개혁의 대가는 가혹했다. 무엇보다 빈부격차가 심해졌다. …… 아이엠에프의 한파가 '못 가진 사람들'에게 집중됐음은 두말할 나위가 없다. …… '고통 분담'이 여전히 구호에 머물고 있다고 해도 틀린 말이 아니다"(《한겨레》1999년 11월 23일)

또 저지르고. 그놈의 건설업이라는 게 한 번에 망하는 게 아닌 거지.

그러구는 매년 4월, 5월만 되면 한 번씩 된통 신경성 질환이 오는 거야. 어느 해는 시각 장애가 오구, 어느 해는 공황 장애가 와서 119에 실려가구, 한번은 언어 장애가 와서 말을 전혀 못 하고. 올해는 결국 당뇨가 시작되네. 처음 쓰러져서 퇴원하고 집에 있을 때 큰애가 집에 와서 보더니 엄마한테 기저귀 채워놔야겠다고 하더라구. 자기는 학교 기숙사로 가야 하고, 아버지는 집에 없고, 작은애는 아직 어린 거지. 누가 돌봐줄 사람이 전혀 없는데, 나는 누워서 꼼짝을 못하는 거를 본 거야. 남편은 집에만 오면 당장 빚쟁이들한테 끄들려서 감방에 갈 신세지. 게다가 그 사람이라도 벌어야 애들 교육비니 내 병원비니 조금이라도 꺼나가니까 집에 들어올 수가 없는 거지. 좀 누웠다가 다시 나왔지. 일 계속 하면서, 우울증에 시달리면서, 병원 다니면서 그런 거야. 남편은 죽었다고 소문만 내놓고 사실은 사찰 들어가서 숨어 살기도 할 겸, 자기 몸도 돌볼 겸, 봉사도 할 겸 하구 지냈어.

몸이 너무 안 좋아서, 요즘 내가 담배를 끊었어. 그랬더니 너무 좋은 거야. 피부도 좋아지고. 별로 피우고 싶은 생각이 안 들더라구. 그런데 이번 달(2013년 5월)에 처사님(남편)이 결국 간암 진단을 받았어. 자기도 힘들었겠지. 병원 오느라 여기를 잠깐 왔는데, 끊은 담배를 다시 피우더라구. 그러구는 시골 가서는 안 피운다고, 놓고 갔어. 그 놓고 간 담배를 내가 다시 피우고 있어. 저거만 피우고는 안 피워야지. 나도 이번에 당뇨 진단을 받았어. 부부가 쌍으로 큰 병 진단을 받은 거지.

떡 공장에서 새벽에 물건 내보내는 작업도 해봤어. 야간 근무가 그나마 시급이 세잖아. 어차피 밤에 누워도 못 자니까, 그 김에 돈이나 더 받으려고 야간 근무를 하는 거지. 애들도 컸으니 밤에 같이 있지 않아도 되고. 몸이나 불면증에 더 안 좋겠지만, 닥치는 대로 벌어야 하니 가릴 수가 없어.

(가계부 여러 권을 보여주며) 가계부를 매일 이렇게 일기처럼 썼어. 결혼한 뒤에 계속 쓰고 있는 거야. 수입이나 지출뿐 아니라 약속이나 중요한 일, 꿈꾼 거, 돈 빌린 거, 이자 나가는 거, 그런 거를 일기장도 겸해서 써놓는 거야. 친정 언니한테 500만 원 빌린 거는, 은행 이자

계산해서 꼬박꼬박 언니 통장 만들어서 보내주고 있어. 계산만큼은 칼이야, 누구한테든. 은행 이자보다는 더 주는 거지. 영수증도 일일이 챙겨두고 날짜별로 모으고 있어. 남 보기에는 덜렁이인데, 속에는 늘 완벽함을 향한 강박이 있는 거야. 그러니 늘 불안이나 초조가 있는 거지.

최현숙 / 그러게. 내가 그동안 선생님 만나오면서 받은 느낌은 그렇게 꼼꼼한 편은 아니었는데, 의외네. 그렇게 꼼꼼하고 완벽한 성격, 결혼 전과 결혼 후에 생긴 경제적이고 사회적인 위치의 격차가 우울증이나 불안감에 큰 원인이 됐겠네. 좀 대강대강 하고 어떤 건 어쩔 수 없다고 포기도 하고 해야 하는데.

이윤숙 / 맞아. 근데 그렇게 접어버리고 살려고 해도 그게 안 돼. 늘 머릿속에 떠오르는 거야. 그러니 잠을 더 못 자고, 뭐든 돈 벌 일을 찾아 뛰어다니는 거고.

그러면서도 나도 허덕이지만 그래도 나보다 더 어려운 사람을 돕는 게 좋더라구. 내 우울증이나 무력감을 벗어나게 해주기도 하는 거 같고. 내 친구의 둘째가 딸인데, 내 딸보다 한 살 더 먹은 장애아야. 나 잘나갈 때는 옷이며 먹는 거며, 우리 애랑 항상 똑같이 사서 주고 그랬어. 그 집 신랑이 자기 집 근저당해서 사업하다가 망해서, 남의 집 지하실 푸세식 화장실 쓰는 방 하나로 이사를 갔어. 그때 우리 집을 근저당해서 대출을 받아 1300만 원을 빌려줬어. 차용증 그런 거는 안 받았구. 그 친구가 돈을 한꺼번에 갚기는 어려우니까, 처음에는 내 통장 하나를 만들게 해서 이자만 8만 원씩 꼬박꼬박 넣다가, 나중에는 원금까지 해서 한 달에 18만 원씩을 넣어주더라구. 은행 이자로는 7만 8000천 원이야. 목돈으로 받은 돈을 푼돈으로 갚아서 정말 미안하다고 하면서, 그래도 이렇게 하기라도 해야 갚아질 것 같다며, 매달 10만 원씩 원금을 꺼나가는 거지. 원금 갚는 만큼 이자도 덜 넣으라고 해도 이자는 8만 원을 그대로 계속 넣더라구. 그렇게 어려운 때 융통해준 것만도 고마운데, 이자 줄이는 거는 싫다는 거야. 그 친구 형제가 모두 잘사는데, 그 어려울 때 아무도 안 도와주더래. 근데 "문숙이 엄마는 남인데도 차용증 하나 안 쓰고 집 근저당까지 해서 돈을 빌려줬어" 하면서 너무 고마워하는 거지. 온갖 궂은일을 하느라 손가락이 다 붓고 류마티스 관절염으로 고생이 많아. 그래도 파출부 일을 계속 하고 있어. 원금 얼마 갚았는지는 저도 나도 몰라. 아직은 다 갚으려면 멀었으니까 그냥 꼬박꼬박 넣기만 하는 거야. 통장에 기록 남으니까, 나중에 계산하면 알겠지. 큰애가 지방 간호대라도 나왔으면 좋겠는데, 딸 지방 보내면 안 된다고 서울서 간호학원 나와서 지금 간호사를 하고 있어. 그렇게 나보다 더 힘들게 사는 사람들도 많더라구.

 내가 어려운 처지가 되니까 주변에 어려운 사람들도 보이고 만나게 되기도 하더라구. 잘나갈 때야, 그런 사람들이 있는 줄도 몰랐지. 기고만장해서 내가 최고인 줄만 알았어. 그런데 이렇게 어렵다보니까…… 그러다 보면 나도 생각지도 못한 도움도 받게 되더라구. 기순이 언니(이 책의 다른 주인공 이기순)한테 너무 감사해. 그 양반은 그때 노가다를 했어, 예순다섯에. 그 양반이 한 달 일해서 번 돈 80만 원을, 손도 안 대고 봉투째 가지고 왔더라구, 내 딸 등록금에 보태라고. 배낭 멘 채 신발도 안 벗고 저 현관문에 들어서서 "아무 말 말고 이거 일단 써. 아무 때나 돈 되면 갚고" 하면서 놓고 가는데, 내가 눈물이 얼마나 나는지…… 한겨울 그 추운데 새벽 다섯 시에 인력시장 나가 일해서 번 거를, 나를 고스란히 주고 간 거야. 그 언니 마음을 내가 어떻게 잊어?

우리 작은애 세 살 때쯤 만났어. 그 언니가 인삼 도매를 떼다가 팔 았거든. 행상하며 돌아다니다가 우리 집에도 와서는 단골이 된 거지. 우리 애들은 "인삼 아줌마, 인삼 이모" 그랬어. 그 양반 알게 된 지가 한 20년 다 됐네. 집도 가까우니까 자주 만나. 요즘은 이 동네서 다른 사람은 거의 안 만나고 살아. 나랑 방문 목욕*도 하나 같이 해. 목욕 끝나면 힘들고 배고플 때가 있잖아. 나는 뭐라도 사먹고 가자고 하는 데, 그 언니는 그것도 못해. 맨날 집에 가서 먹는다고 한다니까. 나보 다 더 바보야. 유통이니 요양이니 하면서 보면 '내가 어린 시절에 참 혜택받은 사람이었구나' 하는 생각을 많이 했어.

"돈만 생각하면 절대 못하지"
─ 아줌마와 도우미 사이 요양 노동의 세계

지금 방문 요양 가는 그 집이 다가구 주택 주인인데, 그 집에서 다가 구 주택 계단을 청소해달래서 하고 있어. 일주일에 두 번 하고 한 달 에 15만 원을 받아. 어차피 방문 요양 가는 집이니 일주일에 두 번만 시간 더 내서 계단 청소까지 하면 되겠다 싶어서 하게 된 거지. 그런 데 물청소하다 미끄러져 굴러서, (엉덩이와 허리를 보여주며) 여기랑 여기가 지금 짝짝이가 됐어. 그때 노조에서 하는 '은평구 건강지킴이 여행' 겸 워크숍을 1박 2일로 가기로 약속했는데, 그거라도 안 가면

---

* 재가 요양 서비스의 하나. 노동 강도가 높아 방문 목욕은 요양보호사 2인이 함께하게 돼 있다.

내가 더 좌절하고 우울증이 더 심해질 거 같더라구. 가겠다고 약속도 했고. 그래서 아파 죽겠는데도 치료도 안 하고 그냥 갔어. 몸보다 마음이 더 힘들었거든. '그 15만 원 벌자고 남의 집 계단 청소 일을 하다가 굴러서 이 꼬라지가 됐구나' 하는 생각에 너무 서글펐지. 그 15만 원으로 작은애 한 달 급식비 주면 돈이 조금 남아. 그래도 그 돈이 작은애 급식을 하게 해준 거잖아. 워크숍 가서 사람들에게 여기를 보여주니까 다들 놀래 자빠지며, 연고랑 파스를 사다 발라주고 그랬어. 그렇게 해서라도 사람들을 만나고 이야기하고 풀고 해야 우울증이 좀 덜한 거야. 집에만 있으면 처량한 기분이 점점 심해지고, 죽고 싶어지는 거지. 가서 나를 이해해주는 사람들 만나서 속 이야기를 하면, 열심히 산다고 서로 격려하고 보듬어주고, 그렇게 힘든데도 왔다며 고맙다고도 하니, 내가 쓸모 있는 사람이라는 생각이 드는 거지.

최현숙 / 당연하지. 내가 전에 당신을 본 거는 주로 협회 모임이나 노조 모임이었잖아? 처음에는 당신의 열심이고 즐거운 모습만 봤는데, 많이 친해지고 나서 우울증 이야기를 나한테 해줬어. 그런 뒤부터 당신 열정적인 모습이 조금 염려가 되기도 했어. 혼자 있을 때 우울감이 깊은 만큼 행복하거나 즐거운 순간은 또 과잉이 된다더라구. 아마 내가 자기한테 이 작업 하자고 제안한 첫 이유가 그거인 거 같아. 당신의 열정을 알고 싶고, 우울에 관해 서로 깊게 이야기하고 이해하고 싶은 마음 말이야. 그리고 자기가 과잉돼 있을 때, 내가 옆에서 슬쩍 조금만 가라앉히자고 이야기하면 무슨 말인지 금방 알아듣고 협조도 해주고, 그런 말을 하는 나를 섭섭해하지 않더라구. 그런 말이 원래 조심스러운 거잖아.

이윤숙 / 내 보기에 당신은 내 겉이 아니라 속을 봐주는 사람이었어. 내가 과잉돼 있을 때 사람들은 나를 귀찮아하고 억누르거나 빼버리려릴 생각을 하는데, 당신은 그게 아니었어. 슬쩍 와서 좋은 말로 "조금만 가라앉히자"고 얘기해주고, 따로 시간 내서 내 이야기 들어주고 더 이것저것 물어보기도 하고. 그러니 자기 말은 내가 오해 없이 듣는 거지. 남이 나를 통제하려고 했으면, 아마 내 못된 성질에 화내고 싸우고 했을 거야. 그런데 자기는 나를 존중해주더라.

최현숙 / 당연히 존중하지. 더구나 당신한테서 나는 나누는 마음과 순수한 열정을 본 거야. 그건 정말 소중한 거고 아무에게나 있는 마음이 아니거든. 무슨 직책이 있는 것도 아닌데 누가 당신만큼 열심히 협회 일에 앞장서고, 그 없는 돈 없는 시간에 일부러 일당 포기하면서 국회니 기자 회견이니 쫓아다니며, 더구나 남들도 동참하게 끌어내려고 그렇게 열심히 노력해? 당신은 아주 특별한 사람이야. 더구나 마음과 생각에 그치는 게 아니라 혼자서 실천까지 하는 사람이야.

이윤숙 / 그러구두 좋은 소리 못 듣는 거 나두 알아. 그 화정역 앞에서 한 거 가지구두 협회 사람들 말이 많았다는 거도 알고. 지가 뭔데 혼자서 그러고 나서느냐는 소리가 있었잖아.

최현숙 / 그런 말까지 한 사람은 없었어. 협회도 하나의 조직이고 단체기 때문에, 개인이 자발적으로 한 활동을 어떻게 할지 논의한 거지. 하여튼 그 일에서 내가 가장 중요하게 본 거는, 조직이고 뭐고를 다 떠나서 이윤숙 당신의 열정과 실천력이었어. 그게 제일 중요한 거고, 그런 마음과 힘을 어떻게 모아서 조직적으로 잘 나누고 할 일을 조정하고 성장하느냐가 단체나 노조가 할 일인 거지. 사람을 위해 조직이 있지, 조직을 위해 사람이 있는 거는 순서가 틀리지.

이윤숙 / 협회랑 노조를 알면서 노동자로서 인식이나 자긍심이 훨씬 높아진 거지. 정보도 많이 듣고. 이런 노동자를 위한 단체가 있다는 건 전혀 몰랐어. 이런 거 알게 되서 정말 좋았지.

최현숙 / 전에 협회에서 법 개정 운동 하면서 여럿이서 국회에 간 적 있잖아. 그때 국회의원실 올라가는 엘리베이터 안에서 나한테 한 말 기억나?

이윤숙 / 그럼, 당연하지. "협회랑 노동조합이랑 최 선생님을 알게 돼서, 나 이윤숙은 출세했어요. 안 그러면 내가 언제 국회의원을 만나고 살겠어요?" 그런 말이었잖아. 그랬더니 자기가 "이윤숙 선생님은 열정이 대단하세요. 이런 활동의 의미를 잘 이해하고 동참하시니까" 그랬고. 협회와 노조 모임에 나가는 게 나한테는 최고의 힐링이야. 모임 참여도 그렇고 으쌰으쌰 하는 집회나 행사에 참여하고 사람을 만나면서, 나도 자부심을 더 갖게 되는 거지. 나는 내 이익 따지는 거는 나중이야. 노동부에 진정해서 받아낸 돈도, 돈이 중요한 게 아니야. 내 자존심을 살리는 거고, 사례를 만드는 거지.

내가 협회를 알고 나서 덕도 많이 보고 성장도 했으니, 혼자만 하기 아까운 거지. 다른 요양보호사들한테도 알려주고 함께하자고 하고 싶은 거야. 그래서 화정역 광장에서 혼자 협회 소식지도 뿌린 거지.

최현숙 / 화정역 앞에서 협회 소식지 뿌린 이야기 좀 자세히 해줘. 전에 자기한테 듣기는 했는데, 자세히 듣지는 못했잖아.

이윤숙 / 내가 협회 가입해서 보니까, 일단 회원이 많이 모이는 게 제일 중요하겠더라구. 그래야 잘못된 거를 바꿀 수 있는 힘이 생기는 거잖아. 그래서 협회 전단지하고 회원 가입서를 나눠준 거야. 내 돈으로 복사까지 해서 100장을 들고 나간 거지. 요즘 길 지나가는 우리 또래 여자들 중 아마 절반 정도는 요양보호사 자격증이 있을 거야.

이 동네서는 화정역이 제일 사람이 많이 모여. 그래서 지나가는 여자들을 일일이 붙잡고 요양보호사냐고 물어보면서 그걸 나눠준 거야. 협회로 연락하면 수당 못 받은 거 상담도 해주고, 일자리도 소개해주고, 파출부 취급당하는 것도 함께 고칠 수 있다며 꼭 협회로 연락하라고 신신당부를 하면서. 어떤 여자들이랑은 서로 연락처도 주고받았어. 길거리뿐 아니라 센터에서 요양보호사 모임 있으면 꼭 들고 나가 나눠줬지. 근데 내가 최 선생한테 여러 번을 물어봤는데도, 내가 준 거 받고 상담 연락을 하거나 찾아온 사람이 없었잖아. 나한테 연락 오는 여자들도 일하면서 불만이나 일자리 물어보는 연락이나 오지, 협회 가입은 안 하는 거야. 겨우 회비 2000원, 5000원이 아까워서. 전화할 때마다 협회에 가입했느냐구 물어보면 아직 안 했다는 거야. 목이 터지게 얘기를 해도 똑같아. 그래서 너무 화가 나고 기운이 빠지는 거지.

화정역 사건으로 이윤숙의 변화하는 생각과 그 심정의 가닥을 잘 알 수 있다. 어느 날 협회 사무실로 전화를 한 이윤숙은 화정역에서 협회 홍보 활동을 하겠다고 했다. 논의를 거쳐 함께하자고 했지만, 시간 등 여러 이유로 그냥 혼자 한다고 했다. 전단지 100장과 회원 가입서 복사비도 자기가 낸다고 했고, 말릴 수도 없었다. 아무런 논의와 결정 없이 혼자 벌인 일이라 상근을 하고 있던 나도 복사 비용을 내주지 않았다. 그러다가 한 달쯤 뒤 그 비용을 달라고 다른 사람을 거쳐 말이 들어왔다. 제 돈 들여 자발적으로 한 활동이 전혀 효과가 없자 울화통이 터지고 회까닥한 것이다. 그 심정을 충분히 알기 때문에 다음부터는 조직의 논의를 거치겠다는 약속을 받고 내부 논의를 거쳐 협회 재정으로 비용을 지불했다. 이견이 있었지만 큰 반대는 없었다. 협회도 이윤숙도 돈이 문제가 아니었고, 액수도 적었다.

이윤숙 / 1년 넘게 그렇게 꼬셔도 한 여자도 가입을 안 하는 거야. 내 동지를 만들고 동창생을 만들려고 하는 건데, 너무 이기적인 거지. 정말 화가 나서 못살겠어. 이제는 일 연결도 안 해줘. 얄미워서. 3월부터 처우개선비(저임금 문제를 해결하라는 요양보호사, 협회, 노동조합의 요구를 반영해 보건복지부는 2013년 3월 1일부터 시간당 625원의 요양보호사 처우개선비를 지급했다) 받게 된 거, 나도 내 돈으로 차비 밥값하면서 내 시간 내서 온갖 데를 같이 쫓아다니며 싸워서 만든 혜택인데, 그걸 지네는 가만히 앉아서 받아먹으면서 회비 나가는 협회에는 가입을 안 하겠다는 거지. 핑계는 시간 없어서 모임에 못 나간다는 거야. 시간 없으면 가입부터 하고 소식지만이라도 받아서 정보도 얻고 교육도 받고 그러라고 해도, 가입은 한 여자도 안 해.

최현숙 / 가난하게만 살고 사회 활동도 많이 안 해본 우리 나이대 여자들이 회비 꼬박꼬박 내면서 노동자 모임에 가입하는 게 쉬운 일이 아니더라구. 그렇게 노력했는데도 한 사람도 가입을 안 하는 걸 보고 자기가 얼마나 화딱지가 나고 얄미울지 충분히 이해돼. 하지만 그 사람들도 너무 없이 살아와서 그런 거야. 또 그런데 가입하면 혹시 피해가 될까 겁이 나고 지금도 약자인데 뭐라도 더 빼앗길까봐 그러는 거니, 일단 그 마음을 이해는 하자고.

이윤숙 / 요양보호사 자격증은, 유통에서 땜빵하다 만난 사람하고 점심 같이 먹다 알게 된 거야. 고등학생 하나랑 초등학생 하나 해서 둘을 두고, 남편이 아이엠에프 때 사업 망하고 결국 병으로 죽었대. 최 선생님도 아는 사람일 걸, 하○○. 걔가 유통 땜빵보다는 좀 낫다고 요양보호사 자격증을 따라고 하더라구. 그 사람은 벌써 따서 요양일 하다, 일이 없어서 잠시 유통 땜빵을 하던 중이었어. 그래서 나중에 자격증 학원을 다닌 거지. 홍제동인가 홍은동에 있는 굿모닝마트에서, 걔는 세제 나는 냉면 팔다가 만난 거야. 대형 유통 업체 말고 동네 큰 슈퍼에서도 일을 했거든. 임금은 똑같아. 근데 대형은 일이 빡세고 관리자도 많고, 동네 슈퍼는 일이 좀 쉽고 널널하고.

한번은 홈에버 김 행사에 투입됐는데, 납품 업체가 임금을 못 주고 폐업을 하게 됐어. 과장이 톡 까놓고 얘기를 하더라구. "사정이 이런데 여사님들에게 어떻게 해줬으면 좋겠어요?" 그래서 내가 실업급여를 받게 해달라고 했어. 그랬더니 그동안 안 쓰던 근로계약서를 그제야 쓰고 회사 폐업으로 실업했다고 퇴직 사유를 쓰고 하니까, 실업급여가 나오더라고. 그래서 실업급여 받으면서 시간이 나니까 요양보호사 자격증 학원을 다닌 거지. 종일반을 하루 8시간씩 주 5일로 한 달을 다니고, 실기도 일주일을 꼬박 다녔어. 교육비가 45만 원인가 그랬어. 그러면서도 토요일이랑 일요일에는 유통 쪽 땜빵 일을 계속 했어. 실업급여 때문에 내 친구 이름으로 취업을 했지. 임금도 그 친구 통장으로 받고. 야간 땜빵도 뛰고 해서, 자격증 학원 다닐 때도 한 달에 70~80만 원은 벌었어.

이 동네에서 오래 살았지만 난 이 동네 슈퍼든 청소든 여기서 일하는 거 하나도 안 부끄러워. 내가 뭐 보지를 팔아먹었어? 그리고 아닌 말루 보지 팔아먹은들 지네가 상관할 일이 뭐야? 사정 모르는 사람들은 "부잣집 마나님이 돈독이 올랐나?" 그런 시선으로 보기도 하고 사정 아는 사람들은 불쌍하다는 듯 쑥덕거리기도 하는데, 그게 나한테 무슨 상관이야? 나는 내가 일하는 거에 자부심이 있어. 내 몸으로 일해서 돈 벌고 자식 키우며 사는데, 남들 말질이나 시선이 무슨 상관이야? 처음에는 그런 시선들이 너무 힘들었고 추락한 나를 인정하기도 힘들었는데, 나랑 비슷한 처지가 된 사람들을 만나면서 그럴 일이 아니라는 생각을 하게 됐어. 유통에서 증정품 준다고 하면 돈 있는 것들이 더 달라고 난리야. 자격증 따고 나서도 한동안 요양 일이 없어서 유통을 계속 했어. 그러다가 2010년 여름 돼서야 방문 요양 일을 구하게 된 거지.

최현숙 / 다른 경우로 실업급여를 받은 경험은 없고?

이윤숙 / **이마트** 화정점에서 종갓집 김치랑 보쌈 족발 판매할 때, 장염으로 입원했는데 해고를 해버린 거야. 갑자기 병이 났는데 그래도 당일에는 배를 움켜쥐고 물총똥 질질 싸면서도 근무를 다 했어. 대타를 못 구했으니 손해를 안 끼치려고 무리를 한 거지. 그날 출근하자마자 미리 내일은 아무래도 병원에 가야 해서 쉬어야겠다고 하고 사람 구하라는 말을 했거든. 다음 날 병원에 갔더니 당장 입원하라고 해서 입원하고 회사에는 전화로 못 간다고 다시 이야기를 했어. 근데 이마트에서 해고를 해버린 거야. 그것도 나중에 퇴원한 뒤에 알았어. 아파서 병가를 냈고 미리 이야기도 했는데 그럴 수 있냐고 항의를 했더니, "직원 없어서 난리인데, 개인 사정으로 병원 간다고 빠지고 병가 내고 하면 어쩌라는 거야?" 하면서 인사 담당이 더 난리를 치는 거 있지. "아니, 일하는 사람들은 뭐 사람도 아니야?" 그러면서 나도 항의를 하고 여기저기 상담을 했어. 그리고 병원 다닌 근거 떼서 노동부에 진정을 냈지. 그랬더니 부당 해고로 진정을 하면, 근무를 못하는 기간도 실업급여를 준다는 거야. 결국 부당 해고로 판결을 받아서 실업급여도 받고 해고 기간 임금도 받고 그랬지. 그것 말고는 실업급여도 못 받고 4대 보험 자체를 가입 안 해주는 게 대부분이야. 여기저기 많은 데서 일을 했어도 근로계약서 쓴 게 몇 번 안 돼. 실업

"93년 11월부터 우리나라 최초의 대형 할인점인 이마트 창동점을 시작으로 지난 2년 동안 10여 개의 대형 할인점이 속속 문을 열어 할인점 시대를 개막, 소비자의 희망이 현실화될 수 있는 길을 열어놨다. …… 이마트 창동점이 올해 고객들을 상대로 소비 지출을 조사한 결과 할인점 이용으로 생필품 구입비가 4인 가족 한 가구에 연간 84만 원 줄어든 것으로 나타났다. …… 2년 전 시작된 할인점의 가격파괴 바람은 유통시장 전면 개방을 1개월 남겨 놓은 현재에도 아직은 시작 단계로 총 소매매출액의 1퍼센트에도 이르지 못하고 있다. 지난 80년대에 국민소득 1만 달러에 올랐던 미국은 93년말에 할인점 점유율이 33.3퍼센트에 이르렀다. …… 유통업계의 추정으로는 우리나라는 2000년에야 할인점을 통해 팔리는 소비재가 총 소매매출액 132조 원의 6퍼센트인 7조 9000억 원에 이르러 할인점이 소비생활의 한몫을 하게 되며 2005년에는 30퍼센트에 이른다는 것. …… 할인점 이용자들은 주차와 계산 대기 시간이 길고 상품이 다양하지 않으며 충동구매가 많아진다고 불평한 것으로 조사됐다"《동아일보》 1995년 12월 2일). 2014년, 우리는 모두 카트를 밀고 있다. "할인점 춘추전국시대가 열린다. 국내 일부 유통업체의 몇몇 할인점들만이 독주했던 지난해와 달리 전국 곳곳에 할인점들이 대거 등장, 치열한 시장쟁탈전이 예고되고 있다. 올해부터 서울은 물론 지방 유통업체들까지 할인점 시장에 뛰어드는데다 외국의 세계적인 할인 전문업체도 국내 시장에 속속 상륙하고 있다. 또 할인점의 업태도 기존의 디스카운트 스토어뿐만 아니라 슈퍼센터, 회원제 창고형 할인점, 하이퍼마켓 등으로 다양해져 할인점 시장은 급팽창할 전망이다. …… 올해 개점할 할인점 20여 개를 포함, 98년까지 개점을 계획 중인 할인점만 해도 전국적으로 42개에 이른다. 이 가운데는 네덜란드계 합작회사인 한국마크로의 '마크로'와 프랑스 까르푸사가 100퍼센트 출자한 한국까르푸의 '까르푸' 등 외국계 할인점도 10여 개나 된다. …… 유통 전문가들은 아직은 백화점과 재래시장이 국내 유통시장에 큰 비중을 차지하고 있지만 3~4년 이내에 할인점 매출이 8조 선을 넘어서 산매시장의 약 6퍼센트 정도를 잠식할 것으로 전망한다"《경향신문》 1996년 1월 22일).

급여 받고 부당 해고로 임금도 찾고 하는 과정에서 노동자 권리를 좀 알게 됐지. 그 전에야 노동자라는 생각을 못해 봤어. 노동자 권리를 제대로 교육받은 데는 요양보호사협회나 노동조합이야. 최 선생님이 맨날 상담도 해주고 교육도 해주고 했잖아.

요양보호사로 첫 근무를 한 날은 2010년 8월 16일이야. 2등급 할아버지 네 시간에다 3등급 할머니 세 시간을 이어서 한 집에서 일곱 시간을 근무하는 노부부 방문 요양이었어. 할아버지가 아주 좋은 분이었어. 처음에는 도시락도 싸가고 내 커피도 믹스 한 봉지씩을 가져 갔는데, 할아버지가 화를 내시더라고. 남의 집에 일하러 오면서 그렇게 먹을 거 싸들고 다니면 자기네가 욕을 먹고 복이 나간다는 거야. 금고가 우리 냉동고보다 더 큰 부잣집이었어. 할머니는 치매가 심했고, 할아버지는 정신은 쌩쌩한데 몸은 많이 안 좋았지. 할머니 치매가 7년이 넘었어. 그러니 그 치매 전에 할머니가 자기만 알게 몰래 감추고 낑겨둔 돈들이 여기저기서 나오기도 했어. 같은 만 원짜리라도 색깔이 좀 다르더라구. 주말 지나고 출근하면 할머니 양말이니 베개 밑에서도 돈이고 돈 봉투가 자주 나와. 주말에 자식들이 와서 주고 가는 건데, 받을 때만 좋은 걸 알고 금방 까먹는 거지. 몇 번이나 그걸 찾아주고 했어. 그 집에서 11개월 15일 근무하다가, 아무 이유도 없이 아들이 요양보호사 교체를 요구한다고 해서 그만뒀어. 나중에 협회랑 노조에 상담을 해보니, 센터장이 퇴직금 안 주려고 15일 놔두고 보호자를 꼬셔서 요양보호사 교체를 요구하게 했더라구. 다른 센터들에서도 그런 일들이 많은 거야. 그것도 노동부에 진정을 했는데 아직도 해결이 안 났어. 법률구조공단에 위임해놓고 진행 중이야. 센터장이 노인들 보호자한테 요양보호사 교체를 유도한 증거를 잡아야 하는데, 심증은 있지만 물증이 없는 거지. 사장이 돈이니 선물이니 주면서 부탁을 했을 텐데, 보호자가 그 증언을 해주겠냐고? 그래도 그런 경우가 너무 많으니까, 이기지 못하더라도 사례들을 많이 만들어놓는 게 좋을 거라고 해서 진정을 한 거야.

어떤 집은 노인 돌보는 게 아니고 자기네 농사일을 시키기도 했어. 내가 협회나 노동조합을 몰랐다면 그냥 하라는 대로 하고 말았을 텐데, 이제는 그게 부당 노동이라는 걸 아니까 센터장한테도 이야기하고 할아버지한테도 얘기를 한 거야. 이렇게 하시면 할아버지는 제대로 요양을 못 받게 되고 이건 요양 제도를 악용하는 거라고. 방문 요양은 완전히 파출부 취급 받는 경우가 많아. 아주 싸구려로 파출부를 고용한다는 심사잖아.

게다가 주휴수당이나 연차수당은 물론이고 심지어는 퇴직금을 당연히 안 주려고 하는 센터장이 많지. 자기 가족이랑 같이 사업자 명의를 두 개를 내서는 1년 되기 직전에 센터 바꿔서 근로계약서 다시 쓰라고 하고. 그런 불법을 안 하는 센터가 드물 정도로 요양 현장에서는 요양보호사가 완전 밥인 거지.

한 분은 3등급 치매 할머니인데, 전에 학교 교사였대. 한번은 침대에서 휠체어로 내려드리다가 작은 실수를 했는데 할머니가 내 귀싸대기를 후려치더라구. 맘에 안 들게 했다 이거지. 다친 것도 아니고 떨어뜨린 것도 아니고, 휠체어에 앉은 자세가 좀 삐딱해진 정도였어. 정상인 노인네면 내가 폭행죄로 경찰에 신고를 하지만 치매 노인이니까 참았지. 그래도 모욕감과 수치심이 들 수밖에 없잖아. 이렇게 귀싸대기까지 맞아가면서 이 일을 계속 해야 하는 지 회의도 들고.

기초수급자면서 요양 3등급인 한 할머니는 장애가 심한 딸 하나랑 둘이 살고 있었어. 그 딸이 먹을 거만 보면 무조건 먹어대고 자주 똥오줌을 싸는데, 그 똥오줌을 가리지를 못하는 거야. 할머니가 그 치다꺼리가 힘드니까, 딸을 옷도 안 입히고 나무로 얼기설기 평상처럼 만든 널판에 올려놓고는 거기서만 살게 하는 거지. 똥오줌도 거기서 그대로 싸게 하고. 기저귀를 살 돈도 없고, 그걸 갈아주고 빨래하고 할 힘도 없으니까 나름대로 머리를 쓴 거지. 똥오줌을 싸면 평상 밑에 있는 대야로 떨어지게 해서 받는 거야. 대야 주변에 신문지를 깔

아주고, 그걸 모아서 그냥 버리고 하는 식으로 대소변을 처리하는 거야. 운동은 안 하고 먹고 살만 찌고 하니 너무 무겁잖아. 그러니 누워만 있는 와상 환자들한테 필요한 체위 변경을 자주 해줄 수도 없고 자주 씻기지도 못하지. 자연히 등이고 엉덩이에 욕창이 늘 심한 거야. 그렇게 사는 사람도 봤어. 딸이 첨부터 장애는 아니고 결혼도 하고 아이도 낳고 나서 사고가 나서 장애가 됐다더라고. 이혼당하고 와서 엄마랑 사는 거지.

요양보호사는 돈만 생각하면 절대 못하지. 노인이나 가정마다 다르겠지만, 죽음이 닥친 노인들을 돌보는 게 얼마나 험하고 지저분하고 기가 막힌 일들이 많아? 자식들도 안 하겠다는 일을 해야 하는 게 요양보호사야. 사명감이나 측은지심 없이 최저 임금 시급 4800원 받고 그 일을 할 사람이 어딨겠어? 같은 최저 임금이라도 다른 일을 하지.

파출부 일은 평생 안 해봤지만 방문 요양 일이 거의 파출부랑 비슷하잖아. 대부분 요양보호사가 여자들이다 보니 온갖 집안일을 다 시키지. 마루에 있는 전등 위랑 속을 닦아달라는 요청도 받아봤어. 끝이 칼날같이 뾰족뾰족하고 날카로운 전등을, 의자를 놓고 걸레를 빨아가면서 닦았어. 노인은 방에 있고 딸년이 나와서는 이쪽 닦아라, 저쪽 닦아라, 걸레 깨끗이 빨아라, 잔소리를 하는 거지. 손을 다 베어 피가 나는데도 아무 말도 안하고 "어, 키가 크니까 좋네" 그러고 앉아 있는 거야. 확 걸레를 낯짝에 집어 던지고 나오고 싶었어. 생각해봐. 젊어서 그 승질 드럽고 싸움 잘하던 이윤숙이가, 그런 치사하고 더러운 꼴을 참고 산다는 게 너무 기가 막히지 않아? 그런 현실을 뻔히 알면서 공단은 대체 왜 부당 업무 요구에 맞는 대책을 안 세우는 거야?

자기 자식들 줄 고추장, 간장, 김장도 담가달라고 해. 나 출근 시간 전에 김장거리를 들여놔. 다듬고 씻고 하는 거를 나를 시키는 거지. 팔남매인데 여섯 남매가 김장을 이 집에서 하는 거야. 그걸 다 해주면서 요양보호사 일을 했어. 배추는 절인 배추 사서 씻어 왔더라구. 생강, 마늘, 파, 무, 갓, 그런 거 다듬고 씻고 써는 걸 나를 시키는 거야. 그걸 거부하면 당일 해고를 감수해야 하는 거고.

　요즘 오후에 돌보는 3등급 할머니, 그 어르신에게는 진짜 보람을 느껴. 작년 3월에 시작할 때는 할머니 보자마자 속으로 '장사 치르겠다' 싶었어. 숨도 제대로 못 쉬고, 먹지도 못하고, 식탁에도 못 앉고, 똥오줌도 전혀 못 가리셨는데, 지금은 워커 끌고 화장실도 가시고, 식탁에 앉아 식사도 하시고, 똥오줌도 잘 가리셔. 그래도 기저귀는 차고 계시지. 항문이나 요도 근육이 망가져서 똥오줌을 자주 흘려. 내가 요양해드린 지 두어 달 되니까, 좀 과장하면 날아다니셔. 살이 없어 엉덩이가 아파서 식탁에 앉아 있지도 못했거든. 1년 정도 지나고, 지금은 살도 많이 오르고 근육도 많이 살아났어. 첫째는 마사지를 주로 했어. 조계사 청년회 다니면서 배운 마사지를 방문 요양을 하면서 많이 활용하거든. 그 집 막내딸이 물리치료사더라구. 그러니 마사지가 얼마나 힘든지 잘 아는 거야. 그 딸이 내가 마사지하는 거를 보더니 정식으로 배우신 것 같다며 어디서 배웠느냐고 묻더라구. 그래서 조계사 교육 프로그램에서 배웠다니까, 내 몸 안 상하게 조심하시라고 오히려 걱정을 해주더라고. 물리치료사니까 아는 거지. 그리고 자기 엄마한테도 마사지가 너무 힘든 거고 해주는 사람 몸 망가지는 거라며, 그 선생님한테 잘하라고 당부에 당부를 하더라는 거야. 물리치료든 재활 치료든 마사지는 맛보기로 하든가 말든가 하는 건데, 그렇게 좋은 마사지를 정식으로 매일 해주니 정말 좋은 선생님이라며 잘 대우하라고 한 거지. 다른 집에서는 호칭이 '아줌마'가 보통이고 기껏 '도우미'인데, 그 집 자식들은 모두 "선생님, 선생님" 그래. 그러니 할머니도 선생님이라고 부르고. 그렇게 나를 선생님으로 대접하는 사람들한테는 나도 선생님 이름에 맞는 서비스를 제대로 하고 싶은 거야.

센터장이 근무 중에 감시 나오는 거 너무 기분 나쁘고 화가 나. 이용자 관리 차원에서 나올 수는 있지. 그렇다면 미리 양해를 구하고 나오든가 해야 하는 거 아냐? 노인이나 가족들 듣는 데서 아주 대놓고 "아줌마 출근 제시간에 하고 일 잘하는지 보러 나왔어" 그러는 거야. 한번은 그냥 넘어갔는데, 그다음에 왔을 때는 까놓고 화를 냈어. 나는 직선적이야. "센터장님, 또 감시 나왔어요? 오신 김에 감시만 하지 마시고 직접 일도 해보세요. 똥 기저귀도 갈아보고, 37평 아파트 청소도 해보고, 가족들 빨래 나오는 것도 해보고 하세요. 고객 관리 차원에서 방문할 수는 있지만, 이런 식으로 하시면 안 되죠. 직접 오신 김에 이 집에서 요구하는 부당 업무, 어르신이나 가족들에게 제대로 교육 좀 해주세요." 그랬어. 그랬더니 이제 근무 감시를 그런 식으로 안 하더라구. 내 가슴에 찬물을 끼얹는 거지. 툭하면 하지도 않은 월례 교육이니 정기 모임이니 받았다고 사인하라고 하고. 그래서 그것도 싫다 그랬어. 이런 식으로 하면 공단에 찌르겠다고 했어. 그래서 그 센터장이랑 많이 싸웠어. 그래도 그 이용자와 보호자가 나를 너무 좋아하니까, 자르지 못하는 거지. 너무 기분이 나쁜 거야. 가만히 앉아서 내가 한 일로 돈 버는 사람이, 최소한의 예의도 없이 그렇게 대놓고 무시하는 말을 하면서 감시를 하는 게.

처음에는 일찍 가서 늦게 나오고 그랬는데, 갈수록 그런 마음이 없어져. 투입*할 때 시간 딱 확인하고 끝낼 때도 시계 보면서 딱 제시간에 끝내. 보호자나 이용자가 섭섭해해도 별수 없어. 시간당 임금인데, 나도 어쩔 수 없는 거잖아. 전에 그 돈 많은 영감들이랑 호텔방에 들어간 여자들도 그렇고, 교수들 레슨비나 과외비도 다 시간당 돈이잖아. 그 사람들에 비교도 안 되게 싸구려 시급을 받으면서, 그것마저 초과해서 해주는 게 갈수록 억울하고 바보다 싶은 거야. 얄밉게 하는 집에서는 나도 자꾸 그렇게 되는 거지.

시간도 인간도 돌봄 관계도 모두 상품으로 만들어버린 세상에서, 시급 없는 시간에 얄짤없는 태도를 탓하지 못하겠다. 다만 그 시급의 합계들이 적힌 가계부의 초라함 때문에 자기의 야박함을 탓하며 더 서러워할까 염려될 뿐이다. 생계비를 벌지 못하는 시급 노동자에게 시급 없는 시간은, 휴식이나 여가가 아니다. 불안이거나 종종거림이거나, 기껏해야 자포자기다.

이윤숙 / 노인들이랑 벌어지는 갈등은 내가 참을 작정을 해. 하지만 가족들이나 센터장은 달라야 될 거 아냐. 내가 요양보호사협회랑 노동조합에 가입하고 모임이나 교육 쫓아다니면서 배운 게 뭔데? 요양 일 시작하고 1년 뒤에 협회에 가입했어. 협회나 노조 활동을 통해서 내가 노동자 권리나 장기요양 제도의 문제점을 많이 깨닫게 된 거야. 미리 예고 안 하고 달랑 문자 하나로 당일 해고 하는 것도 다반사야. 그럼 나는 막 난리를 쳐. 최소한 15일이나 한 달 앞두고 미리 얘기를 하라 이거지. 그렇게 지랄을 하니 센터장들이 함부로 못해. 그래

---

* 이윤숙에게 요양보호사의 출근은 '투입'이다. 처음 듣고 나도 흠칫했다. 그렇지만 이 단어는 추락한 사회적 지위와 어려운 경제적 상황, 상대적 박탈감에 기인한 타산, 약자가 펼치는 저항의 의미를 담고 있다.

도 돌아가시거나 시골 가시거나 해서 당장 짤리는 거는 어떻게 해볼 수가 없지. 임금으로 따지면 파출부보다 못한 거고, 게다가 인간 이하의 노예 같은 종년 대접이 오죽 많아? 하루하루가 무슨 일을 하게 될지도 모르고, 그날 이용자나 보호자 기분에 따라 내 근무 환경이나 업무 내용이 달라지는 거지. 집집마다 다 다르고. 그러니 적응력이 뛰어나고 간을 빼줘야 이 일을 하는 거야. 요양원 근무는 안 해봤어. 실습만 나가본 거지. 시설에서 노인들을 돈으로만 여기면서 내가 해주고 싶은 대로 하지 못하게 하면, 화가 나서 근무 못 할 거 같아. 요양원이 돈 챙기려고 기저귀니 음식이니 아끼고 엉망으로 하는 꼬라지를 어떻게 보느냐고?

밥 먹을 시간이 언제 날지 모르니까, 일단 시간 있을 때 먹어두게 돼. 하루 종일 못 먹다가 퇴근하고 와서 혼자 먹으면 폭식을 하게 되더라고. 늘 밥 먹는 시간이랑 잠자는 시간이 엉망이니까, 속도 망가지고 잠도 엉망이고 갈수록 불면증도 심해져. 십 몇 년 동안 계속 수면제를 먹었어. 약을 안 먹으면 더 잠을 못 자. 그래도 오늘처럼 내일 근무 없고 다른 약속도 없는 날은 마음이 편하니까 수면제 안 먹어도 잠을 좀 자더라구.

나는 쓰레기를 주워 먹고 살아도 당당해. 배추 겉껍데기, 무청, 콩나물 원플원(1+1), 그런 거 사다 먹어도 안 부끄러워(말은 이렇게 하면서도 눈은 붉어진다). 협회에서 모임하면 남은 거 달라 그래서 가져오기도 하잖아. 뭐 어때, 내가 먹든, 다른 사람 주든, 애들 주든 하면 되는 거지. 그거로 내 자존심이 망가지거나, 남들 눈 의식하거나 하지 않아. 남들 등쳐 먹은 거도 아닌데 부끄러울 게 없는 거지. 그런 거 달라고 할 만큼은 내가 또 해주는 거고.

"희망이 없고 오나가나 천대만 받고"

— 불안증과 추락감이 뒤엉킨 현실

최현숙 / 우울증이나 불안증의 핵심 원인은 뭐라고 생각해?

이윤숙 / 처음에야 잘나가던 시절보다 너무 추락한 내 꼬라지 때문에 그랬지. 결혼하면서 내 인생이 꼬꾸라진 거잖아. 시집이랑 사이도 갈수록 안 좋아지니 그게 또 병이 되는 거지. 미워하는 것도 힘든 거잖아. 이제는 지난 과거는 털어버리구 까먹는다고 생각은 하지만, 그게 돼? 게다가 앞이 막막하잖아. 희망이 없어, 나는. 남편 병은 나을 가능성이 없어. 이번에 결국 간암 선고를 받았어. 그러니 더 안 좋아질 일, 돈 들어갈 일만 남은 거지. 큰딸은 박사 과정을 시작해야 해서, 한동안은 지 앞가림하기도 바빠. 나한테 기대지 않겠다고 하지만, 그렇게 안 되지. 작은 애는 이제 대학 들어갔으니 걔도 돈 들어갈 일만 있는 거야. 나는 하는 데까지는 하겠지만, 몸도 마음도 갈수록 힘들어. 나는 희망이 없어. 그리고 살다보면 예상하지 않은 일이 뻥뻥 터지더라구. 큰애도 열심히 하다가 한바탕 헤매느라고 공부 안 해서 속 썩이고 돈도 훨씬 많이 들어가고 그랬어. 작은애는 학교 폭력으로 몇 년을 저러구 몸 상하고, 맘 상하고, 돈 들어가고……. 애들 아빠는 더 말할 것도 없구. 나도 툭하면 아프고, 쓰러지고, 언제 어떻게 될지 모르고. 그러니 무슨 일이 벌어질지 늘 불안해. 아무 준비도 안 돼 있고, 지금도 숨이 가쁘고 헉헉대는데, 또 무슨 일이 어디서 터질 것만 같아서 늘 불안한 거야. 강원도에 조금 땅이 있어. 얼마 안 되고 지금은 완전 똥값이야. 그래두 좀 위안은 되지만, 지금 현금이 없잖아. 나중에 이 몸마저 뻗어 누우면 비닐하우스라도 치고 들어갈 곳은 있어

야 할 거 아냐. 저번에 일하다가 공황 장애도 왔잖아(2012년 초 근무
중 공황 장애로 쓰러졌다. 내가 산재 상담을 했는데, 오랜 우울증 치
료 탓에 신청을 포기했다). 늘 불안하고 잠 못 자고, 혼자 있으면 우
울하고 죽어버리고 싶고.

　우울증에다 강박, 불안, 초조에 망상도 있고, 늘 조급해. 도둑질을
안 했으면서도 남의 것 훔친 것처럼 늘 불안하고 초조한 거지. 난 원
래 빚지면 잠을 못 자는 사람이거든. 완벽주의인 거야. 한편으로는 적
극적이고 활달한 게 그대로 있으면서도, 다른 한편은 불안과 초조에
우울증이 심한 거지. 불면증은 서른여섯 때 시작됐어. 재취업한 거 퇴
직하고 작은애 낳고 집에 들어앉으면서. 애 낳느라 내 직장은 그만둬
야 하는데, 남편 사업은 기울기 시작하고…….

　제일 힘든 건 추락감이야. 내가 가난하게 살 거라고는 꿈에도 생각
을 못해봤어. 큰 부자는 아니지만 부족한 거 없고, 정말 잘나갔거든.
멋모르고 신나게 뛰어놀다, 누군가 숨겨놓은 덫에 발목이 철커덕 걸
려서 수렁에 빠져버린 느낌이야. 아무 이유도 없이 걸린 거야. 내가
대체 멀 잘못했냐구? 처음에는 그냥 당분간일 거라고 생각했는데, 갈
수록 더 빠져드는 거야. 늪에 빠진 사람은 허우적거릴수록 더 빠져든
대잖아? 내가 딱 그짝이야. 근데 허우적거리지 않으면 당장 한 달을
살아갈 수가 없어. 차라리 그냥 하루하루 아무 생각 없이 허우적거리
기만 하면 좋겠어. 껍데기로 허우적거리는 거. 시간 되면 자동으로 여
기 가서 허우적대고, 시간 맞춰서 다음 집에 가서 시간 될 때까지 또
허우적대고. 그렇게 하루하루 가기만 해도 좋겠어. 몸만 그렇게 허우
적댄다면 살 거 같아. 생각도, 느낌도, 감정도 없이 시간표 따라 자동
으로 허우적대는 거면 살 거 같아. 근데 그게 아니잖아. 다 아프고, 다

슬프고, 다 억울해. 제일 힘든 건, 늘 머릿속에서 불안, 초조, 우울, 온 갖 상상에 시달리는 거야. 희망이 없고 오나가나 천대만 받고……. 내 성격이 워낙에 긍정적이고 아주 활달한데, 결혼 뒤에 인생이 꼬이면서 닥치는 대로 살다보니 뒤죽박죽이 돼버린 거야.

계획보다 일찍 1차 인터뷰가 토요일 저녁으로 끝날 것 같다고 하자, 이윤숙은 루게릭 환자 부인에게 전화해서 일요일 오후 1시에 일을 들어가기로 정했다. 평상시 시급의 1.5배인 휴일 수당을 놓치기 아까웠다.

"싸구려 시급이 시간 따지는 게 뭐가 잘못이냐구"
— 엄마들의 돌봄 노동

이윤숙 / 나는 일하러 가면 현관 들어가자마자 시간부터 확인해. 그러고는 정확하게 네 시간 채우고 얼른 챙겨서 나와. 야박하다는 생각에 뒤꼭지가 찜찜하지만, 점점 그렇게 되더라구. 게다가 내 권리는 시간 따지는 거밖에 없는데, 그거까지 뺏겨버리면 너무 화딱지가 나는 거야. 몸 팔러 들어간 여자나 레슨비 받는 교수나 모두 시간을 따지는데, 제일 싸구려 시급인 내가 시간 따지는 게 뭐가 잘못이냐구. 지네가 나를 싸구려 아줌마로 취급하니까, 그 임금으로 먹구살려면 시간을 안 따질 수가 없는 거야. "엄마처럼 해주세요" 하는 소리만 들으면 확 돌아버린다니까. 지네 좋자구 '엄마처럼'이지, 아무것도 따지지 말구 다 해달라는 거잖아 그게. 그것두 제일 싸구려로. 결혼하구 엄마 되니까 낭떠러지루 밀어 떨어뜨려놓고는, 왜 이 밑바닥에서 지네 엄마까지 하래는 거냐구? 밥 벌어먹으러 나온 내가 왜 지네 엄마야?

최현숙 / 맞아. 나도 일하러 가서 듣는 그 엄마 소리가 참 싫더라구. 스스로 선택한 결혼과 출산과 육아야 각자 책임질 게 있지만, 사실은 그것 때문에 여자들 개개인의 경제적 지위와 사회적 위치가 확 달라지는 거지. 자기도 그런 거고. 아무리 전문대 나온 여자고 잘나가던 여자라 해도, 가장 싸구려 노동이거나 노동이라고 부르지도 않는 부업이니 알바니 그런 거였잖아. 겨우 '노동'이 붙어도 최저 임금이고, 대부분 근로기준법도 적용 안 되는 노동이지. 전문대든 대학이든, 심지어 대학원을 나왔다 해도 결혼과 출산과 육아를 거치면서 잘나가던 직장을 그만둘 수밖에 없던 여자들이 사십 넘어서 껴들 수 있는 일자리는 유통, 서비스, 식당, 청소, 간병, 요양 정도인 거지. 그나마 요양보호사는 국가 자격증 있는 노동자지만, 그래봤자 비슷한 거고.

이윤숙 / 지나고 보니 그게 너무 억울해. 이렇게 최 선생이랑 이야기를 하니까 더 확실히 알게 되네. 결혼 전 직장에서 같이 일하던 같은 또래 남자들은 그 경력을 바탕으로 결혼하고 나이 들수록 더 높은 자리에 더 많은 월급을 받는 데, 왜 여자들은 다르냐는 말이야? 고위직이나 돈 많은 남자들한테 넘어간 여자들도 돈은 당장 한몫 잡았는지 모르지만 온갖 우여곡절을 겪고 손가락질 받으며 숨어 살고 있고, 나처럼 결혼한 여자들은 애 낳아 키우면서 지네들 사회에서 사라진 거지. 남편이나 애들한테 원망은 없지만, 결혼하고 아이 낳았고 나이 들었다는 이유로 점점 밀려나잖아. 심지어 유통도 오십이 붙으면 땜빵밖에 없어. 늙은 여자라 이거지.

최현숙 / 맞아. 그리고 다른 많은 여성들도 그렇지만 당신 같은 경우도 결혼 전 노동이나 결혼 후 노동이나 모두 여성성을 판 노동이야. 쉽게 그 관광 회사 노동이랑 지금 하는 요양보호사 노동만 비교해보자구. 관광 회사에서 한 노동은 '젊고 매력적인 여성들의 서비스'를 판 거라면, 요양 노동은 '여성으로 살아 온 돌봄 노동의 경험', 다시 말해 '엄마 노동'을 파는 거지. 관광 회사는 돈 많고 권력 있는 남자들이 좋아하는 성적 매력을 파는 거니까 임금은 좀 나았던 거고, 지금은 노인, 장애인, 환자 같은 사회의 약자들을 돌보는 노동이니 임금은 가장 낮은 거고.

공통점은 '여성성'을 판다는 거 아닐까? 관광 회사 다니다 돈 많고 나이 든 남자한테 넘어간 여자들뿐 아니라 미스 때 성적 매력을 판 이윤숙 같은 여자들도 어떤 면에서 여성성을 판 거지. 이윤숙은 그 경계를 분명히 하려고 노력했고 '나는 성을 팔지 않았다'고 생각했지만, 사실 경계는 모호해. 이윤숙이 그 시절에 관광 회사에 취직한 것도 '성적 매력' 덕분이잖아.

돌봄 노동은 아주 중요한 노동이라고 생각해. 특히 노인, 장애인, 환자 같은 사회적 약자들을 돌보는 노동이라는 면에서 정말 가치 있고 꼭 필요한 노동이지. 그런데 그걸 가장 싸구려 취급하는 게 문제야. 그러니 전문 능력이 없거나 있어도 그 전문성을 키우고 팔지 못한, '나이 든 여자들'만 그 일을 별수 없이 하는 거지. 내 자식과 가족을 넘어 봉사하는 마음으로 요양을 시작했다가도 실제로 일을 하다보면 자괴감을 느끼게 되잖아. 게다가 요양 현장에서 많은 성희롱 사건이 발생하는 걸 보면, 그 노인, 장애인, 환자들이 요양보호사라는 중장년 여성들한테서 돌봄 서비스뿐 아니라 성적 서비스도 넘보는 거고.

이윤숙 / 맞아. 요양 일 하는 사람 90프로 넘어 여자들인 거나, 이용자 할아버지나 심지어 가족들이 저지르는 성희롱, 이용자뿐 아니라 가족들을 위한 파출부 일까지 다 요구하는 걸 보면, 요양 일은 나이 든 여자들 여성성을 파는 거네. 나이 든 여자들이니 엄마 노동을 파는 게 먼저고, 또라이 같은 이용자들은 성적 서비스도 공짜로 끼워달라는 거지. 처음에는 엄마가 돼달라구 하다가, 좀 편해지면 갑자기 여자가 돼달라구 찝쩍대구. 근데 그게 친근감인지 막 가자는 건지 헷갈려. 다 벗겨놓고 목욕까지 해줘야 하는 게 요양 일이니까 더 그렇지…….

"나한테 안 좋은 소리 나와도, 남편이 잘 막아"
— 소 키우는 남편 이야기

그 사람은 품는 성격이야. 속도 깊어서 남 얘기를 잘 들어줘. 나랑 처음에는 주도권 싸움하느라 많이 부딪쳤지만, 그게 아니라는 거를 안 뒤부터는 나를 그대로 받아들이는 거야. 지금 상황이 어떻게 보면 남자로서 자존심도 상하고 자책도 많을 상황이지. 그 주머니가 그 주머니래도 이제는 모든 거를 내 이름으로 하고 있어. 땅이고 아파트도 다 그렇고, 빚도 모두 내 이름이야. 내가 딴 주머니 안 차고, 새끼랑 서방 데리고 어쨌든 살아보려고 하는 거를 너무 잘 아는 거지.

그래도 남편 있는 게 낫지. 애들 아빠잖아. 내가 힘들고 속상할 때 내 스트레스를 이해해주고 들어주는 유일한 사람이기도 해. 얼마 전에 내가 보이스 피싱을 당했어. 농협 직원이라 그래서 정신없는 사이에 비밀번호를 불러줬어. 연예인들 계속 자살할 때였는데, 그렇게 당하고 나니 정말 죽어버리고 싶더라구. 농협 현금지급기로 460만 원을 대출해 갔더라구. 통장에 돈은 없었어. 있는 돈 사기 쳐서 빼간 게 아니고 대출을 받아 빼간 거지. 너무 기가 차. 지금 고스란히 빚으로 남아 있어. 그런데 남편은 "잘했어" 그러더라구. 우리 딸도 "엄마, 더 힘든 사람 도와준 셈 쳐요" 그러구. 이왕 당한 거 뒤늦게 서로 싫은 소리 하면 뭐 하냐는 거지. 남편이 "알았어, 잘했어. 돈 잃고 속상해하지 말고 털어버려" 그러더라구. 금방 아차 싶어서 농협 쫓아가고, 경찰에 신고하고, 검찰청까지 넘어가서 잡기는 잡았는데, 워낙에 많이 사기를 친 놈이고 벌써 돈을 다 쓰고 갚을 돈은 없어서 그냥 마음 접고 포기하는 낫다고 하더라구.

애들 큰 뒤에는 부부 싸움을 해도 애들 안 보는 데로 나가서, 호프집이나 조용한 술집 가서 해. 그렇게 앉으면 싸움이 아니고 대화가 되는 거잖아. 내가 흥분해도 남편이 차분하니까 싸움이 안 돼. 나도 남편 이야기를 듣기는 하지만, 주로 남편이 들어. 그리고 '우리 마누라 최고다. 나 장가 잘 갔다' 그렇게 생각하는 사람이야. 내가 단점도 많은 사람이고 승질도 드러운데, 세상에 없는 실수를 해도 다 덮는 사람이야. 나도 우리 남편이 말아먹든 도주를 하든 빚을 지든 이젠 뭐라고 안 해. 살아보려고 하다가 실패하고, 일이 잘 안된 거니까.

시골이 맞는 사람인데, 이래저래 하다가 도시로 온 거지. 병 깊어지고는 다시 시골 고향으로 들어가서 염소랑 송아지도 키우고, 농사도 짓고, 약초도 캐며 잘 살아. 그게 자기다운 삶인 거지. 나는 도시 생활이 맞는 깍쟁이고 똑순이야. 고향에 친척 동생이 소를 많이 키우는데, 송아지는 150만 원을 줘야 해. 근데 너무 키우고 싶어서 일단 50만 원 주고 데려와서 키워. 나랑 통화하면 소 이야기를 많이 해. 서울서 사업할 때도, 여기 고양에다 한우 서른 마리를 키운 적이 있어. 내

땅이 있었으니까. 인정도 많아서 시골 노인들 헛간 무너지고 아궁이 주저앉은 거도 많이 고쳐드린대. 계산은 그저 주먹구구고, 시간 같은 거 안 따지고. 지금도 채소니 뭐니 키워서는 우리 먹으라고 맨날 보내. 마트 가서 천 원짜리 몇 개 주면 한 보따리씩 사니까 하지 말라고 해도, 그 사람은 그게 아니야. 그걸 아니까, 나도 그 사람이 보내는 거 애들이랑 알뜰하게 해 먹고, 딸한테 보내고, 주변 사람들한테도 나눠주고 그래. 그리고 그거라도 해야 술 마시자는 시골 친구들한테 못 간다고 핑계도 대고 한다며, 아주 재미를 붙이고 하는 거야. 거기서 일해서 가끔 돈도 보내주고 그래. 지금은 자기 엄마랑 둘이 살아. 그러면서도 집안 행사나 명절에 억지로 나랑 애들 오라고 하지도 않아. 가면 가는 거고 못 가도 뭐라고 안 하고. 아는 거지, 나랑 자기 엄마가 안 맞는 거를. 시어머니도 좀 덜해진 거 같기는 해.

남편이 돈 잘 벌던 때는 작은애 낳기 전 3년 동안이었어. 일산 신도시랑 화정 지구에 아파트 단지들 들어서면서 설비 공사를 많이 잡은 거야. 근데 무너지기 시작하니까 순식간에 무너지더라고. 남편 안 좋아지기 시작할 때가 큰애 초등학교 1~2학년 때니까 20여 년 전 일이네. 아예 시골 고향으로 내려간 거는 3~4년밖에 안 됐어. 그 전에는 왔다 갔다 한 거고.

최현숙 / 시어머니는 "독한 며느리 년 따라가더니 내 새끼만 병들어 돌아왔다" 그런 소리도 나올 수 있었을 텐데…….

이윤숙 / 그런 소리는 안 나와. 원래 몸이 안 좋은 걸 아니까. 한번 그런 말이 나오길래 내가 한소리 했지. "오히려 속아서 병든 사람 만난 거는 나예요. 그러니 그런 말씀 마시고, 아픈 사람 편하게 할 수 있는 데까지 하고 살아요." 젊어서도 하혈도 많이 하고 늘 몸이 안 좋았대. 나한테 안 좋은 소리 나와도 남편이 잘 막아. 지금도 자주 자기 엄마한테 내 얘기 하나봐. 우리 문숙이 엄마가 자기 만나서 고생 많다고, 자기 안 만났으면 잘나갈 사람인데 자기 만나서 안 해본 거 없이 몸 고생 마음고생 다하고 병도 얻고 그랬다고, 불쌍하고 미안하다고.

시어머니 팔순 잔치 지나고 내가 시댁을 아예 안 가. 국악중학교 다니던 큰애한테 잔치 때 "가야금이나 뜯어라" 그러더라구. 그 국악중학교가 전국에서 80명밖에 안 뽑는 국립 학교야. 학비가 다 국비로 지원되는 학교거든. 학교에 악기도 다 있고. 애도 부모도 모두 자랑스럽지. 우리 친정에도 그 학교 출신이 있어. 나야 공부를 못해서 못 들어간 거지. 국악 하는 사람들은 모두 그 학교를 높게 알고, 그 선배들이나 고인이 된 사람들이 국악계를 주도해왔어. 그러니 자부심들이 크거든. 국악뿐 아니라 다른 과목 성적도 좋아야 들어가는 데야. 거기를 큰애가 올백을 맞고 수석 합격을 했으니, 그 아이 자부심이 남다를 거 아냐.

막내 시동생이 강원대 출신이야. 강원도에서는 목에 힘주는 학교지. 그 시동생이 언젠가 명절에 식구들 다 대청마루에 모여 있는 자리에서 "아니 형수는 그 허구 많은 학교 중에 애를 기생 학교를 보내요?" 그러더라구. 내가 하도 기가 막혀서 한바탕 말씨름을 했어. 그러구두 나는 아직도 그 상처가 그대로 남아 있는데, 팔순 잔치에 와서 가야금이나 뜯으라는 거지. 아무리 할머니지만 시골 노인네 팔순 잔치에 부르면서 '공연'도 아니고 '가야금이나 뜯'으라고 하니 내가 얼마나 기가 막혀. 그 말을 전해 듣고 딸이, 자기는 전통 관현악을 하는 예술가 지망생이지 팔순 잔치니 동네잔치에 떵까떵까 민요나 부르고 가야금이나 뜯는 깽깽이나 날라리 기생이 아니라고 딱 잘라 말하더라구. 근데 시댁서는 자꾸 해주기를 바라길래, 내가 딸 말도 그대로 전하고 전에 시동생 이야기도 하면서 못하겠다고 했어. 그래서 시댁 쪽이랑 다시 한바탕 비틀어진 거지. 나도 딸도 그 팔순 잔치를 가기는 갔는데, 연주는 안 한 거야. 그 자리에서도 가야금 안 뜯는다고 애 있는 데서 또 싫은 소리를 하더라구. 그러구는 안 갔어. 딸도 안 가고 나도 안 가. 엄마가 안 가니까 자연히 작은애도 멀어진 거지.

남편도 그 일을 알기 때문에 나나 자식들한테 강요를 안 해. 나랑도 그렇지만 애들이랑도 아주 좋아. 큰애가 자기 텔레비전에 나갈 일 있으면 나한테도 얘기하고, 자기 아빠한테도 일일이 알려서 보라고 하고. 나도 일부러 전화해서 "처사님 아가가 티브이 나간다는 데 들었어요?" 그렇게 혹시 모르니 알려주고. 딸하고 아빠는 너무 좋아. 아주 닭살이야. 나랑 딸보다도 훨씬 좋지. 우리 딸 술을 아빠가 다 가르쳤어.

시어머니하고 나는 자꾸 엇갈리지. 나하구 자기 아들하구 너무 극과 극으로 만났다고 하면서 자꾸 나만 탓하는 거, 자기 마음대로만 하려는 거, '국악' 하면 하빠리 기생으로 여기는 거, 그런 거 때문에 만나면 자꾸 부딪치고 더 안 좋아져. 그 양반이 더 기운이 빠지고 내가 더 늙고 하면 좀 나아지겠지.

"엄마 편한 대로 하세요"
— 아빠를 많이 닮은 딸 이야기

딸은 아빠를 많이 닮았지. 아빠가 잘생겼어. 딸은 어려서 내가 자기 두고 혼자 집 나온 거 때문에 내게 나쁜 감정은 없어. 좀 커서 내가 차분히 이야기를 했거든. 왜 그랬는지, 어떤 마음이었는지. 근데 내가 없어졌을 때 주변 사람들이 엄마가 죽었다고 그랬대. 바람이 났다느니 누구랑 붙어먹었느니 온갖 다른 말들도 아이가 들었겠지. 만으로 다섯 살이었거든. 다섯 살이면 기억을 하지. 더구나 저한테 상처가 되는 경험이었을 테니까.

최현숙 / 그게 그 뒤 다른 과정에서 치유가 되면 원망이 없는 거지. 딸이 성장하는 과정에서 엄마가 자기를 위해 얼마나 고생하고 최선을 다했는지를 보고 느끼고 감사하고 했으니, 치유가 됐을 거야. 남은 상처가 있더라도, 자기가 어른이 되면서 여성 선배인 엄마를 이해할 계기가 있을 테고.

이윤숙 / 지금은 원망이나 상처는 없어. 자기 아빠랑 나랑 싸워서 힘들 때도, "자식들한테 얽매이지 말고, 아버지랑 어떻게 할지 엄마 편한 대로 하세요" 그러더라고. 자기는 아버지를 좋아하지만, 엄마랑 아버지 관계는 또 다른 문제라는 거지.

서울 막 왔을 때 엄마는 직장 다니고 아빠는 적응하느라 힘들고 하니 아이도 힘들었겠지. 아빠가 많이 챙겼지만, 그래도 딸로서는 엄마가 많이 없는 거잖아. 내가 그런 이야기를 꺼내면 자기가 더 미안해해. 몇 년 전부터는 엄마 고생을 많이 알아주고 말로 표현도 하더라구. 악기 같은 것도 할부로 사서 열 달 스무 달씩 돈 들어가고, 타임당 레슨비가 50분에 10만 원, 심지어 30만 원씩 하고. 대학교수 특별 레슨비는 타임당 내 한 달 벌이가 다 들어가기도 했어.

돈 제일 많이 들어간 게 국악예고 때였어. 국립 국악중학교에서 국립 국악고등학교로 바로 이어가지를 못했어. 한참 공부 안 하고 헤매다가 떨어진 거지. 그래서 안양에 있는 국악예고로 돌렸는데, 들어가서도 1년을 또 놀더라고. 사춘기 때여서 저도 헤매느라고 그런 거지. 2학년 되니까 스스로 터득을 했는지 미친 듯이 공부를 하더라고. 공부 따라가느라 일대일 과외도 시키고, 고시원에 학원 기숙사비도 들어가고, 레슨비 계속·들어가고. 지가 시간이 아까우니까 수학여행도 안 가고 학교도 결석하면서 교수 레슨을 받고. 겨울에는 학생 두 명 놓고 하는 합숙 과외도 받았어. 그렇게 쫙 밀어붙이더니 국립국악원에서 하는 가야금 경연 대회를 나가서 교육부장관상을 받더라구. 그러구는 한국종합예술대학 예비대학 시험을 봤는데, 합격을 한 거야. 그러니 3학년 때는 주말에는 예비대학 다니고 주중에는 학교 수업을 듣고 한 거야. 나는 양쪽으로 등록금을 내니 더 힘들었지. 남편은 몰락한 지 오래 됐고. 닥치는 대로 벌고 친정 도움받고 하면서 그 돈을 다 댔어. 친정에서 용돈이니 수상 축하금이니 합격 축하금이니 하면서 많이 보태줬지. 빌려주기도 하고.

많이 힘들기는 했지만, 자식들 투자를 그만두고 싶은 생각은 없었어. 교육은 아끼면 안 된다는 게 부모한테서 배운 거지. 딸도 전공을 계속 하기를 원했고, 투자한 만큼 잘하기도 했고. 내 부모가 그렇게 부유하지 않은 환경에서도 자식들 공부는 끝까지 밀어준 거에서 많이 배운 거지. 그리고 오히려 내 힘든 삶이나 싸구려 일자리를 보상받는 대리 만족도 있었던 거 같아. 나는 국악 전문대를 다녀도 날라리였지만, 딸은 그 유명한 한예종을 보내서 전문 예술인으로 커가고 있다는 자부심도 컸지. 대학 졸업하고 큰 지방 도시 국립국악원 단원으로 취직하고, 자기가 입시생들 레슨도 하면서 석사 과정을 마쳤어. 지금은 박사 과정 하려고 돈 모으는 중이야. 박사 과정은 공부가 많아서 국립국악원을 그만둬야 해. 박사 코스 시작하면 레슨하면서 용돈이랑 학비를 마련해야지. 대학원도 첫 학기만 돈을 내주고 나머지는 자기가 벌어서 했어.

딸이 지금 만 스물일곱인데 시집 못 보내서 안타까운 거는 없어. 지 친구 시집가서 애 낳고 남편 덕에 잘나가고 하는 거 보면, 내가 딸한 테 선배로서 "결혼은 전 3개월과 후 3개월 행복이 전부다. 그거 하자 고 평생을 희생하는 건 아니다" 그렇게 말해줘. 나를 봐도 그런 거잖 아. 그 전과 후가 천지 차이가 나는 거지. 결혼을 하지 말라는 얘기가 아냐. 하지만 먼저 자기 분야에서 전문가가 돼야 한다고 생각해. 그 리고 결혼을 해서 애를 낳더라도, 자기 전문직을 절대 떠나지 말라는 거지. 그러려면 남자랑 시댁을 잘 골라야지. 요즘 여자들이 결혼도 안 하고 아이도 안 낳는다고 난리던데, 난 현명하다고 봐. 그걸 하는 순 간 여자는 낭떠러지로 추락하는 거야. 애를 왜 여자만 키우냐구? 국 가한테 출산율이 그렇게 중요하면 국가가 키우든가 해야지.

"다 내 탓이라는 생각만 드는 거야"
— 10년 만에 낳은 아들 이야기

결혼 10년 만에 둘째를 낳았어. 일부러 피임을 한 건 아닌데, 아이가 생기지 않아서 거의 포기한 시점이었지. 잘나갈 때야 당연히 둘째를 바랐지. 아이 안 생긴다고 병원도 가봤으니까. 그런데 막상 둘째 임 신한 거를 알았을 때는 낳고 싶지 않았어. 아빠가 몸이 안 좋아지기 시작했고, 사업도 꺾이고 불안정했거든. 그러니 직장 생활을 계속 하 고 싶어서 안 생기는 게 오히려 다행이라고 생각했지. 고생해서라도 딸 하나 잘 키우자는 생각을 하던 때야. 아빠 없는 딸 안 만들려면 남편 건강이나 잘 챙기자 그러면서 약이고 병원이고 찾아다닌 거고. 그때는 "이윤숙이 과부 됐대" 하는 소리 들을 생각을 하면 그렇게 싫고 끔찍하더라고. 그래서 남편 사업이나 아픈 거에 아무 잔소리 안 하고, 별 보고 나가 별 보고 들어오면서 열심히 살아보려고 하던 때야. 아들 태어난 1994년이면 건설 쪽은 이미 경기가 안 좋아지던 때잖아. 딸한테 들어가는 미술, 피아노, 수영, 가야금만으로도 밑 빠진 독에 물 붓기였거든. 그래서 중절 수술을 하려고 하는데, 병원 갈 시간이 없는 거야. 새벽에 일어나 살림 챙기고 큰애 챙겨 보내고 아침 일찍 출근해서 밤늦게야 퇴근하는 생활을 계속하니, 병원 갈 시간을 못 내는 거지.

임신 2개월 쯤 돼서 겨우 저녁에 시간을 만들어서 병원을 갔는데, 대기표 끊어주면서 기다리래. 넷인가 다섯이 밀려 있었어. 게다가 의사가 수술하러 들어가서 한참 있어야 나온대. 그러니 내 앞에 수술이 몇 개나 있는지도 모르겠고, 그걸 어떻게 한없이 기다려? 조금 기다리다가 간호사한테 얘기도 안하고 집에 와서 잤어. 너무 졸리고 피곤했거든. 나중에 다시 올 생각이었는데, 결국 시기를 놓쳐서 커버리니까 그대로 낳은 거지. 9개월 넘을 때까지 직장을 다녔어. 나중에 남편이 "서방이 얼마나 못났으면 저렇게 배부르도록 여자를 돈 벌러 내보내느냐고 사람들이 욕한다"며 못 다니게도 하고. 배불러 오면서 직장에서도 눈치가 많이 보였지. 다들 언제 그만두나 하는 눈치야, 여자구 남자구. 그래도 내 속으로는 계속 '한 달만 더 다녀서 애기 이불이랑 옷값 벌고', 또 '한 달만 더 다녀서 애기 분윳값 좀 벌고' 그러면서 자꾸 연장을 한 거야. 짜르지는 못하더라구. 9개월 넘어서니 애가 언제 나올지도 모르고 주변 눈치도 점점 심해져서, 결국 그만뒀어. 회사 분위기상 휴가 내서 둘째 낳고 다시 오겠다는 소리를 못하겠더라구. 차라리 애들 키우면서 틈틈이 일하는 게 낫겠더라구. 그때는 실업급여니 그런 건 알지도 못했어. 둘째 낳느라고 결국 주저앉은 거야. 아들 낳고도 놀지는 않았어. 한 2년 정도 주로 집에서 하는 부업을 했지. 그동안 남편 건강이나 사업은 점점 꺼져가는 거고. 나는 유산 경험은 없어. 애만 낳고 다시 직장을 다닐까 해서 애 둘 돌봐주고 살림해줄 사람을 알아봤는데, 비용도 무섭고 마땅한 사람도 못 구하겠더라구.

　아들이어서 더 좋고 그런 거는 없었어. 단 낳기를 잘했다는 게 지금 와서 드는 생각이야. 나중에 엄마랑 아빠 늙고 죽고 하면 서로 의논할 사람이 있는 거잖아. 아홉 살 차이지만 서로 의지가 되겠지. 아들 두 돌 지나서 어린이집 가면서 짬짬이 이 일 저 일 뛰어다녔지. 작은 애도 아기스포츠단, 태권도, 무용학원, 다 시켰어. 두 아이를 여러 개를 돌린 거지.

　그러다가 학교 폭력 사건이 벌어진 거야. 우리는 몰랐는데 1학년 때부터 계속 같은 아이들한테 시달린 거야. 나랑은 이야기할 시간도 없지, 누나는 지 공부로 바쁘지, 아빠는 입원해 있거나 주로 시골에 가 있고 그랬잖아. 난 주로 유통 근무할 때니 주말이면 더 바쁘지. 그러니 주말에도 애를 뺑뺑이를 돌린 거야. 한동안은 떡집 철야 근무를 해서 일대일 과외도 시켰어. 일주일에 두세 번 하는 대학생 과외지. 성적이 많이 오르더라구. 한 달 과외비 주고 나면 내 기름값이랑 밥값도 안 나왔지만, 애가 전교 1등도 하고 하니 나는 재미가 났지. '과외비 50만 원이 꽁돈이 아니구나' 싶더라구. 초등학교 때도 피아노, 바이올린, 무용 같은 예체능을 많이 시켰어. 아이도 좋아했고.

폭력 사건은 초등학교 6학년 때 벌어진 거야. 6년을 계속 시달린 거지. 그 6년간 무슨 일을 어떻게 당해왔는지는 애가 지금도 자세히 얘기를 안 해. 에스비에스 〈긴급출동 SOS 24〉에도 나왔어, 우리 아이 사건이. 어느 날 매장서 물건 팔고 있는데, 아이 친구 아빠라며 핸드폰이 왔어. 애 휴대폰에 내 번호가 저장돼 있었을 거잖아. 아이가 불량배들한테 잡혀서 집으로 끌려가 당하고 있는 것 같으니 빨리 집으로 가보라는 거야. 놀래자빠져서 부지점장한테 말하고 차 빼서 집으로 막 달려왔어. 그때만 해도 애들은 휴대폰 별로 없을 땐데, 내가 사 줬거든. 옆에서 못 돌보니까 자주 통화해서 밥 먹었냐, 과외 갔냐, 어디냐, 그런 거 확인하려고. 애는 그걸 보물 덩어리로 안 거야. 놀이터에서 친구랑 놀다가 전부터 자기를 괴롭히던 불량배 애들이 오니까 친구한테 핸드폰을 얼른 준 거야. 뺏길까봐. 그러고는 그 불량배 두 놈이 아들을 끌고 집으로 들어온 거지. 휴대폰 받은 아이가 자기 아빠한테 얘기를 한 게 정말 다행이지.

너무 놀라기는 했지만 저 현관 앞에서 숨을 크게 들이쉬고 가슴을 쓸어내리며 키 번호를 차곡차곡 누르고 들어가니까, 아들 방에서 아들이랑 한 놈이 나오고 안방에서 또 한 놈이 나오더라구. 지네도 놀랬겠지. 아들은 나를 보자마자 다 기어들어가는 목소리로 "웬일이야?" 하면서는 벌써 얼굴은 울음이 가득 찬 거야. 걔네들 무서워서 다른 말도 못하고. 같은 6학년인데 걔네가 나이가 한 살 더 많더라고. 등치도 아주 크고. 일단 우연히 집에 들른 것처럼 하고, 아들 친구들이 놀러온 거로 생각하는 척하면서 차분하게 대했어. "친구들 왔구나. 엄마는 손님들이 온대서 일찍 왔어. 친구들도 놀다가 밥 먹고 가" 그러면서 저녁밥을 하는 척한 거지. 아들 친구한테 하듯이 이름도 묻고 이야기도 시키고. 작은애가 당황해서 잘못할 수도 있잖아. 작은애 방에 셋이 들어가 있는 거를, 과일을 깎아서는 작은애만 불렀어. "명우야, 사과 가져가" 하고 부르니 지네가 다 따라 나오지를 못하잖아. 애한테 얼른 말해줬지. 내가 알고 있다는 거랑 절대 당황하지 말라는 거랑을. 개네가 칼 같은 거라도 갖고 있으면 무슨 짓을 저지를지 모르는 거잖아. 요즘은 생기지도 않는 일 갖고 공연히 불안하고 초조해해서 병이지만 오히려 큰일이 벌어지면 침착해지고 배포가 커지는 사람이야, 나는.

지네들이 불안해서 그런지 금방 가겠다고 하대. "가려구? 밥 먹고 가도 되는데" 그러면서 현관문 나가는 애들한테 "다음에 또 놀러와"라는 말까지 했어. 개네들 현관문 닫는 소리가 나자마자 애가 지 방에서 대성통곡을 해. "안방, 누나 방 뒤지고, 냉장고 뒤지고……" 그러면서 눈물이랑 콧물이랑 흘리고 난리가 난 거지. 일단 캡스를 팍 눌렀지. 캡스 직원이 아무것도 손대지 말라고 하더라고. 캡스는 금방 왔어. 다 사진 찍고 기록하고 하는 거지. 근데 뭐가 있었고 뭐가 없어졌는지를 나도 딸도 잘 몰라. 처사님 금목걸이 20돈짜리가 없어진 걸 나중에야 알았어. 그 목걸이가 생각은 났는데, 그때는 애 아빠도 연락이 안 되던 때니 물어보지를 못한 거지. 그리구 그거야 큰 거니까 나중에라도 안 건데, 작은 거는 몰라. 폭력을 크게 당하지는 않았어, 그날은. 그것만이라도 정말 다행이라고 생각한 거야. 나중에 보니 경찰이고 학교고 "개네는 내놓은 애들이어서 부모도 어쩔 수 없다"고 그러더라구. 그게 일요일이었어. 애를 진정시켜서 월요일 아침에 일단 학교를 보내고, 출근 준비하다가 9시 넘어 교장한테 직통 전화를 했어. 앞으로 이런 일 없게 조사도 하고 조치도 해달라고 하면서 좋게 얘기를 하고 끊었어. 그러면 지네가 아이도 부르고 학부모도 부르고 해서 조처를 취하고, 나한테도 연락을 할 거라고 기대를 한 거지. 근데 지네들은 전부터 그 깡패 아이들 문제를 다 알고 있으면서도 쉬쉬하고 덮기만 한 거지. 학교 명예나 교직 경력에 문제될 거 같으니까. 그러니 그 사건도 제대로 다루지를 않은 거야. 그때 내가 제대로 대처를 해야 했는데, 그걸 못한 게 너무 후회가 돼. 일 나가느라고 바빠서 그러기도 했지만, 크게 다친 데도 없고 그때는 뭐가 없어졌는지도 모르니까 더 어떻게 하기가 뭐하더라구. 애한테 이것저것 물어봐도 얼버무리기만 하고. 근데 그게 학교 폭력 당하는 아이들 특징이라더라구. 나중에 어떤 보복을 당할지 모르니까 부모한테도 말을 못 하는 거지. 그러니 지 혼자 속으로만 다 누르고 계속 당하니, 애는 갈수록 병이 심해지는 거고. 초등학교 내내 당한 것도 한참 뒤에나 알았어.

며칠 있다가 매장에 있는데 명우 담임이라면서 핸드폰이 왔어. 지난번 사건으로 무슨 조처가 있어서 연락을 한 줄 알았어. 그런데 더 큰 사건이 벌어진 거야. 애가 학교에서 없어졌다는 거야. 없어진 거를 아무도 신경을 안 쓰고 있다가, 축구부 애들이 이야기를 해서 안 거야. 그 불량배 놈들이랑 담 넘어가는 거를 축구부 애들이 보고, 나중에야 교무실 와서 이야기를 한 거래. 그때서야 학교 안이랑 주변을 아무리 찾아봐도 없으니까, 별수 없이 나한테 연락을 한 거야. 나중에라도 연락하지 않은 게 문제가 될까봐. 그러니 시간이 꽤 지난 거잖아. 핸드폰을 해도 안 받고 동네를 다 뒤져도 못 찾다가, 결국 "어떤 애가 맞고 있다"고 누가 경찰에 신고를 해서 찾은 거야. 근데 이번에는 애가 무지막지하게 당한 거야. 개네는 그날 세 명이었어. 각목으로 얼굴이랑 온몸을 때리고 밟고, 이가 다 나가고, 얼굴이랑 온몸에 피가 엉망이고, 살이 여기저기 찢어지고. 일단 병원에 입원부터 시켜놨어. 그런데 그렇게 맞은 줄만 알았는데, 자고 일어나서 물어보니 택시 타고 노래방으로 피시방으로 끌려 다니면서 감금당한 채 폭력을 당했더라구. 그날도 학교에서 개네들한테 괴롭힘을 당하다가 맞장을 뜨자며 개네랑 같이 담을 넘었다는 거야, 죽기 아니면 까무러치기로. 싸워 이겨놓고 경찰에 신고하겠다는 생각을 했대. 그동안 계속 당해온 폭력 때문에 뭘 제대로 판단을 못한 거지.

피시방이랑 노래방 사장을 많이 욕했는데, 나중에 알고 보니 그 사람들도 무서워서 신고를 못 하는 거더라구. 개네는 초등학교 6학년이지만, 그 위로 중학생들이랑 고등학생들 해서 40대 아저씨들까지 줄줄이 폭력 조직이 연결된 거야. 맨 밑바닥이 그 초등학생들이고, 그중에 그 애들이 있던 거지. 학교 앞에 학교 폭력 신고하라는 플래카드, 그거 다 쇼야. 학교는 폭력 사건이 벌어지거나 신고가 들어오면, 일단 덮으려고만 해. 그 사건도 학교 담장 너머에서 벌어져서 학교 책임이 아니라는 소리부터 하더라니까. 신고해봤자 제대로 처리도 안 하고 재발 방지도 안 해. 오히려 신고한 사람은 피해자든 제3자든 나중에 보복으로 더 당하기만 하는 거지. 그 불량배들이나 조직 폭력배들의 보복을 막아줄 뭐가 없는 거야. 그러니 당한 애들도 무서워서 신고를 못 하고. 부모들도 처음에만 신고를 하지 끝까지 물고 늘어지지 못하는 거야. 하여튼 작은애는 그 두 번의 폭력 사건에다 그 전부터 계속 당해온 폭력들 때문에 몸도 몸이지만 심리적으로도 여러 문제가 많이 쌓인 거야. 몇 년 동안을 혼자 담아두고 누르고 하던 게 그 사건으로 드러나면서 심리적 증상들도 한꺼번에 터지더라구.

다른 데 다친 거는 병원에 다녀서 다 나았지만, 치과 치료는 아직도 하고 있어. 제일 큰 문제는 정신적 상처잖아. 그게 쉽게 낫는 게 아닌 거지. 나를 보니까 정신과 치료에서 약물 복용은 안 좋다는 생각을 했어. 내가 우울증이랑 불면증으로 계속 약을 먹는데, 시작하면 못 끊거든. 죽어야 끊는 거야. 장기 복용으로 다른 병이나 줄줄이 생기고. 내가 지금 딱 그렇거든. 그래서 애 정신과 치료는 약물 안 쓰는 데를 찾느라고 돈도 많이 들고 기간도 오래 걸린 거지. 다행히 학교 쪽에서 연결을 해줘서 놀이 치료랑 심리 치료를 받았어. 학교에 손해 배상 소송은 안 했어. 학교랑 국가가 예방 의무가 있으니까 책임을 져야하는 거잖아. 근데 학교 담장 밖에서 일어난 일이라고 책임 회피를 확실하게 하는 거야, 처음부터. 딱 하나 그 놀이 치료를 해결을 해주더라고. 정부에서 무료로 지원하는 청소년 뭐로 해서 심리 치료 비용을 지원받았어. 학교에서 당하는 상해를 보상하는 보험도 들었는데, 그것도 학교 담을 넘어가 벌어진 일이라 해당이 안 되더라고. 다들 피할 구석을 줄줄이 만들어놓고 있더라구.

가해자들 부모는 감방에 가두든지 죽이든지 맘대로 하래는 거야. 나중에는 오히려 내가 폭력배 애들이 안쓰러워서 교감을 찾아갔어. "다는 못 하고 하나라도 우리 집에서 우리 애랑 같이 키우면서 돌보겠으니 연결을 해주세요" 그랬어. 여차하면 입양할 생각까지 하면서. 근데 교감이 말리더라고. 그리고 학교랑은 분명히 선을 긋는 거야. '그러려면 학교 와서 상담하지 말고 니가 방법을 찾아서 알아서 해라. 그리고 나랑 연관 짓지 말아라', 딱 그거야. 부모가 양육 포기 각서를 쓰게 학교에서 좀 애를 써달라고 하니까, 잘못하면 엮여서 나한테 더 피해가 된다면서 평생 깡패나 강도질이나 하면서 감방이나 드나들 놈들이니 그저 미친개한테 물렸다 생각하고 털어버리라는 거지.

그때 우리 딸이 일본이니 중국이니 연수를 자주 갔어. 연변이나 중국은 전통 악기를 많이 개량하고 연주법도 다양해서 배울 게 많거든. 딸이 작은애를 중국으로 보내자고 하더라고. 거기도 국제 학교가 있거든. 일단 한국을 떠나는 게 좋겠다는 생각에 아들을 중국으로 보냈어. 거기는 유학생한테는 중학교 과정 전체 학비가 선납이야. 그걸 또 빚을 냈어. 나중에 어떻게든 틀어막을 생각을 하고, 저질러놓고 보는 거야. 어떻게 해, 새끼가 죽게 생겼는데…….

초등학교 6학년 말에 그 일을 당하고, 능곡중학교를 배정만 받고서 입학을 안 하고 중국을 간 거지. 병원 치료나 심리 치료 같은 거는 다녔는데, 학교는 안 다닌 거야. 애도 안 가겠다고 하고, 나도 보내고 싶지 않았고. 그러다가 중국에 가서 중학 과정 2년을 마치고 다시 한국으로 들어왔어. 그런데 여기서 입학을 안 하고 가서 3학년으로 복학할 수가 없더라구. 온갖 군데를 쫓아다니고 해서 겨우겨우 화정중학교 3학년으로 들어가기는 했어. 중국에 가 있던 게 2년 반이 좀 넘어. 갑자기 간 중국에서 공부를 제대로 했겠어? 쉬고 논 거지. 그러니 중학교 3학년에 적응하기도 어렵고 수업 따라가기도 힘들었지. 다행히 학교는 꼬박꼬박 다니더라구. 수업 못 따라가니 과외도 하고, 병원 다니고, 심리 치료 다니고, 사이사이 수영이나 운동도 다니다가, 화정고등학교를 배정받았어. 고등학교 다니면서 심리적으로 좀 안정이 되고, 조금씩 성적이 나오더라구. 근데 대학을 체대를 간다고 해서 내가 반대를 했어. 애가 당한 것도 그렇고, 아주 진저리가 난 거지. 체대 애들이 몸도 많이 다치고 골병들고 그러거든. 근데 지가 우기면서 하고 싶다니까 부모가 지는 거지 뭐. 그래서 그 비싼 학원비를 들여서, 체대 가는 학원을 다닌 거야. 입시 체육 학원이 한 달에 200만 원이더라고. 그걸 어쨌든 또 채워서 막았어. 체대를 세 군데 넣어서 순천향대학교가 됐는데, 거기는 또 안 가겠대. 멀고 어쩌고 하다고. 결국 전문대 체대 3년 과정을 입학한 거야.

말도 말아. 다 내 탓이라는 생각만 드는 거야. 그저 뭐라도 해서 벌어먹고 살겠다고 그 어린 걸 방치했다는 자책감에 미쳐버리겠는 거지. 6년을 내리 당하도록 에미가 모르고 있었다는 게 말이 되냐구. 학교 폭력 당하는 애들은 증상이 있다는데, 내가 그걸 살필 겨를이 없었던 거야. 그저 밥 먹여서 학교 보내고 학원이니 과외니로 뺑뺑이 돌리면서, 나는 그 과외비랑 학원비 버느라고 종종대기만 한 거지. 그러니 애를 붙들고 앉아 차분히 학교생활을 물어보기를 했어, 친구 관계를 알기를 해? 그저 성적 잘 나오면 좋은 거고, 성적 떨어지면 또 과외 붙이고, 그 돈 버느라고 나는 더 정신없이 뺑뺑이를 뛰는 거고. 얼마나 미련한 에미냐구? 죽어버리면 딱 좋겠는데, 저 애를 놓고 죽을 수가 있어? 그러니 우울증, 불안증, 불면증은 갈수록 심해지는 거고. 한동안은 핸드폰만 와도, "또 무슨 사고인가?" 하고 심장이 벌렁벌렁하는 거야. 자려고 누워 있으면 골치만 무지하게 아프고 잠은 안 와. 그러구는 온갖 나쁜 일이 상상되면서 그게 곧 벌어질 거 같이 불안과 초조가 몰리는 거야.

최현숙 / 나도 노동조합 수련회 때 자기한테 아들 이야기 듣고 많이 걱정이 됐는데, 지난번에 자기 아들이랑 잠깐 이야기할 기회가 있었어. 그때 보니까 많이 성숙하더라구. 자기가 나한테 학교 폭력 문제 이야기한 거를 걔도 같이 앉아 들었잖아. 자기는 이제 다 괜찮은데 엄마가 그 일로 더 안 좋아졌다면서 엄마 걱정을 많이 하더라구. 자기 장래나 군 문제도 계획이 분명하구. 참 성숙하고 믿음직하더라. 당신이 몸 고생, 마음고생 하며 키운 보람이 있더라.

딸도 박사만 끝나고 나면 부모 돌보는 것도 생각이 있겠지. 자기 얘기 들어보니까 아주 똑똑하고 독립적이고 성실한 여성이네. 엄마가 어려운 사정에 힘들게 밀어준 것도 잘 알고 있고.

이윤숙 / 요즘 내 한 달 수입은 최대 120만 원이고, 대부분 그게 안 돼. 할 수 있는 모든 시간을 일하는 데 그거야. 방문 요양 네 시간, 장애인 활동 보조 네 시간을 평일에 계속 하고, 토요일이랑 일요일도 대부분 근무가 있어. 없는 날은 유통 땜빵이든 뭐든 구해서 하는 거지.

이 아파트를 분양받았는데 추가로 담보 대출을 해서 총 대출금이 1억 6000만 원이야. 원금과 이자 까나가는 게 한 달에 70만 원이고. 은행이랑 농협에도 대출이 1000만 원이 넘어서 그거 이자랑 원금도 매달 10만 원 넘게 나가. 그러니 그 벌이로 어떻게 버텨? 내 차비가 없어서 버스 기사한테 사정을 해서 출근한 날도 있다니까.

이게 나 살아온 다야. 갈수록 점점 추락하기만 하고, 앞으로도 희망이 없고…….

"저 여자는 또 얼마나 힘들까?"
— 아까운 여자 이윤숙의 진심

최현숙 / 이윤숙 씨, 당신 살아온 이야기는 다 했다니까 오늘은 나랑 좀 대화를 해보자구. 나는 기운 북돋자고 그냥 잘 될 거야, 좋아질 거야 하면서 빈말 보태는 사람이 아니야. 누구는 섭섭해할지 모르지만 무조건 희망을 갖게 하는 건 오히려 사람을 더 절망시킬 수도 있다고 생각해.

　그런데 내가 보기에는 '나는 앞으로도 희망이 없다'는 건 오판이야. 당분간이야 여전히 힘들겠지만, 희망이 없는 게 아니잖아. 남편 상황이야 좋아질 가망이 없을 수 있지만, 당신은 남편만 바라보고 사는 여자가 아니잖아. 당신은 아주 자립적이고 부지런하며, 불의 앞에서는 용기를 내서 맞서는 당당한 사람이야. 그리고 딸 박사 과정은 어쨌든 자기가 감당한다니 다행이네. 작은애는 지난번 나랑 잠깐 이야기할 때 그러는데, 곧 군대를 간다더라구. 그럼 일단 자식들은 당분간 한숨 돌리는 거잖아.

　당신, 이윤숙이잖아! 술 먹고 달려드는 군바리한테 맞장 뜬 여자고, 서방이니 시댁 전체에 맞서 당당하고 똑 부러지게 싸워서 자기 길을 만든 여자야. 아무도 시키지 않아도 화정역 사거리에 나가서 혼자 소식지를 나눠주며 함께하자고 호소하는 사람이야.

　당신은 점점 추락하는 게 제일 힘들다고 했는데, 당신이 회복해야 할 건 결혼 전에 잘나가던 시절이나 쭉 빠진 미모가 아니야. 그건 지나가는 것일 뿐이야. 당신이 진정으로 회복해야 할 건 당당하게 자기 길을 만들며 걸어가는 이윤숙이야. 불행? 사고? 오려면 와라! 내가 살아주마! 당신은 그렇게 배포 좋은 여자잖아.

　내가 왜 이 자리를 하자고 한지 알아? 난 당신의 열정, 그리고 남들에게 베푸는 모습을 많이 봤어. 협회에서 후원 주점을 하면 경기도 고양에서 혜화동 서울대병원까지 캐리카에다 음식 재료니 프라이팬을 쌓고 묶고 매달고 해서 지하철에 버스를 몇 번 갈아타며 오는 모습을 보면서, 내가 얼마나 탄복을 한지 알아? 그것도 자기 돈으로 사거나 자기 냉장고에 있는 재료로, 잠도 안 자고 며칠 전부터 준비해서. 난 죽었다 깨나도 그렇게 못해. 당신의 그런 열정이랑 베푸는 모습에서 당신 속 깊이 들어 있는 순수한 열정과 착한 마음을 본 거야. 그게 당신의 근본적인 힘이야. 다만 그동안 너무 어렵고 지쳐서 그걸 보지 못한 것뿐이지. 당신 내부의 좋은 것들을 들여다볼 시간도 만들지 못하는 거고. 당신이 믿는다는 그 부처나 불교의 핵심도 그거 아냐?

우울증 이야기를 좀 하자구. 잘나가던 시절과 지금 형편의 격차, 타인들의 시선, 희망이 없다는 느낌, 그거랬잖아. 그런데 그건 진정한 이윤숙이랑 상관이 없는 거야. 경제적 추락은 당신이 통제할 수 있는 게 아니었어. 당신이 게을러서 가난한 거야? 아니잖아. 당신은 누구보다 부지런히 살았어. 다른 가난한 사람들이 다들 그렇듯, 가난은 게으른 탓도 아니고 죄도 아니야. 그저 당신 말대로 덫에 걸린 거야. 갈수록 가난은 사회 구조의 문제야. 빈부 격차는 점점 커지고 대물림되고 있어. 개천에서 용 나는 게 이제는 불가능하다잖아. 가난은 자기 책임도 아니고 자기 잘못도 아니라는 거, 자기도 분명히 알잖아.

이윤숙 / 그래, 나는 열심히 산 거밖에 없어. 재수가 없었던 거야.

최현숙 / 글쎄……재수라는 게 없지는 않은 거 같은데, 그것도 인간이 통제할 수 있는 게 아니니까 별도로 치자고. 몰라, 나는 그래. 운명아 와라, 내가 간다. 뭐 어떻게 해? 오면 견디고 살아야지.

이윤숙 / 견디기야 하지. 안 견딜 수가 있어? 죽어버릴 수는 없으니까. 근데 껍데기로 내던져져서 견디는 거야. 그냥 그렇게 내던져만 있어도 좋겠는데, 온갖 사람들이 뒤집고, 찌르고, 들쳐 보고, 조롱하고 그래.

최현숙 / 누가 그래? 이름 대봐. 어떤 연놈들이 들쳐 보고 조롱하는지!

이윤숙 / 대놓고야 안 그러지. 그렇지만······난 그걸 느끼는 거야.

최현숙 / 설사 그런 사람들이 있으면, 그건 그 사람들이 그것밖에 안 되는 인간인 거지. 그런 사람은 신경 쓸 필요도 없어. 내가 보기에는 당신 스스로 지금 자존감이 떨어져 있다 보니, 남들이 그렇게 볼 거라고 느끼는 자괴감이자 피해 의식이야. 물론 자기 책임이나 잘못이 아니야. 세상이 그 기준으로 사람을 평가하고 대우하니 당연히 그럴 수밖에. 누구도 세상의 기준에서 완전히 자유로울 수 없는 거지. 나도 타인의 시선에서 자유롭지 못한 나를 자주 느껴. 그러니 우리가 회복해야 할 것은 누가 뭐라든 흔들리지 않는 자존감이야. 다른 누구 앞에서도 흔들리지 않을 수 있는 자존감. 때로 어느 순간 흔들리더라도 자기의 약함마저 껴안을 수 있는 넉넉함 말이야.

술 취한 군인 앞에 맞장 뜨자고 서 있는 이윤숙, 시댁의 억압에 맞서 홀로 걸어 나오는 이윤숙, 화정역 사거리에서 요양보호사들에게 동참을 호소하던 이윤숙, 남들 먹이고 협회 재정을 마련하려고 그 무거운 것들을 끌며 들며 지하철을 갈아타는 이윤숙, 그 이윤숙이 당신 안에 있고, 당신을 가장 행복하게 하는 이윤숙이잖아.

이윤숙 / 그 말은 맞어. 나는 그런 일을 할 때가 제일 행복해. 아무리 내 일로 힘들어도, 그런 일을 하고 있으면 정말 행복해.

나는 사실, 나를 향해서도 이렇게 말하고 있었다. 젊음과 중년을 다 바쳐온 사회운동과 진보 정치는 좌절과 분열에 빠져 있고, 내게는 '성과 없음'과 '가난'만 남았다. 자발적 선택이라 여긴 가난을 이제 빠져나올 수 없었고, 때로는 누추함과 초라함과 불안한 미래 때문에 우울했다. 게다가 이윤숙이 여전히 매달리고 있는 그 싸구려 밥벌이조차 포기한 채 매달리고 있는 가난한 할머니와 중장년 여성 구술사 작업은 주인공들이 함께 살아오거나 여전히 살고 있는 고난과 한을 내게 옮겼고, 나도 우울증과 무력감을 들락거리며 허우적거리고 있었다. 내가 그이에게 하려던 이야기는 사실은 나 자신에게 하고 싶은 이야기였다. 그렇게 나와 이윤숙을 힘겹게라도 건져 올리고 싶었다.

최현숙 / 좀 넓게 생각해 보자고. 지금 자기가 겪고 있는 상황이 사실은 많은 중장년 여성들이 겪고 있는 삶의 과정이야. 아이엠에프 이후 물러난 남자들을 대신해 유통, 식당, 청소, 요양, 간병 등 가장 싸구려 노동이자 서비스 노동으로 가계를 책임지거나 보조하며 살고 있어. 더구나 요즘은 청년 실업이 심각해서 자식들한테 기댈 여지도 없고. 자기가 일하면서 만난 여자들 보면 구체적 삶은 조금씩 다르겠지만 다들 비슷한 인생 곡선을 그리고 있어. 요즘 언론에서도 베이비부머 이야기 많이 하잖아. 정도 차이는 있겠지만 많은 베이비부머 세대, 특히 여성 베이비부머들이 겪고 있는 어려움이야.

이윤숙 / 그래, 내가 요양 일 하면서 만난 여자들도 보면 나보다 더 기막히고 암담한 사람들이 쌔구 쌨어. 아까 말한 그 장애인 딸 두고 파출부 한다는 친구도 그렇고. 협회나 노동조합 모임 나가면 힘들고 기막히게 사는 사람들 많더라구. 유통, 식당, 청소도 다 비슷비슷해. 매장 손님으로 오는 여자들도 마찬가지고, 요양하러 가는 집들도 나보다 더 힘든 사람들이 많아. 장애인 딸 두고 사는 그 할머니네는 더 기가 막히지. 요즘 오후에 돌보는 루게릭 환자 부인도 그래. 집은 임대 아파트인데 기초수급자에서 탈락한 거야. 아들이 서른 살인데 대학 다니다 돈이 없어 휴학했고, 직장도 못 구하고 있어. 부인이 일할 수 있다고 기초수급에서 떨어진 건데, 그 루게릭 환자를 놓고 여자가 어떻게 돈을 벌러 나가느냐고? 그게 말이 돼?

전에는 길에서나 매장에서 내 또래 여자들 보면 '저 여자는 나처럼 힘들지 않겠지, 좋겠다……' 그런 생각이 들었는데, 이제는 아니라니깐. 화장도 하고 옷도 차려입었어도, 딱 보면 알잖아. 나처럼 버스나 지하철 타는 사람들은 다 비슷하게 느껴져. '저 여자는 또 얼마나 힘들까? 어떤 싸구려 일, 땜빵 일을 가는 중일까? 저 여자 몸은 얼마나 골병이 들었을까? 저 여자 서방은 살아나 있을까? 저 여자 애들은 취직도 못하고 어디 컴컴한 골방에 들어앉아 컴퓨터 게임이나 하고 있는 거 아닐까?' 이런저런 생각에 안쓰럽고 그렇다니까. 끼니도 제 때 못 먹고 차비도 아깝고. 여자들 일이 그렇잖아. 자기도 해봐서 알잖아.

최현숙 / 그래, 그 밥 설움을 알지. 나도 오전하고 오후 두 노인 방문 요양할 때, 김치랑 밥을 김에 둘둘 말아 비닐로 싸매 출근해서는 중간 이동할 때 지하철 경복궁역 화장실 한 칸에 들어가서 먹었어. 냄새도 소리도 꾹꾹 누르며. 경복궁역을 지날 때마다 그 생각이 나. 아무리 당당하다고 마음을 다져도 삐져나오는 눈물을 어쩔 수 없었어. 그 시급으로는 밥값은 고사하고 차비도 아깝지. 도둑년 소리 들으며 짤리기도 했어. 하루 종일 이를 악물고 참다가 밤에 혼자 깨서 통곡을 하기도 했어. 식모니 파출부니 간병인으로 불리면서 혼자 그 설움을 삭인 여자 선배들을 떠올리면서. 이윤숙, 나는 통곡을 하면서도 한편으로는 좋더라.

자기만 힘든 게 아닌 거야. 나 혼자만 힘든 게 아니라고 생각하면, 좀 위로가 되잖아. 그게 좀 뭐하기는 하지만, 사실은 아주 중요한 거야. 나만 가난하면 절망스럽지만, 함께 가난하면 서로 의지도 되고 힘도 되고, 없는 사이에도 더 나누고 싶고, 같이 문제를 해결할 생각도 할 수 있는 거지. 중요한 건 내 잘못이 아니라는 거야. 사회 전반의 문제고, 그러면 이유도 해결책도 사회 속에서 찾아야 하는 거지. 개인적으로는 해결이 안 되는 문제야. 물론 열심히 사는 건 중요하지만, 열심히 산다고 해결되는 문제가 아닌 거지.

이윤숙 / 그래. 요양 일 하면서도 처음에는 나만 그렇게 파출부 대접 받고 무시당하고 하는 줄 알았는데, 협회나 노동조합 나가니까 내가 힘들어하는 문제가 다른 사람들도 똑같이 힘들어하는 거더라구. 거기에다가 어렵다, 힘들다 말만 떠들고 오는 게 아니고, 같이 해결책도 만들고 국회니 보건복지부도 쫓아가고 해서 하나씩이라도 바뀌는 걸 보니 정말 신나는 거지. 문제는 자기는 가입도 안 하고 같이 쫓아다니지도 않으면서 우리가 싸워서 만든 혜택만 누리려고 하는 여자들이야. 아주 얄밉다니까.

최현숙 / 없이만 살아서 생긴 주춤거림이라고 이해하자고. 근데 다른 한편으로 보면 우리 또래 여자들이 에너지가 대단하잖아. 이제 애들도 다 키웠고 남편들도 기가 빠지니, 여러 면에서 뒤늦게 자유로워지는 거고. 자기가 일하면서 만난 그 여성들을 떠올려봐. 각자 구구절절한 어려움을 살아왔고 지금도 여전히 어렵지만, 다른 한편 얼마나 활기차? 이제는 전처럼 발목 잡고 걸리적거리는 서방이랑 자식들이 아닌 거잖아. 그리고 내 노동으로 작은 돈이나마 벌면서 새로운 자기 자신을 알게 되는 거지.

이윤숙 / 맞아. 내가 전에는 '아줌마' 하면 '솥뚜껑 운전수' 그러면서 좀 무시하고 봤는데, 지금은 그게 아니라니까. 자기가 일해서 돈 버는 여자들을 보면, 나보다 나이 많은 여자들도 생각이 많이들 깼더라구. 요양보호사 친구들끼리 친목계 만들어서 일본 여행도 가고, 드

럼도 배우고. 대놓고 남자 친구니 애인이니 이야기도 하구. 나처럼 서
방만 아는 여자는 아주 골동품이더라구. 아무리 적은 돈이라도 딴 주
머니 차서 자기를 위해 쓸 줄도 알고. 젊은 세대만 남녀 차별이 줄어
든 게 아니야. 나이를 괜히 먹어? 다 살면서 깨닫게 되는 건데, 돈을
벌게 되니 달라지는 거지. 우리 나이 여자들이 무서운 거야. 하하하.

최현숙 / 맞아. 자기 노동으로 돈을 직접 번다는 경험 자체가 아주
중요한 변화를 만드는 거지. 그 변화하는 힘과 억눌려 있던 열정들을
어떻게 모아내고 함께 무엇을 하느냐가 중요한 거지. 함께 힘들다고
생각하면 길 가면서 만나는 여자들에게 친근감이 느껴지고, 지하철에
나란히 앉으면 말이라도 나누고 싶어지잖아. 당장 뭘 많이 나누고 큰
힘이 되고 하지는 못하더라도, 각자 힘든 걸 털어놓는 것만으로도 여
자들은 서로 힘을 받잖아.

이윤숙 / 그렇네. 그러구 보니 나만 힘들고 나만 억울하다고 생각
했어. 남들 힘든 것도 다 보이는 데 왜 그걸 못 깨달았을까? 그러구
말야 젊어서 나만 잘났고 나만 잘나가고 나만 성공할 거라구 생각했
기 때문에, 지금 더 힘들고 억울한 거네. 내가 젊을 때랑 지금을 자꾸
비교하게 되고 몰락했다는 생각에 더 미치겠는 것도, 이제 보니까 바
로 그거야. 나만 어떻다는, 나만 어떻게 돼야 한다는…….

최현숙 / 그런데 이윤숙의 진심은 그게 아니잖아. 당신은 나누는
사람이야. 협회 일이든, 맛있는 거든, 기쁨이든, 아프고 힘든 거든, 당
신은 나눠야 행복하다는 걸 몸으로 아는 사람이야. 게다가 성실하고
열정적인 여자고. 모든 걸 돈으로 평가하고, 돈을 기준으로 줄을 세워
경쟁하게 하는 세상 때문에, 자꾸 헷갈리고 휘둘리는 거지. 당신 우울
증의 핵심은 당신 자신은 이미 충분히 행복할 수 있는 사람인데, 그

걸 제대로 들여다보지를 못하고 주변의 기준이나 시선에 휘둘리며 헷갈리는 거야. 자기 좋은 점을 긍정하는 것, 자긍심, 그게 당신에게 가장 중요해. 물론 그런다고 하루아침에 불행 끝 행복 시작, 그건 아니겠지. 이자랑 원금은 매달 꺼나가야 하고, 남편 병은 아마 점점 더 안 좋아질 거고, 또 어떤 사고가 터져 더 어려워질지도 모르지. 하지만 자긍심과 자존감이 단단해지면 그 어려움들이 당신을 휘두르고 쓰러지게 하지는 않는다고.

이윤숙 / 가끔 내가 미친년 같다는 생각을 해. 어떤 때는 너무 행복하고 들뜨다가도, 어떤 때는 당장 죽어버리고 싶을 만큼 우울하고 불안해. 그러기 시작하면 사람 만나기가 싫어 혼자 방구석에 누워서 포클레인으로 제 무덤 파며 가라앉는 거야. 열심히 산 것밖에 없어, 나는. 내가 도대체 멀 잘못했냐구? 너무 억울하고 화가 나.

최현숙 / 그래그래. 그런데 그 오락가락하는 마음들 말고, 당신이 정말 되고 싶은 건 어떤 사람이야?

이윤숙 / 나 하나가 희생해서 봉사를 하다가 죽더라도, "이윤숙은 아까운 사람이다. 늘 퍼주는 여자였다. 같이 더 살았으면 좋았을 텐데" 하면서 만인이 고마워하며 울어줄 수 있는 사람이 되고 싶어. 그게 내 진심이야…….

오르락내리락 전철 통로에서 음식 재료와 프라이팬과 그릇을 쌓고 매단 채 안절부절못하는 한 여자를 만나거든, 짐을 들어주시라. 화정역 광장에서 홀로 "요양보호사세요?" 하고 물으며 함께하자고 하다가 지친, 바로 그 여자다.

시간이 돈이면, 시급 5210원*짜리 노동자에게 시간은 더 절박하게 돈
이다.

　'시급 없는 시간'은 휴식도 여유도 생활도 사랑도 아닌 사치고 불
안이다. 그렇다고 닥치는 대로 근면해봤자 여전히 허전하다.

"도대체 내가 멀 잘못했냐구?"

화정역 광장에서 혼자 요양보호사협회 유인물을 나눠준 여자. 경기도
고양에서 일일 주점이 열리는 서울 혜화동 서울대병원 식당까지 버스
와 전철을 갈아타며 수레에 넘치도록 짐을 싸 짊어지고 오고가는 여
자. 맞담배를 피우다 말고 눈물 바람을 하며 우울증과 모멸감을 털어
놓는 여자.

　그 여자에게 구술사를 제안한 동기는 그이의 열정과 자발성, 그리
고 그이가 말해주거나 내가 보게 되는 깊은 우울과 불안이었다. 인터

---

* 2014년 법정 최저임금.

뷰 과정에서 그 우울과 불안을 쫓아가느라 나도 비슷하고 다른 우울을 들락거렸다. 그 수렁에서 나를 다시 대면하고 건지며, 이윤숙과 많은 이윤숙들에게 이야기를 건넨다. 여든을 넘은 노인들하고 다르게 50대 중반을 살아가는 사람들의 이야기는 과거보다는 미래를 향한다. 함께 '그 이윤숙'과 '이 이윤숙'을 들먹이며, 눈을 바깥으로 끌어냈다. '진짜 이윤숙'을 찾아 다시 그 여자의 속으로 들어가기 위해, 먼저 다른 이윤숙들을 만나게 하고 싶었다.

책을 내는 데 동의하는 50대~60대 여성 생애사의 주인공을 찾는 일은 생각보다 어려웠다. 나하고 많은 시간과 인연과 생각을 공유한 그 나이대 기혼 여성 여러 명이, 결국 생애사 작업을 거절했다. 그런데 이윤숙은 한마디의 주저함이 없었고, 중간에도 흔들리지 않았다. 보통 중년이나 고령의 여성 주인공이 구술 과정에서 가족과 친지 등 주변 인물 이야기로 동서남북을 헤매는 반면, 이윤숙은 오히려 내 쪽에서 주변 사람들에 관해 차례로 물어야 했다. 문장의 주어는 대부분 '나'였다. 대신 숱한 '아줌마 노동'이 남긴 기억과 사연과 모멸감이 뒤죽박죽됐고, 우울과 분노와 똑부러짐을 들락거렸다. 그이의 삶이 그랬다.

여성 베이비부머 세대

1959년에 태어난 이윤숙은 또래의 다른 여성들에 견줘 좋은 조건에서 청년 시절을 지냈다. 중상층의 경제 여건과 성평등한 집안 분위기, 전문대를 나온 학력과 '잘 빠진' 외모, '잘 나가던' 직장 생활과 화끈하고 활달한 처신 등 유복한 환경과 조건을 자원으로 자본주의 사회에서 경쟁력 있는 여성으로 자리 잡는 듯했다.

결혼으로 세상이 달라진 것은 아니다. 결혼한 여자는 세상의 다른 위치에 놓인다. 결혼과 출산 뒤 가부장적 가족을 통쾌하게 깨고 나왔지만 노동시장의 가부장성에 치여 갈수록 가장자리로 밀려났다. 돈 푼이나 벌려고 나온 아줌마들은 차고 넘친다.

결혼과 임신과 출산과 육아에 따른 반복되는 경력 단절, 국제통화기금IMF 금융 위기를 전후한 남편의 퇴출과 몰락, 가내 부업에서 시작해 30대부터 50대까지 나이와 여건에 따라 주어진 유통, 청소, 식당, 사회 서비스, 돌봄 등 싸구려 '아줌마 노동'들, 50대 중반인 지금 최저임금, 시급, 임시직, 돌봄이 겹친 '노동'들이나 근로 기준법상 노동이 아닌 '일'들 사이를 오가는 반복적 이동, 늘어나는 빚과 독립하지 못하는 자녀들. 결혼 뒤 이윤숙의 삶은 경제적 중하위 계층 여성 베이비부머 세대의 전형적 모습이다. 심한 우울증과 불면증을 비롯해 고혈압, 당뇨, 신경성 질환, 근골격계 질환에 시달리면서도, 시급 5210원의 바코드를 몸에 박은 채 닥치는 대로 자기를 '투입하고 빼야' 한다.

박탈감과 모멸감에 울화가 치밀지만 할 수 있는 일은 고작 깍쟁이 셈법이나 시식 물량을 몇 개 빼오는 것뿐이다. 최저 임금을 집요하게 따져대기도 하고, 딸을 호텔방에 넣은 '에미'나 비싼 레슨비를 챙기던 교수처럼 칼 같이 시간을 재보기도 한다. 그래봤자 시급 5210원으로는 허기도 울화도 지울 수 없다.

누적되고 내면화된 모멸감

박탈감과 모멸감을 누르며 생존에 급급해야 하는 사람에게, 노동과 삶에 관한 기억과 이야기는 시급 없는 배부른 짓이다. 자발성은 '오바'이고 관계는 사치다. '취급'에 화가 나서 칼 같이 시간을 맞춰 몸을 투입하고 뺀다. 멈추면 더 불안해서 계속 굴린다. 있는 건 몸뚱아리 하나뿐, 굴릴 수 있을 때 굴려야 한다. '그렇게'라도 했으니 '이렇게'라도 살아왔다. 귀싸대기를 때린 건 치매 할머니만이 아니다. 누가 때리는지도 알 길이 없어 분노와 악다구니는 향할 곳이 없다. 모멸감만 무작무작 내면화된다.

'화정역 건'처럼 우울을 추슬러 열정과 인식의 '다른 이윤숙'을 불현듯 끌어내 사거리에 세워보지만, 꿈쩍도 않는 무관심들이 귀싸대기로 날아온다. 미움과 분노만 보탠 채 다시 자가당착의 우울 속으로 빠진다. 추락의 원인으로 '재수 없음' 말고는 달리 생각해낼 수가 없다. '도대체 내가 멀 잘못했냐구?' 하는 울분은 대상을 찾지 못한 채 자기 속 환부의 고름 주머니만 키운다. 긍정적 자아를 뒤져보지만 응집력이 약해 수시로 허물어진다. 노동조합이 도와 돌려받은 체불 임금조차 허전하다. 돌려받고 싶은 것은 돈이 아니다. 자식이 희망이라고? '에미'니까 하는 거다. 집착과 허기는 동의어다. 이윤숙이 바라는 것은 '존중'이다. 그래야 새끼의 똥 기저귀를 빨던 마음으로 노인의 똥 걸레를 빨 수 있다. '취급'이 아니라 '존중'이 허기를 채울 수 있다.

'대다수는 패배자가 되고, 승자 역시 노예가 되는'* 돈의 세상에서 이윤숙의 우울은 시대의 우울이다. 노예든 패배자든 위태롭고 우울하다. 신자유주의는 '포장된' 욕망들을 끊임없이 생산해서 온갖 수단을 동원해 광고한다. 프리미엄 기획 상품과 신규 매장을 번화가부터 골목과 구석방까지 확장한다. '매장' 곳곳에 우울의 우물이 파여 있고 그 우물가에서는 '힐링'이라는 신규 기획 상품을 판다. 모든 상품과

---

* 보이지 않는 위원회 지음, 성귀수 옮김, 《반란의 조짐》, 여름언덕, 2011.

시간과 사람이 바코드로 분류되고 계산되는 매장에서는, 매매만이 집계된다. "사랑합니다, 고객님"은 피차에게 우울하다. 나이듦도 죽음도 상품이 된 매장에 산 자들을 위한 출구는 없다. 매장 출구에는 "장례비는 마련하셨나요?"라고 묻는 상조 회사의 광고가 붙어 있다. '죄송합니다'라고 쓴 메모와 밀린 방세를 봉투에 남기거나 장례비를 서랍에 넣어두고, 낙오자들은 연이어 출구를 밀고 나온다.

사회적 존재로서 자아 정체성 찾기

다행히 이윤숙은 말하기를 넘어 공유하고 싶어했다. 1.5배의 휴일 근무 수당을 포기하고 삶과 노동에 관한 기억과 서사를 풀어놓고 싶었다. 이윤숙은 나눌 때 신바람이 나는 여자다. 여성이자 노동자로 얻은 자각과 경험, 그리고 구술사 과정에서 나온 해석을 통해 자기가 겪고 있는 어려움이 여성 베이비 부머 세대와 시대 전반의 문제라는 사실을 이해하고, 사회적 존재로서 자기를 찾기 시작했다.

'지금 여기'에 관해 목소리를 내고 기록할 때, 그것은 자기 자신의 서사이자 공론의 재료가 된다. 각자의 아픔과 경험들 사이에 연관성이 보이고, 연관성의 내력과 방향과 세기가 통찰된다. 그 통찰로 모멸감과 억울함에 분노하는 자신의 내면을 직시한다. 그 직시를 통해 자긍과 자존의 응집력이 키워진다.

박탈감이든 모멸감이든, 우울의 근본 원인을 알면 덜 아프다. 내가 놓인 세상, 내가 겪는 우울의 경로를 알게 된다. 내 문제, 내 잘못, 내 재수가 아니고 더구나 나만의 문제가 아니라는 사실을 깨닫는 일은 바닥 없는 우울이나 모멸감에서 벗어나 사회적 존재로서 자존감을 찾는 출발점이다. 개인의 문제로 치부하던 문제가 역사적이고 사회적인 산물이라는 사실을 알아갈 때의 인식은, 진통이자 조용한 혁명이다.

밀려난 김에 밀려난 자리에서, 본래의 자기하고 다른 밀려난 사람들을 만나기 바란다. 진정한 만남은 밀려난 자리에서 차라리 가능하다. '자유란 삶이나 행복의 방향이며, 그 방향으로 걸어가는 힘이자 능력이다. 모든 자유와 행복은 지금의 자신이 출발점이다.'[*]

* 이진경, 《삶을 위한 철학 수업》, 문학동네, 2013.